EVI 与氢脆

EVI & Hydrogen Embrittlement

郭爱民　马鸣图　徐　佐　等编著

北京理工大学出版社
BEIJING INSTITUTE OF TECHNOLOGY PRESS

版权专有　侵权必究

图书在版编目（CIP）数据

EVI 与氢脆 / 郭爱民等编著. -- 北京：北京理工大学出版社，2023.3
ISBN 978-7-5763-2223-1

Ⅰ．①E… Ⅱ．①郭… Ⅲ．①汽车-高强度钢-氢脆-研究 Ⅳ．①U465.1

中国国家版本馆 CIP 数据核字（2023）第 055244 号

出版发行 /	北京理工大学出版社有限责任公司
社　　址 /	北京市海淀区中关村南大街 5 号
邮　　编 /	100081
电　　话 /	（010）68914775（总编室）
	（010）82562903（教材售后服务热线）
	（010）68944723（其他图书服务热线）
网　　址 /	http://www.bitpress.com.cn
经　　销 /	全国各地新华书店
印　　刷 /	廊坊市印艺阁数字科技有限公司
开　　本 /	710 毫米 × 1000 毫米　1/16
印　　张 /	26.25
字　　数 /	480 千字
版　　次 /	2023 年 3 月第 1 版　2023 年 3 月第 1 次印刷
定　　价 /	128.00 元
责任编辑 /	刘　派
文案编辑 /	侯亿丰
责任校对 /	周瑞红
责任印制 /	李志强

图书出现印装质量问题，请拨打售后服务热线，本社负责调换

《EVI 与氢脆》

编委会

顾　　　问：翁宇庆　毛新平　刘正东　张　跃　付俊岩
编委会主任：徐佐
副　主　任：Julie Cairney　陆匠心　Rafael Mesquita
主　　　编：郭爱民　马鸣图
副　主　编：路洪洲　陈翊昇　周　佳　韩　非　李　军
编　　　委(按姓氏字母排名)：

  Caio Pisano　Fabio D'Aiuto　Rafael Mesquita　常智渊　陈翊昇
  陈　勇　范秀如　方　刚　冯　毅　郭爱民
  韩　非　胡　晓　黄　利　姜发同　李春光
  李　军　栗克建　梁　宾　梁江涛　刘培星
  卢茜倩　卢　岳　路洪洲　罗爱辉　罗三峰
  马　成　马鸣图　师彦春　宋磊锋　孙　超
  王　诚　王光耀　王文军　王亚男　王　杨
  温　彤　肖　锋　谢春乾　徐正萌　严超峰
  阎换丽　杨　峰　叶青亮　曾林杰　詹　华
  张　军　张钧萍　张龙柱　张永青　赵林林
  赵　岩　周　佳　周　松　周　银　周湛淞

主　　　审：马鸣图　路洪洲　张钧萍
审　　　稿(按姓氏字母排名)：

  陈翊昇　方　刚　冯　毅　李永兵　宋　燕　阎换丽
  杨　琴

支持单位

中信金属股份有限公司　中信微合金化技术中心

中信金属股份有限公司成立于1988年，住所为北京市朝阳区新源南路6号京城大厦1903室。公司主营业务为金属矿产方面的大宗贸易和矿业投资，品种包括铌产品、铁矿石、有色金属、钢铁等；同时，它是巴西矿冶公司、秘鲁邦巴斯铜矿、艾芬豪矿业、西部超导、中博世金等的股东；中信金属是铌微合金化技术的行业领导者，其铌产品销售占中国市场份额的80%左右，铌微合金化汽车材料的开发和应用是其核心业务，汽车团队在行业内有较高的影响力。中信金属隶属于中国中信集团有限公司，其于1982年成立。中信集团连续13年上榜美国《财富》杂志世界500强，2021年位居第115位。

中国汽车工程研究院股份有限公司

中国汽车工程研究院股份有限公司（简称中国汽研）始于1965年3月成立的四川汽车研究所，1971年更名为重庆重型汽车研究所，系国家一类科研院所。后又多次更名，直至2001年转制为科技型全民所有制企业，更名为重庆汽车研究所。2003年，重庆汽车研究所划归国务院国资委管理；2006年，其与中国通用技术（集团）控股有限责任公司联合重组，成为其全资子企业；2010年11月，其整体变更设立为中国汽车工程研究院股份有限公司；2012年6月11日，其在上海证券交易所正式挂牌上市。

中国汽研积极服务国家战略和行业发展，深刻践行央企责任使命，构建起以重庆总部为核心，辐射全国主要汽车产业集群的技术服务布局，聚焦"安全""绿色""体验"三大技术领域，提供解决方案、软件数据、装备工具三类产品，致力成为以标准为核心，集成技术服务、数据应用、装备推广的科技平台公司。中国汽研拥有整车、零部件和材料全方位的检测、研发和装备研制能力，在汽车轻量化EVI技术和检验检测方面拥有显著的优势。

前　言

2000年以后，中国汽车已连续多年产销世界第一。近几年在疫情肆虐的形势下，汽车行业一枝独秀，产销仍然处于高位运行，引领和带动我国多个上下游行业乃至国民经济的发展，有力地支撑了广大百姓的就业和生活水平的稳定提升。汽车产业的发展带来了能耗、安全和排放等问题，汽车工业节能减排和汽车安全性提升已刻不容缓。当前，汽车轻量化仍是最直接、最有效的节能减排手段。在众多广泛应用的材料中，高强度钢和超高强度钢是最有效的轻量化材料，采用其制造汽车零件，可提升汽车的被动安全性能，兼具安全性、轻量化和高性价比，具有其他材料无法比拟和替代的综合优势，但高强度钢和超高强度钢应用时面临成形、强韧性和氢脆延迟抗力不足等问题。

EVI模式是促进新材料、新工艺在汽车工业上应用，解决高强度钢和超高强度钢零件在设计、制造和应用过程中的各种问题，并提升汽车安全性能的一种新的有效模式。针对高强度钢和超高强度钢的EVI模式于2008年由POSCO在韩国松岛召开的首届全球EVI论坛率先提出。该论坛两年一届，至今已召开了6届全球EVI论坛。EVI模式已深入人心，每届会议参会人数均超过千人。

近年来，国内也有一些企业将这一模式用于新产品的开发。在这种形势下，中信微合金化技术中心和中国汽车工程研究院股份有限公司联合国内外、上下游单位于2017年和2019年联合召开了两届EVI和高强度钢氢致延迟断裂国际会议，并出版了论文集两册。原计划在2021年召开第三届EVI和高强度钢氢致延迟断裂国际会议，由于疫情的影响而推迟至2023年4月19日—21日在重庆召开。

在总结前两次会议的基础上，本书编写突出了如下特点：

一是邀请了业内资深专家，编写行业发展报告8篇，论述EVI、氢脆、钢制轻量化概念车、断裂失效卡片及解决方案、轻量化车轮行业发展及特种车轻量化进展等行业发展报告，以及国内知名钢铁企业（如宝钢）的EVI发展模式，阐述具体的 EVI 方法、新的创新思维和对 EVI 新的认识，如宝钢提出："将遵循不断超越用户满意的理念"。

二是在 EVI 综合评述方面，由参加 6 届 POSCO 全球 EVI 论坛的我国汽车 EVI 模式倡导者系统评述了 6 届全球 EVI 论坛的主题和特色，详细介绍了 2018 年 POSCO 全球论坛会议的特点及国际钢协的执行总裁所做的《钢——未来最好的材料》等报告的精彩内容，介绍了 EVI 国内外的最近进展。多篇关于氢脆的论述涵盖了国内外该领域的最新研究进展，使读者对该领域有更深入和全面的了解。

三是对人们日益关注的安全问题，本论文集征集了断裂方面的文章形成专题，对材料的断裂失效理论模型、表征技术、测试方法和评价参量方面的研究进行了总结。结合材料强韧性的提升和微观组织的调控，对氢脆的评价方法和控制技术进行了专题介绍，使读者了解该领域的实验方法、结果和最新进展。

本次论文集主要包括三大主题，即 EVI 及其解决方案、氢脆及其机理研究和材料失效断裂及表征技术。对材料断裂方面的多维度、多尺度，从微观到宏观，从材料到零件，从单轴拉伸到多轴应力，再到整车上的应用，展示出我国近三年来 EVI 方面研究所取得的最新成果，论述了高强度钢的应用对我国汽车轻量化零部件安全性的提升所发挥的重要作用，对国内广大读者正确认识汽车用钢的发展方向、汽车零件的选材以及材料性能和零部件功能，以及对整车安全性的影响提供了新的视角和依据。

经过 90 余名国内外知名专家组成的学术委员会认真评审，收入论文集中的论文共计 38 篇，22 万字左右。本文集是业内各企业、研究院所、高校等企事业单位、广大科技人员共同努力的结晶。在此向支持本次会议召开、分享研究成果、积极投送论文、参与会议的相关工作的各位同行和专家表示诚挚的谢意。由于编辑出版时间有限，文集中难免存在一些疏漏之处，敬请读者不吝指正。

马鸣图　郭爱民
2022 年 11 月

目　录

EVI 和高强度钢氢致延迟断裂国际会议的综合评述 …………………… (1)
高强度钢和超高强度钢的氢脆研究进展 ……………………………… (18)
宝钢超轻型高安全纯电动白车身（BCB EV）开发 …………………… (54)
专题报告：国内外汽车用钢 EVI 最新发展现状介绍 …………………… (65)
专题报告：高强度汽车钢氢致延迟断裂 ………………………………… (83)
汽车用金属板材成形及服役断裂失效行为预测概述 ………………… (137)
汽车轻量化车轮行业发展及路线图 …………………………………… (154)
含铌钢在特种车轻量化上的应用现状及进展研究 …………………… (181)
30CrMo 钢制轻量化乘用车稳定杆开发 ………………………………… (202)
1 000 MPa 级冷轧双相钢氢致延迟开裂性能研究 ……………………… (204)
CR1500HF 镀锌热成形钢点焊接头性能研究 …………………………… (206)
CSP 工艺对热成形钢氢致延迟开裂性能影响 ………………………… (208)
超高强度钢冷成形开裂分析理论的现状与发展 ……………………… (210)
基于密度泛函理论的低合金高强度钢设计 …………………………… (212)
金属板材高精度断裂卡片研发及应用 ………………………………… (214)
铌元素对典型双相钢冲压和扩孔性能的影响研究 …………………… (216)
汽车 EVI 技术进展 ……………………………………………………… (218)
汽车车身用铝合金板材的研究现状 …………………………………… (220)
汽车用先进高强度钢显微组织表征和第一性原理研究 ……………… (222)
热成形钢极限冷弯性能与零件碰撞断裂指数关系研究 ……………… (224)
预应变和烘烤对 QP980 冷轧板材组织与力学性能的影响 …………… (226)
2 GPa 级热成型钢应变率敏感性及本构模型建立 ……………………… (228)
1 500 MPa 级短流程热成形钢开发 ……………………………………… (235)
Fe－11Mn－2Al－0.2C 中锰钢动态变形行为 …………………………… (242)
H220YD＋ZM 镀锌钢板电阻点焊工艺研究 …………………………… (254)
"门锁加强板"零件冲压开裂原因分析及优化改进 …………………… (264)

第二相析出物特征对 2 GPa 热成形钢氢致延迟开裂的影响 …………（273）
基体组织结构对热成形钢氢致裂纹影响………………………………（286）
基于结构应力的点焊疲劳卡片研究……………………………………（294）
基于可靠性提升的乘用车玻璃升降系统典型故障分析预防…………（302）
金属材料高周疲劳试验方法综述………………………………………（311）
抗氢脆高强度钢化学成分设计的第一性原理研究……………………（320）
铝元素对中锰钢包辛格效应的影响研究………………………………（332）
某转向器摇臂轴失效分析………………………………………………（352）
中锰 TRIP 钢氢致开裂性能研究现状与进展…………………………（359）
自卸车翻转轴结构静动态多目标可靠性拓扑优化……………………（377）
热成形钢高温成形性能评价……………………………………………（393）
某汽车后盖外板冲压成形性敏感参数分析与优化……………………（401）

EVI 和高强度钢氢致延迟断裂国际会议的综合评述

马鸣图[1]，李靖伟[2]，李波[2]，万鑫铭[1]

(1. 中国汽车工程研究院股份有限公司，重庆 401121；
2. 中新（重庆）超高强度材料研究院有限公司，重庆 401326)

摘要：本文综合评述了 EVI 和氢脆相关国际会议的内容以及发展概况。首先，评述了前两届 EVI 和氢脆国际会议召开的盛况和重点报告的内容，以及在该领域的研发进展，详细论述了全球 EVI 论坛中 6 届国际会议的主题和 EVI 模式促进先进汽车用钢发展与应用的重要作用，以及 EVI 在促进中国先进汽车用钢的发展和应用、行业进步所取得的进展，同时对 EVI 模式的未来发展进行了展望。其次，论述了在"双碳"背景下，近年来高强度钢和超高强度钢对汽车工业节能减排、材料和零件延寿，将会发挥巨大的作用。最后，文章介绍了本届会议的特点和亮点。

0 前言

从 2017 年至今，"EVI 及高强度钢氢致延迟断裂会议"已经成功举办了两届[1,2]。该会议推进了我国汽车产品结构调整、品质升级，缩短了新产品的开发周期，提高了产品竞争力，促进材料研发创新链和产业链的有机融合，深入探讨了高强度钢氢致延迟断裂及其对汽车钢应用过程中的影响。对推动汽车整车企业、零部件企业、钢厂、高等院校、研究院所之间的政、产、学、研、用的紧密合作做出了重大的贡献，对我国高强度钢和超高强度钢材料的发展与应用具有重要而深远的意义。汽车工业发展的总体趋势是电动化、智能化和轻量化，即安全、环保、节能是当前全球汽车产业发展的主题。安全和轻量化是汽车工业发展的永恒主题。在这一大的趋势和背景下，高强度钢和超高强度钢在汽车车身结构件上的应用，必然会越来越多。迄今为止，钢铁材料既可以提升汽车安全性和轻量化水平，又是性价比高的、可循环再生利用的、其他材料无法替代的材料。

十余年来，各主机厂、关键零部件厂以及材料供应商都致力于高强轻量化材料、零件以及新结构和新工艺的研发与应用。汽车轻量化的实施是一个系统工程，涉及多学科、多专业、多技术的优势集成，即设计、材料、先进成形技术和先进评价技术等方面的有机融合。同时，轻量化的发展需要深入领会和理解材料性能与零部件功能之间关系的创新理念,将合适的材料用到合适的地方,共同努力打造一个良性可循环的产业生态圈和环境,并形成可以展现和交流的专业技术平台。基于以上行业发展的趋势,以及高强度钢和超高强度钢在工程运用中出现的一系列问题(如成形困难、强韧性不足、氢致延迟断裂敏感性高等),需要组织和搭建一个很好的平台,增进上下游企业的技术沟通和相互了解,强化材料制造业、汽车整车企业、零部件企业、原材料企业、高等院校、研究院所之间的紧密合作,共同推进我国汽车产品结构调整、品质提升和竞争力的提高,缩短新产品的开发周期。

这样一个平台就是 EVI 的模式。在 EVI 这种框架下,上下游企业协同联合,从材料的加工成形历史到材料和零部件生产历史和使用历史,深入认识和改进材料的强韧性对零件功能的影响,以及高强度钢产生氢致延迟断裂的物理本质与材料的生产加工成形和使用的历史关系,共同提出和制定材料强韧性的评价方法,氢致延迟和断裂的物理本质以及评价表征方法,逐步形成多方协调一致的高强度钢和超高强度钢的强韧性匹配标准、氢致延迟断裂的共同认识以及性能提升的改进方法和手段。EVI 和氢致延迟断裂国际会议正是秉承上述理念,集国内外材料生产和应用企业的专家技术人员,在这一平台中进行技术交流,展示材料生产企业的实力和技术的进步,从简单的材料生产和销售企业转变为与终端用户合作并提供最终产品性能的提升的技术服务商,共同推动材料生产企业新产品的开发以及材料应用企业产品的技术开发和产品的更新换代,将各个专业、各种先进技术、各种先进材料以及应用研究成果高度融合,从而推动制造业的进步和产品的提升。

这就是举办 EVI 和氢致延迟断裂国际会议的初衷,而这正是高强度钢和超高强度钢在汽车轻量化应用中的关键问题所在。

1　历届会议概括

2017 年 12 月 14 日,第一届中国汽车 EVI 及高强度钢氢致延迟断裂会议在北京圆满举办,会议出版的论文集共收集论文 36 篇,将近 37 万字,其中 EVI 方面的内容有 24 篇,氢脆方面的内容 12 篇。在论文集中,马鸣图等人关于 EVI 的综述性论述首次全面系统地论述了 EVI 的新材料开发和应用模式的产生过程、EVI 的内涵、发展过程以及国内外典型企业开展的 EVI 活动所取得的新的进展,EVI 对新材料开发和应用的促进作用,并提出了材料生产企业开展 EVI 活动的条件和开展 EVI 活动的意义,对人们深入认识 EVI 活动有较大的促进作用[3];中信金属的路洪洲等人[4]以 Nb 钢汽车板的销售为例,深入探讨了 EVI 活动的发展脉络,发挥 Nb 在汽车板中的重要意义,并展示了这一工作的未来规划，给人们认识EVI活动有很多启迪；王建峰等人[5]在"多尺度生态框架下的技术创新加速先进高强度钢在汽车轻量化上的应用"一文中从生态的角度探讨了技术创新和新材料产业化的过程，并提出材料的选择、制造工艺、结构设计三者有机融合才可以得出高功能高性价比的零部件，失去任何一个方面就会失去平衡，同时针对下一代汽车高强度钢的开发提出"以需求引导技术创新，用市场检验技术价值"，并综合评价了冷成形和热成形的发展方向和挑战。

在EVI的文章中有不少结合零部件的开发进行了论述，对我国汽车轻量化的发展都起到了促进的作用。已故的陈一龙[6]主任在"汽车轻量化的科学工作开展"一文中，对轻量化的开展有一些新的思路和思考。到2018年，中国汽车轻量化经历了概念认知、新材料开发、材料/结构优化与工艺相结合，以及建立系统解决方案等不同的发展阶段，那么当前中国汽车轻量化的核心工作是什么呢？从当前的实际情况来看，过去10年我国轻量化工作取得了很大进步，无论是设计、材料，还是制造技术，都有明显进步。最重要的是，轻量化的理念在认识上有了质的飞跃。10年前，国内汽车设计流程中未考虑轻量化的因素，之后把轻量化纳入设计和考核指标，现在各企业均把轻量化列为战略发展目标，进而成为汽车产业的三大发展方向（电动化、智能化、轻量化）之一，为我国汽车轻量化技术的发展开辟了广阔空间。但是，对轻量化的认识问题、轻量化的指标问题、轻量化的成本问题等是轻量化工作能否持续发展和进行迫切需要解决的问题。针对这些问题，陈一龙在文章中提出的行业层面需要解决的问题和思路，以及行业层面需要深入认识的共性技术问题，同时提出要加强汽车零部件企业的建设，列举了原材料企业EVI能力的建设和典型案例，并再次强调了开展商用车研发工作的重要性，文中有些观点至今对轻量化工作仍具有指导意义和参考价值。文中结合零部件轻量化所开展的相关EVI工作，对深入认识EVI的含义和工作的重要性以及在零件整车轻量化中的用材工艺的提升都是很有参考价值的。

在氢致延迟断裂的论述和案例文章中，既有关于用三维原子探针技术表征钢中氢的捕捉行为的最新研究进展[7]，也有关于高强度钢氢致延迟断裂研究的系统综述[8-10]，同时也有高强度钢和超高强度钢氢致延迟断裂发生的案例分析，并提出改进高强度钢氢致延迟断裂抗力的手段和方法。近年来，高强度钢在汽车中的应用迅速增长。在汽车轻量化快速发展和保证汽车安全的前提下，氢脆问题已经引起人们的广泛兴趣和重视并开始了相关研究，以这一主题召开国际会议、出版系统性的论述文章正合时宜，会议和论文集引起与会代表和行业中的专业人士高度评价。

在第一届会议的基础上,第二届中国汽车EVI及高强度钢氢致延迟断裂会议于2019年8月29日在重庆举办,会议征集论文(按出版文集计算)共计31篇,分为EVI技术篇和氢致延迟断裂技术篇,合计36.5万字,涉及EVI模式合作、EVI解决方案、氢致延迟断裂机理等内容。两次会议都得到行业领导专家的支持和肯定,在行业中也引发了强烈的关注和反响。

第二届会议关于EVI的论述中[11],对EVI的内涵、EVI的意义、EVI在行业中特别是在汽车轻量化中行业对EVI的需求有了新的认识,同时提出将EVI融入整车的开发流程,并详细论述了整车开发的不同流程,包括初始方案阶段、性能确定阶段、性能分解阶段、零件功能的实现与验证以及整车功能的预测,实验验证和使用试验的结果分析都融入了EVI的概念;对应用EVI的整车方案的开发路线也有了新的认识,对EVI的不同阶段进行了分级,并举例对整车的新型结构和整机的开发过程以及所提出的一些理念进行了验证,进一步融合了"将适合的材料用在适合的地方",采用先进的工艺与材料及零部件的功能有机融合,取得高性价比的零件、白车身直至优异的整车功能。对EVI模式的服务逐步形成新的技术体系和规范,并建立起从材料性能到零件功能的数据库,以及各总成的完整的解决方案,最后将EVI模式融入整车的开发。在另外一篇文章中,基于对EVI模式的理解和适时需求,对材料性能和零部件功能关系的深刻理解,以及白车身中影响整车安全、刚度、耐久、性能等环状结构的分解与认识,定义了典型零件成形中的应变状态和成形模式[12]。在《汽车车身正向选材的逻辑和实践》一文中提出了汽车轻量化零件新的选材方法,应用这种选材方法,可以高效地确定先进材料在典型零件或在相关零件中应用的潜力,快速锁定应用先进高强度钢的零件减重降本的潜力,并可有效地降低零件的选材周期。文中还举例介绍了正向选材的这一系统的实际应用方法,为汽车车身的优化设计提供了有力的合理选材的工具。

韩国浦项公司介绍了电动车的轻量化解决方案[13]。该方案是从电动车白车身的结构优化设计开始,充分发挥韩国浦项多年来在GIGA钢(千兆钢)开发的优势,并通过应用先进的成形技术,充分发挥先进高强度钢在电动车白车身开发中的应用潜力,完成了GIGA钢的电动车白车身的轻量化项目,减重率高达25%。文中详细介绍了轻量化的悬架系统,由GIGA钢制造的轻量化的电池包壳,PBC-EV、PSC-EV以及PBP-EV 3种典型的电动车的轻量化构件,以及电池包千兆钢为主的C级电动车的车身、底盘悬架轻量化概念总成结构。在电动车上的应用表明了先进高强度的GIGA钢可以长期作为各类汽车的高强度轻量化材料。论文集中的EVI部分其他文章还详细介绍了其他高强度钢开发的成果和典型性能；一些文章中还对高速拉伸的材料在高应变速率下的流变特性的本构方程开发和拟合进行了介绍，表明为满足 EVI 的需求，材料性能的测试技术和数据测试技术都有新的提升。

在氢致延迟断裂的文章中，不同作者从不同的试验方法评价了不同钢种氢致延迟断裂抗力[14,15]，针对不同的微观尺度探讨了不同钢种成分的纳米的第二相析出、晶粒大小、板条宽度和板条束的宽度对材料氢致延迟断裂抗力的影响，特别是对铌钒复合微合金化提升热成形材料的延迟断裂抗力的作用和效果进行了检测，充分肯定铌钒复合微合金化热成形钢的效果。

冯毅等人[16]的文章基于大量的实验结果和大量的文献综合评述，对氢致延迟断裂的机理进行了探讨，对超高强度钢延迟抗力的提升和改进具有参考价值，也为高强度轻量化的汽车安全件的可靠性提升的选材提供了依据。

第二届 EVI 和氢致延迟断裂国际会议另一特点是参加人员更加广泛，国外来宾进一步增多，如本次会议上来自日本住友金属的中里福和教授、韩国浦项的钢解决方案研究室 Yong – Gyun Jung 等 7 位专家以及德国蒂森公司、美国通用上海研究院、澳大利亚悉尼大学、昆士兰大学、新加坡亚太地区铌铁技术咨询公司、加拿大麦格纳公司等。国内主要的钢厂（如宝钢、鞍钢、首钢、本钢、马钢等）、主要汽车厂（如长安、奇瑞、通用、北汽等）以及高校科研单位（如北京科技大学、安徽工业大学、中汽院、中信金属等）也积极参加。因此，这些外宾的到来和国内单位的参会也彰显了这一会议的国际性和大家对这一主题的兴趣和关心。

2　国内外 EVI 模式发展现状

EVI 是"Early Vendor Involvement" 3 个英文单词的首字母缩写形式，指的是材料制造商介入下游用户产品的早期研发阶段，充分了解用户对原材料性能的要求，从而为客户提供更高性能的材料和个性化的服务。EVI 早期来源于材料生产企业对用户质量服务的体系，包括从解决用户使用过程中的质量问题到对用户的技术支持。20 世纪 90 年代末，由于汽车轻量化节能减排的需要，汽车厂新研发车型需要应用高强度钢，但高强度钢的应用遭遇成形限制。因此，强度高、成形性好的先进高强度钢应运而生，其中早期产生的高强度钢是双相钢，随后又产生一代、二代先进高强度钢。为将这些先进高强度钢用于用户的产品，EVI 模式应运而生。通过技术合作，为用户车型开发提供新钢种应用的技术支持，包括车型的设计、计算机模拟、零件的原型制造直到批量生产。此时，EVI 已成为新钢种生产企业或新车型开发应用企业共赢的桥梁。EVI 为钢厂的先进高强度钢开发了市场，又为用户的轻量化提供了合适的材料和解决方案。经过几年的运作，浦项（POSCO）将这一模式已经总结成一套成熟的经验和完整的运作方式。以此为基础，2008年在韩国仁川松岛召开了首届全球 EVI 论坛，其名称为 POSCO Global EVI Forum 2008，也是国际上首次关于 EVI 的国际会议，参会人数近千人。在会议上，POSCO 公司的代表展示了一代、二代、三代高强度钢和先进高强度钢的发展及相关的性能和应用前景，参加会议的汽车厂的代表展示了轻量化的需求，而 EVI 正好是二者的桥梁。POSCO 公司的代表详细论述了 EVI 的模式和内涵[17]，在会上 BAIK S C 用 CE（并行工程）（包括优化材料建议和新钢类的开发）、VE（价值工程）（包括通过改进钢材的运输系统降低钢材价格）、VI（价值创新）（包括通过材料应用的变化降低钢材价格）、PP（零件建议）（包括基于汽车使用和生产中的变化给予材料的合理建议）作为 EVI 模式的核心。POSCO 公司为实施 EVI 专门成立了汽车钢应用中心（ASAC－Automotive Steel Application Center），与用户共同开发新钢应用的相关技术。

在 2016 年的第一届汽车用钢和第三届高锰钢国际会议上，MA M 从 EVI 的概念开始就 EVI 的引入与高强度钢和先进高强度钢的开发和应用、EVI 对用户的集成解决方案、新车型开发中的 EVI 活动、未来车的开发和工艺流程、国内外典型企业的 EVI 活动、对材料企业开展 EVI 活动的具体要求、EVI 活动的本质意义等方面进行了详细的论述。2008—2018 年，POSCO 公司每两年就举行一次 EVI 活动，前后共举行 6 届全球 EVI 论坛。2008 年的主题是"开发用户所需的产品"，详细介绍了 POSCO 高强度钢和先进高强度钢所取得的最新进展；2010 年的主题是"如何帮助用户在高强度零件制造中采用先进的成形技术"，包括激光拼焊板、热冲压成形、液压成形等开展的 EVI 活动；2012 年的主题是"如何使用户快速应用新的钢铁产品，并将钢种开发与汽车产品的开发有机地融合在一起，进行 EVI 的深度合作"；2014 年的主题是"从钢材的开发到解决问题的合作伙伴，钢厂和汽车厂有机融合在一起，共同开发产品，共同销售产品"；2016 年的主题是"展示 POSCO 的实力和国际地位"，POSCO 总裁权伍俊介绍了 POSCO 在社会维度的排名，其比较的内容包括（按百分数计进行比较）道格琼斯可持续性发展指数、社会维度、人力资源和社会贡献等。在与 Tata steel、中国钢铁、Autokupumo 比较中，POSCO 排第一。通过碳信息披露项目，由全球可持续发展机构进行评比，参与的钢厂有 POSCO、SSAB、Thyessen Krupp、Hyundai Steel 以及 Arcelor Mittal，POSCO 仍排名第一；通过世界钢动力进行评估，参与的钢厂有新日铁、钢铁动力、丹钢、谢韦尔钢铁公司、奥钢联、巴西盖尔道、日本钢铁控股公司、日本制钢所，世界钢厂的排名中 POSCO 排名第一；在进行技术革新、熟练的生产工人、产品附加值3项评比中,参与的钢厂有POSCO、新日铁、钮克、钢铁动力、丹钢等国际性的钢公司,POSCO也排名第一。展示这些国际上的竞争力,表明了POSCO产品的可信度和技术上的先进性。进一步通过技术方面的解决方案,主要包括4类:解决应用于汽车的GIGA钢(尤其是带涂层)的焊接性能;对新开发的高锰钢,进行零件设计及前瞻性应用研究,如针对用于LNG(液化天然气储罐)进行优化设计和模拟;在建筑方面展示了高强度丝棒材的应用;对于一些高性能钢的应用,展示了零部件的功能分析。通过上述分享依次展示POSCO新技术创新和新材料应用的EVI解决方案。在商业方面的解决方案包括共同建立合资公司,节约运输费用,联手开发市场,进行资金支持,产品的迅速配送等。在应用技术方面从成形技术、涂层技术、焊接技术、零件的功能评价等方面和用户进行合作。由此可见,POSCO进行的是全方位的解决方案,从硬件到软件,从技术到商业支持,POSCO的EVI工作做到了极致。

在POSCO Global EVI Forum 2018 国际会议上,POSCO新任总裁Choi Jeong-woo(崔政宇)作为大会主席致欢迎词。2018年正值POSCO建成50周年,崔总裁在欢迎词中讲到"2018年POSCO钢铁已经走过了50年的里程,在过去的50年中,POSCO的客户都与POSCO一起前进,50年前,我们在Yeongil海湾的空地上建立了POSCO钢厂,以无私的精神奉献于韩国的经济发展,虽然我们是一个从一无资金、二无技术和经验仓促组建的公司,但是我们成功地战胜了许多挑战,并成为具有尖端技术的世界领先的钢铁制造者。因此,今天POSCO站在这里,特别感谢客户无私的支持和奉献。下一个50年,POSCO将秉承用户的成功就是我们的明天,在与用户共同成长的同时,POSCO将成为你真诚的合作伙伴,我们将通过开发和创新,给用户最好的产品和满足用户需求的精细的解决方案。我们秉持与客户、供应商和合作伙伴一起创造价值,共同建设一个更美好的社会。基于创造、信任和创造力的企业文化三大支柱,将POSCO打造成百年老店。我们邀请在座的各位,与POSCO一起开拓前进的新征程"。在开幕式上,世界钢铁协会总干事Edwin Basson做了题为"钢——未来最好的材料"的主旨报告。这与钢铁材料的特殊性能有密切关系:一是钢铁材料在生产中可以有效地利用资源,即高效生产;二是在生产中可以进一步管理环境低碳低能生产;三是钢铁材料可以循环再生利用;四是可以再制造并最终参与材料的再循环。此外,钢铁材料作为未来的基础材料,还有一种已被广泛运用、但未被承认的性能,那就是钢铁材料可在复杂结构中作为一种框架而成为这种结构稳定在一起的一种结构和力量,钢铁材料几乎可与所有的材料共同工作。目前所提出的,零能量的建筑就取决于钢材的这一性能。在汽车分会场的报告中,POSCO 提出了 GIGA 钢的概念,以它作为汽车轻量化和安全性的解决方案和用材,并对新能源汽车用材的发展趋势进行了论述。当应用超高强度钢实现新能源汽车轻量化时,要解决用户在应用技术方面的问题,包括氢脆抑制、液态金属脆性的抑制、冷成形时零件的回弹和模具的磨损等。在解决这些问题时,强调主机厂、材料商、零部件厂的共同合作,才可以用好这一经济环境友好型的材料,会议还就电动车的材料进行了论述和交流。POSCO 的电动车材料有些已超出钢铁材料范畴,如包裹高能量密度的电池包,用 POSCO GIGA 钢制成的电池包以及 POSCO 高能量密度的 Li、Ni、Co 电池材料,快充长寿电池材料等。在这次会议上,POSCO 还特别强调了 EVI 的拓展应用,如热轧板、冷轧板在智能化的高层建筑、桥梁、模块化装配式建筑上的应用,GIGA 钢系列汽车用钢(包括白车身、门环,新型的 1180 冲压 B 柱),表面质量更高的车身外板,更经济更实用的保险杠,轻量化安全的车身稳定杆,以及高耐腐蚀的 ZnMgAl 涂层,减重 20% 以上的 POSCO 悬架系统等。新兴的电动车材料,包括在高频情况下,低芯损失和高强度的电磁材料,轻量化的风电能源材料,氢燃料电池包材料,以及各种钢丝和线棒材。这类线棒材具有高强度、高延迟断裂抗力,零件的性价比高,热处理简单。同时,其特别提出洁净的高强度钢,同时也展示了锌镍涂层代替不锈钢在家电中的运用。

在这次全球 EVI 论坛上,还展示了大量的实物零件和成品,以说明韩国 POSCO EVI 技术在各个钢铁运用领域的特点,给人以强烈的视觉冲击。

国际钢协在未来钢车身的项目(FSV)中,对 EVI 活动也进行了系统的展示[18,19],包括开发的位置、概念设计、详细设计、材料和功能性的设计以及功能的验证,使白车身的质量减轻 35% 即 102 kg。在连接工艺中,采用了点焊、激光焊等连接方法。在功能评价中,进行了美国 N-UCAP 的前撞、欧洲 E-NCAP 的前偏置碰、美国 FMVSS 的后撞、2HS 的侧撞、FMVSS-214 柱撞、FMVSS-216 背顶压溃,都取得了较好的效果。

蒂森公司的 Incar 项目[19,20]也是国外企业进行 EVI 项目的一个典型案例。该项目的特点是同一个典型零件给出多种解决方案,同时还进行轻量化效果和二氧化碳的评估。以 B 柱为例,原方案零件采用 $DP^{®}$-W 600 激光拼焊板冷冲压制备,以这一方案作为比较的基础,提出了 6 种方案,比较了成本、质量、二氧化碳排放,相关结果如图 1 所示。

ArcelorMittal 在进行 EVI 活动时,以概念车展示作为一种模式。在制作这一标杆车时,选定了欧洲、北美的 C 级车作为标杆车,制作的概念车称为 S-in motion[19,21]。其轻量化的解决方案包括:采用先进高强度钢、热冲压成

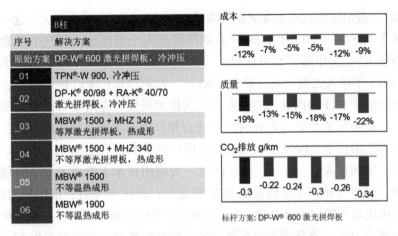

图1　B柱的EVI（成本、质量、CO_2排放）方案对比

形钢、激光焊接板、管材、长材，使白车身和底盘质量减少73 kg（减重率19%）；车辆使用时产生的二氧化碳排放量减少13.5%，不增加成本也并不影响车辆的安全性；和标杆车相比，试用阶段的温室气体排放可减少 CO_2 排放6.3 g/km。该公司EVI的另一特点是，大量应用热冲压成形零件，白车身上应用的零件高达29个，同时应用了刚度和轻量化效果更好的激光拼焊门环。

在国内企业中，宝钢是开展EVI工作较早的企业。2011年，召开了首次国内EVI会议，此后召开多次EVI会议，对用户提供全流程的系统化和个性化的支持。在材料技术方面，提出选材优化技术；在工艺技术方面，进行现场工序优化、成形优化和配料优化，并采用各种先进的制造技术；在设计技术方面，采用文件设计技术、零件CAD技术和对成形轻量化优化的CAD分析技术，进行敏感分析和成形分析，并提出了一揽子先进高功能零件的解决方案和储备知识，以及协同开发技术。2015年开始制造宝钢的BCB型概念车，用于EVI服务和展示，选用的标杆车为一款国际上比较好的B级车，白车身的设计质量为273 kg，高强度钢设计比例达到77.3%，零件个数为309个，轻量化系数实测为2.7，被动安全的碰撞为五星级，白车身的保护得分为23.98，满足五星级碰撞要求，实测白车身质量为284.1 kg，车身减重率11%。其在实现轻量化的同时，提升了白车身的相关性能，在全国取得良好的示范效果。

3　EVI发展的预期

在第三届中国汽车EVI及高强度钢氢致延迟断裂会议召开前夕，曾对宝钢的汽车用钢、国家重点实验室主任陆匠心进行了采访，他详细论述了宝钢EVI的进展，主题为"产业合作与创新纪实——宝武EVI：提供用户满意的解决方案",提出宝钢汽车板发展始终遵循不断超越用户满意的理念,这一提法也超越了POSCO。2012年POSCO总裁郑俊炀先生曾提出"用户的满意就是我们的明天",文中陆匠心主任提出"宝钢EVI技术是汽车行业的一个里程碑",1995年导入先期介入的理念(EVI),在和汽车厂EVI的合作中,更加深刻地理解了EVI的内涵。EVI推动宝钢技术研发、应用及工作模式的技术变革,从而强化了上下游企业的产业链合作,促进了产业技术的升级,推动了绿色制造的进步。1999年,宝钢成立用户技术中心,是国内首个技术中心。多年来,宝钢在成形、连接、涂装防腐三大应用技术上形成了一系列创新研发成果。2015年推出了宝钢首个BCB概念车;2021年4月,推出了超轻型、高安全纯电动车的白车身BCB EV,其效果达到国际领先水平,在成本可控的条件下减重16%,在新能源汽车界产生了较好的影响。宝钢汽车板EVI坚持创造价值的理念、开放的国际化道路,参加超轻型钢质车身(ULSAB)、未来钢制车身(FSV)、AHSS使用指南编制、车身零部件制造全生命周期评估(LCA)等项目研究。在EVI服务的过程中,宝钢坚持与汽车行业密切合作,以用户为中心,坚持"用户的标准、用户的计划、用户的利益"就是宝钢的追求。2021年,宝钢紧跟中央的"双碳"战略部署,及时制定了"双碳"的时间表,即2023年实现碳达峰、2025年实现碳中和,实现从原材料端到生产制造端,再到使用端的深度协同降碳,为实现碳中和社会做贡献。宝钢积极开展汽车产品全生命周期的碳足迹评价,在"双碳"政策的约束下,使钢铁材料成为真正的环境友好型材料,并根据功能当量测算材料碳排放下的轻量化功能和碳减排。宝钢对EVI的研究和认识,是我国钢铁企业的代表。目前,几乎国内所有的汽车钢铁材料生产企业,如武钢、马钢、鞍钢、首钢等,都开展了EVI模式的技术服务和产品推广应用,表明这一模式在我国大型的钢铁企业中已经深入人心,为领导阶层所认识,并在新产品开发和技术服务中付诸实践和应用。

在应用EVI模式进行技术服务的一些公司中,中信金属股份有限公司的EVI工作具有一定特色。首先,针对高强度钢和超高强度钢在汽车中应用时,存在强韧性不足、氢致延迟断裂抗力偏低以及成形性差、焊后韧度和耐久性不足等问题,其结合该公司的产品铌对上述产品和加工工艺的影响,与用户一起开展了以EVI模式为指引的大量研究,探讨了铌对上述性能影响和改善的机理,指导用户用好铌微合金化的高强度钢和先进高强度钢,并将研究成果编辑成书或论文集,与用户分享,为用户正确使用高强度钢和先进高强度钢提供指导。其次,该公司还和有关科研单位联合开发了车身材料的智能选材系统,即正向选材系统(Material Intelligent Selection System)。该系统的网页版和软件版 1.0 版已于 2020 年在 EVI 与汽车氢脆大会上进行发布。该软件基于高强度材料失效断裂卡片、汽车车身安全的环状结构将合适的材料用在合适的地方，建立了首个考虑轻量化、成本、安全、制造工艺 4 个维度及 9 个子维度的选材体系，完善了常用汽车板的材料数据测试结果，为材料的合理选材提供了更加简便有效的工具。

4 近两年"双碳"背景下材料和制造技术的发展

2021 年 3 月 15 日，习近平主持召开的中央财政委第九次会议上，提出我国力争在 2030 年前实现碳达峰、2060 年前实现碳中和。这是党中央的重大战略决策，事关中华民族永续发展和构建人类命运共同体的大事。为此，工业领域要推进绿色制造，建筑领域要提升节能标准，交通领域要加快形成绿色低碳运输方式，为早日完成"双碳"的战略目标提供高水平绿色低碳的科学供给和有效供给的科学支持。2021 年中国汽车保有量为 3.02 亿辆，商用车保有量超过 4 000 万辆。汽车工业发展，汽车产量和保有量增多，给人们出行带来方便，给工业发展带来动力，但也产生了油耗排放和安全问题，2019 年中国消耗石油数量 7 亿 t，进口约 5 亿 t，对外依存度超过 70%。

汽车工业油耗占整个国家油耗的 55% 左右，商业车占汽车工业油耗的 55%~60%，重型商业车占商业车油耗的 55%~60%。汽车工业（尤其是商用车）节能减排刻不容缓！汽车轻量化是节能减排最直接、最有效的手段。对乘用车轻量化必须保证安全，对商用车必须保证使用的可靠性和寿命，而汽车工业要具有竞争能力，就必须具有高的性价比，其中用材是影响汽车性价比的一个重要方面。钢铁材料特别是高强度钢和超高强度钢既可实现轻量化和高安全性又是性价比高的、可循环回收的、其他材料无法代替的材料。近年来，高强度钢和先进高强度钢快速发展，前后出现了一代、二代、三代先进高强度钢，以满足汽车工业发展的需求。

汽车用材强度的提升，按拇指法则，都可以使板状零件进行轻量化。作为汽车零件，它必须满足各种实用功能的要求。例如，对承受撞击的零件，既要有良好的强韧性，又要满足撞击性能；承受弯曲载荷的零件如白车身，还要满足刚度的要求。强度提升，零件减薄后，还要保证零件局部鼓胀的失稳抗力。这些综合性能构成零件的功能，而高功能的零部件才是高强度钢应用的最终目的。

近年来，随着轻量化的发展，超高强度钢也随之迅速发展。强度提升会导致成形困难、韧性不足、延性不足，为此先进高强度钢中出现了 TRIP 钢、TWIP 钢、Q&P 钢和 Q&PT 钢。这些钢出厂时的材料性能、强韧性和成形性，都有所改善，有利于高强度冲压零件的制造。这些钢种强韧性改善的机理是钢中包含有残余奥氏体，而在变形时残余奥氏体转变为马氏体，产生相变诱发塑性，但残余奥氏体转变成马氏体是由延性高的相转变成硬而脆相，因此成形零件的性能和材料性能会发生很大的变化。若这种变化仍在零件功能要求的指标范围内是可以接受的，但如果这种变化不能满足零件功能的要求，选用这种材料时就必须慎重考虑。

改善成形性和获得高强度零件的另一技术是热冲压成形技术。1977 年瑞典 Plannja 公司用 22MnB5 进行热冲压成形，并申报专利。1984 年 SAAB 公司用硬化的 B 钢制造汽车零件，而 1987 年这种零件批量生产，2000 年开始更多的热成形零件在汽车上运用。2007 年，热冲压成形零件年产超过 1 亿件。2010 年起，热冲压成形技术和生产件在中国迅速发展，迄今我国热冲压成形生产线超过 200 条，分布在全国 18 个省市。围绕热成形开展的学术活动方面，欧洲和北美已召开了 7 届热冲压成形国际会议，中国已经召开了 5 届热冲压成形国际会议，出版论文集 12 册，极大地促进了热成形材料、工艺、技术和装备的发展。在短短 11 年的时间内，热冲压成形生产线在中国从无到有，再发展到 200 余条生产线，实为绝无仅有。抗拉强度可达到 1 500 MPa 而又可获得复杂形状的零件，并取得良好的轻量化效果，目前也只有热冲压成形技术可以做到。

超高强度钢的应用直接与"双碳"战略密切相关。这一技术将从 3 个方面来支持"双碳"战略：一是轻量化节约用钢。世界钢铁协会 2021 年的数据表明每减用 1 t 钢将减少 2.332 t CO_2 排放；二是用于交通运输的构件。轻量化可以减少燃油消耗和 CO_2 排放，通常乘用车每减重 10% 可节省燃油 6%~8%，同时减少排放；对于商用车，每减重 1 t，可节省燃油 6%~8%。三是轻量化可减少运动构件的使用负荷，从而延长构件的使用寿命，间接实现节能减排和成本节约。热成形技术最新发展方向是新富集团和中新超高强材料研究院开启的商用车轻量化和热冲压成形的应用，将使商用车轻量化上升到一个国际领先的水平。目前已解决了成形所需的大型装备、独具特色的超大型模具以及工件传输装置和检测评价技术以及超大型构件用钢，开启了大型构件热成形轻量化的新时代。这些典型的大型构件有：22.5×9 in① 商用车车轮（减重效果接近于锻造铝合金车轮）、矿山自卸车和城市渣土车的翻斗上装部件（减重效果达 50%）、仓栅式的长途运输车（减重效果 30%~40%）。为了满足这些大型构件需要，热成形钢需具有高淬透性、高强韧性匹配、高抗氧

---

① 1 in = 2.54 cm。

化性、高抗腐蚀性、高抗氢致延迟断裂性能、高防子弹侵彻能力以及高的性价比等以满足商用车、船舶、高速公路护栏、集装箱、装配式建筑、军工等领域中的热冲压成形材料和构件的特殊要求。同时在这些领域和构件上的推广应用，也有效地实现了节能减排，有利于国家"双碳"战略的预期实现。考虑到这类材料用量大，在合金化中采用了多元少量的微合金设计思想，以获得构件合理的性价比。

EVI和轻量化需要把合适的材料用在合适的地方，根据零件的需求和使用的功能要求进行轻量化的优化设计，并选用合适的先进成形工艺。完成这一工作和任务，是多种专业、多种技术、多种材料、多种工艺优势的集成，不可能一蹴而就。

5 本届EVI氢脆国际会议的特点和亮点

本届会议聚焦当前热点技术问题，包括三大方向：一是主机厂和零部件厂关注轻量化和"双碳"的关系如何通过上下游合作，为社会提供更好的符合"双碳"战略的产品；二是基于材料的成形和断裂卡片，合理选材提升构件的成品率和使用的安全性；三是如何提升高强度材料的氢致延迟断裂抗力，提升其使用的安全性，降低氢脆的风险，并对高强度钢开展EVI工作的重点和氢脆研究的进展进行论述。

为组织好本次会议，会议秘书处和组委会所采取了以下新的举措：

一是会议的论文集增加了新的栏目。论文集的第一部分内容是专家论坛，将会议秘书处采访的EVI或氢脆方面相关专家的专题论述进行了编辑。这些论述紧扣主题，内容丰富，深入浅出，将国内外在相关领域的研究进展，尤其是专家本人对其所从事的重点专业研发成果进行了深刻的论述。由于相关内容都是该领域内较为熟悉的专家，因此其认识更为深刻，建议和内容更有参考价值。

二是在第二部分内容中，邀请行业内的专家，就本人研究领域所涉及的内容进行文献综述，包括在行业中较早进行EVI模式开发汽车用钢的上海宝钢，将进行关于EVI的综述，其内容还涵盖EVI概念的产生、内涵，EVI的发展，EVI促进行业发展的重要意义，EVI的拓展，EVI的高级发展阶段和产业的融合等方面。进行EVI工作时重要的展示内容是概念车，中汽院曾和国内多个冶金企业进行概念车打造方面的技术合作，其将与马钢联合就冶金企业进行EVI的概念车制造进行介绍，内容将包括标杆车的选取、标杆车的Benchmark工作和性能测试；以标杆车为基础，对概念车进行设计，以展示EVI服务中该企业新的材料、新的成形工艺技术、新的白车身设计和白车身的制造，直至典型零件的优化设计的计算机模拟、白车身的性能模拟、弯曲扭转刚度的模拟和测试，并对整个标杆车的制造进行全面的论述和说明，充分展示材料、工艺、技术的先进性和完整性。汽车轻量化的发展、汽车用钢强度的提升、高强度钢的广泛应用，使汽车用钢的氢脆问题成为近年来研究的热点。自第一届EVI和氢脆会议之后，已有两项自然科学基金项目支持相关研究并有大量论文发表。这些论文聚焦于氢脆的宏观评价方法及其对高强度钢所制汽车零件使用中安全的影响和氢脆的关系，提高钢氢致延迟断裂抗力的核心成分设计和工艺方法，避免高强度钢汽车零件的氢脆发生的方法和手段，氢脆产生的微观机理，氢原子在钢中分布的三维原子探针的直接观察，将从微观到宏观、从材料到零件、从原子级别的点线面缺陷到微米级的显微组织进行详细系统的论述，包括对研究成果系统的总结，也对成果的意义或进一步的研究方向和内容进行拓展认识，这对该领域的发展和深入认识一定会有补益。高强度汽车零件制造过程中，特别是冲压成形时，经常会遇到成形性不足而冲压失效。在使用过程中由于材料的不同的制造历史、零件的不同的加工历史、构件的不同的服役历史而产生的失效，如何评价在这些过程和历史中材料、零件的失效，是汽车行业中设计选材制造工艺的有关科技人员极为关心的问题，对断裂失效技术的综述将展示失效评价方式的最新进展。最近提出的简单易行的评价方法，物理内涵明确，力学概念准确的评价参量，包括极限断裂应变、复杂应力状态下的本构模型和损伤断裂模型以及模型中各参量测试和应用，最终形成独具特色的断裂卡片，将为材料的选用、加工过程和使用过程中的失效分析和预防，提供理论依据和判定准则。这对合理选材和合理工艺流程的制定，都具有很好的参考价值。

三是本次会议组委会为论文的发表也做了大量的工作，使不同水平的论文有了更合适的期刊进行发表。在国内的EI和SCI收录的杂志中，组委会联系到了《金属学报》（英文版为SCI收录）和Automotive Innovation杂志EI收录发表，部分论文将推荐到中交核心期刊《汽车工艺与材料》杂志上发表。经组委会组织专家评审，基于论文的篇幅、内容的完整性以及长期保留价值等方面，推荐到不同的杂志发表，或收录于论文集中。考虑到文章的篇幅在论文集中将会不受到篇幅限制，大部分论文评审通过后将会收入论文集，由北京理工大学出版社出版发行。会议论文集我们初步定名《EVI与氢脆》，论文评审专门制定了评分标准，评审时将从文章的创新价值、实用价值、叙述水平、理论分析、理论验证等方面进行评分。

本次会议原计划2021年11月10—12日在西安举办，由于疫情未能如期举行，而根据我国疫情防控的实际情况，会议又改在2022年4月13—15日采取线上线下方式在重庆举行。由于当时国内多地再次暴发疫情，且疫情防控形势复杂严峻，会议承办单位中信微合金化技术中心、中国汽车研究院股份有限公司和会议主席郭爱民、马鸣图商定，为确实保证与会人员的健康安全，决定将第三届汽车 EVI 及高强度钢氢致延迟断裂会议再次延期至 2023 年 4 月 19 日—21 日在重庆举办，具体会议时间将根据疫情防控要求另行通知。每次会议改期，会议筹办单位都要做大量的工作，为会议的召开和参会代表的安全、食宿准备最好的条件，保证会议顺利进行和与会代表的满意。汽车材料网的有关同志，结合会议的主题，提出了不同专家非常切题的采访提纲和内容，同时及时在网上发布会议延期的相关信息和采访的结果，为会议的召开增添了很多有意义的信息和内容，扩大了会议的影响。为筹办论文集的出版，中信金属股份公司和中汽院从论文集的策划、内容的编排、论文的征集都做了大量的工作，同时也包括解决不同期刊发表文章的版面费等，可以预测本次会议的论文集一定是内容更加丰富，并以更好的面貌和与会作者及广大读者见面。

疫情终会过去，期待本次会议在 2023 年 4 月份如期举行，欢迎与会的各位来宾和代表，4 月份在山城重庆相聚。

参 考 文 献

[1] 中信微合金化技术中心，中国汽车工程研究院股份有限公司. 中国汽车 EVI 及高强度钢氢致延迟断裂研究 [C]. 北京：北京理工大学出版社，2018.

[2] 中信微合金化技术中心，中国汽车工程研究院股份有限公司. 汽车 EVI 及高强度钢氢致延迟断裂研究进展 [C]. 北京：北京理工大学出版社，2019.

[3] 马鸣图，赵岩，路洪洲，等. EVI 和先进高强钢的发展：中国汽车 EVI 及高强度钢氢致延迟断裂研究 [C]. 北京：北京理工大学出版社，2018：3 - 14.

[4] 路洪洲，郭爱民. 中信金属汽车 EVI 模式的发展脉络及展望：中国汽车 EVI 及高强度钢氢致延迟断裂研究 [C]. 北京：北京理工大学出版社，2018：15 - 23.

[5] 王建峰，刘名，熊小川，等. 多尺度生态系统框架下的技术创新加速先进高强钢在汽车轻量化上的应用：中国汽车 EVI 及高强度钢氢致延迟断裂研究 [C]. 北京：北京理工大学出版社，2018：24 - 34.

[6] 陈一龙，路洪洲，李军. 汽车轻量化工作的科学开展：中国汽车 EVI 及

高强度钢氢致延迟断裂研究[C]. 北京:北京理工大学出版社,2018:42-48.

[7] 陈煜昇. 以原子探针技术表征钢中的氢捕捉行为:中国汽车EVI及高强度钢氢致延迟断裂研究[C]. 北京:北京理工大学出版社,2018:219-226.

[8] BIAN J,路洪洲,王文军,等. 铌微合金化对热冲压成形钢氢致延迟断裂的影响:中国汽车EVI及高强度钢氢致延迟断裂研究[C]. 北京:北京理工大学出版社,2018:227-239.

[9] 周庆军,孙中渠,王利. 超高强汽车用钢延迟断裂性能影响因素及评价方法概述:中国汽车EVI及高强度钢氢致延迟断裂研究[C]. 北京:北京理工大学出版社,2018:265-272.

[10] 冯毅,宋磊峰,马鸣图,等. 高强度钢氢致延迟断裂研究进展:中国汽车EVI及高强度钢氢致延迟断裂研究[C]. 北京:北京理工大学出版社,2018:285-304.

[11] 范体强,万鑫铭,马鸣图,等. 融入汽车开发流程的EVI开发及展望:汽车EVI及高强度钢氢致延迟断裂研究进展[C]. 北京:北京理工大学出版社,2019:3-18.

[12] 路洪洲,肖锋,魏星,等. 汽车车身正向选材的逻辑与实践:汽车EVI及高强度钢氢致延迟断裂研究进展[C]. 北京:北京理工大学出版社,2019:19-33.

[13] JUNG Y G,BOK H H,KIM J Y,等. 韩国浦项制铁的电动汽车轻量化解决方案:汽车EVI及高强度钢氢致延迟断裂研究进展[C]. 北京:北京理工大学出版社,2019:34-41.

[14] 晋家春,谷海容,崔磊,等. NbV微合金化对1 500MPa级热成形钢抗延迟断裂性能的影响研究:汽车EVI及高强度钢氢致延迟断裂研究进展[C]. 北京:北京理工大学出版社,2019:241-253.

[15] 梁江涛,赵征志,路洪洲,等. Nb微合金化技术在2 000MPa级热成形钢中的作用:汽车EVI及高强度钢氢致延迟断裂研究进展[C]. 北京:北京理工大学出版社,2019:269-277.

[16] 冯毅,赵岩,路洪洲,等. 微合金化对热成形钢抗氢致延迟断裂性能提升的作用机理研究:汽车EVI及高强度钢氢致延迟断裂研究进展[C]. 北京:北京理工大学出版社,2019:279-296.

[17] PARK S H,KIM G S,LEE H W. 浦项的先进高强度钢开发和EVI活动:2009年汽车用钢生产及应用技术国际研讨会论文集[C]. 北京:冶金工业出版社,2009:123-127.

[18] 高永生,杨兵. 未来钢质汽车轻量化的有效途径 [J]. 汽车工艺与材料,2012 (1): 5 – 11.

[19] 中国汽车工程学会,中国汽车轻量化技术创新战略联盟,中国第一汽车股份有限公司技术中心组. 中国汽车轻量化发展:战略与路径 [M]. 北京:北京理工大学出版社,2015: 32 – 38.

[20] 蒂森克虏伯中国投资有限公司. Incar®:"更多" + "更好" [J]. 汽车与配件,2013 (27): 14 – 17.

[21] 柯华飞,康斌. 安赛乐米塔尔今年在汽车工业领域的重大技术创新 [J]. 借鉴与思考,2015 (4): 19 – 23.

高强度钢和超高强度钢的氢脆研究进展

马鸣图[1,2]，粟克建[1,3]，司宇[3]，曹鹏军[3]，
路洪州[4]，郭爱民[4]，王国栋[5]

(1. 汽车 NVH 与安全技术国家重点实验室，重庆 401122；
2. 中国汽车工程研究院有限公司，重庆 401122；
3. 重庆科技学院冶金与材料工程学院，重庆 401331；
4. 中信金属股份有限公司，北京 100004；
5. 东北大学，沈阳 110167)

摘要：轻量化汽车用先进高强度钢的氢脆（HE）断裂问题越来越受到人们的关注。本文介绍了氢气的来源、传递、运动的表征参数、HE 的测试方法、HE 断裂的特征和路径等。综述了 HE 和氢致延迟断裂裂纹扩展的机理和模式。综述了近年来 HE 微观和宏观典型断裂特征及影响因素的研究进展。总结了提高抗 HE 性能的方法：①降低晶粒和夹杂物尺寸（氧化物、硫化物和氮化钛）；②控制纳米析出相（碳化铌、碳化钛和复合析出）；③在合理的钢抗拉强度下提高残余奥氏体含量。

关键词：HE；高强度钢和超高强度钢；氢致延迟开裂；氢陷阱；残余奥氏体
中图分类号：TG13　**文献标识码**：B

Hydrogen Embrittlement of High Strength Steel and Ultra High Strength Steel for Automobile Application

Ma Mingtu[1,2], Li Kejian[1,3], Si Yu[3], Cao Pengjun[3],
Lu Hongzhou[4], Guo Aimin[4], Wang Guodong[5]

(1. State Key Laboratory of Vehicle NVH and Safety Technology, Chongqing 401122, China;
2. China Automotive Engineering Research Institute Co., Ltd., Chongqing 401122, China;
3. School of Metallurgy and Materials Engineering, Chongqing University of Science & Technology, Chongqing 401331, China;
4. CITIC Metal Co. Ltd Beijing 100004, China;
5. Northeastern University, Liaoning, Shenyang, 110167, China)
* Corresponding author email: likejiann@ cqust. edu. cn

Abstract: Hydrogen embrittlement (HE) fracture of advanced high strength steels used in lightweight automobile has received increasing public attention. The source, transmission, movement of hydrogen, and characterization parameters, test methods of HE, as well as characteristics and path of HE fracture etc. are introduced. The mechanisms and modes of crack propagation of HE and hydrogen induced delayed fracture are reviewed. The recent progress about micro and macro typical fracture characteristics and influence factors of HE are discussed. Finally, the methods to improve the HE resistance are summarized as follows ① reducing crystalline grain and inclusions size (oxides, sulfides, and titanium nitride), ②controlling nano – precipitates (niobium carbide, titanium carbide, and composite precipitation), and ③ increasing residual austenite content under the reasonable tension strength of steel.

Key words: HE; High strength steel and ultra high strength steel; Hydrogen induced delayed cracking; Hydrogen trapping; Residual austenite.

0 前言

早在 1875 年，Johnson 发现了钢铁在氢环境下韧性大幅度降低的现象[1]，在此后的年代中，人们逐渐接受在介质、应力和材料三者特定组合下，应力和腐蚀同时作用引起材料脆断的事实[2]，即"应力腐蚀开裂"，亦称为"氢致延迟断裂"[3-8]。20 世纪 70 年代初，美国先后制定了油耗法规和安全法规，由此促进了高强度、高成形性的先进高强度钢在汽车上的应用，Owen 教授提出了临界热处理[9]对美国汽车发展的重要意义；随之，在文献［10］中也提出了汽车轻量化的概念。其重要意义得到行业的深刻认同，并成为中国和世界汽车发展的重要方向[11]，由此高强度钢在中国迅速发展并在汽车工业中扩大应用。但高强度钢强韧性匹配不足，氢脆敏感性高，在生产和使用过程中氢致延迟断裂产生或氢脆（HE）的失效也时有发生[12-15]。由于这类断裂具有低应力和突发性的特点，会对机械失效造成很大的危害，是产品突发事故潜在的诱因。因此，近年来随着高强度钢用量的增加，高强度钢和先进高强度钢的氢脆现象已成为人们研究的重要课题。在最近的 Nature[16]和 Mater & Design[17]中分别报道了高强度铝合金中的氢捕捉和氢脆以及用原子尺度定量研究氢脆问题等所取得的进展，足见人们对这一问题的兴趣。本文将综述关于氢脆或氢致延迟断裂的研究进展。

1 钢铁材料中的氢

1.1 钢中氢的来源、传输、去向与引起断裂的过程[2]

钢中的氢来源于钢材冶炼、钢材成形过程及零件制造和使用过程[18]。

氢的原子半径很小，尤其在体心立方金属中扩散很快。在热冲压成形的钢材构件中，其淬火马氏体有高密度的位错，氢原子可以像 Cottrell 气团那样随位错运动而运动。这类传输过程比点阵扩散要快好几个数量级[19]，由此氢诱发的开裂速率会远超过氢正常点阵扩散速率。氢在很多显微组织结构上，如晶界、夹杂物、孔洞、位错、溶质原子等，都有聚集的趋向，且不同的组织对氢捕捉能力不同。氢致开裂通常是脆性断裂，但不同的材料组织和受氢损伤的程度，其断口形貌会出现差异，表现为微孔聚合断裂、准解理断裂、晶间断裂以及解理断裂，如图 1 所示[20]。

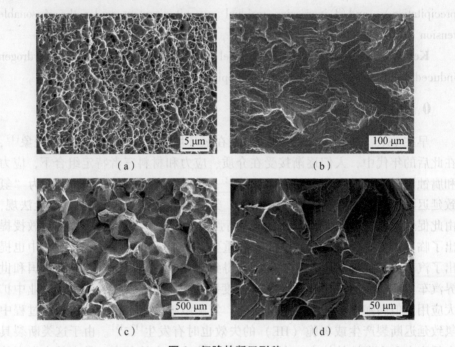

图 1　氢脆的断口形貌
（a）微孔聚合断裂；（b）准解理断裂；（c）晶间断裂；（d）解理断裂

1.2　氢在钢中的存在形式及作用

氢在钢中存在位置有间隙原子、自由表面、亚表面、晶界、位错、原子空位等，如图 2 所示[21]。

氢在点、线、面缺陷较少的金属材料中，可以弱化原子键力，从而降低位错运动的阻力，促进裂纹尖端的塑性变形。

氢在有微裂纹的材料中，会增加裂纹尖端位错的活性，使在恒定应力下已终止扩展的裂纹尖端产生氢原子的聚集，从而导致裂纹重新扩展。

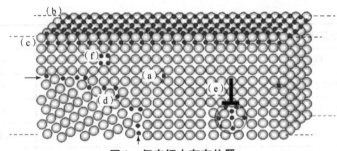

图2 氢在钢中存在位置

(a) 间隙原子；(b) 自由表面；(c) 亚表面；(d) 晶界；(e) 位错；(f) 原子空位[21]

氢原子在位错线上聚集，并和位错一起运动到晶界附近，发生氢原子聚集，促进沿晶断裂。

氢进入某些滑移面上形成析聚的原子团或者形成脆性的氢化物，有类似于沉淀相的作用，会使应变局部化，产生硬化，样品的塑性变形困难。

氢原子进入位错，对位错线发生屏蔽，从而降低位错弹性应力场，增加位错的活性。

氢原子可能和位错一起运动，将氢原子带到可作为氢陷阱的沉淀相的组织中，并在其附近聚集，导致应力集中而产生裂纹，但氢陷阱也有固氢、分散氢的作用。

在高位错密度的板条马氏体钢中，材料已产生相变强化、晶格畸变强化和位错密度强化，氢的进入有可能降低晶格畸变，有利于位错运动；但高密度位错和位错缠结以及氢原子与位错的结合，会使位错运动变困难，增加钢的脆性。当钢中有孪晶马氏体存在时，在孪晶处会发生氢的聚集，钢的脆性增加。

通常氢在材料各类缺陷中的稳定性和氢原子的结合能有关，即结合能越高，氢在氢陷阱中越稳定[22]。氢在不同材料中的结合能见表1[23-30]。

表1 氢在不同材料中的结合能[22-30]

氢陷阱类型	结合能/(kJ·mol^{-1})	材料
单个空位	46.0~79.0	纯铁
C原子	3.0	纯铁
Mn原子	11.0	纯铁
V和Cr原子	26.0~27.0	纯铁
位错	27.0	纯铁
晶界	17.2	纯铁
微孔洞	35.2	纯铁

续表

氢陷阱类型	结合能/(kJ·mol^{-1})	材料
Fe$_3$C	84.0	中碳钢
TiC（共格）	46.0~59.0	低碳钢
TiC（非共格）	86.0	中碳钢
MnS	72.3	低碳合金钢
V$_4$C$_3$	33.0~35.0	低碳合金钢
NbC	63.0~68.0	低碳钢
残余奥氏体	59.9	双相钢

1.3 氢在金属中的溶解与扩散

氢溶解在 Fe、Ni、Cu、Al、Mg 等金属中属于吸热反应。氢在这类金属中的溶解度随温度的变化可以表示为[31]

$$C_H([H]/[M]) = 0.00185 \exp\left(\frac{-3400}{T}\right)\sqrt{P_{H_2}} \tag{1}$$

式中，$C_H([H]/[M])$为氢在金属中的溶解度；P_{H_2}为压力；T为温度。

氢原子往往存在于金属点阵的四面体间隙或八面体间隙中，因此晶体结构类型对氢在金属中氢溶解度有明显影响。研究表明[32]：当 BCC 的 α-Fe 转变为 FCC 的 γ-Fe 时，氢的溶解度会突然增大，随后当 γ-Fe 转变为 δ-Fe 时氢溶解度又会下降。Jeongho Han 等人[33]利用 TDS 对 TRIP 钢中残余奥氏体与铁素体中的氢含量进行了分析，结果表明残余奥氏体和铁素体中的氢含量分别为 0.9×10^{-6} 和 0.3×10^{-6}（质量分数），即 FCC 晶体结构比 BCC 晶体结构具有更高的氢溶解度。

氢在金属中存在正常扩散和异常扩散。当氢原子从一个间隙位置跳跃到另一个间隙位置是正常扩散；当氢原子沿着位错、晶界、相界等通道扩散时称为异常扩散。导致氢扩散的驱动力有化学电位差或氢浓度梯度，而另一驱动力是应力诱导作用。材料的微观结构会对氢的扩散产生不同的影响，如界面（原始奥氏体晶界、马氏体板条界等）、位错、残余奥氏体等，以及材料中存在的氢捕获现象，都会影响氢的扩散能力和方式。

Hirata K 等人[34]通过第一性原理研究了 FCC、BCC、HCP 铁中的氢原子的迁移路径，认为氢原子在 FCC 及 HCP 晶格间隙中会选择八面体间隙-四面体间隙-八面体间隙的路径进行迁移，如图 3 所示。Das T 等人[35]通过有限元分析得出当结构中氢体积浓度低时，大角度晶界对氢扩散控制起主要作用，

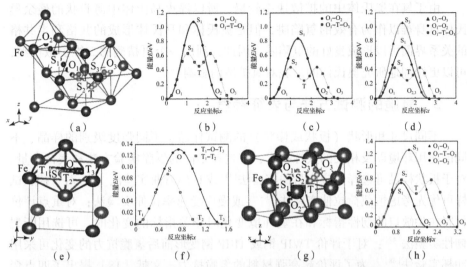

图3　氢原子在 FCC、BCC、HCP 铁中的迁移路径及能量分布
(a),(e),(g) 迁移路径；(b),(c),(d),(f),(h) 迁移路径的能量分布

而当氢体积浓度较高时，位错等相对低能陷阱在控制氢扩散分布方面作用更为突出。Yazdipour N 等人通过构建具有不同晶界表面比的微观结构模型，研究了晶界对氢扩散的作用。结果表明：晶粒尺寸（晶界分数）对扩散速率有双重影响，即当晶粒尺寸在两种极端情况下（10，120 μm）的氢扩散速率很低，而当晶粒尺寸为 46 μm 时氢扩散速率达到了峰值。这一现象主要与晶粒大小对单位体积晶界表面积（有助于氢扩散）和晶界三叉节点（具有捕获氢的作用，阻碍氢扩散）两个因素的综合影响有关。当晶粒尺寸非常小时，具有高的晶界三叉节点密度，对氢有较强的捕获作用，且对氢扩散的阻碍作用大于单位体积晶界表面积的有益作用，从而降低氢的扩散。随着晶粒尺寸的增大，晶界三叉节点密度逐渐降低，这时对氢捕获降低氢扩散的阻碍作用低于单位晶界面积对氢扩散的有益作用，因而氢扩散速率增加。当晶粒尺寸增大到一定程度时，单位面积晶界表面积骤降，此时这一因素对氢扩散速率的有益影响随之骤降，且此时的晶界三叉节点的减少，对氢扩散的阻碍作用减少，无法补偿晶界表面积降低对氢扩散有益影响的降低。因此，大尺寸晶粒尺寸氢的扩散速率比中等晶粒尺寸氢的扩散速率慢[36]。Momotani 等人[37]认为马氏体钢中的初始位错密度与位错运动对氢在晶界处的富集有重要影响。Guedes 等人[38]认为氢和位错呈现相互作用，运动位错拖拽氢，而氢通过降低活化体积和能量来减缓位错的移动，这两种过程都会导致氢脆发生。Darya 等人[39]发现钢中可逆俘获氢的位点极大地影响了钢中氢的扩散，不可逆俘获氢的位点对氢输运或扩散的影响不显著。

由于氢在奥氏体中的扩散速率较慢,所以淬火马氏体中薄膜状的残余奥氏体自身难以作为有效的氢陷阱,但是奥氏体和马氏体形成的共格和半共格的关系界面可以形成良好的氢陷阱。因此,利用一个更精确的二维扩散模型,可以更详细地研究奥氏体的形貌对氢扩散的影响[40]。

2 氢脆的测试方法与表征参量

不同尺寸和形状(板状或棒状)的测试样品、不同强度级别的样品、不同的使用环境以及相关的共性技术,应选择不同的氢脆实验方法和表征参量。对于板状样品可选择恒应变弯曲实验法[41]或U形弯曲实验法[42];对于棒状试样可优先考虑恒载荷拉伸实验法[43-46]或慢应变速率拉伸实验法;对重点评价材料在尖缺口的韧性指标和在氢环境变化时相关指标的变化时,可选用断裂韧性实验法[47];对于评价TWIP钢或TRIP钢变形前后氢脆抗力的变化可采用冲杯实验法[48]。为了评价超高强材料的氢脆抗力,文献[18]提出了四点弯曲实验法,所用样品为110 mm × 30 mm × t mm³ (长×宽×厚),实验装置如图4所示,施加弯曲应力的计算方程为

$$\sigma = \frac{12Ety}{3H^2 - 4.4A^2} \tag{2}$$

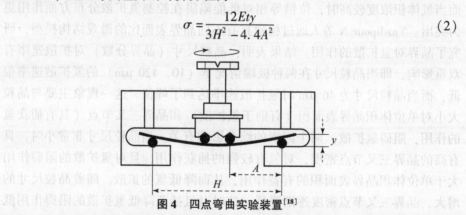

图4 四点弯曲实验装置[18]

式中,E 为弹性模量;t 为厚度;H,A,y 参量示于图4。

施加的弯曲应力为1 260~1 425 MPa,加载的样品于150 h不发生开裂,即可判定材料没有氢致延迟断裂的风险。

以上所述的在力学方面的测试方法基本上是以无氢损伤和氢损伤后,力学性能的相对变化值作为表征参量;选取什么样的方法和参量,与试样情况、测试方法以及零件所处的应力状态等因素有关,以方便样品加工、测试、可实现参量表征为准。

对共性技术和氢脆机理的探讨,可采用测量钢中的可扩散氢实验法,所用仪器为TDS (Thermal Desorption Spectroscopy),测试时用热吸收热谱仪记录

氢的吸收率和温度的变化曲线。分析曲线,可以研究钢中不同势阱中氢的稳定性。这是研究钢中氢存在形式的一种有效工具,通过相关测量数据还可以测算氢在钢中的扩散系数[49],由此可以测出不同温度下氢的扩散速率。这反映了不同的氢陷阱的对氢吸附的不同稳定性,并计算出与氢不同的结合能,确定氢陷阱的不同能量级别[50]。目前使用最为频繁也是最为简单的方法是 LEE 等人[51,52]基于式(3)的 KISSINGER 公式[53]建立的 TDS 氢脱附模型。该模型一方面忽略了试样中氢扩散引起氢逸出试样延迟的可能,另一方面忽略了陷阱之间的相互影响以及脱附氢再进入陷阱可能,得到的结果如式(4)所示。

$$\frac{\mathrm{d}X}{\mathrm{d}t} = A(1-X)\exp\left(-\frac{E_a}{RT}\right) \tag{3}$$

$$\frac{\mathrm{d}\ln(\varphi/T_{\max}^2)}{\mathrm{d}(1/T_{\max})} = -\frac{E_a}{R} \tag{4}$$

3 高强度钢中的氢脆机理

已推出的氢脆机理介绍如下。

氢压理论:早期提出的氢脆产生的机理是直观的氢压理论,即氢原子在一定条件下定向扩散到缺陷处(点、线、面缺陷、晶界或裂纹),由氢原子聚集成氢分子时,其体积膨胀将近26倍,产生张应力,使缺陷扩大,形成孔洞、裂纹,并扩张造成材料的断裂。该理论直观、易理解并合理地解释了钢中白点的形成机理。

脆性氢化物的形成(Brittle hydride formation,BHF)[54-56]:氢与过渡族金属元素(如 Ti、Zr、V)化合后形成的脆性氢化物。当氢偏聚在裂纹尖端等应力集中处,导致在裂纹尖端处形成脆性金属氢化物,促使裂纹扩展。但在热成形钢中,这类微合金元素多以碳氮化合物的形式存在,因此该机制尚难以解释大多数高强度钢中的氢脆现象。

氢强化脱聚效应(Hydrogen – enhanced decohesion,HEDE)[57,58]:在较完整的晶体中,氢原子的进入会降低金属原子之间的结合力,有利于位错运动到晶界等缺陷处,强化脱聚效应发生;如果氢的进入是不均匀的,就可能引起变形的局部化,从而产生不均匀变形,引起损伤和流变应力的分布不均,造成材料的早期失效。例如,氢原子运动在晶界受阻,并在晶界附近聚集,最终产生沿晶断裂。

氢增强局部塑性变形(Hydrogen – enhanced local plasticity,HELP)[59]:氢原子在位错线上形成的柯氏气团,降低位错的运动激活能,促进位错运动;氢还降低了位错与邻近被溶质钉扎的位错之间的弹性作用;氢原子还可以降低位错堆积排列中位错之间的平衡分离距离,这些都有利于位错运动,从而增强局部塑性变形。大量携带氢原子的位错移动到裂纹的尖端的应力集中处，造成氢在这些区域的聚集[58]，增加孔洞（Void）等缺陷的形成，最终造成微孔聚合断裂（Micro – Void Coalescence，MVC）。充氢后的金属断裂面上可观察到如鱼眼或韧窝（Fish Eye，or Dimple）等穿晶断裂（Transgranular Fracture）特征，就是这一理论的证明。

氢增加局部塑性变形和氢强化脱聚效应的融合（HELP + HEDE）[60-62]：在含有大量位错的马氏体和可扩散氢的淬火钢中，会存在有微裂纹和微裂纹尖端的应力集中，氢会通过位错向裂纹尖端扩散，扩大应力集中，应力集中的强化又促进位错向应力集中点运动，氢原子在位错线上聚集形成的 Cottrell 气团，可降低位错的弹性应力场和位错运动阻力。当携带氢原子的位错将其带到裂纹尖端、晶界等应力集中处，氢浓度增加，降低了晶界等原子间的聚合能，使晶界容易发生脱聚，即氢增强脱聚的断裂机制，由此造成了热冲压成形钢的氢脆断口形貌出现沿晶断口和晶内微坑断口的混合断口。文献［63］应用扫描电镜电子通道衬度成像技术（Scanning Electron Microscope – Electron Channeling Contrast Imaging，SEM – ECCI）和高分辨电子背散射扫描技术（High Angular Resolution Electron Backscatter Diffraction，HR – EBSD），观察了氢诱发马氏体钢开裂的近表面区断口特点和二次裂纹，其断口表现出非常明显的氢促进局部塑性变形的特征。在热成形的马氏体钢中，氢损伤的断口为晶间断裂和准解理断裂（IG + QC）的融合，其氢脆机理很可能是氢增强局部脱聚和氢诱发局部塑性变形（HEDE and HELP）相结合，这一理论的实验证实较为充分。2020 年，路洪洲等人对含铌热冲压成形钢氢脆的研究也提出了类似的理论，以解释这类钢发生氢脆后的断口特征[8]。

氢吸附诱导位错发射（Adsorption – Induced Dislocation Emission，AIDE）[64,65]：Lynch 等人通过观察低强度钢表面的凹坑形貌，分析成因而提出氢吸附诱导位错发射理论。该理论认为外部的氢原子进入，会造成裂纹尖端表面位错运动的加速，且在裂纹尖端处聚集的氢会激发位错的发射，并在该处留下空洞，而之后空洞连接造成裂纹尖端扩张的过程则与 HELP 理论类似。因此，该理论被视为修正的氢增强局部塑性变形理论。

氢增强应变诱发空位（Hydrogen – Enhanced Strain – Induced Vacancy，HESIV）：基于氢与空位有很强的交互作用，Nagumo 等人[66]提出了氢增强应变诱发空位理论。该理论认为由于氢能够稳定空位进而增加孔洞的数量和大小，而这些孔洞数量和大小增加到一定程度将会互相连接，在断口上形成可观察到的凹坑。然而，现阶段的试验证据仍不足以解释空位是如何成长成孔洞，还需要更多的实验证据。

低能位错纳米结构的形成导致纳米沉淀强化钢的氢脆[67]：一些高强度钢中采用引入氢陷阱等措施，以降低氢的聚集和氢脆发生。当氢进入这类钢中，会引起微观结构发生变化，富集氢的区域表现出更高的位错迁移率，促进了低能位错纳米结构的形成。该结构可充当氢的吸储器，聚集更多的氢，位错纳米结构会产生严重的错位裂纹。当对具有纳米沉淀强化相的低合金铁素体钢进行充氢，氢扩散到裂纹尖端或其他微观结构处，进行富集，促进位错胞的形成。当氢原子数量达到其临界水平时，导致裂纹萌生扩展，从而促使这类钢发生早期断裂。

综上所述，氢脆的微观机理有多种，其中经典氢压理论简单直观，在氢含量较高的钢中，对白点发生进行了解释，有一定的应用价值。高分辨的 ABT 和 EBSD 技术，可以对氢原子所处的位置和运动轨迹进行分析观察，而且通过分析氢原子对位错应力场的影响，结果表明氢可以和位错一起运动，并加速了氢原子在钢中精细结构处聚集，由此产生了相关的氢脆机制。此外，氢强化局部塑性和氢增强脱聚效应的氢脆的融合理论，可以更有力地说明氢脆的发生，并提供了观察断口的实验证据。

4 氢脆断口典型案例分析

马氏体组织（马氏体钢）、铁素体+贝氏体+残余奥氏体+少量马氏体组织（TRIP 钢）、马氏体+残余奥氏体+铁素体组织（淬火分配钢）等，其氢脆断口往往呈现准解离、"鱼眼状"等氢脆特征。图 5 显示了机械诱导与氢诱导准解理断口的区别。从图中可以看出，机械诱导裂纹表面存在大面积的撕裂棱，与氢致裂纹表面有明显区别[68]。

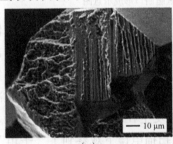 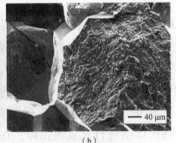

图 5 机械诱导与氢诱导准解理断口的区别
(a) 机械诱导解理断口；(b) 氢诱导准解理断口

准解理是氢诱导断口表面的一个常见特征，通常被认为是解理状的，但不沿着已知的解理面。May L 等人通过二次电子显微镜断口形貌重建和透射电子显微镜显微组织研究的结合得出了断口表面与微观组织之间的相关性[69]。研究表明，准解理表面的特征是脊，可以与次表面强烈和高度局域化的变形带相关联，如图6（a）所示。为了解释观察到的表面形貌的形成机理，模拟空洞和（或）微裂纹在滑移带之间的交点处开始并沿其延伸（图6（c）），列举出了几种可能的断口形成过程。通过位错运动过程使这些空隙变宽，断裂后形成了观察到的断口表面形貌。氢的作用是帮助形成强烈的滑移带（图6（b）），降低产生初始空洞所需的应力，加速空洞的膨胀。基于这一证据，有人认为显示河流标记的断裂面和它们之间相对平坦的区域不是由类似解理的过程产生的，而是在塑性过程中由于存在的氢产生的增强和加速作用导致的。

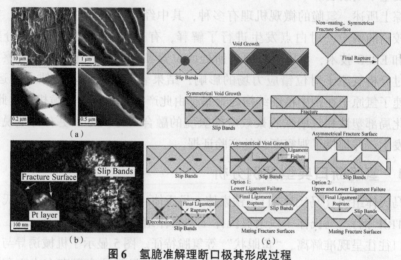

图6 氢脆准解理断口极其形成过程

（a）氢脆准解理断口的精细结构；（b）准解理断口下观察到的滑移带与高密度位错；
（c）不同形貌特征的氢脆断口形成示意图

氢相关断裂的机理是在奥氏体晶界周围形成微裂纹，随后沿块体或板条晶界扩展[70]，位错堆积冲击奥氏体晶界发生晶间开裂，位错堆积冲击马氏体板条束界发生准解理[71]。Okada K 等人[72]利用 EBSD 技术对铁素体钢中裂纹的扩展进行了分析。铁素体晶界形成的裂纹以穿晶方式扩展，导致准解理断裂（图7）。此外，明确证实准解理断裂发生在铁素体的 {011} 面。Akihide 等人[73]对马氏体钢进行充氢慢拉伸，在扫描电镜下观察到了"平坦"和"崎岖"两种形态的准解理断口，利用材料低温脆断的特性得到了非氢致准解理断口。通过对比扫描电镜图片可以发现，充氢解理断口存在部分撕裂脊、小锯齿和二次裂纹，这可能意味着存在小规模的韧性断裂过程。进一步利用透射电子显微镜对断口下方的微观组织分析对比发现，"平坦状"解理断口表现为沿着原始奥氏体晶界开裂，而"粗糙状"解理断口表现为沿着马氏体板条解理面 {110} 开裂[74]，且能够发现存在强烈的塑性变形过程，这一现象仅在充氢断口中被发现。Cho L 等人[75]分析了马氏体钢中的氢脆断口形貌特征与马氏体板条、子块、块、包等微观结构之间的联系，认为在马氏体组织中存在两种解理面，分别是{110}、{100}晶面。前者所对应的宏观断口形貌为河流花样准解理断口中细小的凸起台阶，研究表明这种特征与边界处的裂纹偏转有关，在断口下方发现了沿着{112}晶面的位错积累；后者为平坦面，该表面的精细特征很可能是由于新表面的产生而产生的弛豫事件的结果，或者只是反映了此处的局部氢浓度最高[76]。

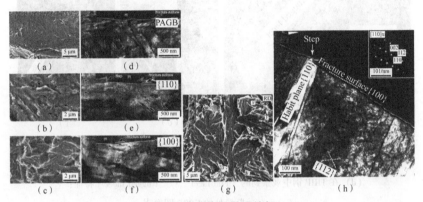

图7 两种脆断微观特征

(a) 氢致准解理断口中的"平坦"特征；(b) 氢致准解理断口中的"粗糙"特征；
(c) 低温脆性断裂下的准解理断口形貌；(d) 图（a）中断口下的 TEM 图像；
(e) 图（b）中断口下的 TEM 图像；(f) 图（c）中断口下的 TEM 图像；
(g) 氢致准解理断口中的"河流花样"特征；
(h) 图（g）中断口下的 TEM 图像

A. Laureys 等人[77]通过采用有限元模拟与 EBSD 技术分析，结果显示缺口附近裂纹网络的形状与缺口引起的高应力区域的形状相关，这些区域氢浓度高和更多的过饱和马氏体，因此认为氢致裂纹的形成与材料中存在的应力应变状态密切相关。A. Laureys 等人[78]进一步对 TRIP 钢中的裂纹扩展方式展开了研究，认为裂纹萌生均优先发生在马氏体/马氏体界面。在初始扩展阶段，裂纹仅限于马氏体。在这一阶段，裂纹扩展仅沿偏析线进行，为氢致开裂提供了一条连通的马氏体裂纹路径。内部压力导致氢的积累，成为传播的驱动力，在扩展过程中的某一点，裂纹会向表面偏转，在这一扩展阶段，裂纹贯穿所有阶段，直至试样表面，导致裂纹停止，如图 8 所示。对 TRIP 钢中存在的"平坦"和"崎岖"的准解理形貌，利用 EBSD 技术分析认为，"崎岖"形貌是由于出现在原始奥氏体晶界处的残余奥氏体，在 TRIP 效应下发生马氏体转变从而诱发的裂纹形核扩展，而"平坦"面是当残余奥氏体未在晶界处出现时，裂纹沿晶界扩展形成的[33]。

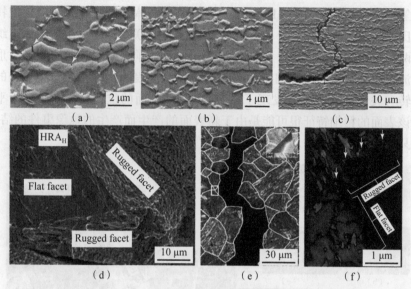

图 8 裂纹在马氏体组织中的扩展

(a), (b), (c) 裂纹首先沿着马氏体组织扩展最后延伸至表面的 SEM 图像[78];

(d) 在 TRIP 钢中观察到的"Flat facet"和"Rugged facet"特征;

(e), (f) 断口处的 EBSD 图像[33]

5 提高抗氢脆抗力的方法和手段

5.1 细化晶粒

采用铌钒复合微合金化可以明显细化热成形钢 22MnB5 的奥氏体晶粒（图9）、马氏体板条尺寸，并可提升小角度低能晶界的数量。这些将有助于降低氢诱发开裂的敏感性，同时可以提高氢致裂纹损伤的门槛值，最终抑制氢诱发开裂。铌钒复合微合金化后，在钢中生成铌钒碳化物的沉淀相，特别是碳化铌的沉淀相可以作为高能氢陷阱。晶粒细化可以有效提高晶界面积，包括晶界、板条束界、板条界的面积，这些部位可以有效吸收可扩散氢，利于提高氢脆抗力。通过 U 形试样的恒弯曲实验、恒载荷拉伸实验、氢在晶格中扩散系数的测定和慢应变速率拉伸等实验都证实了铌钒复合微合金化可以有效改善氢致延迟断裂抗力。

5.2 合理控制材料的强度和微观结构的匹配

合理控制材料的强度和调控微观结构是提高氢脆抗力的重要途径。通常，随着材料强度的提升，氢致延迟断裂抗力下降，如图10所示。抗拉强度

图9　两种材料的晶粒

（a）22MnB5 的细化晶粒；（b）22MnB5NbV 的细化晶粒

1 000 MPa以下的钢种氢脆敏感性较低，即在钢中可以容纳较多的氢而不发生氢脆；但当抗拉强度达到 1 500 MPa 以上时，氢脆敏感性急剧增大，对于1 500 MPa材料临界氢含量为 0.65×10^{-6}（临界氢含量是指抗拉强度下降30%的氢含量）。

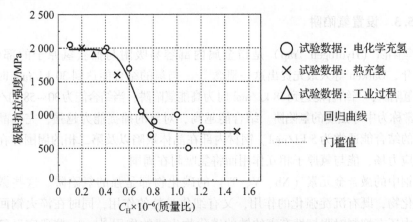

图10　慢应变速率拉升试验时抗拉强度和氢含量的关系[79]

氢脆敏感性还与材料的强韧性匹配、显微组织的特征和细化有关。图11是不同成分钢的组织对比。从不同钢材的成分组织对比可以看出，微合金化特别是复合微合金化对于不同强度级别的热成形钢的晶粒细化以及马氏体组织细化均有明显作用。强度提高，特别是钢的强度在 1 800 MPa 以上时，其组织细化更为重要；强度升高时，极限尖冷弯性能下降，不利于强韧性综合性能提升。尤其当碳含量大于 0.35% 时，淬火组织中会出现孪晶马氏体，这类马氏体是硬而脆的，氢原子在孪晶马氏体附近聚集，更会增加氢脆的风险。超高强度组织细化可弥补钢的韧性不足和氢脆抗力下降的风险。

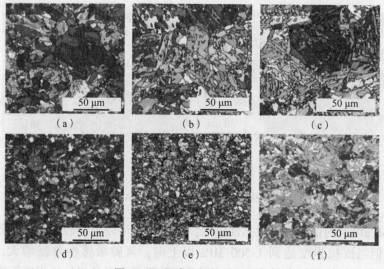

图 11 不同成分钢的组织对比
(a) 22MnB5；(b) 33MnCrB；(c) 35MnCrB；(d) 22MnB5NbV；(e) 33MnCrBNbV；(f) 35MnCrBV

5.3 设置氢陷阱

氢陷阱（Hydrogen Trap）是指金属内部容易吸附与捕获氢原子的部位。1948 年，Darken 等人最先提出这一概念[80]。与氢的结合能达到 30 kJ/mol 时为低能氢陷阱；当结合能达到 58 kJ/mol 时为高能氢陷阱；当结合能为 30~58 kJ/mol 时通常称为中等强度的氢陷阱。结合能越高，对氢的捕捉能力越强，完整晶体与氢的结合能通常为 5 kJ/mol。钢材内部在晶体缺陷以及第二相的周围存在一个内应力场，能与氢原子相互作用而将氢吸附在周围。

钢中的微合金元素（Nb、V、Ti）的碳化物都是强的氢陷阱。这些微合金碳化物，既有沉淀强化的作用，又有细化晶粒的作用，同时在淬火钢回火过程中还有抑制对强韧性有害的铁的碳化物生成的作用[81]。一些研究已经检验了具有 NaCl 晶型的面心立方的 VC[82]、TiC[83]、NbC[84]，其与基体的交界面可作为氢陷阱吸附扩散氢，并且当原子浓度相同时，微合金元素的碳化物捕捉氢的能力按 NbC > TiC > VC 的顺序降低[85]。

5.3.1 碳化铌（NbC）

碳化铌（NbC）是一种强的氢陷阱（高能氢陷阱）。Chen 等人[84]利用带有冷链试样传递的 APT 技术直接观察了氘原子被束缚在 NbC 和基体铁的界面处（图 12）。结果表明：细小（<10 nm）与基体共格的界面及较大的（10~25 nm）NbC 与基体非共格析出物都是高能氢能陷阱，NbC 与 α-Fe 的交界面处 3D-APT 原子分布图像证明了碳化铌沉淀与 α-Fe 的交界面吸附有氢（氘原子）。

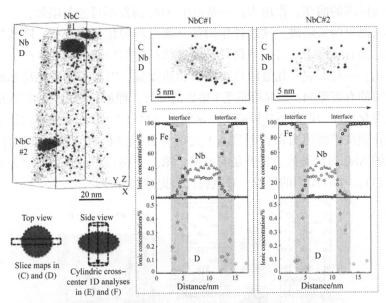

图 12　将氘充入含有 NbC 的铁素体样品中的 3D-APT 分析

Rongjian Shi 等人[50]采用高分辨电镜，通过密度泛函理论（Density Functional Theory，DFT）计算了 NbC 与 α-Fe 的界面处的原子排布，如图 13 所示。同时，结合第一性原理计算证实了 NbC/α-Fe 半共格界面存在，深度捕捉氢原子的位置处在适配位错的核心，其结合能为 81 kJ/mol。当 NbC 的尺寸大小为(10±3.3) nm 时，对氢的捕捉能力最强；钢中析出的 NbC 既对晶界移动起到钉扎作用，同时当样品受到外力时，也对位错移动进行钉扎，从而间接地阻碍了氢的聚集[79]。研究表明[86,87]，{111}//ND 织构有利于提高氢致延迟断裂抗力。由于该织构中的晶粒可以按照拉伸的剪应力方向进行转动，从而可以累积大的塑性变形，降低裂纹扩展的驱动力，有利于提升氢诱发断裂抗力；断口观察和晶体的取向分析也证实了这一观点，但是碳化铌的存在会阻止奥氏体晶粒长大，阻止{111}//ND 织构的形成，从而不利于氢致延迟断裂抗力的改进。但是，NbC 作为有效的氢陷阱是提升氢致延迟断裂抗力的重要因素。为深入认识微合金化铌对提高钢氢脆抗力的作用，应基于铌微合金化固溶度积方程[88]，对微合金碳化物的溶解生成以及形态的控制进行研究，以得到对钢性能最有利影响的大小、分布和形态。文献[63]提出了 NbC 颗粒对马氏体钢氢脆抗力影响和作用的示意图（图 14）。该图表明在原始奥氏体晶界 NbC 颗粒阻止了奥氏体晶粒的长大，且有助于细化奥氏体晶粒。当发生马氏体转变时，这些奥氏体晶粒生成板条马氏体，同时产生了大量的板条边界（或称Σ3 边界）。纳米化的 NbC 粒子将分两条路径进行演变，一条路径是氢陷阱的演变，作用为：一是产生 NbC 诱发不可逆氢陷阱；二是增加马氏体条晶界的氢陷阱。这两种作用都是通过均匀化氢的分布，降低氢增强脱聚效应的有害作用。另一条路径是通过结晶学和位错的演变，产生 3 个方面的作用：一是形成钉扎氢的位错气团和捕捉氢，以减少氢强化局部塑性和位错增殖的有害影响；二是降低 $\Sigma 3$ 边界的分数，即通过增加裂纹扩展抗力来阻止氢强化局部塑性的不良影响；三是弱化 {111}//ND 织构的有益影响，即通过强化裂纹扩展阻力促进断裂。上述两种技术路径中的前 4 点是有益的，纳米化的 NbC 对氢脆抗力提升是有益的；第二条路径中的最后一个方面，因弱化 {111}//ND 织构的形成，对氢脆抗力提升是有害的。

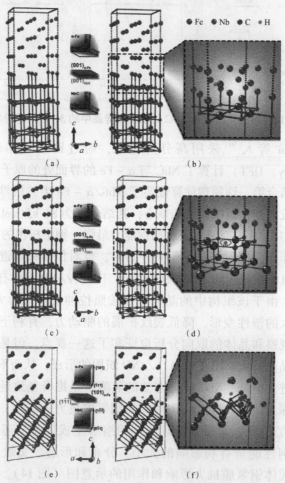

图 13 用 DFT 计算的不同 NbC 与 α-Fe 的界面处的原子排布图[50]
（a）氢偏析之前与 B-N OR 共同界面；（b）氢偏析之后 B-N OR 共同界面；（c）氢偏析之前与表面碳空位的共同界面；（d）氢偏析之后与表面碳空位的共同界面；
（e）氢偏析之前与 K-S OR 共同界面；（f）氢偏析之后 K-S OR 共同界面

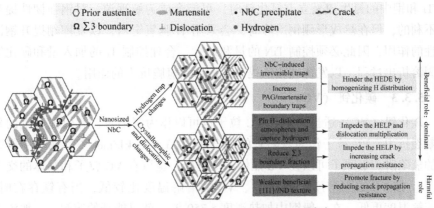

图 14 NbC 析出对马氏体钢氢脆的影响[63]

5.3.2 碳化钛（TiC）

碳化钛（TiC）具有 NaCl 的晶体结构，是钢铁合金中氢陷阱的典型沉淀粒子。样品从 1 100 ℃ 淬火后于 550~800 ℃ 回火，碳化钛的形态为板条状，与基体呈半共格状态[89]；当回火温度≥800 ℃ 时，碳化钛的形状为圆盘状，与基体为非共格状态；随保温时间的增加，圆盘状的厚度逐步增加，由扁平状逐步变为球状。从初始析出尺寸为 16 nm 的半共格状态的条状，到长大后的直径为 40 nm 的非共格状态的有一定厚度的半球状[90,91]。细小的共格状态的碳化钛在中碳钢中与氢结合能为 46~59 kJ/mol；在中碳钢中的半共格或非共格碳化钛粒子与氢的结合能为 80~95 kJ/mol，但碳化钛捕获氢原子的量随回火温度的升高，即碳化钛粒子的粗化而降低。

2010 年，Takahashi[83]用三维原子探针对于碳化钛作为氢陷阱，捕捉氢原子进行直接观察，而 Chen[82]对钒、钼碳化物作为氢陷阱进行直接观察，都确认这些碳化物可以作为氢陷阱，捕捉钢中的氢原子，提高氢脆抗力。

在钢中同时添加 Cu、Ti 元素，生成纳米尺寸的复合析出相对氢原子有较好的捕捉能力[92]。实验钢样品通过 1 200 ℃ 奥氏体化，使 Ti 的析出粒子完全固溶，然后进行淬火加回火工艺，得到分布于基体中的 ε-Cu 颗粒和碳化钛复合沉淀。用 TDS 测定复合沉淀粒子对氢原子捕获的结合能为 37.7~58 kJ/mol；随回火温度变化产生的 Ti、Cu 复合沉淀相的交互作用，增加了氢陷阱的数量和位置，同时也限制了氢陷阱的长大。在文献［94］中也报道了 Ti、Cu 复合相析出，在改进高强度钢氢脆抗力方面取得良好的效果。

另外，在超高强度钢中用 Cu 作为微合金化元素，是一种新的合金化思路。这一机理为提高高强度钢氢脆抗力，提供了一种新的手段和方法，同时 Cu 比一般微合金化元素，价格便宜，而且 Cu 具有较好抗环境腐蚀的效果。

当 Ti 和钢中的氮生成呈立方氮化钛时，可能会成为解理源，对钢强韧性提升是不利的，但在热成形硼钢冶炼时，会采用 Ti 脱氧定氮，以发挥硼提升钢淬透性的作用，因此必须控制 TiN 的量和尺寸。合理控制 Ti 的加入量和碳化钛的固溶析出过程，以发挥碳化钛提升热成形钢氢脆抗力的作用。

5.3.3 碳化钒（VC）

碳化钒（VC）适当大小的 VC 粒子也可以作为氢陷阱，有效提升钢的延迟断裂抗力。VC 粒子作为氢陷阱的结合能为 33~35 kJ/mol[94]，属于中等强度的氢陷阱。氢原子可以在 VC 晶体的缺位处，也可在 VC 粒子和基体的交界面[82]。按 VC 的固溶度积方程[95]，VC 的溶解温度比较低，当有锰存在时，其溶解温度更低，在一般钢中加热温度 >750 ℃，就可能开始溶解。一般淬火时加热温度在 880~930 ℃（如 22MnB5 热成形钢），很多 VC 粒子会发生溶解，V 的溶入可以有效地提升钢的淬透性[96]。在淬火后的回火过程中，析出的 VC 粒子可以提高钢的延迟断裂抗力。在奥氏体化加热时，未溶的 VC 粒子还可以细化晶粒。因此，微合金元素 VC 在钢中具有多重的有益作用。

5.3.4 微合金碳氮化物复合析出相

Nb、V、Ti 是钢中最常用的微合金化元素。钨、钼是钢中常用的碳化物形成元素，而且是有效提高淬透性的元素。这些元素的复合应用，避免了单个加入不足，同时又可强化这些元素对钢性能好的影响。近年来，开发了铌钒复合微合金化的热冲压成形钢，钛钼，铌钼，高淬透性的、高延迟断裂抗力的热成形钢，以及钨钼铌钒复合微合金化、高性能高疲劳的热成形车轮用钢[12,24,97,98]。对铌和铌钒复合微合金化的 22MnB5 钢进行充氢，饱和后进行拉伸测试，其初始和充氢后的流变曲线变化如图 15 所示。

从图 15 可以看出，微合金化铌钒元素可以提升 22MnB5 的强度和延性。尤其是在充氢后进行拉伸，铌钒复合微合金化钢具有较高的强度和较高的延伸率；只用铌微合金化，充氢后强度有一定的下降，而未进行微合金化的 22MnB5 充氢后，强度和延伸都大幅度下降。这些对比表明，微合金化和复合微合金化对氢脆抗力有明显提升；采用充氢电流密度为 3.0 mA/cm^2 的条件下，对不同样品进行饱和充氢，然后进行拉伸试验，测量延伸率的损失百分比，22MnB5 为 58%，铌微合金化的 22MnB5 为 46%，而铌钼复合微合金化的 22MnB5 为 20%。这些数据表明，复合微合金化对提升 22MnB5 马氏体钢的延迟断裂抗力的效果显著。含铌钼的热成形钢中加入 0.015% 或 0.03% 的钛[99]，研究其对氢脆抗力的影响，所生成的碳化钛，可以作为碳化铌和碳化钼的成核和长大的核心，生成碳化铌钛和碳化铌钛钼，而细小的复合碳化物可以阻止晶粒长大，且具有钉扎效应。当钛含量增加时，沉淀量增加，阻止晶粒长

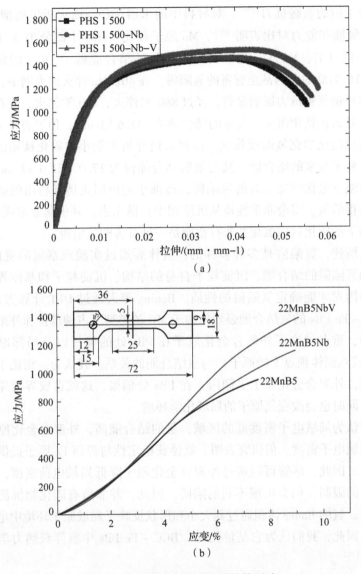

图15 不同微合金化充氢后拉伸测试
(a) 初始；(b) 充氢后

大的效果增加。采用 TDS 测量复合碳化物与氢的结合能，结果表明细小的复合碳化物的形成，将 TiC 粒子与氢的结合能从 83 kJ/mol 提升到 105.9 kJ/mol，同时这些细小的复合碳化物粒子也增加了高能氢陷阱的数量。

当 Ti 含量增加到 0.03% 时，拓宽了 Ti(C、N) 的析出温度，其体积分数增加，同时也促进了细小颗粒的 (Ti、Nb、Mo)C 的析出，这些析出相的存在降低了碳化钛的脆性，增大了氢陷阱与氢的结合能，增加了高能氢陷阱的数量,提升了钢的氢脆抗力[100]。对材料中的未溶 TiC 与回火析出的细小 (Ti、Mo)C 的氢捕获能力对比表明[101],Mo 原子取代了 TiC 中部分 Ti 原子,导致析出细小的 (Ti、Mo)C,这一析出物与氢的结合能低于 TiC。因此,细小 (Ti、Mo)C 为低的弱的甚至有害的氢陷阱。在 40CrMo 淬火回火钢中,复合碳化物析出对钢氢脆抗力影响显著,经过 880 ℃ 淬火,450 ℃ 回火,存在钢中未溶解的球状碳化钛钼沉淀,与氢的结合能为 142.6 kJ/mol,但这类粒子在室温下不能通过电化学充氢而吸收氢。由回火诱导析出细小的碳化钛钼沉淀,将降低沉淀粒子与氢的结合能,其与氢的结合能仅为 17.0 ~ 21.1 kJ/mol,并可以作为室温下电化学充氢时的氢陷阱,被细小的由回火诱导析出的碳化钛钼沉淀所捕捉的氢,将会非常慢地从沉淀相中扩散出去,并引起非常强的氢脆,这种结构下的碳化钛钼沉淀并非有益而是一种有害的氢陷阱。

综上所述,氢陷阱是多种多样的,具体要通过实验观察氢陷阱的大小、氢原子和氢陷阱的结合能、沉淀粒子自身的结构、沉淀粒子和基体界面的结构等多种因素才能确定氢陷阱的性质。Boning 等人通过 DFT 计算方法表明,MC/BCC - Fe PBs 的氢结合能强烈依赖于 MC 的类型、占领部位和外来合金元素。其中,重点讨论了外源合金化原子在 PBs 处的偏析以及局部原子环境(四面体或八面体顶点上的原子)与氢结合能的关系。其认为,相比于在晶粒内部分配,外源合金化原子更倾向于在 PBs 处偏聚,这就造成界面原子的局域弛豫,同时也会改变氢原子的局域化学环境。

通常认为局域电子密度低的区域,氢的结合能高,外源合金化原子往往会降低局域电子密度。但研究表明,氢俘获稳定性与界面 Fe 原子提供电子的能力有关。因此,尽管可以通过外源合金化原子降低局域电荷密度,但由于成键条件的限制,仍会出现不利的陷阱。因此,并非所有碳化物沉淀都能有效捕获氢。氢的 Bader 体积通过其大小和形状反映了局域原子环境中电荷特性的变化。因此,我们认为它是量化 MC/BCC - Fe PBs 中氢俘获热力学的有效描述符号[102]。

在最新的研究中,Binglu 等人通过结合原位扫描开尔文探针力显微镜和像差校正透射电子显微镜,揭示了高强度低合金马氏体钢中氢 - 析出相相互作用的独特场景。研究发现,并非所有非相干界面都捕获氢,有些甚至不包括氢。界面的原子尺度结构和化学特征表明,析出相表面的碳/硫空位和附近基体的拉伸应变场可能决定了界面的氢俘获特性[103]:一是析出相与基体界面处更多的 C、S 空位更有利于氢捕获;二是析出相周围的拉伸应变场更有利于氢溶解,压缩应变场会抑制氢的溶解。这些发现可能为析出强化与降低氢脆敏感性产生更好的耦合作用提供了新思路。

5.4 残余奥氏体控制

残余奥氏体在先进高强度钢,如 DP 钢、复相钢、TRIP 钢、中锰 TRIP 钢、马氏体级钢、Q&P 钢等均有存留,是提高钢强韧性的一种组织。奥氏体属于面心立方结构,本身具有良好的强韧性和储氢能力,但氢在室温下向奥氏体中扩散的速度远小于向铁素体和马氏体的扩散速度。在电化学充氢时,氢进入奥氏体的速度很慢,基于这些特征,一系列的研究对钢中的奥氏体对氢脆的影响进行了实验和探索[15,104-111],并得出以下结论:

①残余奥氏体有高的溶解氢的能力、高的强韧性,因此是比铁素体更强的氢陷阱,但氢在残余奥氏体中扩散速度很慢。在室温下低合金马氏体钢中氢的扩散系数为 $D_H = 3.7 \times 10^{-11}$ m^2/s[112],在奥氏体不锈钢中的扩散系数为 $D_H = (2 \sim 7) \times 10^{-16}$ m^2/s[113],因此电化学充氢时,氢原子很难进入奥氏体,此时微量的残余奥氏体和马氏体交界面是捕捉氢的最佳位置,即该交界面是强的氢陷阱,在淬火钢中析出的渗碳体也是强的氢陷阱[114]。

②钢中残余奥氏体的存在形式有条状、片状、块状,其稳定性与残余奥氏体的化学成分、体积大小及形态有关。高碳高锰的以及体积小的块状或粒状的残余奥氏体的机械稳定性较高,即化学稳定性、尺寸稳定性以及形状稳定性。提高残余奥氏体在钢中的稳定性是提升含有残余奥氏体钢的氢脆抗力的一个有效手段。首先,通过增加残余奥氏体中的碳、锰、钼等固溶合金元,可以提高残余奥氏体的化学稳定性。Binhan 等人[115]提出了一种利用化学异质性来提高高强度钢抗氢脆性能的方法,即利用 Mn 含量的分布差异性,在应力诱导奥氏体转变为马氏体过程中,使得富含 Mn 的奥氏体相抵抗诱导相变能力强,这有效地阻止了裂纹的扩展,如图 16 所示。其次,降低马氏体转变点(M_s 点),提高应变发生马氏体转变的(M_d)点,有利于提高奥氏体的机械稳定性。最后,通过不同的热处理工艺改变奥氏体的形态和大小,来提升其机械稳定性。

③首先,残余奥氏体如发生马氏体转变,将会降低钢的延迟断裂抗力。这种转变是变形诱发马氏体转变,如拉伸变形、构件使用中的受力变形,其变形诱发的马氏体是硬而脆,由此导致钢的强韧性下降[116]和氢脆敏感性增加,这再次表明材料的性能和零部件的功能是两个概念[117]。其次,在残余奥氏体和基体马氏体的交界面处,富集的氢被遗传到变形诱发的马氏体中,增加了氢脆敏感性[118]。最后,由于应变诱发的马氏体转变和转变产生的体积膨胀会使周围基体发生变形,形成大量的位错,高的相变应力与被氢富集的应变诱发马氏体,脆性很高,可能提供了大量的微裂纹的成核位置,对氢脆更

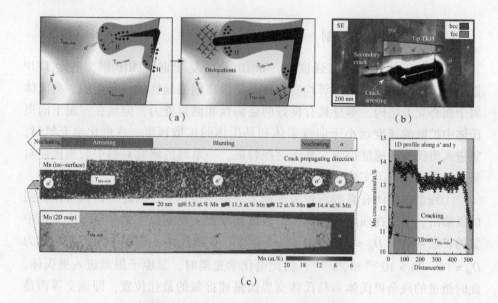

图 16 富 Mn-γ 相的止裂作用机理[115]

(a) 裂纹捕获机制的示意图；(b) 在充氢和断裂的化学不均匀性
钢中的氢致裂纹；(c) 图 (b) 尖端的 APT 结果

为敏感，导致残余奥氏体的尺寸增加、碳含量降低、锰含量降低、残余奥氏体稳定性下降。在 TRIP 钢和 TWIP 钢中所发生的 TRIP 效应和 TWIP 效应均会导致氢脆敏感性增加。在这两类钢中，提升残余奥氏体的稳定性和数量对提升这类钢的氢脆抗力有重要的影响，这些都是汽车选材和使用条件中零部件功能改进的重要考虑因素。

④在一些高锰钢中，如 Fe-0.8C-15Mn-7A 中添加 1% 或 3% 的铜[105]，可提高奥氏体稳定性，增加奥氏体的体积分数，同时析出的大量的富 Cu 的 B2 粒子和奥氏体的界面呈半共格关系，由此增加了交界面上大量的错配位错，因此有效地提升了氢脆抗力。

钢中残余奥氏体形态多种多样，其稳定性受形态、尺寸、化学成分以及热处理工艺的影响。残余奥氏体的存在，既提升了钢的强韧性，又有效地改进了氢脆抗力。残余奥氏体稳定性受诸多因素影响，只有提高其机械稳定性，在使用中或零件的制造工艺中，不发生应变诱发马氏体转变，才可以保持残余奥氏体对钢的强韧性和氢脆抗力的有益影响。

5.5 消除残余应力

残余应力在钢中是普遍存在的。先进高强度钢在冲压成形时，由于其变形在微观和宏观尺度上的不均匀性而产生残余应力[119]。残余应力可分为微观残余应力和宏观残余应力。微观残余应力存在于不同的物相组织（第二相、夹杂物或其他微观缺陷微裂纹处）和晶粒内部或其界面处，对氢致延迟断裂的裂纹起源具有重要作用。宏观残余应力作用在工件尺度上，控制着延迟断裂的裂纹扩展过程。残余应力的存在使氢原子将向着拉应力处或上述的缺陷处扩散或集中，是降低材料氢脆抗力的一个有害因素。在使用中材料还承受交变应力和疲劳应力，且材料本身存在不同的力学响应特性，如包辛格效应等，也会造成氢原子向相间应力的拉应力处或微观组织缺陷处集中，造成氢损伤与外力的复合作用，加速材料的破坏过程。这方面的研究尚需深入，因其影响因素更多更为复杂，其研究的难度更大，但相关研究结果对构件的使用安全性具有重要的参考价值。

5.6 提高钢的纯净度

在钢冶炼中，用现代的冶金方法提高钢的纯净度，降低氢或有害气体含量，细化夹杂物，降低夹杂物的数量，这些都有利于提高氢脆抗力。

对于降低高强度钢的氢脆敏感性，应尽量避免大量夹杂物，如氧化铝、氧化钛、氧化钙、硫化锰等。这就尤其需要严格控制硫的水平，并最终进行钙处理。钛含量不应过高于氮的化学计量比，以避免形成大的立方体形状的TiN颗粒。氢在大尺寸的TiN周边富集后，断裂模式由韧性转变为脆性解离断裂，增大了材料的氢脆敏感性[121]。特别重要的是磷杂质的严格限制，磷倾向于向奥氏体晶界偏析，降低了晶界凝聚力，导致晶间开裂和氢脆敏感性增加。K. M. M. Rahman 等人[122]研究了不同形态夹杂物对氢脆敏感性的影响，包括球状的 Al_2O_3、CaS – MnS，矩形状 $CaO – Al_2O_3$、NbV（CN）、TiN 以及针状 MnS。他们认为，HIC 敏感性不仅取决于非金属夹杂物的数量，还取决于非金属夹杂物的分布和类型。少量针状的非金属夹杂物可导致 HIC 易感性显著增加。非金属夹杂物倾向于形成互连结构的形态将极大地促进 HIC。

Chilou 等人[122]为了研究应力条件下夹杂物对钢中氢偏析的影响，建立了夹杂物与微裂纹共生的几何模型示意图（图17）并进行了数值分析研究。研究结果表明，在评价夹杂物边界处的氢偏析时，夹杂物形状的影响较为明显，氢浓度随 δ（物理意义）的减小而增大。夹杂物内部的氢浓度同时受到 δ 和 θ（物理意义）的影响。当 θ 为 $0° \sim 20°$ 时，氢浓度随 δ 的增大而增大，且随着 θ 值的增大，δ 对氢浓度的影响更加明显；当 θ 大于 $20°$ 时，氢浓度随 θ 的增大而增大，且 θ 对氢浓度的影响随 δ 的增大而更加明显。当 δ 为 $1 \sim 2.5$ 或 θ 为 $60° \sim 90°$ 时，氢分布与应力分布吻合较好，其他情况则不吻合。这种现象可能是由于夹杂物在应力作用下增强了氢扩散的通道效应和陷阱效应。在近距离处夹杂物之间容易发生应力相互作用,导致在靠近应力相互作用区域的包裹体/基体界面处的氢偏析严重。当微裂纹和夹杂物共生时,氢的偏析程度与 θ 和 δ 直接相关,微裂纹和应力的共同作用使夹杂物中氢的局部浓度增加了 3~4 倍。应力的大小对氢偏析区域没有影响,但改变了氢偏析的程度。

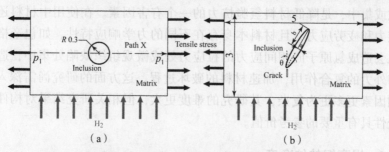

图 17 夹杂物与微裂共生的几何模型示意图(单位:mm)
(a) 圆形夹杂;(b) 椭圆夹杂

6 总结

汽车轻量化和安全性需求的提升,促进了先进高强度钢和超高强度钢应用的迅速增长,而氢脆是影响高强度钢构件使用性能和可靠性的一个重要因素。本文综述了汽车用先进高强度钢氢脆的研究进展,对高强度钢中氢的来源、传递,氢原子的运动和聚集以及氢脆的表征参数和测量方法,氢致延迟断裂的断口特征和裂纹扩展路径进行了概括性介绍,结合氢诱导延迟断裂的断口特征以及氢原子与位错的交互作用对氢脆的机理进行了评述,详细讨论了影响氢脆的因素,系统总结了改进氢脆抗裂的方法,包括细化晶粒和钢中的各类的第二相,充分发挥微合金化和复合微合金化的碳化物对提升氢脆抗力的有益作用以及合理控制残余奥氏体量,提高残余奥氏体机械稳定性,减少和避免残余奥氏体应变诱发马氏体转变对氢脆抗力提升的有害作用等。

Acknowledgments:This work was supported by State Key Laboratory of Vehicle NVH and Safety Technology (NVHSKL - 202104), and innovation research group of universities in Chongqing (CXQT21030, CXQT19031).

参 考 文 献

[1] JOHNSON W H. On some remarkable changes produced in iron and steel by the action of hydrogen and acids [M]. Proceedings of the Royal Society of London (1854 - 1905), 1874, 23 (156 - 163): 168 - 179.

[2] 中国金属学会编译组. 物理冶金进展评论 [M]. 北京:冶金工业出版

社，1985：482-505.

[3] HIRTHJ P. Effects of hydrogen on the properties of iron and steel [J]. Metallurgical Transactions A，1980，11（6）：861-890.

[4] WANG M, AKIYAMA E, TSUZAKI K. Effect of hydrogen on the fracture behavior of high strength steel during slow strain rate test [J]. Corrosion Science，2007，49（11）：4081-4097.

[5] LIU Q, ATRENS A. A critical review of the influence of hydrogen on the mechanical properties of medium-strength steels [J]. Corrosion Reviews，2013，31（3/6）：85-103.

[6] DADFARNIA M, NAGAO A, WANG S, et al. Recent advances on hydrogen embrittlement of structural materials [J]. International Journal of Fracture，2015，196（1/2）：223-243.

[7] DHARAMSHI H K, BHADESHIA H. Prevention of hydrogen embrittlement in steels [J]. ISIJ International，2016，56（1）：24-36.

[8] 马鸣图，路洪洲，陈翊昇，等. 热成形钢及热冲压零件的氢致延迟断裂 [J]，汽车工艺与材料，2021（4）：1-11.

[9] OWEN S W. Can save detroit by a heat-treatment? [J]. Metal Technology，1980，7：1-11.

[10] 马鸣图，吴宝榕. 双相钢——物理和力学冶金 [M]. 北京：冶金工业出版社，1988：1-10.

[11] MA M T, YI H L, LU H Z, et al. On the automotive lightweight CJJ [J]. Engineering Sciences，2012，9（2）：71-77.

[12] 马鸣图，蒋松蔚，李光瀛，等，热冲压成形钢的研究进展 [J]. 机械工程材料，2020，44（7）：1-8.

[13] 张永健，惠卫军，董瀚. 一种低碳Mn-B系超高强度钢板热成形后的氢致延迟断裂行为 [J]. 金属学报，2013，49：1153-1159.

[14] 李建英，张洪波，谭文振，等. 热冲压成形钢延迟开裂分析：汽车EVI及高强度钢氢致延迟断裂研究进展 [C]. 北京：北京理工大学出版社，2019：318-324.

[15] DAVIES R G. Hydrogen embrittlement of dual-phase steels [J]. Metallurgical Transactions A，1981，12（9）：1667-1672.

[16] ZHAO H, CHAKRABORTY P, PONGE D, et al. Hydrogen trapping and embrittlement in high-strength Al alloys [J]. Nature，2022，602（7897）：437-441.

[17] HU S, YIN Y, LIANG H, et al. A quantification study of hydrogen-induced cohesion reduction at the atomic scale [J]. Materials & Design, 2022, 218: 110702.

[18] SEBASTIAN C B, THIERRY S, ANIS A. Hydrogen embrittlement resistance of Al-Si coated 1.8GPa press hardened steel solutions for body-in-white (BIW) application [C] //7 International Conference for Hot Sheet Metal Forming of High-Performance Steel CHS2, 2019, June 2-5th, Lulea Sweden, edited by Mats Oldenburg, Jens Hardell, Daniel Casellas, 2019: 179-189.

[19] JOHN TIEN, ANTHONY W THOMPSON, BERNSTEIN I M, et al. Hydrogen transport by dislocations [J]. Metallurgical Transactions A, 1976, 7: 821-829.

[20] SHINKO T, HÉNAFF G, HALM D, et al. Hydrogen-affected fatigue crack propagation at various loading frequencies and gaseous hydrogen pressures in commercially pure iron [J]. International Journal of Fatigue, 2019, 121: 197-207.

[21] PUNDT A, KIRCHHEIM R. Hydrogen in metals: Microstructural aspects [J]. Annual Review of Materials Research, 2006, 36 (1): 555-608.

[22] 刘清华,唐慧文,斯庭智. 氢陷阱对钢氢脆敏感性的影响 [J]. 材料保护, 2018, 51 (11): 134-139, 150.

[23] 马鸣图,张宜生. 超高强度钢热冲压成形研究进展 [M] //中国汽车工程学会. 汽车先进制造技术跟踪研究 2016. 北京:北京理工大学出版社, 2016: 15-75.

[24] MYERS S M, PICRAUX S T, STOLTZ R E. Defect trapping of ion-implanted deuterium in Fe [J]. Journal of Applied Physics, 1979, 50 (9): 5710-5719.

[25] SHIRLEY A I, HALL C K. Trapping of hydrogen by substitutional and interstitial impurities in α-iron [J]. Scripta Metallurgica, 1983, 17 (8): 1003-1008.

[26] CHOO W Y, LEE J Y. Thermal analysis of trapped hydrogen in pure iron [J]. Metallurgical Transactions A, 1982, 13 (1): 135-140.

[27] MAROEFI, OLSON D L, EBERHART M, et al. Hydrogen trapping in ferritic steel weld metal [J]. Metallurgical Re-views, 2002, 47 (4): 191-223.

[28] WEI F G, HARA T, TSUZAKI K. Precise determination of the activation energy for desorption of hydrogen in two Ti added steels by a single thermal desorption spectrum [J]. Metallurgical Materials Transactions B, 2004, 35 (3): 587-597.

[29] LEE S M, LEE J Y. The trapping and transport phenomena of hydrogen in nickel [J]. Metallurgical Transactions A, 1986, 17 (2): 181-187.

[30] PARK Y D, MAROEF I S, OLSON D L. Retained austenite as a hydrogen trap in steel welds [J]. Welding Journal, 2002, 81 (2): 27-35.

[31] ORIANI R A. The diffusion and trapping of hydrogen in steel [J]. Acta Metallurgica, 1970, 18 (1): 147-157.

[32] FRICKE E, STÜWE H, VIBRANS G. Dissolution of hydrogen from the gas in steel at room temperature [J]. Metallurgical and Materials Transactions A, 1971, 2 (9): 2697-2700.

[33] HAN J, NAM J H, LEE Y K. The mechanism of hydrogen embrittlement in intercritically annealed medium Mn TRIP steel [J]. Acta Materialia, 2016, 113: 1-10.

[34] HIRATA K, IIKUBO S, KOYAMA M, et al. First-principles study on hydrogen diffusivity in BCC, FCC, and HCP iron [J]. Metallurgical & Materials Transactions A, 2018, 105 (2): 1-8.

[35] DAS T, CHAKRABARTY R, SONG J, et al. Understanding microstructural influences on hydrogen diffusion characteristics in martensitic steels using finite element analysis (FEA) [J]. International Journal of Hydrogen Energy, 2022, 47 (2): 1343-1357.

[36] YAZDIPOUR N, HAQ A J, MUZAKA K, et al. 2D modelling of the effect of grain size on hydrogen diffusion in X70 steel [J]. Computational Materials Science, 2012, 56: 49-57.

[37] MOMOTANI Y, SHIBATA A, YONEMURA T, et al. Effect of initial dislocation density on hydrogen accumulation behavior in martensitic steel [J]. Scripta Materialia, 2020, 178: 318-323.

[38] DGA B, LCMA B, AO A, et al. The role of plasticity and hydrogen flux in the fracture of a tempered martensitic steel: A new design of mechanical test until fracture to separate the influence of mobile from deeply trapped hydrogen [J]. Acta Materialia, 2020, 186: 133-148.

[39] RUDOMILOVA D, PROŠEK T, SALVETR P, et al. The effect of

microstructure on hydrogen permeability of high strength steels [J]. Materials and Corrosion, 2020, 71 (6): 909-917.

[40] TURK A, JOSHI G R, GINTALAS M, et al. Quantification of hydrogen trapping in multiphase steels: Part I - point traps in martensite [J]. Acta Materialia, 2020, 194: 118-133.

[41] 中国汽车工程学会. 超高强度汽车钢板氢致延迟断裂敏感性 U 形恒弯曲载荷试验方法: T/CSAE 155-2020 [S]. 2020.

[42] TAKAGI S, TOJI Y, YOSHINO M, et al. Hydrogen embrittlement resistance evaluation of ultra high strength steel sheets for automobiles [J]. Transactions of the Iron & Steel Institute of Japan, 2012, 52 (2): 316-3.

[43] 马鸣图, 王国栋, 王登峰. 汽车轻量化导论 [M]. 北京: 化学工业出版社, 2020: 158-178.

[44] KIM J S, LEE Y H, LEE D L, et al. Microstructural influences on hydrogen delayed fracture of high strength steels [J]. Materials Science and Engineering A, 2009, 505 (1/2): 105-110.

[45] WANG M, AKIYAMA E, TSUZAKI K. Determination of the critical hydrogen concentration for delayed fracture of high strength steel by constant load test and numerical calculation [J]. Corrosion science, 2006, 48 (8): 2189-2202.

[46] 金子智之, 鈴木啓史, 高井健一, 等. 236 ひずみ時効処理による高強度鋼の耐遅れ破壊特性向上とそのメカニズム (OS8-2 水素環境が金属強度特性に及ぼす影響, OS8 水素環境が金属強度特性に及ぼす影響) [C]//M&M 材料力学カンファレンス 2007. 一般社団法人 日本機械学会, 2007: 141-142.

[47] PIOSZAK G L, GANGLOFF R P. Hydrogen environment assisted cracking of a modern ultra-high strength martensitic stainless steel [J]. Corrosion Science, 2017, 73 (9): 1132-1156.

[48] 孙博, 林建平, 高雪丽. 高强钢冲杯试验起皱研究 [J]. 热加工工艺, 2015, 44 (7): 183-186.

[49] BERGERS K, SOUZA ECD, THOMAS I, et al. Determination of hydrogen in steel by thermal desorption mass spectrometry [J]. Steel Research International, 2010, 81 (7): 499-507.

[50] SHI R J, MA Y, WANG Z D. Atomic-scale investigation of deep hydrogen trapping in NbC/α-Fe [J]. Acta Materialia 200, 2020: 686-698.

[51] LEE J, LEE J Y. Hydrogen trapping in AISI 4340 steel [J]. Metal

Science, 1983, 17: 426 – 432.

[52] LEE J Y, LEE S. Hydrogen trapping phenomena in metals with BCC and FCC crystals structures by the desorption thermal analysis technique [J]. Surface and Coatings Technology, 1986, 28: 301 – 314.

[53] KISSINGER H E. Reaction kinetics in differential thermal analysis [J]. Analytical Chemistry, 1957, 29: 1702 – 1706.

[54] KIRCHHEIMR. Reducing grain boundary, dislocation line and vacancy formation energies by solute segregation: II. Experimental evidence and consequences [J]. Acta Materialia, 2007, 55 (15): 5139 – 5148.

[55] KIRCHHEIMR. Reducing grain boundary, dislocation line and vacancy formation energies by solute segregation. I. Theoretical background [J]. Acta Materialia, 2007, 55 (15): 5129 – 5138.

[56] WESTLAKE D G. Generalized model for hydrogen embrittlement [R]. Argonne National Lab., Ill., 1969.

[57] ORIANI R A. A mechanistic theory of hydrogen embrittlement of steels [J]. Berichte der Bunsengesellschaft für Physikalische Chemie, 1972, 76 (8): 848 – 857.

[58] BEACHEMC D. A new model for hydrogen – assisted cracking (hydrogen "embrittlement") [J]. Metallurgical and Materials Transactions B, 1972, 3 (2): 441 – 455.

[59] BIRNBAUM H K, SOFRONIS P. Hydrogen – enhanced localized plasticity – a mechanism for hydrogen – related fracture [J]. Materials Science and Engineering A, 1994, 176 (1/2): 191 – 202.

[60] DU Y A, ISMER L, ROGAL J, et al. First – principles study on the interaction of H interstitials with grain boundaries in α – and γ – Fe [J]. Physical Review B, 2011, 84 (14): 144121.

[61] TAKAHASHI Y, KONDO H, ASANO R, et al. Direct evaluation of grain boundary hydrogen embrittlement: A micro – mechanical approach [J]. Materials Science and Engineering A, 2016, 661: 211 – 216.

[62] STEELS A S. Technical reference on hydrogen compatibility of materials [J]. Studies, 2005: 1.

[63] ZHANG S, WAN J, ZHAO Q, et al. Dual role of nanosized NbC precipitates in hydrogen embrittlement susceptibility of lath martensitic steel [J]. Corrosion Science, 2020, 164: 108345.

[64] PUNDT A, KIRCHHEIM R. Hydrogen in metals: Microstructural aspects [J]. Annual Review of Materials Research, 2006, 36 (1): 555-608.

[65] LYNCH S. Hydrogen embrittlement phenomena and mechanisms [J]. Corrosion Reviews, 2012, 30 (3/4): 105-123.

[66] NAGUMO M. Fundamentals of hydrogen embrittlement [M]. Singapore: Springer, 2016.

[67] GONG P, NUTTER J, RIVERA-DIAZ-DEL-CASTILLO P E J, et al. Hydrogen embrittlement through the formation of low-energy dislocation nanostructures in nanoprecipitation-strengthened steels [J]. Science Advances, 2020, 6 (46): eabb6152.

[68] PINSON M, SPRINGER H, DEPOVER T, et al. Qualification of the in-situ bending technique towards the evaluation of the hydrogen induced fracture mechanism of martensitic Fe-C steels [J]. Materials Science and Engineering A, 2020, 792: 139754.

[69] MARTIN M L, FENSKE J A, LIU G S, et al. On the formation and nature of quasi-cleavage fracture surfaces in hydrogen embrittled steels [J]. Acta Materialia, 2011, 59 (4): 1601-1606.

[70] SHIBATA A, TAKAHASHI H, TSUJI N. Microstructural and crystallographic features of hydrogen-related crack propagation in low carbon martensitic steel [J]. ISIJ International, 2012, 52 (2): 208-212.

[71] NAGAO A, DADFARNIA M, SOMERDAY B P, et al. Hydrogen-enhanced-plasticity mediated decohesion for hydrogen-induced intergranular and "quasi-cleavage" fracture of lath martensitic steels [J]. Journal of the Mechanics and Physics of Solids, 2018, 112: 403-430.

[72] OKADA K, SHIBATA A, TAKEDA Y, et al. Crystallographic feature of hydrogen-related fracture in 2Mn-0.1C ferritic steel [J]. International Journal of Hydrogen Energy, 2018, 43: 11298-11306.

[73] NAGAO A, SMITH C D, DADFARNIA M, et al. The role of hydrogen in hydrogen embrittlement fracture of lath martensitic steel [J]. Acta Materialia, 2012, 60: 5182-5189.

[74] MING G, WEI R. Quasi-cleavage and martensite habit plane [J]. Acta Metallurgica, 1984 32: 2115-2124.

[75] CHO L, BRADLEY P E, LAURIA D S, et al. Characteristics and mechanisms of hydrogen-induced quasi-cleavage fracture of lath martensitic steel [J].

Acta Materialia, 2021, 206: 116635.

[76] MARTIN M L, ROBERTSON I M, SOFRONIS P. Interpreting hydrogen-induced fracture surfaces in terms of deformation processes: A new approach [J]. Acta Materialia, 2011, 59 (9): 3680-3687.

[77] LAUREYS A, DEPOVER T, PETROV R, et al. Characterization of hydrogen induced cracking in TRIP-assisted steels [J]. International Journal of Hydrogen Energy, 2015, 40: 16901-16912.

[78] LAUREYS A, PINSON M, DEPOVER T, et al. EBSD characterization of hydrogen induced blisters and internal cracks in TRIP-assisted steel [J]. Materials Characterization, 2020, 159: 110029.

[79] VALENTINI R, TEDESCO M M, BACCHI L, et al. Hydrogen induced delayed fracture in hot stamped Al-Si coated boron steels [C] //7th International Conference Hot Sheet Metal Forming of High-performance Steel June 2-5, Lulea, Sweden, 2019: 191-200.

[80] DARKEN L S, SMITH R P. Behavior of hydrogen in steel during and after immersion in acid [J]. Corrosion, 1949, 5 (1): 1-16.

[81] WU H, JU B, TANG D, et al. Effect of Nb addition on the microstructure and mechanical properties of an 1 800MPa ultrahigh strength steel [J]. Materials Science and Engineering A, 2015, 622: 61-66.

[82] CHEN Y S, HALEY D, GERSTL S S A, et al. Direct observation of individual hydrogen atoms at trapping sites in a ferritic steel [J]. Science, 2017, 355 (6330): 1196-1199.

[83] TAKAHASHI J, KAWAKAMI K, KOBAYASHI Y, et al. The first direct observation of hydrogen trapping sites in TiC precipitation-hardening steel through atom probe tomography [J]. Scripta Materialia, 2010, 63 (3): 261-264.

[84] CHEN Y S, LU H Z, LIANG J T, et al. Observation of hydrogen trapping at dislocations, grain boundaries, and precipitates [J]. Science, 2020, 367 (6474): 171-175.

[85] WEI F G, HARA T, TSUZAKI K. Nano-preciptates design with hydrogen trapping character in high strength steel [M] //Advanced steels. Springer, Berlin, Heidelberg, 2011: 87-92.

[86] MASOUMI M, SANTOS L P M, BASTOS I N, et al. Texture and grain boundary study in high strength Fe-18Ni-Co steel related to hydrogen

embrittlement [J]. Materials & Design, 2016, 91: 90-97.

[87] VENEGAS V, CALEYO F, BAUDIN T, et al. On the role of crystallographic texture in mitigating hydrogen-induced cracking in pipeline steels [J]. Corrosion Science, 2011, 53 (12): 4204-4212.

[88] 马鸣图. 先进汽车用钢 [M]. 北京: 化学工业出版社, 2008: 375-399.

[89] WEI F G, HARA T, TSUZAKI K. High-resolution transmission electron microscopy study of crystallography and morphology of TiC precipitates in tempered steel [J]. Philosophical Magazine, 2004, 84 (17): 1735-1751.

[90] LEE S M, LEE J Y. The effect of the interface character of TiC particles on hydrogen trapping in steel [J]. Acta Metallurgica, 1987, 35 (11): 2695-2700.

[91] YOULE A, RALPH B, FREEMAN S, et al. The ageing behavior of an isothermally transformed 0.5% Ti-0.1% C steel [J]. Metallography, 1974, 7 (4): 333-344.

[92] LIN Y C, MCCARROLL I E, LIN Y T, et al. Hydrogen trapping and desorption of dual precipitates in tempered low-carbon martensitic steel [J]. Acta Materialia, 2020, 196: 516-527.

[93] 司宇, 唐远寿, 周新, 等. 高强度马氏体钢中微合金元素对氢致延迟开裂的研究进展 [J]. 汽车工艺与材料, 2022 (6): 16-26.

[94] LEE J, LEE T, KWON Y J, et al. Effects of vanadium carbides on hydrogen embrittlement of tempered martensitic steel [J]. Metals and Materials International, 2016, 22: 364-372.

[95] 雍岐龙. 钢铁材料中的第二相 [M]. 北京: 冶金工业出版社, 2006: 146-147.

[96] 马鸣固, 李志刚. 钒对弹簧钢35SiMnB淬透性和等温转变曲线的影响 [J]. 特殊钢, 2001, 22 (6): 13-14.

[97] 冯毅, 宋磊峰, 马鸣图. 高强钢氢致延迟断裂研究进展: 中国汽车EVI及高强度钢氢致延迟断裂研究 [C]. 北京: 北京理工大学出版社, 2018: 285-304.

[98] MA MT, FENG Y, LI K, et. al. Hydrogen-induced delayed fracture resistance of hot stamping steel for different strength grades [C]. Proceeding of the 5th International Conference of Advanced High Strength Steel and Press Hardening, 2020: 1-7.

[99] YOO J, JO M CHUL, JO M CHEOL, et al. Effects of Ti alloying on

resistance to hydrogen embrittlement in (Nb + Mo) - alloyed ultra - high - strength hot - stamping steels [J]. Materials Science and Engineering A, 2020, 791: 139763.

[100] JIN X, XU L, YU W, et al. The effect of undissolved and temper - induced (Ti, Mo) C precipitates on hydrogen embrittlement of quenched and tempered Cr - Mo steel [J]. Corrosion Science, 2020, 166: 108421.

[101] ZHANG Y, HUI W, ZHAO X, et al. Effect of reverted austenite fraction on hydrogen embrittlement of TRIP - aided medium Mn steel (0.1C - 5Mn) [J]. Engineering Failure Analysis, 2019, 97: 605 - 616.

[102] ZHANG B, SU J, WANG M, et al. Atomistic insight into hydrogen trapping at MC/BCC - Fe phase boundaries: The role of local atomic environment [J]. Acta Materialia, 2021, 208: 116744.

[103] ZHANG B, ZHU Q, XU C, et al. Atomic - scale insights on hydrogen trapping and exclusion at incoherent interfaces of nanoprecipitates in martensitic steels [J]. Nature Communications, 2022, 13 (1): 1 - 11.

[104] HOJO T, KOBAYASHI J, SUGIMOTO K, et al. Effects of alloying elements addition on delayed fracture properties of ultra - high - strength TRIP - aided martensitic steels [J]. Metals, 2019, 10 (1): 6.

[105] YOO J, JO M C, KIM D W, et al. Effects of Cu addition on resistance to hydrogen embrittlement in 1 GPa - grade duplex lightweight steels [J]. Acta Materialia, 2020, 196: 370 - 383.

[106] KWON Y J, LEE T, LEE J, et al. Role of Cu on hydrogen embrittlement behavior in Fe - Mn - C - Cu TWIP steel [J]. International Journal of Hydrogen Energy, 2015, 40 (23): 7409 - 7419.

[107] WANG M, TASAN C C, KOYAMA M, et al. Enhancing hydrogen embrittlement resistance of lath martensite by introducing nano - films of interlath austenite [J]. Metallurgical and Materials Transactions A, 2015, 46 (9): 3797 - 3802.

[108] SUN B, LU W, GAULT B, et al. Chemical heterogeneity enhances hydrogen resistance in high - strength steels [J]. Nature Materials, 2021, 20 (12): 1629 - 1634.

[109] ZHU X, ZHANG K, LI W, et al. Effect of retained austenite stability and morphology on the hydrogen embrittlement susceptibility in quenching and

partitioning treated steels [J]. Materials Science and Engineering A, 2016, 658: 400-408.

[110] ZHANG Y, HUI W, WANG J, et al. Enhancing the resistance to hydrogen embrittlement of Al-containing medium-Mn steel through heavy warm rolling [J]. Scripta Materialia, 2019, 165: 15-19.

[111] HAN J, NAM J H, LEE Y K. The mechanism of hydrogen embrittlement in intercritically annealed medium Mn TRIP steel [J]. Acta Materialia, 2016, 113: 1-10.

[112] ASAHI H, HIRAKAMI D, YAMASAKI S. Hydrogen trapping behavior in vanadium-added steel [J]. ISIJ International, 2003, 43: 527-533.

[113] LOUTHAN JR M R, DERRICK R G. Hydrogen transport in austenitic stainless steel [J]. Corrosion Science, 1975, 15 (6/12), 565-577.

[114] NAGAO A, HAYASHI K, OI K, et al. Effect of uniform distribution of fine cementite on hydrogen embrittlement of low carbon martensitic steel plates [J]. ISIJ International, 2012, 52 (2): 213-221.

[115] SUN B, LU W, GAULT B, et al. Chemical heterogeneity enhances hydrogen resistance in high-strength steels [J]. Nature Materials, 2021, 20 (12): 1629-1634.

[116] ZHANG Y, HUI W, ZHAO X, et al. Effect of reverted austenite fraction on hydrogen embrittlement of TRIP-aided medium Mn steel (0.1C-5Mn) [J]. Engineering Failure Analysis, 2019, 97: 605-616.

[117] 马鸣图. 论材料性能和零部件功能的关系 [J]. 热处理, 2014, 29 (2): 1-13.

[118] ZHU X, LI W, ZHAO H, et al. Hydrogen trapping sites and hydrogen-induced cracking in high strength quenching & partitioning (Q&P) treated steel [J]. International Journal of Hydrogen Energy, 2014, 39 (24): 13031-13040.

[119] TOTTEN G. Handbook of residual stress and deformation of steel [M]. ASM international, 2002.

[120] PARK I J, JO S Y, KANG M, et al. The effect of Ti precipitates on hydrogen embrittlement of Fe-18Mn-0.6C-2Al-xTi twinning-induced plasticity steel [J]. Corrosion Science, 2014, 89: 38-45.

[121] RAHMAN K, QIN W, SZPUNAR J, et al. New insight into the role of inclusions in hydrogen-induced degradation of fracture toughness: Three-

dimensional imaging and modeling [J]. Philosophical Magazine, 2021, 101: 976-996.

[122] ZHOU C, LIU X, ZHANG Y, et al. Numerical study on effect of inclusions on hydrogen segregation in steel under stress conditions [J]. International Journal of Hydrogen Energy, 2022, 47 (46): 20310-20322.

宝钢超轻型高安全纯电动白车身（BCB EV）开发

罗爱辉[1,2]，韩非[1,2]，徐伟力[1,2]，鲍平[1,2]，王利[1,2]

(1. 宝山钢铁股份有限公司中央研究院，上海 201900；
2. 汽车用钢开发与应用技术国家重点实验室（宝钢），
上海 201900)

摘要：面对近年来新能源汽车汹涌的发展浪潮，钢铁行业加速从传统的钢铁供应商向钢铁和钢铁解决方案供应商转型。宝钢积极响应用户和行业需求，根据电动化对材料的要求，开发了超轻型高安全纯电动白车身（BCB EV）。BCB EV 白车身质量 303.3 kg，轻量化系数 2.13，整车满足 C-NCAP2021 版碰撞五星、25% 小偏置碰 GOOD 要求，相比同级别车型实现了 10%~20% 的轻量化。BCB EV 高效整合了新材料、新工艺和新结构技术，形成了宝钢汽车用钢在纯电动车身选材、工艺和结构上的系列化解决方案。BCB EV 在整车轻量化、吉帕钢©的使用比例达到国际纯电动白车身领先水平，是宝钢吉帕钢汽车板研发和应用、新能源车整体解决方案 SMARTeX 的集中体现，具有 3~5 年的技术领先性，在新能源汽车用材的开发和应用上具有示范作用。

关键词：白车身；吉帕钢©；碰撞安全；轻量化

Abstract：In the face of the surging development wave of new energy vehicles in recent years, the steel industry has accelerated its transformation from a traditional steel supplier to a steel and solution supplier. In response to the needs of users and the industry, Baosteel has launched the super lightweight all-steel pure electric Body-In-White：BCB EV (Baosteel Car Body Electrical Vehicle). The total weight and lightweight index of BCB-EV are 303.3kg and 2.13, respectively. In addition, the entire vehicle meets safety requirements of C-NCAP2021 and particularly achieves good grade in 25% offset crash test. BCB-EV has carried out weight reduction about 10%~20% as compared to other vehicle models of the same class. BCB EV efficiently integrates new materials, new processes and new structural technologies to form a serialized solution for Baosteel automotive steel in material selection, process and structure of electric vehicle bodies. BCB EV has achieved the international leading level of electric BIW in vehicle lightweight and usage ratio of GPa Steel, which is the concentrated embodiment of Baosteel GPa steel research and application and SMARTeX, the overall solution of new energy vehicles. With 3~5 years of technology leadership, BCB EV has a demonstration role in the development and application of new energy vehicle materials.

Keywords: BIW; X - GPa© Steels; Crashing safety requirement; Light - weighting

0 引言

在汽车工业低碳化、信息化、智能化的发展趋势下，2021 年世界新能源车销量再创新高，中国市场销量占比过半，其中纯电动乘用车占比超七成，新能源车市场保持持续高速增长。面对新能源汽车汹涌的发展浪潮，钢铁行业也加速从传统的钢铁供应商向钢铁和钢铁解决方案供应商转型，加速从传统燃油车转向新能源车。国内外钢厂、钢铁联盟相继推出了各自的新能源车或解决方案，各厂家都在探索轻量化钢制新能源车的实施途径，向汽车厂提供一揽子完整的新能源车综合技术解决方案。

新能源汽车电池系统增重导致整车重量增加，需要通过轻量化来增加续航里程，并降低电池重量和成本。考虑已经出台的更为严苛的 C - NCAP 和 C - IASI 碰撞安全法规要求，汽车轻量化需要在实现车身减重的前提下保证或提高车身的碰撞安全性能。这些均需要从材料、工艺和车身结构的系统优化设计来综合考虑解决。

面对新能源汽车迅猛发展的趋势，宝钢积极响应用户和行业需求，根据电动化对材料的要求，高效整合新材料、新工艺和新结构技术，开发了超轻型高安全纯电动白车身（BAOSTEEL Car Body Electric Vehicle，BCB EV），集中展示宝钢针对新能源汽车轻量化、高安全、经济性用材的解决方案。

1 宝钢系列 BCB 白车身及 BCB EV 的开发目的

"绿色、安全、成本"一直以来都是汽车技术发展的主旋律，特别是在以"绿色"为统领的新发展阶段，是汽车以及汽车材料行业共同的目标和理念。随着环保和安全法规日趋严格，如何在实现汽车轻量化的同时保证其安全性和舒适性，同时又能有效控制综合制造成本，是一个现实而严峻的课题。国际钢厂、钢铁联盟竞相展开了超轻型钢制白车身的研发工作，向全行业展示钢铁材料可以制造出性能卓越、成本受控的轻量化汽车，并探索相应的实施途径，以便向汽车厂提供一揽子完整的技术解决方案。

为更好地理解高强度钢等材料在汽车车身上的使用，遵循"合适的材料用在合适的地方"理念，充分发挥材料的性能，并结合多种先进制造工艺和成形技术，实现材料、车身结构优化设计与工艺的有机结合，宝钢开展了超轻型钢制白车身的研究和开发工作，主要目的包括：

①提高作为材料供应商对汽车开发的认识，深层次理解汽车对材料的要求；

②提升宝钢汽车板深层次 EVI 技术能力，更好地服务汽车用户；

③搭建汽车新材料、新工艺的应用、展示和示范平台；

④搭建可持续开展新材料、新工艺、新结构选用优化设计研究的数字化平台；

⑤持续探索在性能确保、成本可控、成形可行前提下的车身轻量化技术路线。

基于此，宝钢先后于 2015 年、2018 年开发了 BCB（BAOSTEEL Car Body，简称 BCB）、BCB Plus 两款白车身，并于 2021 年推出了超轻型高安全纯电动白车身（BCB EV），以向社会和汽车行业介绍宝钢在汽车用材的研发和加工技术，以及汽车轻量化、结构安全和总成技术等方面的最新进展。其中，BCB 与 BCB Plus 为轿车白车身，BCB Plus 为在 BCB 基础上性能更高、成本更合理、技术更新的升级版；最新开发的 BCB EV，设计为纯电动 SUV 白车身，设计续航里程为 502km（两驱类型）。图 1 所示为宝钢三代白车身涂装实物样车，表 1 为宝钢三代 BCB 白车身技术参数对比。

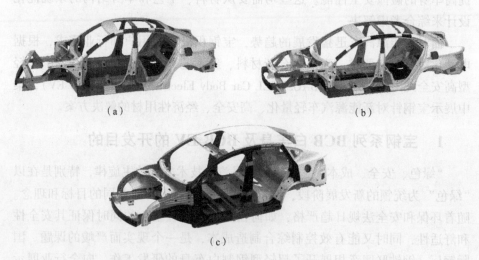

图1 宝钢三代白车身 BCB、BCB Plus、BCB EV 涂装实物样车

(a) BCB；(b) BCB Plus；(c) BCB EV

表1　宝钢三代白车身技术参数对比

指标	BCB	BCB Plus	BCB EV
质量/kg	297.3	319	305
高强度钢比例（340 MPa以上）	77%	81%	88%
超高比例（780 MPa以上）	40%	37%	56%
X–GPa钢（1 000 MPa以上）	23%	24%	50%
零件数/个	309	324	285

2　BCB EV创新设计内容

宝钢依据汽车正向设计理念，以工程调研和综合目标为设计基础，应用多重环状车身概念模型设计技术，基于整车性能的车身结构优化设计和基于轻量化与碰撞性能的白车身零件选材匹配技术，完成了超轻型高安全纯电动SUV白车身BCB EV开发，并使纯电动白车身轻量化和吉帕钢©用材比例达到国际领先水平。

2.1　技术和产品的先进性概述

宝钢超轻型纯电动白车身（BCB EV）应用了6类吉帕钢©材料，白车身吉帕钢©比例超50%，电池包框架吉帕钢©100%，应用热成形材料高达2 000 MPa级别，应用冷成形材料强度高达1 700 MPa。吉帕钢©材料与7种先进成形、变厚板轧制与激光拼焊工艺相结合，保证了轻量化系数2.13，白车身质量303.3 kg，整车满足C–NCAP2021版碰撞五星、25%小偏置碰GOOD要求的先进技术水平，相比同级别车型实现了10%~20%的轻量化，体现了宝钢在吉帕钢©汽车板研发和纯电动汽车应用领域的技术水平。

2.2　BCB EV车身架构设计

BCB EV设计从搭建多重环状车身概念模型入手，通过超高强吉帕钢©材料结合先进成形工艺组成以环状结构为基础单元的坚固"笼"式车身骨架，在承受来自车身正面、侧面或后部碰撞的时候，能更好地保证车身结构完整，确保乘员舱的绝对安全，如图2所示。

2.3　BCB EV白车身用材

BCB EV车身用材主要是通过高强减薄实现车身减重，同时保证车身骨架

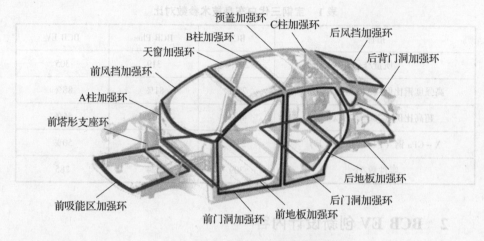

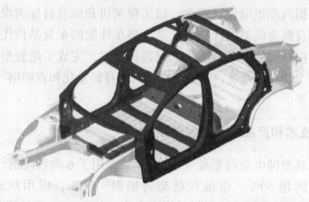

图 2　以环状结构为单元的吉帕钢©"笼"式车身结构

和主要传力路径的零件强度。如图 3、图 4 所示,BCB EV 白车身高强度钢应用比例高达 87.6%,首次应用了 QP1500、DH980、MS1700、B2000HS 变厚度热冲压钢等吉帕钢©材料,吉帕钢©占比超 50%,为高性能轻量化车身设计提供了新的材料应用解决方案。

2.4　BCB EV 车身结构与关键零部件制造工艺

BCB EV 白车身以新能源车为对象正向设计开发。车身结构实现了 20 余项创新结构设计,构建了坚固的吉帕钢©纯电动车下车体框架和高安全的上车体结构,下车体框架包括"日"字形 2 000 MPa 热辊弯成型激光拼接前防撞梁、双吸能盒、多腔体前围下横梁、Y 字形前纵梁、贯穿式地板横梁和加长激光拼焊后纵梁等结构,如图 5 所示。吉帕钢©材料并采用新工艺设计出多载荷路径前端结构、激光焊卷流水槽结构、吉帕钢©侧围前部双门环结构、激光拼焊天窗加强板等上车体结构,如图 6 所示。

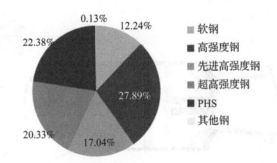

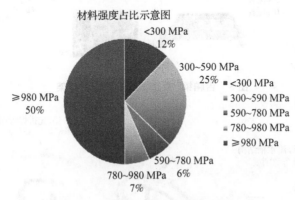

图3 BCB EV 白车身用材比例

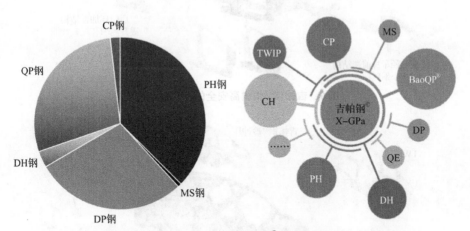

图4 BCB EV 白车身吉帕钢©应用比例示意

BCB EV 白车身在零部件制造工艺的选择和应用方面，除了大量应用热冲压工艺外，还应用了吉帕钢©冷冲压、热辊弯、变厚度板（VRB）、激光拼焊板（TWB）、激光拼焊卷（TWC）、辊冲、辊压七大先进成形工艺，为超轻型高安全白车身的结构和新材料应用提供了全新的工艺实施路径，典型零部件及所采用的成形工艺如图7所示。

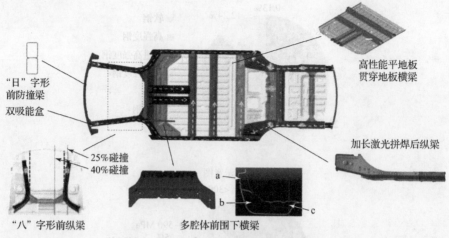

图 5 吉帕钢©打造坚固的下车体框架

图 6 吉帕钢©构建高安全的上车体结构

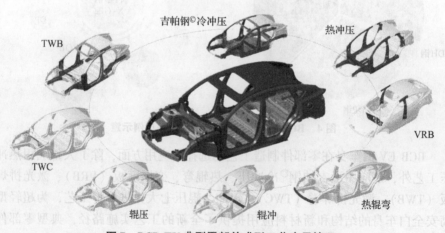

图 7 BCB EV 典型零部件成形工艺应用情况

2.5 BCB EV 电池包设计与零部件制造工艺

BCB EV 是一款包含了 65 kWh 电池的纯电动 SUV，两驱版本设计续航里程为 502km。采用吉帕钢©为主要材料，电池包框架 100% 使用吉帕钢©，结合辊压成形工艺打造了结构简单、尺寸自由的柔性电池包结构，性能均满足安全标准要求，且满足制件工艺要求。吉帕钢©辊压成形多腔体等截面边梁及"几"字形辊压成形横梁组成的电池包框架（图8），实现了 20% 的轻量化，提高了整车续航里程，对整车电安全性提供了更加有力的安全保障，为更轻、更安全电池包的设计提供了全新的技术路线。

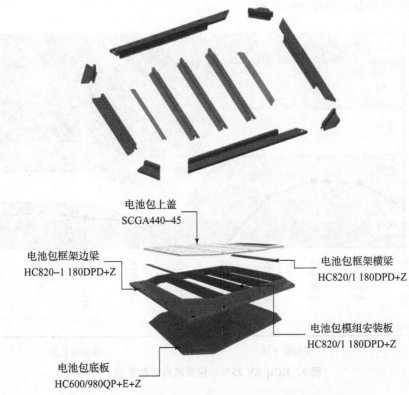

电池包上盖
SCGA440-45

电池包框架边梁
HC820-1 180DPD+Z

电池包框架横梁
HC820/1 180DPD+Z

电池包模组安装板
HC820/1 180DPD+Z

电池包底板
HC600/980QP+E+Z

图 8　BCB EV 吉帕钢©结合辊压工艺柔性电池包用材及框架

3　BCB EV 的碰撞安全性能

以高性能超高强吉帕钢©材料为主打造的 BCB EV 实现了 2021 版 C-NCAP 安全碰撞五星、2020 版 C-IASI 正面 25% 小偏置碰撞优秀的高安全碰撞性能。

①2021 版 C-NCAP 正面 50% MPDB 碰撞测试。2021 版 C-NCAP 最大的

变化就是增加了正面50%重叠移动渐进变形壁障（MPDB）碰撞测试，评分内容考虑了壁障的变形及损伤情况，新增的碰撞测试对车身结构设计与用材提出了更大的挑战。BCB EV 通过对前端零件结构设计与用材的优化，满足了 MPDB 安全碰撞要求。

②2020 版 C–IASI 正面 25% 偏置碰撞测试。2020 版 C–IASI 安全标准引入了正面 25% 偏置碰撞测试。这个测试是目前汽车行业最严苛的测试之一，难度很大。BCB EV 通过创新的结构设计与材料应用，在前端设计开发了多载荷路径前端结构，Y 字形前纵梁结构以及车身中部的双重门环，可以有效应对 25% 小偏置碰测试，分析结果表明 BCB EV 的测试表现优秀。图 9 为 25% 偏置碰各项评分指标得分示意图。

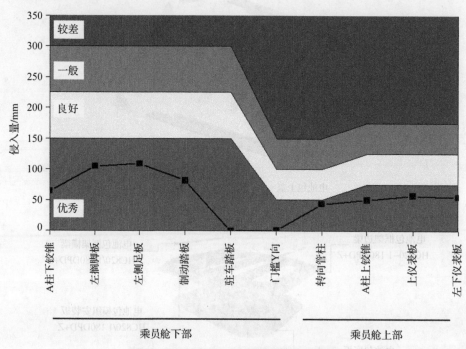

图 9　BCB EV 25% 小偏置碰得分示意图

4　BCB EV 轻量化技术的节能减排效果

通过高强度汽车用材，在保证车身安全性的同时为新能源车轻量化提供整体解决方案，从钢板制造端和汽车行驶端推动 CO_2 减排。按照公开数据，车身每减少使用钢板 1 kg，在钢板制造端约减少 CO_2 排放 2.10 kg；在汽车行驶端，新能源车每行驶 100 km，约减少 CO_2 排放 2.6 g。BCB EV 高效整合新材料、新工艺和新结构技术，实现了较好的轻量化和节能减排效果。

其中，BCB EV 白车身吉帕钢应用比例为 50%，实现了轻量化减重 16%。钢材使用量减少部分，使得在钢材制造阶段，可实现 CO_2 减排 200 kg；在汽车使用阶段，按行驶 20 万 km 计算，节约能源可实现 CO_2 减排 950 kg。进一步研究表明，按中国现有的 2 500 万辆乘用车产能估算，白车身通过应用相关技术少使用的钢材，在钢板制造阶段，可实现 CO_2 减排 500 万 t；在汽车行驶阶段，可实现 CO_2 减排 2 375 万 t（按行驶 20 万 km 计算），约相当于 1.9 万 km^2 森林（约 3 个上海面积）或 2.6 亿棵冷杉（30 年树龄）一年的 CO_2 吸收量。

对于 BCB EV 柔性电池包，实现轻量化减重 12.5%。钢材使用量的减少部分，使得在钢材制造阶段，可实现 CO_2 减排 31.5 kg；在汽车使用阶段，按行驶 20 万 km 计算，节能能源可实现 CO_2 减排 107.7 kg。此外，如果每年生产的新能源车中 500 万辆新能源车都使用该电池包技术，在钢板制造阶段，可实现 CO_2 减排 15.75 万 t；在汽车行驶阶段，可实现 CO_2 减排 53.85 万 t（按行驶 20 万 km 计算），约相当于 464 km^2 森林或 627 万棵冷杉（30 年树龄）一年的 CO_2 吸收量。

5 结论与展望

面对新能源汽车快速发展，宝钢从优化车身造型、减轻整车质量、提高电池效率三大有效途径出发，开发了 BCB EV，以先进材料、成熟工艺和结构优化为创新点，倾力打造了吉帕钢©高占比、具有自主知识产权的超轻型高安全纯电动白车身，为行业探寻新能源汽车用材绿色发展提供了有效路径。

宝钢超轻型高安全纯电动白车身（BCB EV）的成功开发，高效整合了新材料、新工艺和新结构技术，形成了宝钢汽车用钢在纯电动车选材、工艺和结构上的系列化解决方案。如果这些技术成果能得到推广应用，将为钢铁与汽车行业的共同发展创造更好的平台和机会。

宝钢汽车板一如既往地坚持"以用户为中心、为用户创造价值"的宗旨，为汽车行业提供面向新能源汽车用材的整体解决方案（SMARTeX），与汽车行业更加紧密地合作，共同面对挑战，共享发展机遇。

参 考 文 献

[1] 王利，陆匠心. 宝钢汽车轻量化技术进展：2009 年汽车用钢生产及应用技术国际研讨会论文集 [C]. 2009.

[2] 万鑫铭. 从欧洲车身会议看国际先进车型轻量化新技术应用 [R]. 汽车轻量化选材及 BM 材料分析技术研讨会，2013.

[3] 蒋浩民，宝钢汽车零部件产业发展概述：2014 年全国钢材深加工研讨会论文集 [C]. 2014.

[4] 宝钢第一届汽车板 EVI 论坛 [C]. 上海，2011.
[5] 宝钢第二届汽车板 EVI 论坛 [C]. 大连，2013.
[6] 宝钢第三届汽车板 EVI 论坛 [C]. 湛江，2015.
[7] 宝钢第四届汽车板 EVI 论坛 [C]. 厦门，2018.
[8] 宝钢超轻型高安全纯电动白车身全球发布会 [R]. 上海，2021.

专题报告：国内外汽车用钢 EVI 最新发展现状介绍

冯毅[1]，张军[2]，路洪洲[3]，高翔[1]，王彬花[1]，田志俊[2]，
周佳[1]，张钧萍[1]，方刚[1]，张德良[1]

(1. 中国汽车工程研究院股份有限公司，重庆　401122；
2. 马鞍山钢铁股份有限公司，马鞍山　243000；
3. 中信金属股份有限公司，北京　100004)

摘要：随着"双碳"政策的实施及新能源汽车产业的快速发展，对汽车钢产业链提出了更高的要求。基于先进的 EVI 理念，协同上下游产业链，以国家行业发展政策及终端用户市场共性及个性化需求为牵引，打通不同类别汽车用钢之终端车型产品的应用瓶颈链，为终端用户提供汽车钢成套应用技术解决方案，达成在车型上的集成应用是目前全球汽车钢业界的热点、焦点领域。本报告详述了当前全球新能源汽车产业的发展现状及其对汽车钢产业链的影响、汽车钢国内外 EVI 发展现状，并对最新的马钢 MCEV 项目案例进行了重点介绍，同时对未来的汽车钢行业发展趋势进行了展望。

1 全球新能源乘用车发展现状和趋势

当前我国社会经济处于高速发展阶段，对能源的需求和消耗量较大，特别是在一些重工业和产品生产方面，更加促进了能源的使用速度。从能源消耗与储备的占比来看，现代社会处在一个能源匮乏的时代。我国经济的快速增长大部分是以牺牲自然生态为代价换取来的。传统燃油汽车的使用和大范围的普及加速了能源的损耗和环境的污染，因此我国一直在倡导要走绿色可持续发展的道路。鉴于我国提出的发展战略和当前的能源形式，我国于 2009 年开始推广新能源汽车，到 2021 年，新能源汽车的使用量明显增加（图1）[1,2]。新能源汽车的推广在一定程度上缓解了我国的能源危机和环境问题。

新能源汽车已成为世界范围内应对温室气体排放的交通工具。2021 年，全球新能源汽车销量约 650.1 万辆，同比较 2020 年上涨 108%，渗透率上升至 8.0%，中国、欧洲国家以及美国等国家是新能源汽车增长的主要市场。当前来看，全球新能源汽车市场份额占比相对较小。在消费者接受度提升、严苛排放政策以及基础设施不断完善等要素综合作用下，规模将会进一步增加，整体市场增长与发展潜力巨大。

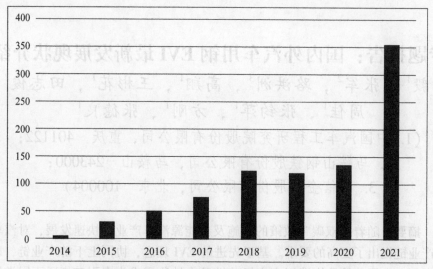

图1　2014—2021年我国新能源汽车销量（单位：万辆）

纯电动汽车以动力电池系统完全取代内燃机，可以真正做到零排放。但为了和传统汽车相竞争，其续航里程一直是人们关注的重点。因此，新能源汽车的轻量化设计显得极为重要，采取轻量化设计可以有效减少能源的浪费，提高能源利用率，提高续航能力。从这点可以看出，轻量化对于新能源汽车发展、制造以及投产使用的重要性。目前，国内外实现汽车轻量化的途径有3条：一是对新能源汽车进行轻量化的设计和分析；二是通过材料替代或者采用新材料来使新能源汽车轻量化；三是采用先进的制造工艺，使用新材料加工而成的轻量化结构。

2　汽车高强度钢发展现状和趋势

应用于汽车领域的高强度钢根据强化机理的不同，可分为普通高强度钢（HSS）和先进高强度钢（AHSS）、超高强度钢（UHSS）。相关钢材类别及其强度分布如图2所示。其中，先进高强度钢、超高强度钢具备高的强度和一定的成形性，是实现车身轻量化减重和保证安全性的重要材料。近几十年来，汽车用先进高强度钢是材料的研发重点，世界钢协根据研发历史及其特点，将之分为3代：第一代以铁素体为基的AHSS钢的强塑积为15 GPa%以下；第二代以奥氏体为基的AHSS钢的强塑积为50 GPa%以上，其合金含量高和生产工艺控制困难导致成本高，因此正研发第三代多相AHSS钢；第三代AHSS钢以提高第一代AHSS钢强度、塑性和降低第二代AHSS合金含量、生产成本两方面进行研发，通过多相、亚稳和多尺度的组织精细调控，其强塑积约为20~40 GPa%。目前，国内钢厂已经具备DP、CP、TRIP、TWIP、

Q&P、MS等先进高强度钢的生产能力,分别用于内外覆盖件、各种结构件和梁类等汽车零部件。其力学性能覆盖面非常宽,既能满足汽车对强度、刚度和碰撞吸能安全性要求,也能满足舒适性与可加工性的要求,为汽车用材与选材提供了更多的选择。

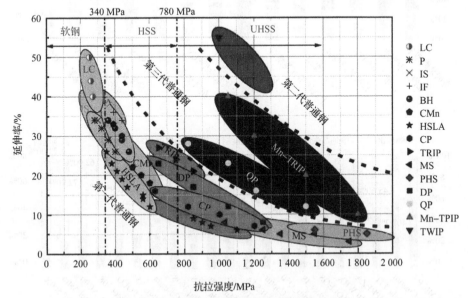

图2　先进高强汽车用钢材类别及强度分布图

目前,国际主流车型的高强度钢占车身的比例已达70%以上,其中自主品牌中高强度钢的应用已达45%。据统计,中国是高强度钢应用最普遍的国家,车身使用比例接近50%,预计未来可高达60%~65%,但是超高强度和先进高强度钢材大幅落后,目前使用比例仅有5%,预计未来将有3倍提升空间。业内专家认为在抗碰撞性能、加工工艺和成本方面,先进高强度钢与超高强度钢相比铝镁合金具有明显的优势,能够满足减轻汽车质量和提高碰撞安全性能的双重技术需要,甚至从成本与性能角度来看,是目前满足车身轻量化、提高碰撞安全性的最佳材料。

对近年来"欧洲车身会议"和"中国轻量化车身会议"展示车型相关用材数据进行统计分析。结果表明,我国乘用车高强度钢的应用水平已经达到世界先进水平(图3)[3],欧洲车身会议展示产品的高强度钢用量平均为56.7%,最高为73%,中国轻量化车身会议展示产品的高强度钢用量平均为62%,最高为70.4%。因此,高强度钢在车身上的应用方面,中国处于领先地位,显示了我国汽车企业高强度钢的应用水平大幅度提升,从材料生产到零件加工生产体系的日臻完善。

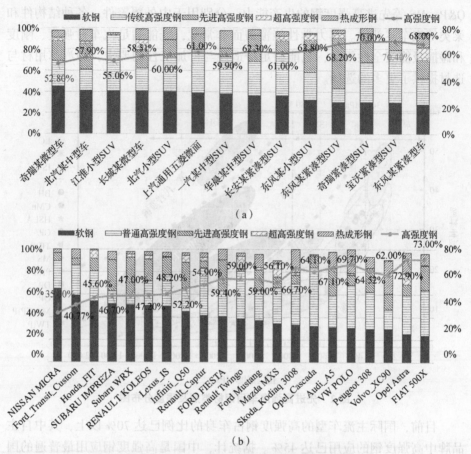

图3　全球典型"全"钢制车身的高强度钢应用情况[3]
（a）国内代表车型（数据来源：2016—2019年中国轻量化车身大会）
（b）国外代表车型（数据来源：2016—2019年欧洲车身会议）

从国际上来看，尽管已经有了许多铝合金和碳纤维等材料应用的成功案例，但高强度钢仍然在企业用材策略中占据重要地位。从图3中还可明显看到，各大车企在车身用材选择和成形工艺选择方面存在不同，而决定其高强度钢用材策略的关键因素是钢厂的产品系列、产品规格、性能与价格以及供应链的支撑能力。

综合以上分析，随着我国高强度钢生产技术的不断发展，在汽车钢品种和强度级别等方面已经与发达国家基本相当，我国在具有高强度高塑性特征的第三代钢开发和生产方面具有的世界领先优势为世界所公认，也为我国进一步推动高强度钢的应用提供了有力支撑。随着高强度钢相关的一批团体标准的颁布，以及汽车用钢上下游产业链EVI领域的持续发展，将为车企扩大高强度钢应用提供技术依据和材料保障。相信随着"高强度钢回弹""延迟断裂"等核心技术问题的认知与解决,将为高强度钢在我国新能源汽车产业内的进一步应用开拓更大的空间[3]。

3 国内外钢厂典型钢制轻量化车身开发案例

为提升自身 EVI 整车技术水平,增强企业选材和提供钢铁轻量化综合解决方案的能力,近十年来国内外主要钢铁公司先后开展了多款钢制轻量化车身与综合解决方案项目,典型的有浦项 PBC – EV、蒂森 In – car、安米 S – in motion、宝钢 BCB 系列和马钢 MCEV 等。

3.1 浦项 PBC – EV 和 e Autopos 项目

2010—2012 年,浦项开发了首款纯电动概念白车身(POSCO Body Concept – Electric Vehicle,PBC – EV)(图 4)。PBC – EV 车身采用了先进高强度钢及热成形、变截面柔性辊压成形、液压成形、激光拼焊等先进成形技术,在实现轻量化的同时提高了安全性。PBC – EV 白车身高强度钢比例达到 65%(其中超高强度钢 40% 以上),车身质量从 296 kg 减轻到 218 kg,在成本小幅增加的同时能够实现减重 26%;从制造到报废回收后的 LCA 全生命周期评价中温室气体排放量相比减少约 50%。

图 4 浦项 PBC – EV 白车身

2021 年,浦项发布了其新的生态友好型电动汽车(含纯电动汽车和燃料电池汽车)综合解决方案:e Autopos(eco – friendly, Electrified Automotive Solution of POSCO),主要产品包括车身和底盘用高强汽车板、电池包专用钢材、驱动电机用节能高效电工钢、氢能电动汽车用金属双极板和二次电池用正负极材料等(图 5)。针对白车身,e Autopos 解决方案使用了多种先进超高强度钢,以增强车身强度和碰撞安全性。例如,对于吸收车辆前部冲击力的前纵梁采用了 980XF 钢,座椅横梁和仪表板横梁外侧件则采用了 MS1500 等超高强度冷轧板,前侧围延伸件采用了 1 500 MPa 热成型钢。经过轻量化设计后,白车身质量减至 207 kg,减轻了 30%。针对悬架系统,e Autopos 解决方案采用了其研制的高性能轴承钢、悬架弹簧、轮胎帘线钢等,在实现轻量化的同时保证了部件良好的加工和使用性能[4]。

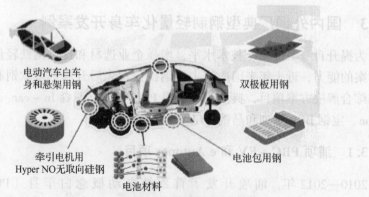

图 5　e Autopos 电动车综合解决方案

3.2　蒂森 In–car 项目

2009 年,蒂森启动了面向汽车生产商的创新项目——"In–car"。项目聚焦行业关键需求——减重、降本、减排和提高性能,并引入 LCA 理念,开发出了 30 多种车身、底盘及动力系统的创新解决方案,使整车重量减轻一半的同时成本降低 20%(图 6),使汽车整个生命周期可减少高达 1.6 t 的汽车 CO_2 排放量。

对标车	InCAP方案	用材	重量	成本	排放
DP-W600 2.2/2.0 mm 18.67 kg	01	TPN-W900	-19%	-12%	-15%
	02	DP-K60/98 RA-K40/70	-13%	-7%	-11%
	03	MBW1500	-15%	-5%	-12%
	04	变厚板MBW1500	-18%	-5%	-15%
	05	拼焊板MBW1500	-17%	-12%	-13%
	06	拼焊板MBW1900	-22%	-9%	-17%

图 6　蒂森 In–car 项目及 B 柱多种轻量化解决方案

In – car 项目是蒂森的菜单式轻量化解决方案，它对车身、悬架、动力总成三大系统的 16 个主要部件均进行了轻量化设计，每一个部件给出了 1 种以上的解决方案，且每一种解决方案提供了对标车和 In – car 解决方案的用材、质量、成本和排放情况，用户可以根据应用目的、生产和工艺条件选择不同的解决方案。

3.3 安米 S – in motion 项目

从 2010 年开始，安米陆续开发了 S – in motion 系列车型（包括燃油车、电动车、轿车、SUV、商用车等）轻量化解决方案（图 7）[5]，主要通过对先进高强度钢的轻量化设计应用，为用户提供安全、轻量化、低成本、满足可持续发展的全面解决方案。

SUV的S–in motion® 轻量化白车身模拟

中高级轿车的S–in motion® 轻量化白车身模拟

图 7　阿米 S – in motion 白车身轻量化解决方案（SUV、中高级轿车）[5]

以 2015 年北美市场典型 SUV 和中高级轿车为例，通过 S – in motion 解决方案，SUV 可实现车身质量减少 112 kg（减重比例 21%），使用高强度钢的比例从 33% 提升到 51%；轿车有望实现车身质量减少 100 kg（减重比例 28%），使用高强度钢的比例由 68% 提升到 74%，全生产周期碳排放减少 13.5%[5]。

2020 年，安米推出了全新的 S – in motion 纯电动汽车钢制电池包解决方案（图8）。该方案应用多种高强度钢，其中关键部位（骨架、底部）使用先进高强度钢（包括2GPa铝硅镀层热成形钢和1 500 MPa马氏体钢等），保证在满足性能的前提下有效控制电池包质量，使电池盒结构只占总电池包质量的20%。通过对零件的截面设计优化，大大降低了模具的成本投入；梁结构采用辊压成形工艺，底盖板等采用方板件设计及简单的浅冲压或开孔工艺，使电池包整体材料利用率达到90%以上，可有效控制成本[6]。

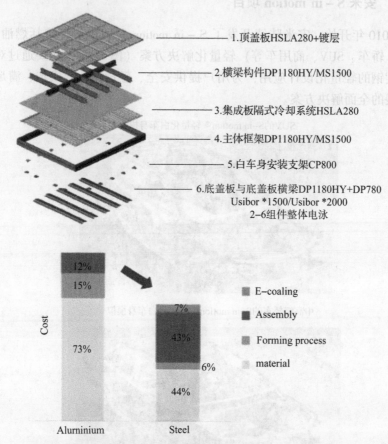

图8 阿米 S-in motion 轻量化钢制电池包方案（用材、成本）[6]

3.4 宝钢 BCB 系列项目

2015年，宝钢推出了首款超轻型概念白车身 BCB（Baosteel Car Body），是国内钢厂首次按照汽车设计流程和规则，整合新材料、新工艺和新结构优化技术而完成的白车身,其在安全性、舒适性和轻量化方面达到国际先进水平(图9)。BCB白车身质量297.3 kg,车身大量应用第一、二、三代汽车用钢(包括MS1500、B1800HS、TWIP950、QP1180等新材料),高强度钢应用比例高达77.5%;在成形工艺方面,应用了热冲压成形、液压成形、辊压成形、VRB板成形和激光拼焊板成形等先进成形技术。通过高强减薄轻量化设计,实现了整车性能不下降的目标,实车轻量化系数2.6[7]。

指标	BCB		BCB Plus	
	项目目标	设计值	项目目标	设计值
质量/kg	300	297.3	300	324.8
高强度钢比例	70%	77%	70%	79%
零件数/个	320	309	350	324
轻量化系数	3	2.59	3	2.19
被动安全	五星	五星	五星	五星

图9 宝钢BCB白车身

2021年,宝钢向全球发布了超轻型纯电动高安全车身BCB – EV(Baosteel Car Body Electric Vehicle)。BCB – EV以先进材料、成熟工艺和结构优化为创新点,打造了以吉帕钢为主的超轻型高安全纯电动车身(图10)。BCB – EV白车身使用吉帕钢比例超50%,电池包框架使用吉帕钢达100%,使用的热成形材料强度达到2 000 MPa级别,冷成形材料强度达到1 700 MPa级别;采用先进高强度钢与7种先进成型、不等厚轧制、拼焊工艺相结合,实现白车身质量303.3 kg(质量减少57 kg,减重比例10%~20%),轻量化系数为2.13,达到整车C – NCAP2021版碰撞五星安全、25%小偏置碰GOOD性能要求,实现钢板生产环节CO_2减排200 kg,电动车使用环节CO_2减排296 kg[8]。

图10 宝钢 BCB–EV 白车身、电池包框架[9]

3.5 马钢 MCEV 超轻型电动概念车身项目

3.5.1 项目背景

为了积极响应汽车行业轻量化需求，2018 年马钢联合中国汽研、清华大学苏研院、中信金属等单位启动了马钢 MCEV（Masteel Concept Electric Vehicle）电动概念车整车开发项目，充分展示了利用钢铁的设计灵活性以及使用高强度钢来解决新能源汽车轻量化面临的难题的能力。项目选取一款全球先进的电动车为标杆，并结合行业电动车先进技术水平，开发一款轻量化、高性能、高安全、经济型 A 级电动概念车，包括轻量化车身、底盘电池包、驱动电机（图11）等以及马钢新能源汽车用钢的设计应用。

图11 新能源车车身、驱动电机、电池包集成轻量化开发（MCEV 项目范畴）

3.5.2 马钢高强度钢等材料在白车身上的应用

为了实现轻量化的同时并保证安全性，MCEV 设计车采用全钢车身设计，用钢布局坚持"将合理的材料应用于合理的部位"原则，进一步提升高强度钢的使用比例，达到轻量化效果。其中，前横梁、顶盖中横梁、外门环、门槛梁外板等安全部件采用马钢 1 500 MPa 级、1 800 MPa 薄镀层、高冷弯、抗延迟开裂热成形钢。MCEV 设计车采用了 48.08% 高强度钢、22.33% 先进高强度钢、13.22% 热成形钢，高强度钢占比达 83.63%（其中含 Nb 高强度钢比例 61%），如图12 和图13 所示。

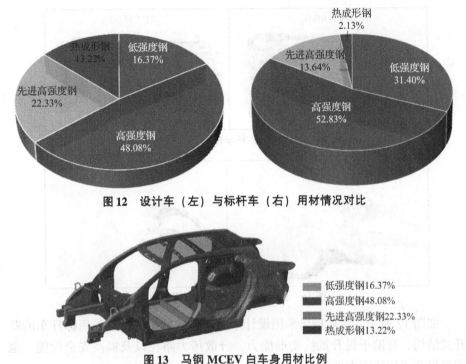

图12 设计车（左）与标杆车（右）用材情况对比

图13 马钢 MCEV 白车身用材比例

3.5.3 车身结构优化

在车身设计上，通过采用 CAD/CAE/SE 等计算机技术对白车身的结构和布局进行优化分析，而通过采用传力路径优化设计、结构截面优化设计等，在实现轻量化的同时进一步提升了车身的安全性，如图14和图15所示。

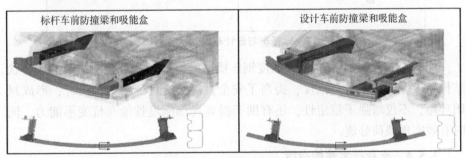

图14 设计车与标杆车前防撞梁和吸能盒对比

采用 MCEV 设计车前防撞梁加长、增加副吸能盒，使得在 MPDB 工况下碰撞力的传递更加均衡，而在小偏置碰撞工况下，抗撞性能有所提高。

如图16所示，上纵梁延伸到纵梁前端板形成闭环环状结构，有效提升抵抗小偏置碰撞的能力。

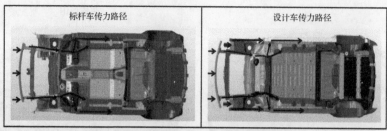

图15　设计车与标杆车碰撞传力路径对比

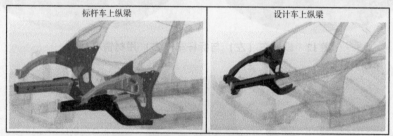

图16　标杆车与设计车上纵梁对比

如图17所示，前舱横梁采用设计车的拉通横梁结构相比采用标杆车的断开式结构，有助于提升抵抗变形能力，分散传力路径以及提高安全性能，也明显提高了扭转刚度性能。

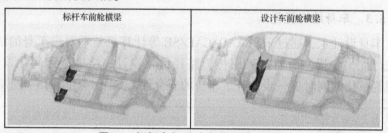

图17　标杆车与设计车前舱横梁对比

如图18所示，贯穿式的高强度钢座椅横梁与B柱、顶盖中横梁形成环状结构，极大增强了整车刚度，提高了安全性能；通过环状结构设计，形成封闭环路，不仅增强了稳定性，还有助于提高局部刚度性能和抗变形能力，同时有效实现载荷分流。

3.5.4　车身技术性能指标

经轻量化设计，MCEV白车身质量265 kg，减重10.9%，轻量化系数为2.62；整车正面100%碰撞、柱碰、MPDB的性能达到C-NCAP五星水平，25%小偏置碰、顶压性能达到C-IASI优秀水平，白车身（带玻璃）扭转刚度≥23 000 Nm/(°)、弯曲刚度≥15 000 N/mm，白车身（带玻璃）扭转模态≥36 Hz、弯曲模态≥52 Hz，符合安全性要求。

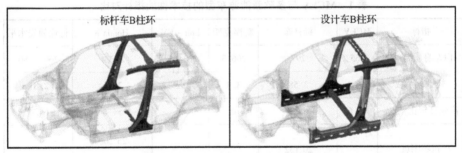

图18 标杆车与设计车B柱环对比

MCEV 设计车与其他新能源车型的主要技术性能指标对比如图19、图20、表1所示。MCEV 设计车（外观造型见图21）的轻量化、安全性能、刚度模态性能等技术指标，高于标杆车，并达到国际先进新能源汽车的水平。

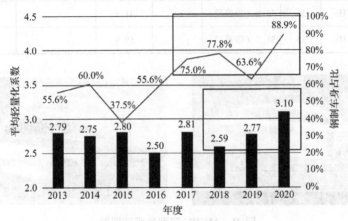

图19 ECB 历年轻量化系数

图20 ECB 钢制车身轻量化系数变化

表1 MCEV与多款新能源车型的技术性能指标对比

指标	MCEV	标杆车	新福克斯	bolt-EV	Honda e	行业领先水平
白车身质量/kg	265	297	266.3	304.4	267.4	260~280
轻量化系数	2.62	3.58	3.3	4.21	2.76	2.81
高强度钢比例/%	83.6	68.6	65	68	54.6	64.4
扭转刚度/(Nm·(°)$^{-1}$)	24 535	20 132（带玻璃）	18 900	18 500	25 200（带前后防撞梁、前悬架、玻璃）	≥18 000
弯曲刚度/(N·mm^{-1})	17 817	13 251		40 100	12 800	≥12 000
扭转模态/Hz	38	35.8（带玻璃）		41.7		
弯曲模态/Hz	53	51.7（带玻璃）		59.9		

图21 MCEV车型外观造型图

3.5.5 钢制轻量化电池包设计及用材

为了进一步提升电池包的带电量，并考虑乘员舱搁脚区的舒适性，同时紧跟电池包平板化的趋势，MCEV钢制轻量化电池包采用平板式外形设计，采用大模组及4680大圆柱电池，电池包总质量322.54 kg，整包带电量为51.5 kWh，比对标车电池包带电量提升了28.75%，能量比密度为159.17 Wh/kg，比对标车电池包提升了20.58%。

对于钢制轻量化电池包的用材，其中箱体采用马钢汽车板，包括自润滑镀锌板、锌铝镁镀锌板、薄铝硅热成形钢等。电池包的上下壳体一体冲压成形，保证电池包具有良好的密封性；下壳体四周采用滚压成形的加强结构，保证电池包具有良好的刚度和抗挤压性能；底部横梁、纵梁采用热成形钢，保证电池包的安全性能。电池包箱体结构和用材分别如图22和图23所示。电池包箱体质量为58.96 kg，高强度钢占比51.4%，其中热成形钢占比29.7%。

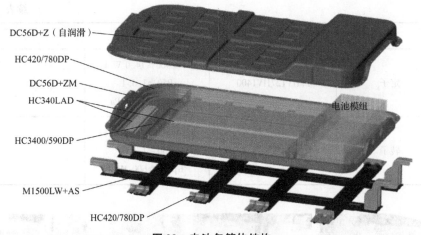

图22 电池包箱体结构

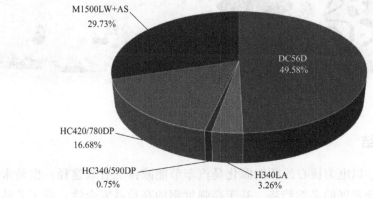

图23 电池包箱体用材统计

3.5.6 钢制轻量化驱动电机的设计及用材

对标标杆车驱动电机，应用马钢高强度硅钢等产品，开发一台全新的110 kW新能源车用高密度永磁同步电机，驱动电机主要性能指标及用材情况如表2所示。驱动电机如图24所示。

表2 驱动电机主要性能指标及用材情况

	驱动电机主要性能指标		
	标杆车	新电机	评价
电机效率/%	96.2	96.62	采用600 MPa含铌高强度钢硅钢设计的设计性能优于标杆车电机
峰值转速/(r·min^{-1})	10 500	11 000	
峰值扭矩/Nm	315	326	

· 79 ·

续表

新电机用材情况		
定子	27HV127HV1400	P1.0/400≤14.0 W/kg B50≥1.65T Rp0.2≥410 MPa
转子	600MPa含铌高强度硅钢	P1.0/400≤30.0 W/kg B50≥1.64T Rp0.2≥600 MPa

图24 MCEV驱动电机

4 总结

轻量化、以电为核心的新能源化是汽车节能减排的有效途径，也是未来全球汽车工业发展的必然趋势。基于高强度钢的高承载安全性、高工艺适应性、高性价比综合优势，可预见未来至少15年甚至更长时间内高强度钢依旧是全球节能与新能源汽车材料行业的最重要发展方向之一。未来全球新能源汽车将越来越多地使用更具轻量化优势的各类先进高强度钢、超高强度钢。尤其随着我国快速增长的新能源汽车消费市场，将进一步推动高强度钢需求的增长。因此，随着全球新能源汽车工业的发展，基于下游市场对钢材需求的实时变化，对于国内外广大钢企而言，应不断完善、优化自身汽车钢产品体系结构，不断提升汽车钢产品的层次，尤其应高视角把握新能源这一重要导向，去规划钢企自身的汽车钢发展战略方向和实施路径。

基于新时代的EVI理念，协同上下游产业链，以国家行业发展政策及终端用户市场共性及个性化需求为牵引，打通不同类别汽车用钢之终端车型产品的应用瓶颈链，为终端用户提供汽车钢成套应用技术解决方案，达成在车型上的集成应用是目前全球汽车钢业界的热点、焦点领域。近十年来国内外主要钢铁公司先后开展的多款钢制轻量化车身项目，主要围绕车身及电池包等主要部件，展示了不同优秀钢制轻量化解决方案的实践案例，包括先进高强度钢（如 PHS、CP、Q&P、MS、DH 等）、先进成形技术（如热成形、激光拼焊、辊压、变厚度板、差厚板等）的应用，大大促进了全球各类钢制车型领域的整体轻量化技术水平，尤其促进了各类先进汽车高强度钢的持续推广应用。未来随着汽车产业的电动化这一大势所趋，节能减排、"碳达峰、碳中和"政策的实施，以及先进高强度钢性能和应用技术愈发成熟，其在乘用车车身、商用车车架、驾驶室、上装、车轮、底盘轴杆件等相关总成零部件上的应用空间将进一步增大，必将在汽车轻量化领域发挥更大的作用。对于钢企而言，开展基于钢技术路线的各类车型轻量化材料 – 结构 – 工艺 – 验证一体化车身及底盘 EVI 项目，将大大提高其对车身设计，包括用材、性能、成本及 LCA 需求的理解和技术开发能力，从而为车企提供更好、更成熟、更经济的汽车钢综合解决方案。

相对于传统的燃油汽车，新能源汽车在钢材应用总体层面不存在本质差异性，但是会体现出一定的个性化。首先，新能源汽车基于三电系统的存在，其对轻量化和安全性的要求更高，尤其随着近年来中保研对汽车碰撞安全指数（C – IASI）等更苛刻碰撞安全性能评价方法标准的逐步推广，提升强度级更高的各类汽车钢种，集成应用于新能源汽车车身和底盘系统，将逐步成为行业主流。从轻量化、性能层面而言，未来各类汽车钢将坚持走高强、高韧、低密度的发展路线，不断提升汽车零部件的安全性能、可靠耐久性能和轻量化水平。其次，纯电动车将增加对高品质电机用硅钢片的消耗，但由于其取消发动机、变速箱以及其他相关的部件，这将明显减少这些系统的普钢和优特钢的消费。最后，对于混合动力车而言，由于其是在保留原动力系统基础上增加了电机系统，因此这类车型不仅没有减少原有发动机系统的钢材消费，还相应要增加电机的硅钢片消耗。上述新能源车的结构特性将会对钢企的产品发展策略产生影响。此外，目前全球汽车产业尤其是新能源汽车产业的竞争日趋白热化发展，低成本已成为广大车企最重要的生命线之一。对于汽车钢产业链而言，一方面应致力于研发各类高性价比钢种，满足下游市场的成本需求，这其中重点是降低钢材的合金成本和冶金工艺难度，还应提升其制造工艺适应性，提升下游零件、主机厂的成品率，降低其相关生产资料的损耗等，进而推进整个产业链的降本；另一方面，近年来国内如热成形薄铝硅镀层板、DH 钢等单一品种汽车钢的研发及推广，及以马钢 MCEV 项目为代表的超轻质、高性能、低成本，满足市场需求的新能源汽车用钢集成技术解决方案，均是国内汽车钢业界走出中国特色发展之路的重要探索。

综上所述，推进中国汽车钢产业链的协同、又好又快的发展，这显然不是钢铁行业一个领域的事情，必须进一步加强 EVI 汽车用钢上下游产业链合作力度，基于新能源汽车产业的发展涌现出的新需求，不断研发出对口的新钢种，并解决其在新能源汽车车身、底盘、三电系统中的应用技术问题，这是一门跨学科领域的复杂系统工程。这么多年来国内外在 EVI 汽车用钢领域持续发力，已取得了重大突破，但是面向飞速发展的下游市场，当前还有太多的问题没有解决，亟待未来全行业齐心协力，不断孵化出新的科研成果，不断合作突破更多的产业链技术瓶颈，推进我国汽车钢事业迈向新的发展阶段，取得更大的成绩，为中国制造业早日实现"强国梦"，达成"双碳"宏伟目标注入强劲的科技动力！

参 考 文 献

[1] 一文读懂中国新能源汽车发展史 | 电动势说势 [EB/OL]（2021 – 09 – 24）. https://baijiahao.baidu.com/s? id = 1711740076410896384&wfr = spider&for = pc.

[2] 2021 年中国新能源汽车产销量及龙头企业对比分析 [EB/OL]（2022 – 03 – 04）. https://www.sohu.com/a/529417725_120961824.

[3] 罗培锋，杨万庆，陈东，等. 高强度钢成形技术及车身轻量化应用 [J]. 汽车材料与涂装，2020，16：170 – 175.

[4] 浦项发布 e Autopos 电动汽车解决方案 [EB/OL]（2021 – 08 – 19）. http://news.steelcn.cn/a/98/20210819/1092531A1384F2B.html.

[5] 安赛乐米塔尔发布新一代 S – in Motion® 方案 [EB/OL]（2017 – 02 – 10）. https://www.vogel.com.cn/c/2017 – 02 – 10/689766.shtml.

[6] 安赛乐米塔尔 S – in Motion 钢制电池包设计 [EB/OL]（2020 – 06 – 24）. https://www.sohu.com/a/403860658_378896.

[7] 2015 年世界钢铁工业十大技术要闻 [EB/OL]（2016 – 01 – 04）. https://huanbao.bjx.com.cn/news/20160104/697588 – 3.shtml.

[8] 宝山钢铁：宝钢超轻型高安全纯电动白车身 – BCB EV 2021 金辑奖 [EB/OL]（2021 – 08 – 19）. https://www.163.com/dy/article/GHP8F0SO05278R4J.html.

[9] 宝钢股份"超轻型纯电动高安全白车身"全球首发 [EB/OL]（2021 – 04 – 09）. https://view.inews.qq.com/k/20210409A08RA400? web_channel = wap&openApp = false.

专题报告：高强度汽车钢氢致延迟断裂

冯毅[1]，路洪洲[2]，马鸣图[1]，郭爱民[2]，陈翊昇[3]，赵征志[4]，刘邦佑[3]，梁江涛[5]，陈伟健[4]，严超峰[6]

(1. 中国汽车工程研究院股份有限公司，重庆 401122；
2. 中信金属股份有限公司，北京 100004；
3. 悉尼大学，悉尼 2006；
4. 北京科技大学，北京 100083；
5. 首钢集团有限公司技术研究院，北京 100041；
6. 陕西德仕汽车部件（集团）有限责任公司，西安 710200)

摘要：随着全球汽车行业，尤其是新能源汽车行业的迅猛发展，基于更高的轻量化和安全性能要求，超高强汽车用钢获得了愈发广泛的应用。针对超高强汽车用钢而言，随着强度级别的提升，不可避免地带来了氢致延迟断裂问题。氢致延迟断裂是材料在复杂的内外部载荷及含氢环境综合作用下出现的一种早期失效现象，具有难以预见且危害极大的特点，其机理又非常复杂，是当前全球汽车用钢领域的研究热点问题之一。本报告围绕汽车用钢的氢致延迟断裂问题，从宏－微观机理、主要诱因、评价方法、不同钢种的氢致延迟断裂敏感性、提升氢致延迟断裂敏感性的技术途径等多方面现状进行了论述，并对该领域未来的发展方向进行了展望。

1 概述

汽车轻量化已经成为世界汽车发展的趋势[1,2]。数据表明，乘用车整备质量每减少100 kg，百公里油耗可降低0.3~0.6 L。燃油消耗的减少可以有效降低汽车尾气的排放，这在国内空气质量日益成为关注焦点的大环境下具有重大意义。通过提升汽车钢材的屈服强度（YS）和抗拉强度（UTS），保证车体优异的抗冲击性能同时可以减薄所使用钢板的厚度，即实现减重。早在20世纪80年代，在提高车辆安全性的需求促进下，就已经开始了对先进高强度钢（抗拉强度大于600 MPa）的研究[3]。近年来，为满足汽车轻量化的发展需求，一批先进高强度钢，包括双相（DP）钢、相变诱发塑性（TRIP）钢、孪晶诱发塑性（TWIP）钢、淬火配分（QP）钢、热冲压钢等已经被研发出来[4,5]。然而，随着钢材强度的提高，其延迟断裂风险也随之提高。越来越多研究结果表明，先进高强度钢具有显著的氢致延迟断裂现象，即高强度钢零部件在经过一段时间后会突然自发开裂。这种延迟断裂的现象严重影响高强度钢零部件的服役安全性，对该现象的机理探索和风险控制研究迫在眉睫。

氢致延迟断裂现象，又称氢脆现象，是由于氢原子溶解于金属材料中造成弱化或脆化的现象。氢会加速金属内部的裂纹扩展，造成金属断裂面的特征由韧性转变为脆性。实验证明，充氢的金属会随着金属内氢含量增加而逐渐失去韧性，并且当氢在金属中达到饱和溶解度时韧性会完全消失，然而在金属内的氢逸散后，金属也恢复为原强度。此外，在金属发生塑性变形前，氢对材料韧性与强度的影响几乎是可忽略的，也就是在弹性变形时氢对材料并没有太大影响。强度不同的金属有不同程度的氢脆现象：在中低强度的铁素体钢中不明显，但在高强度马氏体钢中，尤其是超高强度热成形钢氢脆非常严重，此现象显示氢脆与金属的显微组织和结构有非常大的联系。研究也显示在不同应变速率进行的机械性能测试对氢脆严重程度有影响，在应变速率较慢的测试中，金属展现出的氢致延迟断裂现象较为严重，且室温的金属氢脆程度较高温的实验结果严重。这些现象说明，氢脆现象中氢的扩散速度是一个重要的影响因素。

1874年，Johnson首先发现了金属样品处于充氢环境下韧性大幅减少的情况。此后许多学者和工程人员投入关于氢致延迟断裂的研究，至今有近4万篇关于氢致断裂延迟研究论文发表，近年仍以每年数百篇增加中，这些数据显示此问题在金属材料中是重要的一个研究课题，而庞大的论文数量也显示了氢致延迟断裂的复杂性。针对不同钢种的氢致延迟断裂机理以及如何抑制各类高强度钢的氢致延迟断裂敏感性，是当前国内外研究的焦点。

可扩散氢、残余应力、微观组织是高强度钢延迟断裂的三大关键要素。三者对延迟断裂的影响可归纳为：材料的微观组织决定了氢在材料内部的溶解度、扩散能力、聚集位置、存在状态以及材料对氢致断裂的敏感程度；残余应力是裂纹扩展的驱动力并促进氢的扩散与聚集；可扩散氢在残余应力的影响下，扩散至应力集中位置，在达到临界氢浓度后，导致材料发生延迟断裂。由此可见，延迟断裂是包含材料学、电化学、力学等的多学科过程，至今仍有许多问题未解决[6]。然而，随着定量研究手段的进步，特别是可扩散氢含量精确检测技术的开发和普及、原子尺度的材料表征与模拟技术，推动了高强度钢氢致延迟断裂的研究。本报告围绕汽车用先进高强度钢的氢致延迟断裂，对近期的研究结果进行总结和归纳，为广大科研工作者和工程师提供参考，同时为开发具有高延迟断裂抗力的汽车用先进高强度钢提供设计思路。

为厘清可扩散氢和残余应力对延迟断裂的影响，本报告第二部分介绍高强度钢中可扩散氢的来源、定义，及其在材料中的状态和对材料的影响。然后介绍残余应力的起源、影响残余应力的重要因素及残余应力对氢扩散的影响。在此基础上，第三部分我们总结现有的氢致延迟断裂机理。第四部分将列举实验室对高强度钢氢致延迟断裂的表征方法，如恒载荷试验（Constant Loading Tests, CLT）、慢应变速率拉伸试验（Slow Strain Rate Tension Tests, SSRTT）、弯曲和冲杯试验等。在掌握这些实验室表征方法的同时，读者可以思考氢和应力是如何在实验中引入的，与实际工况对比，选用合适的表征手段。第五部分是高强度钢氢致延迟断裂的案例分析，涉及的材料包含第一至第三代汽车用先进高强度钢。特别当涉及孪晶诱发塑性（twinning‑induced plasticity, TWIP）和相变诱发塑性（transformation‑induced plasticity, TRIP）效应时，使高强度钢的氢致延迟断裂现象具有特殊性，是近年来该领域研究的热点。

2 氢致延迟断裂氢的诱因

2.1 氢进入钢材的方式

了解了氢脆对材料机械性能的影响后，接着我们必须了解氢是如何进入金属的。当金属处于含氢的环境中，氢气（$H_2(g)$）会吸附在金属的表面上，若能量足够，氢气会解离成氢原子（H_{ads}）并透过金属表面进入，而吸附于金属表面的氢原子也可能再次结合成氢分子并脱离金属表面重新回到环境，平衡反应式如式（1）：

$$\frac{1}{2}H_2(g) \leftrightarrow H_{ads} \leftrightarrow H_{abs} \tag{1}$$

根据西韦特定律（Sievert's Law），金属内最终氢浓度（C_H）与环境中氢的压力（f_H）相关，如式（2）：

$$C_H = S\sqrt{f_H} \tag{2}$$

式中，S 为溶解常数，其与氢在金属表面压力及金属材料种类有关。

此定律说明氢气压力越高，金属对氢的吸收越多，实验上可运用此现象来调控金属内的氢致延迟断裂程度。但由于氢气易燃，实验上使用高压氢气腔体有较高风险，因此实验上较多使用电解水产氢（Water Electrolysis）的方式来进行高压充氢。此方法需要的实验设备较简单，即把充氢样品放在阴极来让样品周围充满氢气，而阳极则使用抗氧化的金属，如金或铂。电解水溶液一般会加入酸或碱来增加导电性，阴极水解反应如式（3）和式（4）所示：

$$H_3O^+ + e^- \rightarrow H_{ads} + H_2O(酸性环境) \tag{3}$$

$$H_2O + e^- \rightarrow H_{ads} + OH^- \text{（碱性环境）} \tag{4}$$

在气态充氢的情况下，我们可由式（2）估计金属中的氢含量，而液态充氢则需加入考虑氢析出反应的速率，因此 Liu 等人推导出液态充氢氢压（f'_H）与水解电压（V_a）的关系如式（5）所示：

$$f'_H = A\exp\left[\frac{(V_a - V_r) \cdot F}{\gamma RT}\right] \tag{5}$$

式中，F 为法拉第常数；R 为理想气体常数；T 为绝对温度；A 及 γ 为与特定电解液的氢脱附机制相关的常数；V_r 为一固定的参考电位。

将式（5）与式（2）结合后可由调整施加的电压来推算水解充氢实验中的氢压。

除了以气体或水解方式直接进入材料，在经过冶炼、酸轧、退火以及热处理奥氏体化（如热冲压成形）时氢气也有可能在此过程中进入钢中。因此，目前行业内一般都会对钢材尤其是各类高强度钢中的氢含量提出明确要求。例如，国内热成形钢供货态的可扩散氢含量（如 265 ℃ 以内的可扩散氢）一般控制在 0.5×10^{-6}（质量比）以内较为安全。除此之外，高强度钢零件在进行焊接或将零件用于汽车中使用时，也有氢气进入金属部件的可能性。

2.2 可扩散氢

根据氢的来源，可将先进高强度钢中的氢分为内氢和外氢[6]。内氢是在冶炼和加工时进入材料的氢，而外氢是在服役环境中进入的氢。内氢可由冶炼过程中进入炉中的水分解而来。酸洗和电镀过程中阴极发生析氢反应，产生的氢进入高强度钢中，此类氢也属于内氢。使用氧化性酸或添加缓蚀剂可降低酸洗过程中进入钢中的氢量，同时电镀后零件可通过烘烤来消除氢的影响。焊接过程中局部区域温度可达 3 000 K，高温可从气氛或焊条中的水分、助熔剂中结晶水等分解出原子氢。另外，热处理过程中也会引入氢，安赛乐米塔尔公司的研究报告表明，热成形钢中的氢含量随其奥氏体化时炉内环境露点的升高而升高，如图 1 所示。

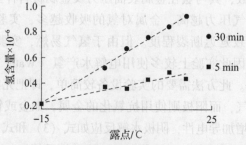

图 1　热成形钢中可扩散氢含量随着露点和保温时间的变化

外氢是在服役环境或者人为引入的氢。洁净的金属表面在含 H_2 的环境中会吸附 H_2，去吸附后氢原子进入材料内部。金属在湿空气或水介质中发生电化学腐蚀，其阴极过程可以发生析氢反应。图 2 为 AISI 4135 不锈钢在干/湿环境中经过不同循环腐蚀次数后的可扩散氢含量[7]。其中，$H_E^{average}$ 是循环结束后直接测量的平均氢含量；$H_E^{homogenized}$ 是循环实验结束后再在 90% 相对湿度和 30 ℃ 环境下进行 24 h 的均匀化处理后的平均氢含量[7]。图 2 表明，随着循环次数的增加即腐蚀的进行，进入材料内部的可扩散氢含量逐渐增加。另外，实验室为了研究氢与材料的相互作用，通常利用高压氢气环境或通过电解水实现对试样的预充氢。

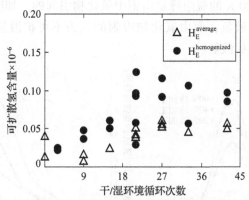

图 2　AISI 4135 钢在干/湿环境中循环次数与可扩散氢含量的关系[7]

氢在金属中的存在方式可能是氢原子、氢正离子、氢化物或氢气[8]。一般认为，氢进入金属晶格后仍以原子形态存在。但是当金属内有空洞或空腔时，原子氢进入空腔后会复合成氢气，占据整个空腔。甚至由于空腔内气压的增加使材料周围发生塑性变形或致使开裂，形成氢鼓泡或氢压裂纹[9]。在实验室充氢时，需避免由于氢含量过高可能造成如氢压裂纹和氢鼓泡这样的不可逆损伤。

原子氢在晶格中作为间隙原子周围存在一个应变场，该应变场与晶体缺陷（如空位、位错、孪晶界和晶界等）的应变场相互作用从而把氢吸引在缺陷的周围[6,10]。这种能捕获氢的材料缺陷称之为氢陷阱。大量研究表明，氢陷阱对氢的溶解度、氢的扩散、氢损伤和氢致开裂都有重要影响。控制高强度钢内部缺陷的种类、数量和分布是提高材料抗氢致开裂的重要途径之一。当氢陷阱与氢的结合能（E_b）较小时，在室温条件下氢可以从陷阱中跑出而进入间隙位置[6]。这种陷阱称为可逆氢陷阱，如位错、小角度晶界、空位或溶质原子。处在可逆氢陷阱中的氢参与氢的扩散及一切氢致开裂过程，对延迟断裂起很大的作用。如果 E_b 较大，在室温下氢难于从陷阱中逃逸出，这类陷阱称为不可逆氢陷阱，如析出物的相界面或微孔等。许多研究表明，在材料中适当引入不可逆氢陷阱可以提高其氢致延迟断裂抗力。

一般而言，位于晶格或可逆氢陷阱中的氢称为可扩散氢，而位于不可逆氢陷阱中的氢称为不可扩散氢。在实验室中，可通过热分析谱仪分析氢的热脱附动态过程（Thermal Desorption Analysis，TDA）判断氢陷阱的种类及研究其物理性质[11]。图3为不同微观组织试样经过同样的充氢条件后的氢热脱附分析[12,13]。图3（a）为3种不同冷轧量铁素体的氢脱附曲线。对比可知，冷变形引入更多的位错可以提高其氢含量，而在500 K左右的脱附峰是由位错吸附的氢引起的。图3（b）中3种试样的氧化物含量依次增加，对比其脱氢过程可知出现在700 K的脱附峰是由钢中氧化物引起的。如图3所示，由位错吸附的氢即为可扩散氢，而由氧化物吸附的氢为不可扩散氢，可扩散氢的热脱附温度低于不可扩散氢。

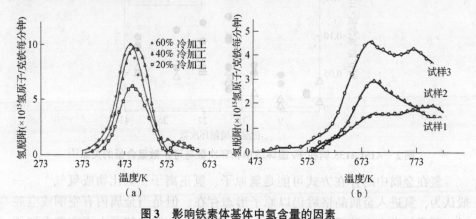

图3　影响铁素体基体中氢含量的因素
（a）铁素体中氢含量与冷变形量的关系[14]；（b）氢含量与铁素体中氧化物含量的关系，试样1，试样2和试样3的氧化物含量逐渐增加[13]

当氢进入材料时，会引起材料物化与力学性质的改变。在材料中，氢位于间隙位置使晶格发生畸变，能引起点阵常数的升高。另外，对于不稳定的奥氏体，氢能降低层错能促进其马氏体相变。充氢时由氢在试样内部的浓度梯度导致应力梯度也可促进马氏体相变[15]。研究表明，304和316不锈钢在一定充氢条件下都会发生氢促进马氏体相变[15-17]。第三代先进高强度钢中含有不稳定奥氏体，而这些奥氏体可以在变形时发生形变马氏体效应（TRIP效应）从而提高材料的强塑性。在充氢条件下，这些不稳定奥氏体也有可能会发生转变，形成ε或α马氏体。但是据了解，汽车用高强度钢中还没有相关文献报道过氢致马氏体相变现象。

氢会影响位错的运动。早在三十多年前，研究者通过透射电镜中的原位拉伸实验观察金属材料中的位错在 Ar 和 H_2 气环境下的运动状态[18-21]。研究结果表明，在通入 Ar 时，静止的位错没有发生移动，但当通入相同压力的 H_2 时，位错发生运动。研究者再把 H_2 抽出，位错停止或反向运动。这些实验证据直接证明，氢可以提高位错在金属材料中的可动性。氢提高位错可动性是多种机理共同作用的结果，其本质在于氢致应变场与位错应变场的交互作用。氢不仅可以提高位错的可动性，还可以改变位错组态。在面心立方晶体中，固溶原子氢偏向于富集在刃位错周围，从而降低刃位错的应变能，但氢与螺位错的作用较弱。这是因为在含氢条件下，当刃位错转变为螺位错发生交滑移时，会导致系统能量升高。因此，固溶原子氢可以抑制位错的交滑移同时促进位错的平面运动[20,21]。

晶界和相界可作为氢陷阱吸附氢原子[13]。对于先进高强度钢，特别是第三代先进高强度钢，其微观组织包含多种相，如马氏体、铁素体、贝氏体和残余奥氏体[5]，氢可吸附在这些相界面上。另外在热处理过程中，原奥氏体晶界可能存在杂质元素或析出相的偏聚，会与吸附在晶界上的氢共同作用产生微裂纹，这是汽车用高强度钢氢致裂纹的重要形核机制[22]。同时，氢吸附在原奥氏体晶界上可降低其表面能，从而提高材料沿晶断裂的可能性。

2.3 残余应力

残余应力在金属材料中是普遍存在的。人类最早利用残余应力的记录是公元前 200 年西汉时期制造的"见日之光"铜镜[23]。铜镜有铭文和图案处较厚，无铭文处比较薄。因为厚度不均匀，铸造时产生应力，伴随着局部的弹性变形，使得镜子的厚处曲率小，薄处曲率大，曲率的差异与铜镜纹饰相对应。当光线照射到镜面时，曲率较大的地方反射光比较分散，投影就较暗；曲率较小的地方反射光比较集中，投影就比较亮，因此镜背面的图像可以显现出来，如"透光"。外国人称之为"魔镜"[24]。现在我们清楚，金属材料在铸造、热处理、轧制、冲压和焊接等过程中均会产生残余应力。残余应力对金属材料的腐蚀、氢脆和延迟断裂行为都有很大的影响。

汽车用先进高强度钢在冲压成形时，由于其变形在微观和宏观尺度上的不均匀性而产生残余应力[25]。残余应力可分为微观残余应力和宏观残余应力。微观残余应力存在于不同的物相组织和晶粒内部或其界面处，对氢致延迟断裂的裂纹起源起重要作用。宏观残余应力作用在工件尺度上，控制着延迟断裂的裂纹扩展过程。本文提到的残余应力若未特别说明是指宏观残余应力。图 4 为板材弯曲变形残余应力的形成示意图[25]，板厚度为 $2t$。当板材经受弯曲时，0 位置不变形，1~5 位置变形量逐渐增加，其中 2 位置之后材料发生塑性变形，如图4（b）所示。当卸载时，由于约束作用，变形后的材料无法完全弹性回复而产生 $\Delta \varepsilon$ 的弹性应变，对应的残余应力的大小为 $\Delta \varepsilon E$，其中 E 为杨氏模量，如图4（c）所示。由此可知，随着先进高强度钢板材屈服强度的提高，弯曲变形后弹性应变增大，$\Delta \varepsilon$ 也随着升高，导致更显著的回弹和形成更高的残余应力。在具体的冲压成形过程中，板材各部位不均匀变形、成形几何形状复杂和约束条件多，其残余应力与回弹均难以用解析法得到，一般借助有限元模拟进行预测。

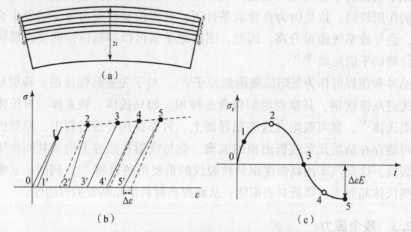

图4　板材弯曲残余应力形成示意图
（a）板材的形状；（b）不同位置的加载和卸载曲线；（c）卸载后的残余应力分布图[25]

对冲杯过程的有限元模拟研究发现，板材在成形过程中经受反复弯曲变形。如图5所示，开始冲杯时，白色箭头所指板材下表面位置的平均主应力为正，表示该位置受压，对应上表面黑色箭头所指位置受拉。当冲杯持续进行时，下表面该位置变为受拉，对应上表面位置变为受压。另外，在脱模时，伴随着应力释放和回弹，也会发生应力状态的转变。

我们知道，材料在拉压反复加载过程中的力学响应由于材料微观内应力的作用会不同于单向变形。除了包辛格效应外，即反向加载时屈服应力降低，还会出现过渡屈服和持久软化的现象[26,27]，如图6（a）所示。作者对TWIP钢板材的拉压实验表明，TWIP钢反向加载时同时存在屈服点降低、过渡屈服和持久软化3种现象，如图6（b）所示。在有限元模拟过程中，使用能完整描述材料反复加载力学行为的弹塑性模型可以有效提高冲压成形过程模拟的准确性，更准确地预测回弹和残余应力。同时，大量研究表明由于第二代和第三代先进高强度钢微观组织变形的不均匀，其包辛格效应比起传统汽车钢更加显著[3,28-32]。因此，当模拟先进高强度钢冲压过程及预测成形残余应力和回弹时，考虑包辛格效应十分必要。

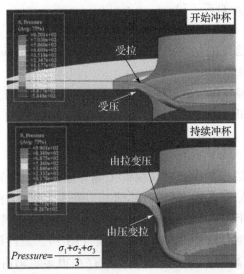

图 5 冲杯过程中板材的平均主应力，箭头所指位置发生受力转变

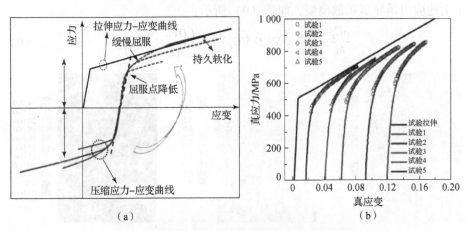

图 6 循环加载条件下钢材的性能特性变化示例

(a) TWIP 钢拉压加载过程中的力学特征；(b) 循环加载曲线

残余应力在先进高强度钢的氢致延迟断裂中扮演着关键角色。通常来讲，残余应力越大，发生氢致延迟断裂的风险也就越大[33]。残余应力对氢扩散的影响也很大。在应力作用下，晶格发生弹性变形与氢致应变场产生作用，从而使氢原子的扩散驱动力发生变化。根据菲克第二定律，如式（6）所示：

$$J = \frac{\partial C}{\partial t} = -\frac{DC}{RT}\nabla \mu \tag{6}$$

式中，J 为扩散通量；D 为氢在晶格中的扩散系数；C 为氢在金属基体中的摩尔浓度；R 为气体常数；T 为绝对温度；μ 为化学势。

其中，化学势 μ 如式（7）：

$$\mu = \mu_0 + RT\ln C - \nabla p V_H \tag{7}$$

式中，μ_0 为标准状态下的化学势；p 为静水应力（Hydrostatic Force，拉应力为正）；V_H 为氢的偏摩尔体积。

式（7）中，等号右侧第二项为氢浓度对化学势的影响，第三项为应力对化学势的影响。整理式（6）与式（7）可得式（8）：

$$\frac{\partial C}{\partial t} = D \nabla^2 C - \nabla \cdot \left(\frac{DV_H}{RT} C \nabla p \right) \tag{8}$$

由此，我们可以模拟得到氢在裂纹尖端等应力集中位置的扩散与富集情况。例如，Wu 等人[34]在式（8）的基础上，通过有限元方法模拟了氢在高强马氏体钢的扩散过程。他们发现，在高强马氏体钢的碳化物周围会形成较大的应力梯度，诱导氢往这些位置扩散并富集（图7），最终形成氢致裂纹。在实际情况下，先进高强度钢的微观组织中存在很多氢陷阱，如位错、晶界、析出物等。考虑到氢陷阱对氢原子扩散的影响，Sofronis 与 McMeeking[35]改进了上述应力诱导氢扩散模型，如式（9）所示：

$$\frac{\partial C_L}{\partial t} + \frac{\partial C_T}{\partial t} = \nabla(D \nabla C_L) - \nabla\left(\frac{DV_H}{RT} C_L \nabla p\right) \tag{9}$$

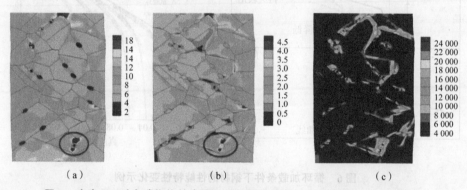

图7　应变6%时含碳化物的高强马氏体钢中的氢、应力及第二相分布变化
（a）氢含量分布；（b）静水应力分布；（c）静水应力梯度分布
黑色圆圈中的区域为周围富集了氢的碳化物[34]

其中，C_L 为晶格间隙中的氢原子浓度，而 C_T 为氢陷阱中的氢原子浓度，可以通过 Oriani 平衡理论得到。在此基础上，Krom 等人[36]进一步改进模型，引入应变速率因子，为解释应变速率对氢致断裂的影响提供了依据。此后，Dadfarnia 等人[37]又在模型中考虑了氢原子随位错的移动，发现尤其当氢原子晶格扩散系数较小时，氢原子随位错的移动会对裂纹尖端的氢含量起到较大的影响。同时，Dadfarnia 等人也指出，在应变速率较大时，氢原子可能无法再随位错发生移动，但是现有模型未考虑这一影响，仍有待改进。

3 氢致延迟断裂的微观机理

氢致延迟开裂的机理可分为两大类：第一类是认为开裂过程并不以塑性变形为先决条件；第二类认为金属材料的延迟开裂以局部塑性变形为先决条件，氢促进局部塑性变形从而导致低应力下的氢致开裂[6]。属于第一类氢致开裂的机理包括氢压理论、氢降低原子键合力导致低应力脆断理论、氢吸附降低表面能致脆理论以及与氢化物相关的开裂理论等。与塑性变形有关的氢致延迟断裂机理根据断口形貌的不同又可分为氢促局部塑性变形致裂理论和氢促进微孔形核长大理论。

3.1 无塑性变形的氢致延迟断裂机理

由前所述，如果材料或试样内部存在空腔（如微裂纹、未愈合枝晶间隙或开裂的第二相界面），则充氢时外部进入材料的原子氢或因溶解度降低而析出的原子氢将进入空腔，进而复合成分子氢，形成氢气泡，同时周围晶格中的氢浓度降低，浓度差引起氢原子从远处向气泡周围扩散。另外，气泡的内压力会产生一个应力梯度，能诱导氢的扩散，使氢富集在气泡的附近，从而不断形成氢气分子，气泡内部压力增加。当内压作用在气泡壁上的拉应力等于屈服强度时，材料就会发生塑性变形，即气泡长大[38]。在许多情况下，氢气泡处于材料表层，表层材料屈服会使气泡鼓出表面，称为氢鼓泡。同理，当气泡壁上产生的最大正应力等于材料抗拉强度时，则气泡开裂。需要注意的是，氢鼓泡和氢压裂纹的形成只需要试样中的氢浓度超过某临界值即可，而不需要外加应力或者内应力。但若存在外加拉应力或内拉应力，则会促进气泡的长大和裂纹的扩展。在实践中，典型的氢压裂纹包括钢中的白点、H_2S溶液浸泡裂纹、酸洗和电镀裂纹、焊接冷裂纹和无外应力电解充氢时产生的裂纹等。

氢的弱键理论认为氢原子的1s电子将进入金属电子带后可使金属原子间的斥力增加，即降低了原子间的结合力σ_{th}。第一性原理计算表明，当第一个H进入124个Fe原子后，能使Fe—Fe键结合力降低45%，当第二个H进入时又使Fe—Fe键结合力再降低17%[39]。当裂尖最大正应力σ_{yy}等于或大于原子键结合力σ_{th}时，裂纹前端各对原子就能被拉断，从而导致裂纹形核。降低原子键结合力同时会导致材料表面能的降低，从而减小裂纹扩展的阻力。然而，不同于陶瓷材料，钢铁材料中裂纹的形核和扩展过程涉及大量塑性变形，并非完全是原子键被正应力拉开的过程，开裂前消耗的塑性变形功往往比表面能大好几个数量级。因此，氢的弱键机理对高强度钢的延迟断裂并不十分适用。

对于 B 类金属或合金（如 V、Nb、Ti、Zr 及其合金），室温下几乎可使材料内部全部的氢原子转化成氢化物[40,41]。在无外载荷下充氢时，氢化物不断形成，从而使试样的断裂韧性不断降低。例如，在恒载荷条件下充氢，随着氢化物含量升高，临界断裂应力因子（K_{th}）不断下降，当外加应力强度因子等于被氢化物降低了的断裂韧性时，就会引起滞后开裂。另外，裂纹尖端的应力集中会使氢浓度升高，促进氢化物在裂纹尖端的析出，应力再使脆性的氢化物开裂，从而引起裂纹的滞后性扩展。

3.2 有塑性变形条件下的氢致延迟断裂机理

大量的实验直接或间接证明，可扩散氢可以促进位错的形核和运动[42,43]。在低应力条件下，当扩散、富集的氢浓度大于临界值时，材料就会发生局部塑性变形。在某些位置（如裂纹尖端的无位错区、位错塞积群前端）由塑性变形引起的应力集中等于被氢降低的原子间结合力时，会导致氢致裂纹的形核。在慢应变速率拉伸过程中，当含氢试样的平均应变还很小时，氢促进局部的塑性变形可使局部应变达到断裂应变，从而导致含氢光滑试样的早期脆断[6]。也就是说，氢促进局部塑性变形使应变高度局部化导致塑性损失。从微观上看，氢促进位错的发射和运动；从宏观上看，氢使断裂应力门槛值和应变下降，从而使材料变脆。

另外，只有当通过应力诱导的氢扩散和富集达到某一临界值时，才会明显促进局部塑性变形并使应变高度局部化，同时使断裂应力明显下降，从而在低的外应力条件下导致开裂。这就表明氢致开裂及其力学参量（如断裂应变、应力及应力强度因子）本质上是和扩散富集的氢浓度相关。当微裂纹形核后，原子氢可进入微裂纹内部还可以复合成氢气，产生氢压，从而使微裂纹稳定化，同时也能促进微裂纹的扩展。

除由氢促塑性变形导致延迟开裂的机理外，氢还能促进孔洞的形核和长大。孔洞形核、长大和连接属于韧性断裂过程。但是当材料中含有一定量的氢时，由于氢促进塑性变形，当外应力还很低时，微孔就形核和长大，从而引起氢致塑性损失。出现的空洞将成为不可逆氢陷阱，氢进入孔洞就会复合成氢气，产生氢压。室温时氢气不能分解成原子氢而扩散出孔洞，从而稳定孔洞。另外，氢降低原子键结合力和表面能，同时促进局部塑性变形，使得孔洞形核的临界半径降低。孔洞形核后将不断长大，到临界状态后裂纹从孔洞壁形核，导致孔洞互相连接而韧断。实验表明，氢能使孔洞以及微裂纹形核的临界应变和临界载荷显著下降[6]。因此，可以看出高强度钢中的延迟断裂无法用单一机理进行描述。研究者往往会抓住延迟断裂过程中两个基本过程进行解释：一是局部的位错运动即塑性变形；二是原子键断开和新界面的形成。

4 氢致延迟断裂性能的表征方法

目前，评价抗氢致延迟断裂性能的试验方法有很多种，如恒载荷拉伸试验（Constant Loading Tests，CLT）、慢应变速率拉伸试验（Slow Strain Rate Tension Tests，SSRTT）、线性加载应力试验（Linearly Increasing Stress Tests，LIST）、断裂韧性试验、弯曲与冲杯试验等。在同一种试验方法中，也常常存在不同的评价参数。例如，在 SSRTT 试验中，可以采用电化学充氢条件下样品的断裂应力、延伸率等相比于不充氢条件下样品的降低幅度，来评价材料的抗氢致延迟断裂性能。不同的试验方法与评价方式可能会对材料抗氢致延迟断裂性能的表征结果产生影响，因此选择合适的试验与评价方法非常重要。

4.1 恒载荷拉伸试验

恒载荷拉伸试验（CLT）是将钢材暴露于腐蚀或惰性环境中，对试样施加恒定的拉伸载荷，然后观察试样在一定时间内是否发生断裂，并记录断裂时间。图 8 就是一种典型的 CLT 试验装置。其中，A 为待测试的试样，由上下夹具固定；B 为反应容器，在试验过程中，可以通过改变其中的试验溶液或施加不同电压，来模拟不同的服役环境；C 是应力环，F 是力传感器，可以实时测量试验过程中的载荷大小；H 是计时装置，左上角是放大后的照片，在试验开始的时候，挡板与按钮互相接触，使计时开始，样品发生断裂时，载荷瞬间消失，挡板快速抬起，按钮随之抬起，使计时结束，计时器显示试验过程的时间总长；J 和 I 则分别对应时间和力的显示装置。

通过改变恒载荷的大小，CLT 试验可以测得断裂应力－断裂时间关系，进而得到不发生氢致延迟断裂的临界应力，用以评价材料的抗氢致延迟断裂性能。目前，也有许多研究将预充氢 CLT 试验与 TDA 测氢技术相结合，建立起可扩散氢含量－断裂时间关系，得到不发生延迟断裂的临界可扩散氢含量与应力数值，从而判断不同材料的抗氢致延迟断裂性能。例如 Kim 等人[44]通过氢 CLT 试验，比较了相同拉伸强度级别的珠光体组织与回火马氏体组织的抗氢致延迟断裂性能，得到的可扩散氢含量－断裂时间关系如图 9 所示，图中同时显示了不发生氢致延迟断裂的临界氢含量。从图中我们可以清楚地看出，珠光体组织的临界可扩散氢含量明显高于回火马氏体组织，即珠光体组织具有更好的抗氢致延迟断裂性能。Wang 等人[45]利用预充氢缺口试样进行

图8　典型的恒载荷拉伸试验装置

A—试样；B—反应容器；C—压力环；D—应力环底部；E—应力环顶部；F—力传感器；
G—力加载装置；H—继电器计时装置；I—力传感器数值显示器；J—计时装置显示器

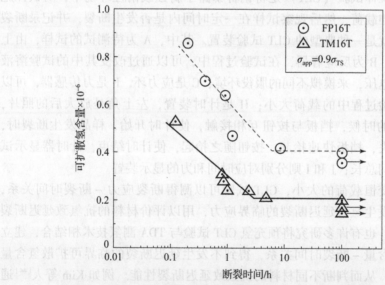

**图9　可扩散氢含量－断裂时间关系（FP16T为珠光体组织，
TM16T为回火马氏体组织）**[44]

CLT试验，发现氢致延迟断裂受应力集中系数影响且与预充氢后的初始浓度无关。这是因为在缺口试样中，应力促使氢在缺口处的富集，使得缺口处氢浓度明显高于预充氢时氢的初始浓度。

4.2 慢应变速率拉伸试验

慢应变速率拉伸试验（SSRTT）是指在预充氢或原位充氢等条件下，以很小的拉伸速率对试样进行拉伸测试，保证氢有足够的时间扩散到应力集中的位置，形成氢致延迟断裂。相比于 CLT 试验，尽管慢应变速率拉伸试验与实际服役情况差距更大，但是其测试效率更高，其中 SSRTT 是此类试验中最常见的一种。常见的应变速率范围在 $10^{-5} \sim 10^{-8}/s$ 之间。SSRTT 评价方法可得到材料在氢环境中延伸率下降指数、断裂截面积下降指数以及断裂强度等。图 10 给出了两种中锰钢 CRA（冷轧）与 HRA（热轧）试样充氢前后的拉伸曲线，测得延伸率下降指数分别为 87% 与 74%，由此判断 HRA 试样的抗氢致延迟断裂性能较好[46]。当金属试样的抗氢致延迟断裂性能很差，或者在拉伸速率非常缓慢的情况下，试样在弹性变形阶段就有可能形成氢致裂纹，导致氢致断裂，此时可以采用断裂强度来评价 SSRTT 的结果。Wang 等人[47]采用约 $8.3 \times 10^{-7}/s$ 的应变速率，发现不同预充氢量的 AISI4135 钢均在弹性阶段发生断裂，如图 11（a）所示。他们采用了断裂强度作为评价指标，得到了如图 11（b）所示的断裂强度–可扩散氢含量关系图。在实际应用中，类似的断裂强度–可扩散氢含量关系图可用于判断钢材抗氢致延迟断裂性能是否达标。

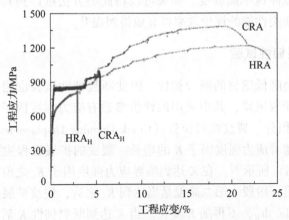

图 10　冷轧中锰钢（CRA）与热轧中锰钢（HRA）试样充氢前后的延伸率比较（下标 H 表示充氢后的拉伸曲线）[46]

此外，参考文献 [48] 提出了线性加载应力试验（LIST）的方法来评价先进高强度钢的抗氢致延迟断裂性能，即在拉伸过程中，试样所受的力是线性增加的。分析认为在弹性阶段，LIST 与 SSRTT 试验并无明显差异，但当微裂纹形成并达到临界尺寸之后，LIST 试样中的力仍继续增长，试样很快就会失稳发生断裂。因此，相比于 SSRTT 试验，LIST 试验的效率更高。但 SSRTT

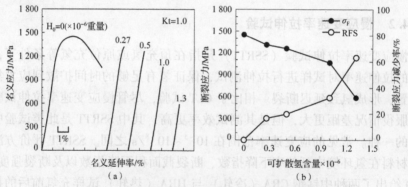

图 11 不同充氢量的 AISI4135 试样的试验结果

(a) SSRTT 试验结果[47]；(b) 断裂强度 - 可扩散氢含量关系[47]

与 LIST 的试验过程都仍然需要耗费较长的时间，对测试设备也有特殊要求。近年来，有学者开始尝试采用相对较快的拉伸速率进行抗氢致延迟断裂性能评价。例如，参考文献 [49] 提出了传统应变速率法（Conventional Strain Rate Technique，CSRT）。他们采用带缺口的样品，发现将拉伸速率提升 200 倍至 1 mm/min 后，结合有限元分析，最终得到的临界应力 - 可扩散氢含量关系没有发生明显改变，因此他们认为临界应力 - 可扩散氢含量关系是材料常数，并不会随拉伸速率而改变。如果可以将此类方法推广到其他材料中，那么抗氢致延迟断裂性能的评价效率将有望得到提升。

4.3 断裂韧性试验

可扩散氢会降低钢材的断裂韧性，因此断裂韧性试验也能够用于表征材料的氢致延迟断裂风险，其中常用的评价参数有应力强度因子 K、裂纹扩展速率 da/dt、J 积分、裂纹张口位移（Crack Opening Displacement，COD）等。试验过程中，随着应力强度因子 K 的增长，裂纹的扩展过程主要分为 3 个阶段，如图 12（a）所示[8]。在 K 达到临界应力强度因子 K_{th} 之前，裂纹几乎不发生扩展，为第一阶段。第二阶段是当达到 K_{th} 之后，裂纹扩展速率快速增长至一个稳定值 da/dt_{II}，不再随 K 变化。当 K 达到断裂韧性 K_c 后，裂纹扩展速率又快速增长，直至材料发生破坏，为第三阶段。

参考文献 [50] 对 Aermet 100、Ferrium M54、Ferrium S53 等多种新型马氏体钢进行了充氢断裂韧性试验，并与传统 300M 钢进行对比。如图 12（b）所示，在电势较低时，他们所选择的新型马氏体钢的 da/dt_{II} 明显低于 300M 钢。也就是说，在氢环境中，这些新型马氏体钢的氢致裂纹扩展速率更慢。从图中还可以明显看出，新型马氏体钢中存在氢致断裂的安全电势窗口，在安全窗口内，da/dt_{II} 更低，传统 300M 钢则没有类似的安全电势窗口。

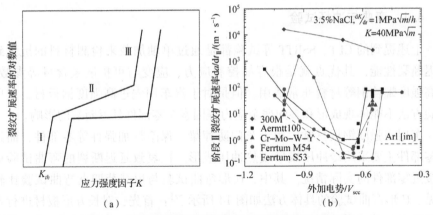

图12 延迟断裂裂纹扩展与应力强度因子间的关系

(a) 随应力强度因子 K 增长，裂纹扩展呈现出的3个不同阶段[8]；

(b) 4种新型马氏体钢与传统300M钢在不同电势下的稳定裂纹扩展速率[50]

对于塑性较好的材料而言，其裂尖塑性区较大，此时应力强度因子无法准确反映裂尖的应力与应变场强度，需采用 J 积分或 COD 等其他断裂力学参数。以 J 积分为例，J 积分是断裂力学中与路径无关的积分，可以用于表征裂纹总能量耗散对裂纹扩展的变化率。对于特定的几何尺寸，J 积分可以从力-位移曲线中计算得到，从而得到 J 积分随裂纹扩展量 Δa 的变化关系，即 J 阻力曲线（$J-R$ curve），具体计算过程可以参考文献 [51]。从 J 阻力曲线中，我们可以得到裂纹开始稳定扩展的临界值 J_{IC} 以及裂纹在扩展过程中所受阻力，从而评价氢对材料断裂韧性所造成的影响。图13比较了低碳铁素体-珠光体钢在充氢前后的 J 阻力曲线，可见钢材在充氢之后的裂纹扩展阻力下降显著[8]。

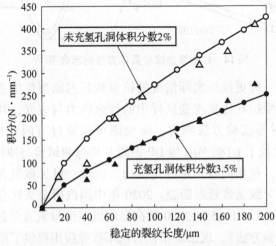

图13 低碳铁素体-珠光体钢在充氢前后的 J 阻力曲线[8]

4.4 弯曲与冲杯试验

上述提到的 CLT、SSRTT 等试验都是通过单轴加载来检测材料的抗氢致延迟断裂性能，其优点就是很容易控制应力、应变与可扩散氢含量等参数，对高强度螺栓钢等材料非常适用。但是对于汽车用先进高强度钢板材，这些试验方法不能体现成形和多向残余应力等因素对零部件延迟断裂的影响。

车用高强度钢板材常应用于车门防撞梁、保险杠加强件等零部件，而这些零部件主要采用冷冲压成形或热冲压成形。抗氢致延迟断裂的弯曲试验更加接近零部件的实际情况。其中，U 形弯曲试验与恒载荷四点弯曲试验比较常见。U 形弯曲试验的具体方法如图 14 所示[52]：首先，对长方形板材进行弯曲变形至 U 形；其次，用螺栓将 U 形零件的两边拴紧，再将拴紧后的 U 形零件暴露于腐蚀环境，观察零件是否发生破坏，并记录时间。试验过程中，可以通过控制 U 形弯曲半径控制应变大小，通过控制螺栓拴紧距离控制应力大小，通过控制腐蚀环境的 pH 值等变量控制可扩散氢含量，得到如图 15 所示的应力 - 应变 - 可扩散氢含量关系的三维图[52]，判断服役条件是否安全。恒载荷四点弯曲试验则是采用四点弯曲装置进行加载，通过应变片检测试样的载荷大小，最后得到的断裂应力 - 断裂时间关系或可扩散氢含量 - 断裂时间关系与恒载荷拉伸试验类似[53]。

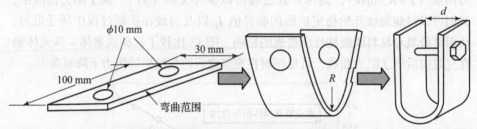

图 14 U 形弯曲试验具体方法的示意图[52]

冲杯试验是一种更接近实际情况的抗氢致延迟断裂性能表征方法。冲杯试验可以通过改变拉延比来改变试样中的残余应力与应变，其中残余应力可以由 X 射线衍射等实验方法测得，应变则可以通过有限元模拟计算得到。Takagi 等人[52]比较了 1 180 MPa 级 DP 钢的 U 形弯曲试验与冲杯试验，发现由于成形方式不同，在相同服役条件（应力、应变、可扩散氢含量）下，U 形弯曲试验更容易导致氢致延迟断裂。2020 年中国汽研牵头联合中信金属等单位共同制定了《T/CSAE 155—2020 超高强度汽车钢板氢致延迟断裂敏感性 U 形恒弯曲载荷试验方法》，现已发布，为汽车行业应用提供了依据。

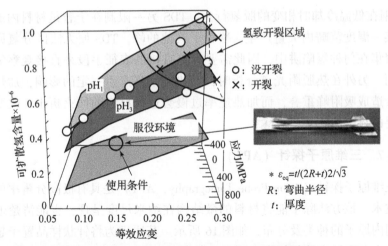

图 15 由 U 形弯曲试验得到的应力 – 应变 – 可扩散氢含量关系三维图
（插图为实际零件及其服役条件在三维图中的对应位置）[52]

4.5 氢渗透法

ASTM G148—97（2018）、ISO 17081—2014、GB/T 30074—2013 等国内外标准涉及此种方法。其主要用于测量钢材中氢的扩散行为，实现对氢在测试材料中的存储及扩散特性的定量测试评价。不过，采用这种方法，仅考虑了材料与氢之间的交互作用关系，而没有涉及引入外部应力后，其与材料基体、氢三者间的更为复杂的耦合关系，因此其试验结果具有显著的局限性。当前主要用于金属材料氢致延迟断裂基础性研究及材料理化性能检测设备研制（如 AutoLAB）。

4.6 脱附光谱（TDS）

由于氢在金属内会吸附在具有特定吸附能的氢陷阱，透过热脱附光谱（Thermal Desorption Spectrometry，TDS）可将充氢后的样品加热到高温，并且测量加热过程中脱附的氢含量来研究材料内部的氢陷阱。虽然无法实际观测到氢在微结构中的分布，但 TDS 可量化金属内氢被捕捉的量，并得到氢脱离氢陷阱所需的能量，区分出可逆以及不可逆的氢陷阱。此种氢表征方法广泛运用在含铌钢氢脆的研究中，我们将在后面进行介绍。然而在某些特定条件下 TDS 有其局限，如 BCC 铁的间隙空位由于其对氢的吸附能较低，这种氢陷阱在室温下无法捕氢，就无法通过 TDS 来研究此种氢陷阱。近年来又出现了了低温 TDS（cryo – TDS），即将金属在低温的条件下操作热脱附光谱，位处氢吸附能较低陷阱的氢原子也能被探测到。利用 cryo – TDS 可成功量测到

TRIP 钢在低温冷却时相变的脱氢行为。TDS 另一限制在于若是材料内的氢脱附在某一温度范畴内大量产生，覆盖了其他的峰，TDS 便无法区分氢原子究竟是聚集在何种氢陷阱中，因此需要有更直接的表征手段来直接观察氢陷阱的作用。另外在热脱附光谱分析时，加热速率将产生一定的影响，加热速率过快会造成吸附峰重叠，而加热速率过慢会造成材料的回火析出，改变了原始材料的显微组织。

4.7 三维原子探针（APT）

三维原子探针（Atom Probe Tomography，APT）是具有极高分辨率的三维质谱技术。该方法除了能将材料的微结构在纳米尺度呈现，也能清楚地分析出空间内原子的种类及分布，如图 16 所示。其原理为将针状样品置于超高真空环境中，在针尖施加超高电压脉冲使针状样品的尖端表面原子场蒸发并射出离子，而此原子场蒸发能量也可通过激光脉冲来施加。侦测器会记录场蒸发离子的飞行时间，并由飞行时间质谱仪得到该离子的荷质比（离子种类），加上利用投射原理回推即可获得针状样品的重构三维影像。使用 APT 来观察金属微结构中的氢须注意真空环境中的氢背景信号，即使是在超高真空的工作环境仍难以避免。解决此问题可用氢的同位素——氘（deuterium，2H）来代替作为实验时注入样品的元素，即可区分与环境背景中的氢原子（以 1H 为主）的差别。氘与氢的化学特性几乎相同，足以代表氢在金属中的行为。此外，由于氢与氘都很容易从金属样品逸失，因此样品在充氢后需以低温转移来维持氢与氘在材料内的原始状态，此新技术为冷冻 APT（cryo-APT）。APT 近年的发展对于研究氢脆问题来说相当重要。

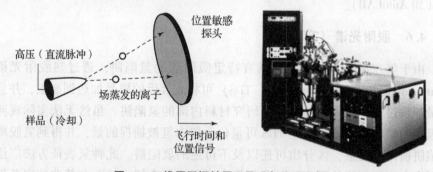

图 16　三维原子探针原理及设备外观示例

4.8 小角度中子散射

小角度中子散射（Small Angle Neutron Scattering，SANS）为使用中子源入射材料后，由接收其弹性散射的小角度中子并侦测其散射强度的一种能量表征方式，其实验过程如图 17 所示。由于中子对氢的敏感度很高，所以可利用中子来拍摄氢在材料内的分布。此技术未来可应用在裂纹扩展过程的研究中。

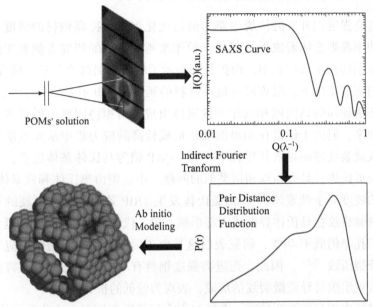

图 17 小角度中子散射过程示例

4.9 二次离子质谱仪

二次离子质谱仪（Secondary Ion Mass Spectrometer，SIMS）在超高真空的环境下使用离子束轰击固态样品的表面，使样品溅射二次离子并使用质谱仪量测这些二次离子。使用离子溅射时的二次电子影像，能够得出样品表面的氢分布图。

4.10 氢显影技术

氢显影技术（Hydrogen Microprint Technique，HMT）将含溴化银的感光剂覆盖在样品金属上，利用氢还原反应将银离子还原，并观测表面银原子的分布来间接表征扩散至金属表面的氢。HMT 能够显示样品在外加应力前后的氢表征结果，这对于研究高强度钢的氢致延迟断裂机理、改进材料及工艺等具有极大潜力。

4.11 扫描开尔文探针显微镜

扫描开尔文探针显微镜（Scanning Kelvin Probe Force Microscopy，SKPFM）在原子力显微镜的基础上应用扫描开尔文探针，由其针尖获得的表面电位能直接获取局部氢浓度的分布，为一种高效的表征手段。

5 先进高强度钢的氢致延迟断裂分析

先进高强度钢开发的传统思路为通过优化组织来提高钢材的强度和延伸率，延伸率高则意味着成形性能好。近年来越来越多的研究者侧重于优化先进高强度钢的强度和扩孔率，而扩孔率表示了材料的局部变形量。研究发现，在较高的强度条件下，很难同时提高材料的延伸率和扩孔率[54,55]。例如双相钢，由作为硬相的马氏体和软相的铁素体组成，两相协同变形使得其具有很好的延伸率，但由于位错在相界面堆积形成较高的应力集中从而致使界面开裂，形成微裂纹进而导致其扩孔率较低。Q&P钢为马氏体基体组织，含铁素体和残余奥氏体，具有与双相钢类似的问题。中锰钢由奥氏体和铁素体组成，奥氏体的硬度高于铁素体[56]，当奥氏体发生TRIP效应时形成更硬的马氏体时，促进微裂纹在马氏体界面或内部形核。第二代高强度TWIP钢的延伸率极高，但扩孔率仍低于40%，研究表明这是由于形变孪晶引起的微观应力集中和局部开裂所致[57,58]。因此，先进高强度钢具有本征脆性，具体而言是指其非均匀微观组织易导致微裂纹的形成，表现为较低的扩孔率。

当材料内部存在微裂纹时，在氢与应力的共同作用下，这些微裂纹扩展，即发生延迟断裂。微观裂纹启动的机制一般有两种：一是氢扩散富集在裂尖应力集中处，材料的表面能降低导致临界断裂应力或断裂应变的降低，断裂可以是脆性的沿晶或解理机制，也可以是微孔机制；二是氢进入微裂纹内部形成氢分子，氢分子聚集产生氢压对裂纹施加额外的张开力，促使裂纹的扩展。因此，先进高强度钢的微观组织特点决定了其具有优异的强度和延伸率，但同时也决定其具有较高延迟断裂风险。下面将分别讨论热冲压钢、双相钢、含TWIP效应的钢和含TRIP效应的钢的氢致延迟断裂行为。

5.1 热冲压钢

目前，热冲压钢已经成功地应用在了汽车车身的A柱、B柱、保险杠和车顶纵梁等各个部位[59]。现阶段广泛使用的热冲压钢的抗拉强度可达1 500 MPa。同时，具有2 GPa抗拉强度的热冲压钢也正逐步在汽车行业获得应用[60]。一方面，热冲压钢采用热成形工艺，可以减小残余应力和回弹，有利于降低延迟断裂风险；另一方面，为达到1 500 MPa以上的强度，通常要求热冲压钢在淬火后形成易发生氢致延迟断裂的全马氏体组织[61,62]。相比与其他马氏体钢，热冲压钢中的氢含量更高[63]，高温的热处理与热冲压过程也都有可能在钢材中引入更多的可扩散氢[64]。研究表明，回火可以提高热冲压钢的抗延迟断裂性能[65]。这是因为回火降低了材料的微观内应力，同时析出碳化物作为不可逆氢陷阱减缓氢的扩散。由于热成形过程中存在自回火的过程，因此从热冲压零部件切取的试样比淬火试样具有更高的抗氢致延迟断裂性能[66]。

不同合金元素会对热冲压钢的抗氢致延迟断裂性能产生影响。例如，硼元素对热冲压钢的抗延迟断裂性能有影响。硼是热冲压钢中的重要合金元素，可以保证热冲压钢的淬透性。同时，硼元素也可以增强晶界原子间结合力，有效抑制磷等杂质元素偏析所导致的沿晶断裂[61]。但是，硼原子也有可能会与氢原子发生交互作用，对氢致延迟断裂产生不利影响。Chatterjee 等人[67] 对比了 AISI 1520 钢在添加硼合金元素前后的氢脆敏感性，发现硼元素使钢材对氢更加敏感，他们认为硼可能会在原奥氏体晶界处偏聚，提高发生氢致沿晶断裂的风险。但是 Komazazki 等人[68] 则发现，在高强度低合金钢中添加硼元素不会对氢脆性能产生明显影响，且硼元素能够有效抑制氢原子在钢表面的吸附，有望在实际服役环境中提升材料的抗延迟断裂性能。在 Lee 等人[69] 对热冲压钢 22MnB5 的研究中，尽管氢敏感性导致了小部分沿晶断裂，但断裂形貌仍以穿晶断裂为主，因此他们认为硼在晶界处的偏聚对热冲压钢氢脆敏感性的负面作用可能不大。考虑到硼在热冲压钢中的重要性，深入研究硼对热冲压钢氢致延迟断裂敏感性的影响仍具有重要意义。

近年来，研究人员发现，通过微合金元素（如 V、Mo 等）强化原奥氏体晶界或形成纳米尺度的析出物，能够有效提升钢材的抗氢致延迟断裂性能。Zhang 等人[70] 研究了 Nb 元素对热冲压钢 22MnB5 氢致断裂敏感性的影响，在加入 Nb 元素后，形成的 NbC 能够成为氢陷阱，降低氢在材料中的扩散速率，同时 Nb(C、N) 能够起到细化晶粒的作用，从而起到提升钢材抗氢致断裂性能的作用。为避免在奥氏体化过程中发生氧化、脱碳，热冲压钢通常需要在表面预制涂层，其中包括 Al-Si 涂层、Zn 涂层等。这些涂层本身（化学成分、破损情况等）也会对热冲压钢的腐蚀、氢吸收等行为产生影响，进而影响热冲压钢的抗延迟断裂性能[71,72]。例如，热冲压钢表面预制的 Zn 涂层能够在奥氏体化过程中与钢表面发生反应，形成更加可靠的抗腐蚀保护层，同时钢表面的 Zn 涂层也可能会形成阴极保护，成为金属中氢的来源之一。此外，焊接等后续工艺也有可能会在热冲压钢中引入可扩散氢，提高热冲压钢的氢致延迟断裂风险。

5.2 双相钢

DP 钢的马氏体含量一般在 5%~30%，其抗拉强度最高可达 2 000 MPa，仍是存在一定的风险。相关学者将高强度 DP 钢充氢后，发现屈服强度几乎不变，而抗拉强度降低，但均匀伸长率却降低 2/3。这可能是由于解理裂纹在高强马氏体或铁素体/马氏体界面上萌生，然后通过强度较低的铁素体扩展的结果。

5.3 含 TWIP 效应的钢

高锰钢在室温下具有纯奥氏体组织，变形时发生孪晶诱发塑性效应，具有约为 1 GPa 的抗拉强度和超过 50% 的均匀变形量[73]。普遍认为，形变孪晶是 TWIP 钢主要的强化和加工硬化机制[73,74]。也有研究认为，TWIP 钢中的主要强硬化机制为位错增殖，且与碳含量相关[75,76]。同时，TWIP 钢中的孪晶会促进微裂纹的起源和解理裂纹的扩展，可能与延迟断裂的微观机制相关[57]。自 2009 年以来，ArcelorMittal 公司、ThyssenKrupp 公司、日本筑波大学、韩国浦项科技大学以及德国马克斯 - 普朗克研究所等钢铁企业或科研单位相继开展 TWIP 钢延迟断裂行为的研究[77-80]。他们的研究成果表明：第一，TWIP 钢的延迟断裂是由氢与材料微观组织在较高残余应力下共同作用的结果；第二，添加 Al 元素可以有效抑制 TWIP 钢的延迟断裂，但是其机理尚无定论。

TWIP 钢的延迟断裂敏感性可通过预充氢（或原位充氢）SSRTT 和冲杯试验进行表征。SSRTT 的试验结果表明，TWIP 钢的断裂应力和延伸率随着可扩散氢含量的提高而降低，并且铝元素的加入可以提高 TWIP 钢的延迟断裂抗力[81-83]。Koyama 等人[80]认为，TWIP 钢的穿晶断裂起源于孪晶界和晶界的交界并可沿孪晶界扩展，与未充氢条件下的 TWIP 钢断裂机制相似[57]。除了可扩散氢外，应力是产生延迟断裂的必要条件。Seokmin 等人[79]利用中子衍射对 TWIP 钢冲杯试样的残余应力测量结果表明，杯子试样的环向拉应力可达 500 MPa 以上，且有限元模拟的数值高于测量值。当通过去应力退火去除杯子的残余应力后，则延迟断裂不发生[84]。此外，也有文献报道细化晶粒可以提高 TWIP 钢的氢脆抵抗能力[85,86]。

有研究者利用含包辛格效应的材料塑性模型模拟了不同拉压比杯子试样的残余应力，并将这些杯子置于不同的中性腐蚀环境中长达一年，观察其延迟断裂的情况。图 18 为 4 种拉压比的 TWIP 钢冲杯试样在 4 种环境（室内空气、喷盐水、盐水部分浸泡和盐水全浸泡）中静置 2 个月后的延迟开裂情况。由图可知，随着拉压比的提高和腐蚀环境的加剧，延迟断裂风险提高。进一步的研究结果表明：一是随着拉延比的增加，冲杯试样的残余应力先增大而后稳定，而塑性应变随拉压比线性增加；二是 TWIP 钢在中性条件下的延迟断裂机理为与氢相关的应力腐蚀开裂；三是除了残余应力外，塑性应变对延迟断裂的发生有促进作用。

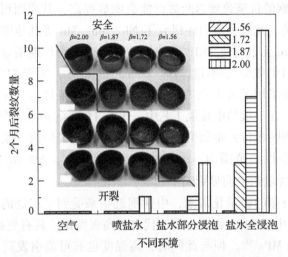

图18 4种拉压比的TWIP钢冲杯试样在4种环境中静置2个月后的延迟开裂情况

5.4 含TRIP效应的钢

通过对残余奥氏体体积分数与稳定性的调控，TRIP效应可以在保证先进高强度钢拉伸强度的同时，提升材料成形性等各方面能力，是近年来汽车钢轻量化领域的研究热点之一[87]。从氢致延迟断裂的角度来看，由于氢在奥氏体中的溶解度明显高于铁素体和马氏体，残余奥氏体中可以聚集大量氢原子。在塑性变形过程中，残余奥氏体转变为脆性的高碳马氏体相，可扩散氢也同时达到过饱和状态。TRIP效应形成的高碳马氏体与大量可扩散氢相互作用，极易成为氢致裂纹的形核位置[88,89]。因此，含TRIP效应的钢材中的氢致延迟断裂问题也引起了人们关注，这里列举3种含TRIP效应的钢（传统TRIP钢、中锰钢和Q&P钢）供读者参考。

传统TRIP钢的微观组织通常由铁素体、贝氏体与残余奥氏体组成。由于残余奥氏体及TRIP效应的存在，传统TRIP钢中存在一定的延迟断裂风险。因为传统TRIP钢具有多相组织，其各相组织对氢的捕获能力与溶解度也各不相同，研究传统TRIP钢不同组织中的可扩散氢含量对基础研究与实际应用都有着重要意义。例如，Escobar等人[90]在TRIP钢的热脱附谱（TDS）中观察到了3个峰，并结合差热分析（DSC）等方法，证明了其中温度最高的峰对应了奥氏体中的氢。通过与充氢前材料的热脱附谱对比，他们发现，残余奥氏体中的氢主要是在加工过程中引入的，而不是后续的电化学充氢实验。Hojo等人[53]采用预充氢恒载荷四点弯曲试验的方法，研究了不同化学组成的传统 TRIP 钢的抗氢致延迟断裂性能。他们发现，用相同含量的铝取代相同含量的硅，TRIP 钢的抗氢致延迟断裂性能会明显提高，其原因可能与奥氏体稳定性的改变有关。此外，他们还研究了 Nb、Mo、Mn 等其他微合金化元素的影响。其中，Mn 元素会使 TRIP 钢的抗氢致延迟断裂性能明显下降，并产生沿晶断裂的断口形貌[91]。不过，De Cooman 指出[92]，关于 TRIP 钢的氢敏感性的报道基本都采用了人为充氢的方法，此类测试条件与实际应用环境相差太大。实际上，在一般的电镀氢工艺中，传统 TRIP 钢并不会产生氢致延迟断裂。另外，比利时根特大学研究了热镀锌退火过程中炉内气氛对钢中氢含量的影响，发现在误差范围内，采用纯 N_2 氛围或 $N_2 - 5\% H_2$ 氛围并不会对 TRIP 钢中的氢含量产生明显影响[92]。

由于汽车行业的轻量化需求，中锰钢近年来受到了广泛的关注。相比于传统 TRIP 钢，中锰 TRIP 钢属于第三代先进高强度钢，具有更高的拉伸强度，可以达到 1 500 MPa[93]。但与此同时，高强度也有可能引发高氢致延迟断裂敏感性。另外，中锰钢的组织中存在大量奥氏体（20%~40%），在塑性变形过程中，奥氏体发生 TRIP 效应，形成对氢敏感的马氏体。Han 等人[46]对比了中锰 TRIP 钢两相区退火前的冷轧工艺对氢脆性能的影响。研究发现，两相区退火前的冷轧工艺能够改变铁素体与奥氏体的最终形貌，使其从板条状变为球状，不同的组织形貌对其氢渗透性能并没有明显影响。但是，冷轧工艺后最终形成的球状组织形貌，可以改变氢致裂纹的扩展过程，使裂纹在纳米尺度上不断改变扩展方向，避免了裂纹沿微米尺度的原奥氏体晶界快速扩展，从而提升了中锰 TRIP 钢的抗氢致断裂性能。图 19[89]比较了马氏体钢、传统 TRIP 钢与中锰 TRIP 钢的延伸率下降指数与氢含量之间的关系。从延伸率下降指数来看，马氏体钢具有更加严重的氢敏感性，而传统 TRIP 钢与中锰 TRIP 钢之间并没有明显差别。需要注意的是，延伸率下降指数与实际情况下的氢致延迟断裂情况存在许多差异，但目前针对中锰 TRIP 钢抗氢致延迟断裂性能的研究仍然有限，中锰 TRIP 钢的抗氢致延迟断裂性能仍有待更加系统性的评价与研究。

Q&P 钢化学成分与传统 TRIP 钢相近，但微观组织主要由回火马氏体与残余奥氏体组成（可能含铁素体），在变形过程中也会发生 TRIP 效应，可以达到比传统 TRIP 钢更高的强度。但与此同时，高强度也有可能会给 Q&P 钢带来更高的氢致延迟断裂风险。此外，Q&P 钢的微观组织可能同时包含多种不同的马氏体和不同的亚稳奥氏体[94]，这也使得 Q&P 钢的抗氢致延迟断裂性能与机理更为复杂。例如，Zhu 等人[93]比较了 Q&T 与 Q&P 工艺对同种化学成分钢材氢脆敏感性的影响，相比于无明显 TRIP 效应的 Q&T 钢，Q&P 钢在预

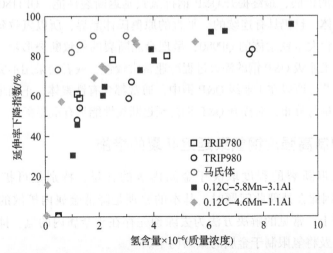

**图 19　马氏体钢、传统 TRIP 钢与中锰 TRIP 钢的延伸率下降指数与氢含量的关系
（其中 Martensite 为马氏体钢，TRIP780 与 TRIP980 为传统 TRIP 钢，
其余两种为中锰 TRIP 钢）[89]**

充氢后延伸率下降指数明显更高，表现出更高的氢脆敏感性。他们认为，亚稳残余奥氏体及其 TRIP 效应会提升 Q&P 钢的氢脆敏感性。但是，Yang 等人[95]则通过对比 Q&T 与 Q&P 工艺发现，含较多残余奥氏体的 Q&P 钢抗氢致断裂性能更好。实际上，相比较于 Q&T 钢，Q&P 钢包含更多残余奥氏体，阻碍了氢在材料中的扩散，是有可能提升抗氢致断裂性能的。因此，Q&P 钢中氢致断裂的具体机制仍有待进一步探讨。

为改进 Q&P 钢的抗氢致延迟断裂性能，参考文献 [96] 针对化学成分为 Fe－0.22C－1.40Si－1.80Mn 的 Q&P 钢，采用 Q－P－T 工艺，即在 Q&P 工艺基础上，再通过低温回火，析出细小的 ε－碳化物。这些低温回火过程中形成的碳化物能够有效捕获氢，并降低氢在材料中的扩散系数，从而使 Q&P 钢的抗氢致延迟断裂性能得到有效提升。此外，NbC 与 VC 等合金碳化物也有望用于提升 Q&P 钢的抗氢致延迟断裂性能。

除析出物之外，还可以通过增加铁素体体积分数与细化晶粒等方法，改善 Q&P 钢微观组织，从而提升其抗氢致延迟断裂性能[95]。本文作者对 QP980 与 QP1180 两种含铁素体的工业级 Q&P 钢的氢致延迟断裂机理进行了深入研究，通过对氢致断裂断口与裂纹扩展路径的观察，发现铁素体在 Q&P 钢的抗氢致延迟断裂性能中发挥了重要作用。一方面，在铁素体转变过程发生了扩散型相变，打断了连续的原奥氏体晶界，能够起到抑制氢致沿晶断裂的作用；另一方面，铁素体对氢致断裂的敏感性很低，能够在氢致裂纹形成之后，阻碍氢致裂纹的扩展，最终提升 Q&P 钢抗氢致延迟断裂性能。QP1180 因为只含有少量铁素体，且仍具有连续的、平直的原奥氏体晶界，所以氢致延迟断裂风险明显高于含大量铁素体的 QP980，呈现沿晶断裂的氢致断裂形貌。值得注意的是，由于工业级 Q&P 钢的淬火过程冷速常常较慢，或者会采用不完全奥氏体化热处理工艺，所以在工业级 Q&P 钢中，通常都含有铁素体，正确地控制这些铁素体的含量与分布，对提升 Q&P 钢抗延迟断裂性能具有重要意义。

6 抑制高强度钢氢致延迟断裂的措施

氢致延迟断裂的程度取决于金属内氢的含量，特别是可扩散的氢原子[97-100]，因此在处理此问题时，基本的原理是降低金属内扩散的氢原子含量。在工程上，常见的解决方法为去除预先存在于金属内的氢、抑制氢由金属表面进入及将氢限制于金属的微结构中。

6.1 释放金属内氢原子及表面保护

因为在制造、储存的阶段并不可能完全摒除大气及工况环境气氛中的氢气，因此可能氢会预先存在于材料内造成氢脆。为减少由大气及工况环境气氛中进入存在的氢原子，在金属冶炼过程中可以使用真空或是惰性气体使金属内的氢脱离[101]，或是制造过程中在适当的温度下（通常是 150～230 ℃）进行脱氢，需注意此温度不能引起相的变化而影响到材料强度[102]。然而，这些方法仅能使预存在的氢脱离，并不能防止金属在之后的使用中氢的进入。

在金属的表层镀膜也是一个直接且有效的方法防止氢致延迟断裂，由防止及限制外界环境中氢的进入来达到抑制氢致延迟断裂的手段。然而，某些镀膜技术可能会大量增加材料制造的复杂程度[103]，进而增加制造成本，并且还须考虑后续材料服役时镀膜的变形[104]或是磨损[105]，此方法也有许多限制。另外，有些镀层在抑制氢进入的同时也会抑制氢的逸出且由于热冲压成形零件等是在高温下制造，有些镀层会与工况气氛反应生氢反而造成不利影响。

6.2 控制工况环境气氛抑制氢进入

Pressouyre 等人研究发现，若是微结构中可扩散的氢含量减少，金属就更不容易发生氢致延迟断裂的现象。控制工况环境气氛是一个重要的防止氢元素进入的方法，如控制钢材的退火气氛露点、奥氏体化炉内气氛露点等。目前行业内热成形钢奥氏体化炉中的露点一般要求控制在 -5～30 ℃，

1 800 MPa及以上的热成形钢要求高一些。

6.3 设计捕捉氢之微结构

为了减少微结构中可扩散的氢含量，在钢的精细组织中设计分布一定数量的氢陷阱，可以有效减少钢中可扩散氢含量。其中，氢陷阱依照其捕捉能障的高低，分为可逆（Reversible）和不可逆（Irreversible）两种。常见的可逆氢陷阱即为晶格缺陷，包括空位、位错及晶界，因其捕捉的能障较低，在相对低的温度下可以从低能氢陷阱脱附，如 265 ℃；其余捕捉能障较高，氢原子不易从高能氢陷阱脱附，称之为不可逆的氢陷阱，如部分小尺度夹杂物及析出沉淀相均属于此类。

7 国内外高强度钢抗氢致延迟断裂机理研究进展

近年来，超高强度钢氢致延迟断裂的机理一直是行业研究的热点话题。1 000 MPa及以上的高强度钢存在严重的氢脆问题已经成为学术界和工业界共识。高强度钢零部件的氢脆问题不只在汽车行业存在，在建筑、交通、桥梁、航空航天等均存在，是一个共性问题。在过去的多年中，业界提出了很多解决方案，学者们也提出了很多假说和理论，这对未来的新材料开发和优化有重大的指导意义，对工程应用中如何进一步缓解氢脆指明了方向。

在汽车工业中，高强度钢螺栓以及热冲压成形钢、CP钢、QP钢以及马氏体钢是存在氢脆的主要钢种，而当前和未来用量最大的就是热成形钢，VOLVO多数车型的热成形钢用量达到了其车身重量的20%以上，部分车型甚至达到了40%。根据国内车身会议的数据，自主品牌领先水平的热成形钢用量也达到了20%，其他品牌的也基本在10%及以上。每年全球汽车应用热成形零部件达到5亿件，用材料达到600多万吨。热冲压成形零部件潜在氢致延迟断裂问题是OEM最为担忧的问题之一，是当前汽车制造行业的难点、焦点和热点问题。此外，日系主机厂传统一直较为排斥热成形技术，但近年来也在转变，尝试应用热成形技术在相关新兴车型上。但是，日本业界又在致力于1 000 MPa级以上冷成形专用钢板材料研究上，以"抗衡"热成形钢。目前日系车最高的冷冲压成形的钢材级达到约1 400 MPa级，而辊压专用钢材的强度，目前全球诸如宝钢、邯钢、SSAB等钢企最高达到1.7~1.8 GPa级，这些钢均为基于超快冷的马氏体钢（MS）。此外，其他诸如DP钢、Q&P钢目前也在朝着更高方向发展，接近1.5 GPa的钢种正处于研发论证中。这些钢未来均会面临愈发严重的氢致延迟断裂风险，而随着强度不断提升，各钢种的基体基本都会向着马氏体主导强化机制方向去发展。因此，当前国内外针对热成形等马氏体基体氢致延迟断裂敏感性机理的研究是热点和重点性的领域。对此，国内外近年来开展了大量的机理层面的研究，而研究的焦点主要集中于微观组织演变对马氏体钢氢陷阱状态及氢扩散行为的影响。

钢铁研究总院特钢所刘振宝教授团队与重庆大学相关研究人员[106]通过调控热处理工艺（主要为时效处理工艺）成功提高了一种1.8 GPa级马氏体沉淀硬化不锈钢（0.001C – 11.2Cr – 11.3Ni – 1.0Mo – 1.6Tiwt. %）的氢脆抗力，经热处理后显著降低塑性损失。该研究通过对不同热处理态马氏体沉淀硬化不锈钢的氢脆敏感性及微观组织的系统性表征，建立了马氏体沉淀硬化不锈钢热处理工艺 – 微观组织 – 氢脆抗力的联系，为提高该钢种的氢脆抗力提供了理论依据。该成果以"Correlation between the microstructure and hydrogen embrittlement resistance in a precipitation – hardened martensitic stainless steel"为题发表于 Corrosion Science 期刊。试验钢氢脆抗力提高的微观组织因素主要在于：

①钢中析出强化相η – Ni3Ti及韧性相奥氏体均为富Ni相。在过时效处理过程（延长时效时间、提高时效温度）中，η相溶解进入奥氏体中，提高了其机械及化学稳定性。同时，η相可独立转变为逆转变奥氏体，大量稳定的奥氏体相可作为有效的氢陷阱，降低试验钢基体中可扩散氢含量，降低了氢脆敏感性（图20（a））。

②大量弥散分布于试验钢基体中的η相在产生较强的析出强化效果的同时，易引起基体内部多位点的应力集中。在钢中不存在纳米级析出相颗粒（冷处理态）或析出相在过时效过程中发生熟化后（图20（b））有效降低了慢拉伸过程中试验钢内部的应力集中，提高了氢脆抗力。

英国谢菲尔德大学材料科学与工程系的罗伯特[107]着重详细分析了铁 – 钛 – 钼和铁 – 钒 – 钼系沉淀强化型双相钢氢致开裂机理，相关研究结果以题为"Hydrogen embrittlement mechanisms in advanced high strength steel"发表在Acta Materialia。该研究通过充氢结合相关组织性能表征的方式，指出充氢将导致位错密度增加，沉淀物周围的应变场扩大，导致残余应力增加。详细研究了氢对慢应变速率拉伸试验和双缺口拉伸试样的影响，发现充氢会导致其强度和延展性损失。考察了马氏体体积分数、不同类型和体积分数的析出物以及不同位错密度对裂纹产生和扩展的影响。该研究为未来更高强度的双相钢的开发以及抑制氢致延迟断裂敏感性等提供了借鉴。

德国马斯克 – 普朗克研究所的Binhan Sun & Dierk Raabe等研究者[108]引入了一种违反直觉的策略：设计和利用材料微结构的化学不均匀性，而不是避免它，从而实现阻止氢诱发的微裂纹并抑制其扩展。相关论文以题为"Chemical

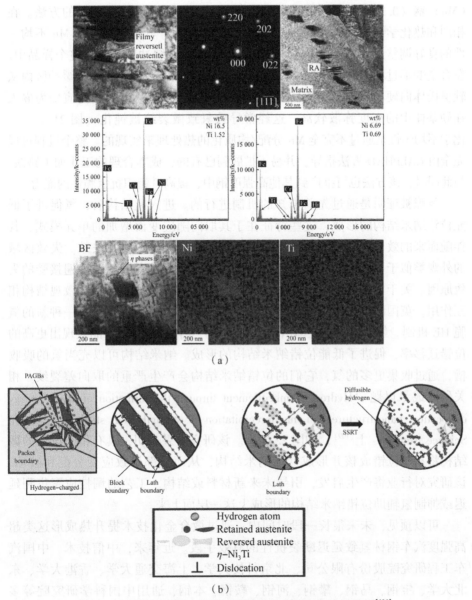

图20 马氏体不锈钢中的氢陷阱组织结构及表征结果示例[106]

(a) 奥氏体相 TEM 表征结果；(b) 氢陷阱位点

heterogeneity enhances hydrogen resistance in high – strength steels" 发表在 Nature Materials 上。该研究组提出了一种基于利用钢组织成分中溶质不均匀性策略的解决方案，以此来应对以上挑战。精心设计的局部成分变化有助于增强局部抗裂能力，从而形成缓冲带，阻止氢诱发的微裂纹，否则这些微裂纹将迅速在内部或沿氢侵蚀相或界面传播（图21（a））。研究者在轻质高强度中锰

(Mn)钢（0.2C-10Mn-3Al-1Si 重量百分比）上，演示了他们的方法。在相图和热化学计算机耦合（CALPHAD）的帮助下，奥氏体相内部 Mn 不均一性的良好调整设计（图 21（b）），产生了大量富锰缓冲区分散在整个样品中。在合金变形过程中，由于局部较高的 Mn 含量增加了力学稳定性，缓冲区内从软奥氏体向硬马氏体的动态转变受到局部抑制。因此，微观结构演变为嵌入在硬基体中的高度弥散软岛，这经常导致氢致微裂纹被钝化（图 21（c））。化学不均匀性是通过不完全 Mn 分配/均质化的热处理来实现的。整个过程可以完全由 CALPHAD 方法指导，并易于扩展到已有的、成本合理的工业加工路线。与此同时，该方法也可推广到其他高强度钢中，提高其组织抗氢脆性的能力。

氢脆被证明是通过先前未知的机制进行的。进入微结构后，氢促进了低能位错纳米结构的形成，这些特征在于其取向随应变而增加的单元模式，其伴随而来的效果是吸引更多的氢直至临界量，最终导致材料失效。失效区域的外观类似于"鱼眼"，与作为应力集中点的夹杂物有关，这是普遍接受的失效原因。关于氢脆 HE 讨论的中心问题是合金（如钢）中的氢-微观结构相互作用。英国谢菲尔德大学材料科学与工程系 P. Gong 等人提出了一种新的氢脆 HE 机制。氢的进入会立即引起微观结构的变化。富氢的样品表现出更高的位错迁移率，促进了低能位错纳米结构的形成。纳米结构可以充当氢的吸收槽，通过收集更多的氢，它们的位错纳米结构会产生严重的取向差裂纹。相关研究成果以题 "Hydrogen embrittlement through the formation of low-energy dislocation nanostructures in nanoprecipitation-strengthened steels" 发表在 Science Advances 上[109]，如图 22 所示。该研究结果表明，具有精心设计的微结构将易于位错成核并形成低能纳米结构，从而局部导致应变分配和破坏。该研究对行业将产生启发，引导未来新材料或结构、工艺的调控应聚焦到延迟或抑制氢辅助位错纳米结构的形成上这一层面上来。

可以预见，未来很长一段时间内，通过微合金化技术提升热成形这类超高强度汽车钢材氢致延迟断裂抗性的有效手段。近年来，中信技术、中国汽车工程研究院股份有限公司、北京科技大学、上海交通大学、香港大学、东北大学、宝钢、马钢、攀钢、河钢、鞍钢、本钢、通用中国科学研究院等多家机构对此联合开展了大量的研究，基点目前依旧还是集中于通过微合金化抑制热成形钢延迟断裂这一焦点上。早在 2011 年，马自达的 1 800 MPa 热成形钢保险杠加强梁就采用了微合金化的方式来提升热成形的抗氢脆能力，并做了大量的对比评价研究工作。根据当前国内外研究现状，在原有钢材成分基础上，通过添加 Ti、Mo、Nb、V 等微元素，实现上述技术目标，被认为是最为合理有效的技术手段。

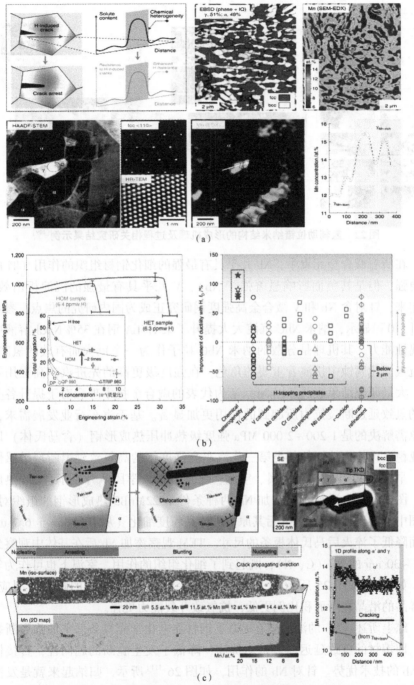

图21 基于化学非均质性设计材料提升延迟断裂的机理示例[108]
(a) 局部成分变化形成的缓冲带;(b) 通过设计化学不均匀性提高耐氢脆性;
(c) 化学非均质性对氢诱导裂纹的阻止

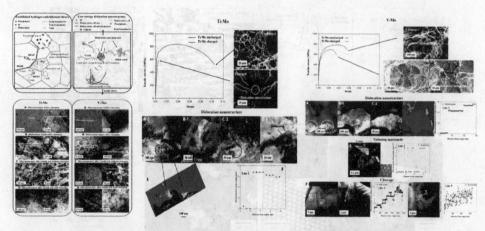

图22　氢辅助位错纳米结构的形成机理及过程相关研究结果示例[109]

在所有微合金元素中，Nb 几乎具有最强的细化钢材组织的作用（Ti 的作用更强，但是其负面影响显著强于 Nb），V 几乎具有最强的沉淀析出效应。近年来，针对含 Nb 和 V 微合金高强度钢研究正成为国内研究的焦点。参考文献 [110] 显示，纳米 NbC 沉淀大大提升了某 HSLA 钢在 35% NaCl 溶液中的抗腐蚀能力，其机理是分散的纳米 NbC 粒子作为一个巨大而有效的氢陷阱，在抗氢活化腐蚀中扮演着重要的角色。在强度级更高的先进汽车高强用钢领域，大量研究结果表明，以 Nb、V 为代表的微合金技术理念对于提升各类钢种的氢致延迟断裂抗力所起到的作用更加显著。基于汽车行业发展需求，当前急需解决的是 1 200~2 000 MPa 强度级热冲压热成形钢（含马氏体）以及以亚稳奥氏体为特征的各类第三代汽车高强度钢的高氢致延迟断裂敏感性问题。早在 2012 年，中信金属、宝钢、北京科技大学团队开发了含 Nb 热成形钢。图23[111] 为添加及不添加 Nb 两种条件下 22MnB5 热成形钢的组织对比。从图中可以看出，添加 Nb 后其原奥氏体晶粒度细化（从 16.4 um 至 6.7 um），进而降低了淬火后马氏体板条的尺寸。TEM 观察添加 Nb 后在基体中观察到大量 1~30 nm 的 Nb（C，N），既起到了细化组织的作用，室温下也可作为氢陷阱。如图24 和图25 所示[111]，添加 Nb 后提高了 22MnB5 的临界断裂应力，其样品的沿晶脆断面积比例更低，抗氢致开裂能力更强。

综上所述，Nb 的添加显著提升了钢材在电化学充氢条件下的临界断裂应力，即钢材的氢致延迟断裂抗力提高，降低了发生脆断的趋向性，直接体现了 Nb 的技术优势。针对 Nb 的作用，如图26[111] 所示，归纳起来就是发挥了改善氢分布及捕获氢双重作用。含 Nb 热成形钢目前已在国内多家钢企实现工业化量产，至今已取得良好的市场应用成效。

图 23 Nb 对热成形钢组织的影响[111]

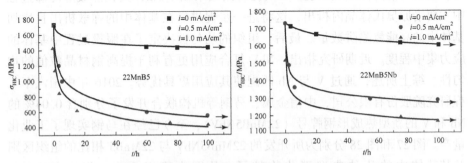

图 24 Nb 对热成形钢临界断裂应力的影响[111]

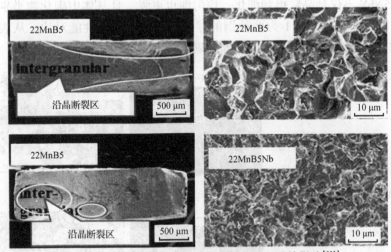

图 25 Nb 对热成形钢氢致延迟断裂断口形貌的影响[111]

除 Nb 外,近年来 V 微合金化高强度钢研究也是国内外重点研究的焦点。首先,V 的应用主要基于进一步扩大热成形工艺窗口(Nb 对钢材淬透性影响不显著,当含量过高后,反而容易降低材料的淬透性)。其次,Nb(C、N) 通常沿原奥氏体晶界析出,氢与 Nb(C、N) 结合后可能也会提高晶界处的氢浓

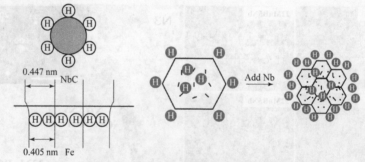

图26 NbC作为氢陷阱的微观机理[111]

度,进而可能降低晶界强度。V 沉淀析出效果强于 Nb,其在热成形冷却过程中主要沿原奥氏体晶内析出,这将进一步促进氢在基体中的弥散析出且增加基体中的高能氢陷阱数量。最后,组织的均匀性决定了在服役过程中基体的应力集中程度。近期研究指出,NbV 复合应用更有利于提高钢材晶粒值的均匀性。综上所述,通过 V 与 Nb 匹配使其应用更具优势。2016 年中国汽车工程研究院股份有限公司、中信金属、马钢等机构联合开发了分别含 0.04% 的 Nb 和 V 的新型热成形钢牌号（22MnB5NbV）,至今已经在马钢实现了工业化量产。图 27 和图 28 分别为所开发的 22MnB5NbV 与 22MnB5 相比的组织区别及其基体中的几种典型碳化物粒子。从图中可以看出,相比 22MnB5,22MnB5NbV 不仅是晶粒得到细化,均匀性也更强,且基体中碳化物类别增加（VC、Nb - V - C）。表 1 为两种钢的综合氢致延迟断裂性能对比。从表中可以看出,22MnB5NbV 同样具有优异的氢致延迟断裂性能。

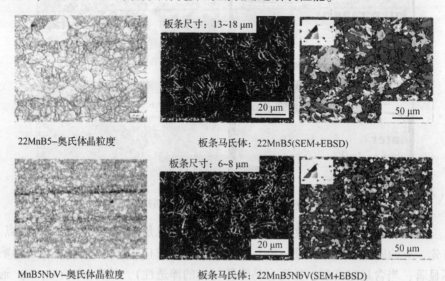

图27 22MnB5NbV 与 22MnB5 的组织对比

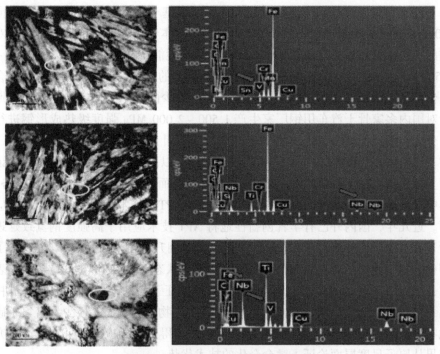

图28 22MnB5NbV 基体中的碳化物

表1 22MnB5NbV 与 22MnB5 的氢致延迟断裂性能对比

试验方案	试验条件	试验结果	
		22MnB5	22MnB5NbV
U 形恒弯载荷试验	弯曲载荷 0.9 倍抗拉强度,0.5 mol/L HCl 水溶液浸泡,测试断裂时间	12 h 内开裂	300 h 内无开裂
恒拉伸载荷试验	加载恒定拉伸载荷,充氢溶液 0.5 mol/L H_2SO_4,充氢电流 0.5 mA/cm^2,测试临界断裂应力	819 MPa	1 091 MPa
氢渗透试验	步进氢渗透试验,测试氢在晶格中的扩散系数	8.46×10^{-7} cm^2/s	4.42×10^{-7} cm^2/s
慢应变速率拉伸试验	对样品进行电化学充氢,同步低应变速率拉伸,测试样品的氢脆敏感指数(HEI)	40.3	38.3

近年来，随着汽车轻量化发展如火如荼，基于行业需求，高强度钢已向 2 000 MPa 强度级方向发展，诸如宝钢、马钢、本钢、攀钢目前均已开发出对应的牌号，并已开始在各大主机厂进行了材料性能认证。相比于传统 1 000 ~ 1 500 MPa 强度级先进高强度钢，其具有更加强的氢致延迟断裂敏感性，微合金化更是成为降低氢致延迟断裂敏感性必不可少的技术手段。中国汽研前期针对国内多家骨干汽车用钢厂家生产 1 500 ~ 2 000 MPa 强度级热成形钢进行了分析，毫无例外为 Nb、NbV 微合金化成分设计。

针对 Nb、V 可作为氢陷阱的微观机理长久以来难以用普通实验方法来证明。近年来从原子尺度表征各类材料的微观层面机理已成为行业发展趋势，其中三维原子探针（Atom Probe Tomography，APT）技术得到了愈发广阔的应用。近几年，国内外已有学者创新性地将 APT 技术应用于高强度钢氢致延迟断裂技术领域，并取得了可喜的研究成果。陈翊升、路洪洲等人[112,113]观察了钢中氢原子与 C、V、Nb 在三维空间中的分布状态（图 29 和图 30）。结果表明，氢可以在 V 的碳化物表面及内部聚集；验证了 V 的碳化物可作为氢陷阱，起到捕获扩散氢的作用；氢主要聚集于 Nb 碳化物粒子表面，极少量富集于碳化物内部；当然，Nb 碳化物粒子作为氢陷阱也得到了相应的验证。上述研究结果从原子尺度层面论证了微合金化的技术优势。

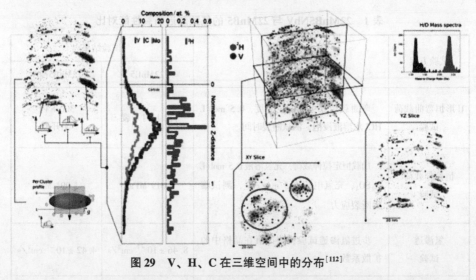

图 29　V、H、C 在三维空间中的分布[112]

此外，针对上述两次试验结果的差异性在此进行进一步表述。普遍认为，碳化物吸氢得益于其与基体间的应力场。陈翊升等人[112]基于 V 钢试验结果，提出了第二相粒子内部也能吸氢，粒子晶格缺位数可能是决定其对氢元素捕获效应强弱的关键因素。综合分析陈翊升和路洪洲等人[113]对 Nb 钢的试验，

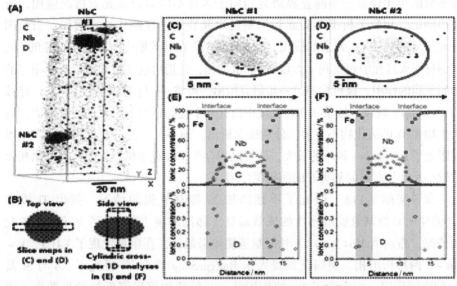

图30 Nb、H、C在三维空间中的分布[113]

碳化物到底是以其界面应力场吸氢，还是以其内部缺位吸氢，或应视具体碳化物粒子本身的特性而定。然而，究竟什么结构才是 NbC 界面处的氢捕获位点？这一个本质问题一直悬而未解，因为界面处含有复杂的结构，包括四/八面体间隙、弹性应变场、空位、失配位错等，而这些无法通过 APT 辨识，亟待从另外的角度进一步开展研究。中国汽研与东北大学[114]基于第一性原理测算，结合相关材料微观表征试验，对 Nb、V 两种元素碳化物基于热成形钢的吸氢机理进一步进行了深入研究，提出在热成形工况条件下，Nb、V 两种元素析出碳化物类别分别以 NbC、VC_x 为主。其中，NbC 内部无空位出现因此显然是难以吸氢的，只能靠界面应力场吸氢，而 VC_x 因缺位而有空间能容纳氢，V 的碳化物可以依靠其与基体界面应力场及内部缺位同时吸氢，这与参考文献 [112]、[113] 试验结果相一致。北京科技大学北京材料基因工程高精尖创新中心乔利杰教授团队[115]采用 HRTEM 观察、DFT 计算、TDS 实验等方法从原子层次揭示了 NbC 与基体半共格界面处的失配位错核心是其深氢陷阱的根源，为进一步调控 NbC 以获得高强抗氢脆钢提供了理论基础。相关研究成果以 "Atomic‐scale investigation of deep hydrogen trapping in NbC/α‐Fe semi‐coherent interfaces" 为题，发表在金属材料领域顶级期刊 Acta Materialia 上。该研究从原子层面揭示马氏体钢中 NbC 深氢陷阱的根源——半共格界面处的失配位错核心，以此获得了优异的深氢陷阱能力和抗氢脆性能，为高强抗氢脆钢的设计提供了重要的理论与实践支撑。

基于第二相析出营造高能氢陷阱，降低钢材延迟断裂敏感性，目前国内外研究的也比较多。当前业界研究趋向于多种不同微合金元素搭配应用,通过协同第二相粒子析出共同起到抑制延迟断裂敏感性的作用。例如,当前国外业界开始关注 Cu 元素的应用,台湾大学[116]在低碳钢中添加了 0.12% 的 Cu,在钢材回火过程中观察到了大量 Cu 的沉淀相,并指出这些粒子可以起到很好的抑制氢脆的作用。该机构还进一步研究指出,可将 Cu 与 Ti 联合使用[117],连续的 ε-copper 颗粒和板条状 TiC 沉淀析出有利于提高钢对氢元素的捕获能力,铜析出物和 Ti 的碳化物不互溶,分别独立析出。细小且广泛分布的板条状 TiC 颗粒阻止了 ε-copper 颗粒的长大,两者之间存在某种竞争机制,使两者析出相保持较小尺寸从而可起到更好的捕捉氢作用。

参考文献 [118] 研究了单独添加 Ti 抑制氢脆的情况,指出 Ti 添加 0.095% 时对抑制氢脆敏感性的成效最佳。韩国浦项[119]研究了 V 和 Mo 搭配的情况,指出当 Mo:V = 1:3 时抑制氢脆效果最佳,在钢种发现了 V_4C_3、V-Mo-C 两种析出相。美国芝加哥大学 RongjieSong 等人[120]研究了 Nb 与 Si 及 Cr 的协同作用,指出除了 Nb 的作用外,Si 的添加可以降低氢的扩散率,通过固溶强化机制提高了钢的强度;Cr 的添加可以降低马氏体钢中的几何必须位错密度,也能提高抗氢脆性能。随后宝钢联合澳大利亚科研机构也将此种微合金技术思路纳入其超高强冷成形马氏体钢的开发中[121,122]。

此外,值的关注的是近年来随着国内外热成形钢等强度级已经迈向了 1 800~2 000 MPa 强度级,中汽院、中信金属等机构前期做了大量检测分析工作,结果表明对比在这个强度级,仅依靠添加 Nb、V 等微合金元素尚难以达到理想的性能控制目标。对此,北京科技大学赵征志团队[123]提出针对 2 000 MPa 乃至以上强度级的超高强度钢,应以晶界 + 相界 + 析出粒子 + 残余奥氏体四位一体为技术路线(图 31),即应在微合金设计基础引入残余奥氏体。针对残余奥氏体作为氢陷阱的作用本文前面已述,只有具有高稳定性,不发生 TRIP 效应的残余奥氏体才可称为氢陷阱,其对应在成分上目前一般是基于适当的高 Si、高 Mn 成分设计。针对残余奥氏体对氢的捕获(图 32),上海交通大学同样应用 APT 技术获得了 Q&P 钢中的氢在马氏体、残余奥氏体中的分布,得出氢在残余奥氏体中的浓度大约为其在马氏体中的 3 倍[124]。因此,利用残余奥氏体作为强氢陷阱是完全可行的,然而在实际工程上却存在难度,尤其对于 Q&P 钢、中锰钢等而言,很难兼顾 TRIP 强化、零件尺寸稳定性、氢致延迟断裂等各方面性能需求,而对于热成形钢无所谓 TRIP 强化需求,仅需确保能在基体中引入足够的高稳定性残余奥氏体即可。中信金属与上海交通大学合作[125],研究了 Nb 和 Mo 热轧中锰钢力学性能和氢脆的影响,用电化学氢渗透试验研究了氢的扩散行为,慢应变速率拉伸试验研究了材料的力学性能和 HE。结果表明，Nb 和 Mo 在热轧钢中以固溶体形式存在，碳化物含量很少。Mo 和 Nb 都增加了残余奥氏体的体积分数（VA），降低了马氏体相变的起始温度（MS），延缓了奥氏体的马氏体相变。

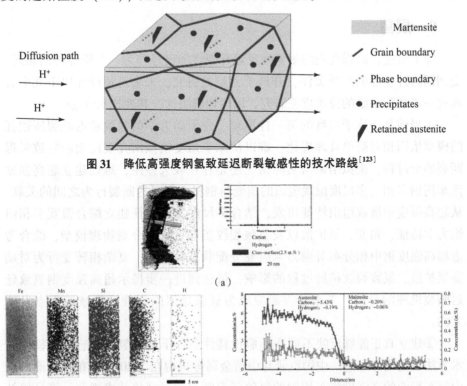

图 31　降低高强度钢氢致延迟断裂敏感性的技术路线[123]

图 32　Q&P 钢中的氢在马氏体-奥氏体两相中分布的 APT 分析[124]

其中，Nb 的作用更为明显。同时添加 Nb 和 Mo 对增加 VA、降低 MS 和延缓马氏体转变具有协同效应。试样的伸长率随着 VA 的增加而增加，而强度表现出相反的趋势。少量 Nb（0.04 wt%）显著改善了钢的耐氢性，其程度远大于 Mo（1 wt%）。添加 Nb 可促进沿初生奥氏体晶界形成薄膜状残余奥氏体，能有效抑制氢脆。同时添加 Nb 和 Mo 会形成块状残余奥氏体，使耐氢脆性能恶化，对高强度钢组织调控具有指导意义。

综上所述，通过微合金化提高钢材综合性能的研究已成为国内外超高强度汽车用钢领域研究的热点，利用 Nb、V、Mo 等微合金的第二相在不同温度下固溶和析出特性，可显著降低各类先进高强汽车用钢的氢致延迟断裂敏感性，具有广阔的应用前景。目前经过多年的努力，宝武、马钢、日照钢铁、本钢等相继开发了系列不同微合金化的热成形钢，尽管技术路线不同但异曲同工，均提高了热成形钢的抗氢致延迟断裂性能，并均已批量应用，为汽车的安全和轻量化做出了贡献。未来随着汽车用钢强度级别的进一步提高，应该结合微合金化、与其他材料改性设计、冶金乃至加工方法，从多维度层面进行调控，这方面还需要开展大量的基础性研究工作。

8 展望

综上所述，高强度钢的耐氢致延迟开裂性能已经作为一个世界性的难题，受到国内外业界的广泛关注，开展了大量的研究，未来可预计在以下几个方面进一步进行系统的技术攻关研究，以尽快解决这一共性技术难题：

①当前基于原子尺度的第一性原理、分子动力学的氢致延迟断裂所依托的模型依旧相对简单且理想化，难以从原子角度模拟出介观层面的氢致延迟断裂的全过程，模拟结果与实际情况还是存在较大差距，难以建立超高强度汽车用钢多相、多尺度微观组织的演变与钢材宏观延迟断裂行为之间的关联。从超高强度钢微观组织特征出发，结合多尺度实验表征建立综合微观多相组织力学特征、相变、氢扩散以及氢致裂纹扩展过程的介观物理模型，综合考虑超高强度钢中相分布对应力–应变分配状态的影响、复杂相转变行为对动态氢扩散、氢致裂纹扩展过程的影响，可达到进一步揭示超高强度钢氢致延迟断裂机理的目的，未来这方面应成为氢致延迟断裂理论领域的重点发展方向。

②建立真正能够反映不同产品服役特性条件下钢材氢脆敏感性的检测技术方法也是当务之急。中国汽研与中信金属等机构在2020年发布首个面向国内汽车行业的高强度汽车用钢的氢致延迟断裂测试评价技术规范，算是填补了国内空白，但是应该看到国内在这方面的研究工作依旧还需完善。目前最大的几个难点，首先是氢致延迟断裂现象几乎具有100%的不可预知性，发生诱因往往是各种偶然因素在零件的局部部位形成了高氢浓度环境，这种环境特征目前也很难表征出来，已有测评方法要么偏于电化学充氢这类严酷环境，要么就是偏于SEP 1970这类极度放宽（大气中）测评工况的模式，与真实情况可能存在较大差距，因此首先要明确延迟断裂对应的氢环境表征参量。其次是零件在实际服役过程中发生氢致延迟断裂的部位其应力状态往往均不是单一应力状态，而是多轴式的复杂应力状态，这其中既包括加工后的残余应力，又涉及装车后一般承载的交变应力。目前一般多采用恒拉伸、弯曲等简单加载模式，这显然又与实际情况差异巨大。在2018年的国际热成形大会上已有国外研究者提出多轴、交变加载模式可能更加符合零件实际情况，这方面应开展研究。最后，当前针对氢致延迟断裂测试结果的评价基准还缺失，诸如敏感系数、临界断裂应力、晶格扩散系数、抗氢致开裂时间均缺乏判定

基准，均是相对性的参量，而非绝对参量，换句话说只能有助于车企、零件企业区分不同钢材的差异性，而不能真正判定钢材基于氢致延迟断裂的服役安全性，学术界出台的一些微观判定模型具有其价值，但是对于汽车行业却鲜有工程实用价值。总之，如何让测试工况与零件的真实服役工况相匹配，是未来氢致延迟断裂测评技术领域亟待解决的核心问题。

③基于理论模拟方法及测试评价技术体系的日趋完善，应同步加强对各类高强度钢氢致延迟断裂性能从微观、介观至宏观基础数据的采集积累。一方面这可以有助于汽车行业真正实现在一个统一的技术体系条件下掌握各类先进汽车高强度钢的氢致延迟断裂性能，促进各类钢种在汽车上的应用；另一方面这又有助于为钢厂的产品质量提升提供指导依据。

④微合金技术理念基于高强度钢氢致延迟断裂抗性提升方面的技术优势目前已为国内外业界所共识。近十年来中国汽研、中信金属等机构也牵头在这方面开展了大量工作，对业界起到了良好的促进作用。总体而言，从扬长避短方面考虑，Nb、V、Mo、Ti、Cu等微合金化在高强度钢领域均具有最好的应用前景。此外，当前针对微合金元素对提升氢致延迟断裂抗性提升的微观机理及宏观作用已经得到了验证，但是仅依靠添加元素是远远不够的，应将微合金技术优势与钢材的冶金工艺、零件的设计及其加工工艺全链条结合起来才是真正意义上的微合金技术。随着先进汽车高强度钢在逐步向2 000 MPa乃至更高强度级方向发展，应致力于基于多维度思路的氢致延迟断裂性能控制技术研究，充分挖掘更多类别的高能陷阱，并在从钢材到零件全工艺链中充分发挥其功效。

上述每一项工作都是任重而道远的，且也不是某一家单位能够独立完成的。在"十二五""十三五"期间，本文各家单位乃至全国多家单位依托国家重大专项、国家科技支撑、国家和地方自然科学基金及相关行业横向协作项目，成立产、学、研、用团队，在高强度钢氢致延迟断裂方面开展了相关研究工作。此外，为了推动提升各类高强度汽车用钢氢致延迟断裂性能的研究，从2017年开始截至目前中信金属先后和中国汽研、悉尼大学等单位已经连续组织了两届"汽车EVI及高强度钢氢脆大会"，得到了国内外企业界和学术界的积极响应，搭建了中国的氢脆研究和交流平台。两次会议共计收录延迟断裂领域研究论文约20篇，这些论文分别从氢脆对高强度钢在工业应用（汽车、桥梁、船舶等）的影响、高强度钢氢脆的测试评价方法、高强度钢氢脆解决方案及进展、微合金化抑制高强度钢零部件氢脆的机制机理、抗氢脆高性能含铌材料的开发和应用评价等不同方面展示了近年来国内业界的最新研究成果。更为重要的是，通过举办此会，"定期"为国内广大主机厂、零件企业、材料企业、高校科研院所提供了共享科研成果、相互交流、学习的宝贵机会，对于提升我国在高强度汽车用钢氢致延迟断裂领域的整体水平起到了显著的促进作用。目前"十四五"期间，亟待行业内进一步携起手来，在高强度汽车用钢氢致延迟断裂领域开展进一步更加广阔、深入的合作研究，实现更大的技术及产业化突破。

参 考 文 献

[1] 王利, 杨雄飞, 陆匠心. 汽车轻量化用高强度钢板的发展 [J]. 钢铁, 2006, 41: 1-8.

[2] 马鸣图, 易红亮, 路洪洲, 等. 论汽车轻量化 [J]. 中国工程科学, 2009, 9: 8.

[3] 马鸣图, 吴宝榕. 双相钢——物理和力学冶金 [M]. 北京: 冶金工业出版社, 1988.

[4] FROMMEYER G, BRÜX U, NEUMANN P. Supra-ductile and high-strength manganese-TRIP/TWIP steels for high energy absorption purposes [J]. ISIJ International, 2003, 43: 438-446.

[5] BOUAZIZ O, ZUROB H, HUANG M. Driving force and logic of development of advanced high strength steels for automotive applications [J]. Steel Research International, 2013, 84: 937-947.

[6] 褚武扬, 乔利杰, 李金许. 氢脆和应力腐蚀开裂 [M]. 北京: 科学出版社, 2013.

[7] AKIYAMA E, MATSUKADO K, WANG M, et al. Evaluation of hydrogen entry into high strength steel under atmospheric corrosion [J]. Corrosion Science, 2010, 52: 2758-2765.

[8] NAGUMO M. Fundamentals of hydrogen embrittlement [M]. Berlin: Springer, 2016.

[9] 任学冲, 单广斌, 褚武扬, 等. 氢鼓泡的形核、长大和开裂 [J]. 科学通报, 2005, 50: 1689-1692.

[10] ORIANI R A. The diffusion and trapping of hydrogen in steel [J]. Acta Metallurgica, 1970, 18: 147-157.

[11] NAGUMO M, NAKAMURA M, TAKAI K. Hydrogen thermal desorption relevant to delayed-fracture susceptibility of high-strength steels [J]. Metallurgical and Materials Transactions A, 2001, 32: 339-347.

[12] HONG G W, LEE J Y. The interaction of hydrogen with iron oxide inclusions in iron [J]. Materials Science and Engineering, 1983, 61: 219-225.

[13] LEE J Y, LEE S. Hydrogen trapping phenomena in metals with BCC and FCC crystals structures by the desorption thermal analysis technique [J]. Surface and Coatings Technology, 1986, 28: 301-314.

[14] HONG G W, LEE J Y. The interaction of hydrogen with dislocation in iron [J]. Acta Metallurgica, 1984, 32: 1581-1589.

[15] PONTINI A E, HERMIDA J D. X-ray diffraction measurement of the stacking fault energy reduction induced by hydrogen in an AISI 304 steel [J]. Scripta Materialia, 1997, 37: 1831-1837.

[16] TANINO M, KOMATSU H, FUNAKI S. Hydrogen induced martensitic transformation and twin formation in stainless steels [J]. Le Journal de Physique Colloques, 1982, 43: C4-503-C4-508.

[17] ROZENAK P. Stress induce martensitic transformations in hydrogen embrittlement of austenitic stainless steels [J]. Metallurgical and Materials Transactions A, 2014, 45: 162-178.

[18] ROZENAK P, ROBERTSON I, BIRNBAUM H. HVEM studies of the effects of hydrogen on the deformation and fracture of AISI type 316 austenitic stainless steel [J]. Acta Metallurgica et Materialia, 1990, 38: 2031-2040.

[19] ROBERTSON I, BIRNBAUM H. An HVEM study of hydrogen effects on the deformation and fracture of nickel [J]. Acta Metallurgica, 1986, 34: 353-366.

[20] ROBERTSON I M. The effect of hydrogen on dislocation dynamics [J]. Engineering Fracture Mechanics, 1999, 64: 649-673.

[21] FERREIRA P, ROBERTSON I, BIRNBAUM H. Hydrogen effects on the character of dislocations in high-purity aluminum [J]. Acta Materialia, 1999, 47: 2991-2998.

[22] BANERJI S K, MCMAHON C, FENG H C. Intergranular fracture in 4340-type steels: Effects of impurities and hydrogen [J]. MTA, 1978, 9: 237-247.

[23] 毛增滇. 西汉古铜镜"透光"机理今释 [J]. 力学与实践, 1992, 14(4): 74-76.

[24] NOYAN I C, COHEN J B. Residual stress: Measurement by diffraction and interpretation [M]. Berlin: Springer, 2013.

[25] TOTTEN GEORGE. Handbook of residual stress and deformation of steel [M]. ASM International, 2002.

[26] SOWERBY R, UKO D, TOMITA Y. A review of certain aspects of the Bauschinger effect in metals [J]. Materials Science and Engineering, 1979, 41: 43 –58.

[27] CHUN B, JINN J, LEE J. Modeling the bauschinger effect for sheet metals, Part I: Theory [J]. International Journal of Plasticity, 2002, 18: 571 –595.

[28] BOUAZIZ O, ALLAIN S, SCOTT C. Effect of grain and twin boundaries on the hardening mechanisms of twinning – induced plasticity steels [J]. Scripta Materialia, 2008, 58: 484 –487.

[29] GUTIERREZ – URRUTIA I, DEL VALLE J, ZAEFFERER S, et al. Study of internal stresses in a TWIP steel analyzing transient and permanent softening during reverse shear tests [J]. Journal of Materials Science, 2010, 45: 6604 –6610.

[30] KULAWINSKI D, NAGEL K, HENKEL S, et al. Characterization of stress – strain behavior of a cast TRIP steel under different biaxial planar load ratios [J]. Engineering Fracture Mechanics, 2011, 78: 1684 –1695.

[31] THIBAUD S, BOUDEAU N, GELIN J C. TRIP steel: Plastic behaviour modelling and influence on functional behaviour [J]. Journal of Materials Processing Technology, 2006, 177: 433 –438.

[32] WANG Z, HU Q, YAN J, et al. Springback prediction and compensation for the third generation of UHSS stamping based on a new kinematic hardening model and inertia relief approach [J]. The International Journal of Advanced Manufacturing Technology, 2017, 90: 875 –885.

[33] PAPULA S, TALONEN J, HÄNNINEN H. Effect of residual stress and strain – induced α′ – martensite on delayed cracking of metastable austenitic stainless steels [J]. Metallurgical and Materials Transactions A, 2013, 45: 1238 –1246.

[34] WU Q, ZIKRY M A. Prediction of diffusion assisted hydrogen embrittlement failure in high strength martensitic steels [J]. Journal of the Mechanics and Physics of Solids, 2015, 85: 143 –159.

[35] SOFRONIS P, MCMEEKING R M. Numerical analysis of hydrogen transport near a blunting crack tip [J]. Journal of the Mechanics and Physics of Solids, 1989, 37: 317 –350.

[36] KROM A H M, KOERS R W J, BAKKER A. Hydrogen transport near a blunting crack tip [J]. Journal of the Mechanics and Physics of Solids, 1999, 47: 971 - 992.

[37] DADFARNIA M, MARTIN M L, NAGAO A, et al. Modeling hydrogen transport by dislocations [J]. Journal of the Mechanics and Physics of Solids, 2015, 78: 511 - 525.

[38] GRIESCHE A, DABAH E, KANNENGIESSER T, et al. Three - dimensional imaging of hydrogen blister in iron with neutron tomography [J]. Acta Materialia, 2014, 78: 14 - 22.

[39] SIMONETTI S, MORO L, BRIZUELA G, et al. The interaction of carbon and hydrogen in a α - Fe divacancy [J]. International Journal of Hydrogen Energy, 2006, 31: 1318 - 1325.

[40] SHIH D, ROBERTSON I, BIRNBAUM H. Hydrogen embrittlement of α titanium: In situ TEM studies [J]. Acta Metallurgica, 1988, 36: 111 - 124.

[41] LUFRANO J, SOFRONIS P, BIRNBAUM H. Elastoplastically accommodated hydride formation and embrittlement [J]. Journal of the Mechanics and Physics of Solids, 1998, 46: 1497 - 1520.

[42] BIRNBAUM H K, SOFRONIS P. Hydrogen - enhanced localized plasticity - a mechanism for hydrogen - related fracture [J]. Materials Science and Engineering A, 1994, 176: 191 - 202.

[43] MARTIN M, ROBERTSON I, SOFRONIS P. Interpreting hydrogen - induced fracture surfaces in terms of deformation processes: A new approach [J]. Acta Materialia, 2011, 59: 3680 - 3687.

[44] Kim J S, Lee Y H, Lee D L, et al. Microstructural influences on hydrogen delayed fracture of high strength steels [J]. Materials Science and Engineering A, 2009, 505: 105 - 110.

[45] WANG M, AKIYAMA E, TSUZAKI K. Determination of the critical hydrogen concentration for delayed fracture of high strength steel by constant load test and numerical calculation [J]. Corrosion Science, 2006, 48: 2189 - 2202.

[46] HAN J, NAM J H, LEE Y K. The mechanism of hydrogen embrittlement in intercritically annealed medium Mn TRIP steel [J]. Acta Materialia, 2016, 113: 1 - 10.

[47] KARAMAN I, SEHITOGLU H, MAIER H J. Competing mechanisms and modeling ofDeformation in austenitic stainless steel single crystals with and

without nitrogen [J]. Acta Materialia, 2001, 49 (19): 3919-3933.

[48] VENEZUELA J, ZHOU Q, LIU Q, et al. Influence of hydrogen on the mechanical and fracture properties of some martensitic advanced high strength steels in simulated service conditions [J]. Corrosion Science, 2016, 111: 602-624.

[49] 行. 萩原, 睦. 伊藤, 紀. 久森, 等. CSRT 法による高強度鋼の遅れ破壊特性の評価 [J]. 鉄と鋼, 2008, 94: 215-221.

[50] PIOSZAK G L, GANGLOFF R P. Hydrogen environment assisted cracking of a modern ultra-high strength martensitic stainless steel [J]. Corrosion, 2017, 73: 1132-1156.

[51] ZHU X K, JOYCE J A. Review of fracture toughness (G, K, J, CTOD, CTOA) testing and standardization [J]. Engineering Fracture Mechanics, 2012, 85: 1-46.

[52] TAKAGI S, TOJI Y, YOSHINO M, et al. Hydrogen embrittlement resistance evaluation of ultra high strength steel sheets for automobiles [J]. ISIJ International, 2012, 52: 316-322.

[53] HOJO T, SUGIMOTO K I, MUKAI Y, et al. Effects of aluminum on delayed fracture properties of ultra high-strength low alloy TRIP-aided steels [J]. Tetsu-to-Hagane, 2007, 93: 234-239.

[54] CHEN L, KIM J K, KIM S K, et al. Stretch-flangeability of high Mn TWIP steel [J]. Steel Research International, 2010, 81: 552-568.

[55] PAUL S K. Non-linear correlation between uniaxial tensile properties and shear-edge hole expansion ratio [J]. Journal of Materials Engineering and Performance, 2014, 23: 3610-3619.

[56] HE B, LIANG Z, HUANG M. Nanoindentation investigation on the initiation of yield point phenomenon in a medium Mn steel [J]. Scripta Materialia, 2018, 150: 134-138.

[57] LUO Z, LIU R, WANG X, et al. The effect of deformation twins on the quasi-cleavage crack propagation in twinning-induced plasticity steels [J]. Acta Materialia, 2018, 150: 59-68.

[58] LUO Z, HUANG M. Revealing the fracture mechanism of twinning-induced plasticity steels [J]. Steel Research International, 2018, 89 (9): 1700433.

[59] 杨洪林, 张深根, 洪继要, 等. 22MnB5 热冲压钢的研究进展 [J]. 锻压技术, 2014, 39: 1-5.

[60] 易红亮，董杰吉. 热成型钢及热成型技术 [J]. 山东冶金, 2009, 31 (5): 17-19.

[61] KARBASIAN H, TEKKAYA A E. A review on hot stamping [J]. Journal of Materials Processing Technology, 2010, 210: 2103-2118.

[62] 宋磊峰，马鸣图，张宜生，等. 热冲压成形新型 B 钢开发与工艺研究 [J]. 中国工程科学, 2014, 16 (1): 71-75.

[63] LOVICU G, BOTTAZZI M, D'AIUTO F, et al. Hydrogen embrittlement of automotive advanced high-strength steels [J]. Metallurgical and Materials Transactions A, 2012, 43: 4075-4087.

[64] SCHWEDLER O, ZINKE M, JÜTTNER S. Determination of hydrogen input in welded joints of press-hardened 22MnB5 steel [J]. Welding in the World, 2014, 58: 339-346.

[65] 张永健，周超，惠卫军，等. 一种低碳 Mn-B 系超高强度钢板的氢致延迟断裂行为 [J]. 材料热处理学报, 2013, 34: 96-102.

[66] 张永健，惠卫军，董瀚. 一种低碳 Mn-B 系超高强度钢板热成形后的氢致延迟断裂行为 [J]. 金属学报, 2013, 49: 1153-1159.

[67] CHATTERJEE A, HOAGLAND R G, HIRTH J P. Effects of hydrogen pre-charging for quenched-and-tempered AISI 1520 steels containing boron [J]. Materials Science and Engineering A, 1991, 142: 235-243.

[68] KOMAZAZKI S I, WATANABE S, MISAWA T. Influence of phosphorus and boron on hydrogen embrittlement susceptibility of high strength low alloy steel [J]. ISIJ International, 2003, 43: 1851-1857.

[69] LEE S J, RONEVICH J A, KRAUSS G, et al. Hydrogen embrittlement of hardened low-carbon sheet steel [J]. ISIJ International, 2010, 50: 294-301.

[70] ZHANG S, HUANG Y, SUN B, et al. Effect of Nb on hydrogen-induced delayed fracture in high strength hot stamping steels [J]. Materials Science and Engineering A, 2015, 626: 136-143.

[71] JEON H H, LEE S M, HAN J, et al. The effect of Zn coating layers on the hydrogen embrittlement of hot-dip galvanized twinning-induced plasticity steel [J]. Corrosion Science, 2016, 111: 267-274.

[72] HU Y, DONG C, LUO H, et al. Study on the hydrogen embrittlement of aermet 100 using hydrogen permeation and SSRT techniques [J]. Metallurgical and Materials Transactions A, 2017, 48: 4046-4057.

[73] DE COOMAN B C, ESTRIN Y, KIM S K. Twinning – induced plasticity (TWIP) steels [J]. Acta Materialia, 2018, 142: 283 – 362.

[74] BOUAZIZ O, ALLAIN S, SCOTT C P, et al. High manganese austenitic twinning induced plasticity steels: A review of the microstructure properties relationships [J]. Current Opinion in Solid State and Materials Science, 2011, 15: 141 – 168.

[75] LUO Z, HUANG M. Revisit the role of deformation twins on the work – hardening behaviour of twinning – induced plasticity steels [J]. Scripta Materialia, 2018, 142: 28 – 31.

[76] LIANG Z, LI Y, HUANG M. The respective hardening contributions of dislocations and twins to the flow stress of a twinning – induced plasticity steel [J]. Scripta Materialia, 2016, 112: 28 – 31.

[77] GUO X, SCHWEDT A, RICHTER S, et al. Effects of Al on delayed fracture in TWIP steels – discussion from the aspects of structure homogeneity, hydrogen traps and corrosion resistance [C]. Proceeding of 2nd International Conference on Metals and Hydrogen, Gent, Belgium, 2014: 59 – 67.

[78] HAN D K, KIM Y M, HAN H N, et al. Hydrogen and aluminium in high – manganese twinning – induced plasticity steel [J]. Scripta Materialia, 2014, 80: 9 – 12.

[79] HONG S, LEE J, LEE S, et al. Residual stress analysis in deep drawn twinning induced plasticity (TWIP) steels using neutron diffraction method [J]. Metallurgical and Materials Transactions A, 2014, 45: 1953 – 1961.

[80] KOYAMA M, AKIYAMA E, TSUZAKI K, et al. Hydrogen – assisted failure in a twinning – induced plasticity steel studied under in situ hydrogen charging by electron channeling contrast imaging [J]. Acta Materialia, 2013, 61: 4607 – 4618.

[81] KOYAMA M, AKIYAMA E, SAWAGUCHI T, et al. Hydrogen – induced cracking at grain and twin boundaries in an Fe – Mn – C austenitic steel [J]. Scripta Materialia, 2012, 66: 459 – 462.

[82] CHUN Y S, PARK K T, LEE C S. Delayed static failure of twinning – induced plasticity steels [J]. Scripta Materialia, 2012, 66: 960 – 965.

[83] JIN J E, LEE Y K. Effects of Al on microstructure and tensile properties of C – bearing high Mn TWIP steel [J]. Acta Materialia, 2012, 60: 1680 – 1688.

[84] KIM J G, YOON J I, BAEK S M, et al. Residual stress effect on the

delayed fracture of twinning – induced plasticity steels [J]. Metallurgical and Materials Transactions A, 2017, 48: 2692 – 2696.

[85] PARK I J, LEE S M, JEON H H, et al. The advantage of grain refinement in the hydrogen embrittlement of Fe – 18Mn – 0.6C twinning – induced plasticity steel [J]. Corrosion Science, 2015, 93: 63 – 69.

[86] ZAN N, DING H, GUO X, et al. Effects of grain size on hydrogen embrittlement in a Fe – 22Mn – 0.6C TWIP steel [J]. International Journal of Hydrogen Energy, 2015, 40: 10687 – 10696.

[87] LIU L, HE B, HUANG M. The role of transformation – induced plasticity in the development of advanced high strength steels [J]. Advanced Engineering Materials, 2018, 20: 1701083.

[88] SOJKA J, VODÁREK V, SCHINDLER I, et al. Effect of hydrogen on the properties and fracture characteristics of TRIP 800 steels [J]. Corrosion Science, 2011, 53: 2575 – 2581.

[89] SUH D W, KIM S J. Medium Mn transformation – induced plasticity steels: Recent progress and challenges [J]. Scripta Materialia, 2017, 126: 63 – 67.

[90] PÉREZ ESCOBAR D, DEPOVER T, DUPREZ L, et al. Combined thermal desorption spectroscopy, differential scanning calorimetry, scanning electron microscopy and X – ray diffraction study of hydrogen trapping in cold deformed TRIP steel [J]. Acta Materialia, 2012, 60: 2593 – 2605.

[91] SUGIMOTO K I. Fracture strength and toughness of ultra high strength TRIP aided steels [J]. Materials Science and Technology, 2013, 25: 1108 – 1117.

[92] DE COOMAN B C. Structure – properties relationship in TRIP steels containing carbide – free bainite [J]. Current Opinion in Solid State and Materials Science, 2004, 8: 285 – 303.

[93] ZHU X, ZHANG K, LI W, et al. Effect of retained austenite stability and morphology on the hydrogen embrittlement susceptibility in quenching and partitioning treated steels [J]. Materials Science and Engineering A, 2016, 658: 400 – 408.

[94] DAI Z, DING R, YANG Z, et al. Elucidating the effect of Mn partitioning on interface migration and carbon partitioning during quenching and partitioning of the Fe – C – Mn – Si steels: Modeling and experiments [J]. Acta Materialia, 2018, 144: 666 – 678.

[95] YANG J, SONG Y, LU Y, et al. Effect of ferrite on the hydrogen

embrittlement in quenched – partitioned – tempered low carbon steel [J]. Materials Science and Engineering A, 2018, 712: 630 – 636.

[96] ZHU X, LI W, HSU T Y, et al. Improved resistance to hydrogen embrittlement in a high – strength steel by quenching – partitioning – tempering treatment [J]. Scripta Materialia, 2015, 97: 21 – 24.

[97] PRESSOUYREG M, BERNSTEINI M. A kinetic trapping model for hydrogen – induced cracking [J]. Acta Metallurgica, 1979, 27 (1): 89 – 100.

[98] PRESSOUYREG M. Trap theory of hydrogen embrittlement [J]. Acta Metallurgica, 1980, 28 (7): 895 – 911.

[99] PRESSOUYREG M, BERNSTEINI M. An example of the effect of hydrogen trapping on hydrogen embrittlement [J]. Metallurgical Transactions A, 1981, 12 (5): 835 – 844.

[100] PRESSOUYREG M. Hydrogen traps, repellers, and obstacles in steel: Consequences on hydrogen diffusion, solubility, and embrittlement [J]. Metallurgical Transactions A, 1983, 14 (10): 2189 – 2193.

[101] HALLBERG M, JONSSON L T I, JÖNSSON P. A new approach to using modelling for on – line prediction of sulphur and hydrogen removal during ladle refining [J]. ISIJ International, 2004, 44 (8): 1318 – 1327.

[102] HILL. Hydrogen bakeout, preheat and postweld heat treatments to help solve corrosion problems for oil industry [J]. Welding Journal (Miami), 1992, 71 (7): 51 – 54.

[103] LACHMUND H, SCHWINN V, JUNGBLUT H A. Heavy plate production: Demand on hydrogen control [J]. Ironmaking & Steelmaking, 2000, 27 (5): 381 – 386.

[104] FIGUEROA D, ROBINSON M J. The effects of sacrificial coatings on hydrogen embrittlement and re – embrittlement of ultra high strength steels [J]. Corrosion Science, 2008, 50 (4): 1066 – 1079.

[105] BRASS A M, CHENE J. Influence of deformation on the hydrogen behavior in iron and nickel base alloys: A review of experimental data [J]. Materials Science and Engineering: A, 1998, 242 (1/2): 210 – 221.

[106] YANG Z, LIU Z B, LIANG J X, et al. Correlation between the microstructure and hydrogen embrittlement resistance in a precipitation – hardened martensitic stainless steel [J]. Corrosion Science, 2021, 182: 109260 – 109276.

[107] PENG G, ANDREJ T, JOHN N, et al. Hydrogen embrittlement mechanisms in advanced high strength steel [J]. Acta Materialia, 2022, 223: 117488 – 117508.

[108] SUN B H, LU W J, GAULT B, et al. Chemical heterogeneity enhances hydrogen resistance in high – strength steels [J]. Nature Materials, 2021, 8: 1629 – 1634.

[109] PENG G, JOHN N, PEJ RIVERA – DIAZ – DEL – CASTILLO, et al. Hydrogen embrittlement through the formation of low – energy dislocation nanostructures in nanoprecipitation – strengthened steels [J]. Science Advances, 2020, 6 (46): 6152 – 6159.

[110] FAN E D, ZHANG S Q, XIE D H, et al. The effect of nanosized NbC precipitates on electrochemical corrosion behavior of high – strength low – alloy steel in 3.5% NaCl solution [J]. 2021, 28 (2): 249 – 256.

[111] ZHANG S, HUANG Y, SUN B, et al. Effect of Nb on hydrogen – induced delayed fracture in high strength hot stamping steels [J]. Mater Sci Eng A, 2015, 626: 136 – 143.

[112] CHEN Y S, HALEY D. Direct observation of individual hydrogen atoms at trapping sites in a ferritic steel [J]. Materials and Methods, 2017, 355: 1196 – 1199.

[113] CHEN S Y, LU H T, LIANG J T, et al. Observation of hydrogen trapping at dislocations, grain boundaries and precipitates [J]. Science, 2020, 367 (6474): 171 – 175.

[114] 冯毅, 赵岩, 路洪洲, 等. 微合金化对热成形钢抗氢致延迟断裂性能提升的作用机理研究: 汽车EVI及高强度钢氢致延迟断裂研究进展 [C]. 北京: 北京理工大学出版社, 2019: 279 – 296.

[115] SHI R J, MA Y, WANG Z D, et al. Atomic – scale investigation of deep hydrogen trapping in NbC/α – Fe semi – coherent interfaces [J]. Acta Materialia, 2020, 200 (6474): 686 – 698.

[116] LIN Y C, MCCARROLL I, LIN Y T, et al. Hydrogen trapping and desorption of dual precipitates in tempered low – carbon martensitic steel [J]. Acta Materialia, 2020, 196: 516 – 527.

[117] LIN Y C, CHEN D, CHIANG M H, et al. Response of hydrogen desorption and hydrogen embrittlement to precipitation of nanometer – sized copper in tempered martensitic low – carbon steel [J]. JOM, 2019, 71

(4): 1349-1356.

[118] WEI H, CHEN Y L, YU W, et al. Study on corrosion resistance of high-strength medium-carbon spring steel and its hydrogen-induced delayed fracture [J]. Construction and Building Materials, 2020, 230: 117815-117827.

[119] SEO H J, HEO Y U, KIM J N, et al. Effect of V/Mo ratio on the evolution of carbide precipitates and hydrogen embrittlement of tempered martensitic steel [J]. Corrosion Science, 2020, 176: 108929-108939.

[120] SONG R J, FONSTEIN N, POTTORE N, et al. Effect of nb on delayed fracture resistance of ultra-high strength martensitic steels [C]. Hsla Steels 2015, Microalloying 2015 & Offshore Engineering Steels 2015: 541-547.

[121] JVENEZUELA J, LIM F Y, LIU L, et al. Hydrogen embrittlement of an automotive 1 700MPa martensitic advanced high-strength steel [J]. Corrosion Science, 2020, 171: 108726-108737.

[122] VENEZUELA J, ZHOU Q J, LIU Q L, et al. The influence of microstructure on the hydrogen embrittlement susceptibility of martensitic advanced high strength steels [J]. Materialstoday Communications, 2018, 17: 1-14.

[123] 梁江涛, 赵征志, 路洪洲. Nb 微合金化技术在 2 000MPa 级热成形钢中的作用: 汽车 EVI 及高强度钢氢致延迟断裂研究进展 [C]. 北京: 北京理工大学出版社, 2019: 269-277.

[124] ZHU X, LI W, ZHAO H SH, et al. Hydrogen trapping sites and hydrogen-induced cracking in high strength quenching & partitioning (Q&P) treated steel [J]. International Journal of Hydrogen Energy, 2014, 39: 31-40.

[125] LUO Y, LU H Z, MIN N, et al. Effect of Mo and Nb on mechanical properties and hydrogen embrittlement of hot-rolled medium-Mn steels [J]. Materials Science & Engineering A, 2022, 844: 143108-143118.

汽车用金属板材成形及服役断裂失效行为预测概述

梁宾[1]，范吉富[1]，肖锋[2]，路洪洲[3]，
赵岩[1]，娄燕山[4]

(1. 北京理工大学重庆创新中心，重庆 401120；
2. 武汉上善仿真科技有限责任公司，武汉 430064；
3. 中信金属宁波能源有限公司，宁波 315812；
4. 西安交通大学，西安 710049)

摘要：随着碰撞法规的日益严苛，在保证汽车碰撞安全性能及轻量化需求的前提下，如何缩短汽车产品的开发周期、降低开发成本是汽车行业面临的一大挑战。随着计算机技术的发展，采用CAE分析技术从仿真角度对汽车零部件的成形及服役性能进行预测，成为当前解决上述挑战的有效途径。CAE分析精度高度依赖于材料模型的参数准确性。汽车零部件成形及服役环境伴随着高应变速率范围和复杂应力状态特征，采用高精度断裂卡片是保证CAE分析预测精度的有效方法。本文以汽车用金属板材为使用对象，介绍了当前高精度断裂卡片中常用的本构模型和断裂失效模型，总结了高精度断裂卡片存在的问题，并分析了未来的发展趋势。希望本文能为我国汽车行业从业者提供一些参考。

关键词：材料断裂失效；高精度断裂卡片；CAE分析

0 引言

当前汽车工业正在外部驱动和内部需求的双重条件下发展：一方面因为全球环境污染日益严重，各国的低碳环保需求促使汽车行业朝着轻量化和新能源方向发展；另一方面随着汽车行业的不断发展，各国相关机构相继发布了更加严苛的汽车碰撞法规或标准，其中美国公路安全保险协会（IIHS）和中保研采用的正面25%偏置碰撞对汽车的结构安全设计和选材提出了更大的挑战。中国汽车行业近二十年得到了迅速发展，进口、合资和国产汽车已经形成三足鼎立之势，市场竞争愈演愈烈，制造成本和开发周期已经成为关系汽车企业生死存亡的两大核心要素。随着计算机技术与CAE理论的发展，计算机仿真技术成为助推汽车行业新产品研发，实现降低制造成本和缩短开发周期的有效方法。如何充分利用高精度计算机仿真技术的优势，在开发前期

指导研发人员更快、更准地进行汽车结构设计和选材,成为汽车企业未来必须发展的核心技术。

在汽车产品开发前期,为同时满足轻量化和碰撞安全要求,各大汽车企业重点关注汽车零部件在成形和服役过程中的断裂失效问题。随着计算机技术的发展,LS_DYNA、DYNAFORM等商业CAE软件被逐步推广应用于汽车行业,CAE分析技术成为分析汽车零部件在成形和服役过程中断裂失效问题的有效方法。CAE分析精度高度依赖于本构模型及断裂失效模型对材料变形及断裂行为的表征精度。零部件在成形和服役过程中,伴随着复杂应力状态和应变速率变化范围大(应变速率最大达到500/s)的特点[1,2],进一步增加了CAE分析准确性的难度。如何基于零部件成形及服役过程的特点,开发高精度的断裂卡片以提升CAE分析精度,成为当前汽车行业的迫切需求和技术难点。

本文围绕汽车用金属板材在成形和服役过程中的断裂失效行为仿真预测问题,对当前汽车行业高精度断裂卡片的开发和仿真应用进行综述,并对存在的问题和未来的发展趋势进行分析,为进一步提升CAE分析预测精度提供参考。

1 零部件成形开裂预测概述

1.1 零部件成形开裂预测现状

零件剪切边发生边缘开裂是金属板材在冲压成形过程中的一种典型的失效模式,其原因是落料工艺在料片边缘产生了机械损伤[3,4],使得零件在成形过程中,没有达到材料本身具有的成形极限而提前发生失效的现象。成形开裂问题严重影响零部件的成形率,尤其是针对轻量化需求发展起来的先进高强度钢,如何预测和预防边缘开裂,成为钢铁行业和汽车行业必须面对的一个世界性工程技术难题。

面对此技术难题,有大量的高校和研究机构的学者以及钢铁厂和主机厂的技术专家,均对此展开了深入的研究。在各种技术方案中,可划分为两类:一是以扩孔率为指标的评价方案[5-8],但对于如何精准地测量扩孔率的问题进行了搁置;二是替代扩孔率指标的评价方案[9-12],由于扩孔率测不准,导致工程上不具备客观性,因而不得不寻找替代试验。然而,工程上对解决边缘开裂问题的要求是极其苛刻的,需同时满足"实用性、低成本、效果好、规范化"的技术要求,而以往文献中的方法均难以满足此要求,因而依然没有一个被行业普遍接受的技术解决方案。

1.2 零件成形开裂预测新方法

众所周知,由于材料性能波动、模具间隙变化、刀口磨损等综合因素影响,卷料落料之后的料片边缘质量是波动的,即反映在同一个零件上,有些零件开裂了,有些零件没有开裂;反映在不同的零件上,有些零件开裂率高,有些零件开裂率低。但是,不管料片边缘质量如何波动,可以确定一点是实际边缘质量只会在一定范围内合理地波动,且存在一个合理的下限。如果根据材料的下限或极限扩孔率设计零件,可以保证零件不会发生边缘开裂,那么料片边缘质量的波动并不会影响零件的实际生产。因此,针对边缘开裂问题,其关键是如何规定和测量材料的极限扩孔率。ISO 扩孔标准对冲孔条件给出了明确的规定,其出发点即是为了获取实际边缘质量波动的下限扩孔率。因此,ISO 扩孔标准是较早地运用了"合理的下限思维"的汽车用钢性能评价方法[13,14]。然而,按照 ISO 扩孔标准,测量的扩孔率是没有客观性的,因而直接将 ISO 标准用于评价材料抗边缘开裂性能是没有说服力的。

为满足工程上使用的上述技术要求,学者提出一种新扩孔测试方法[15]。该方法一方面继承了 ISO 扩孔标准冲孔规定及"合理的下限思维"的性能评价方法,另一方面综合采用了"固定行程加载+裂纹有无判定+外径&初始裂纹"的新试验方法,以克服 ISO 标准的技术缺陷。

在新扩孔测试方法中,孔外径边缘一周始终处于单轴拉伸状态且变形为轴对称,保证了整个外径圆周处于均匀变形状态,严格满足扩孔条件下的工程断裂应变的定义,即

$$\varepsilon_f^e = \frac{\pi D_{outer} - \pi D_0}{\pi D_0} = \frac{D_{outer} - D_0}{D_0} = \lambda_{outer} \tag{1}$$

式中,ε_f^e 为工程断裂应变;D_0 为扩孔前的孔径;D_{outer} 为扩孔后的孔外径;λ_{outer} 为孔外径扩孔率。

与表征材料失效的初始裂纹判断标准相对应,将外径扩孔率带入对数公式,可获得带边缘损伤条件下的真实断裂应变,如式(2)

$$\varepsilon_f^t = \ln(1 + \lambda_{outer}) \tag{2}$$

1.3 工程应用案例

采用式(2)计算获得的扩孔试验真实断裂应变,对汽车用先进高强度钢零部件成形过程中的边缘开裂进行预测,精准地预测了两处边缘开裂位置,预测结果与零件实际边缘开裂位置及严重程度完全吻合,如图 1 所示,这表明零件成形开裂预测新方法具有较好的适用性。

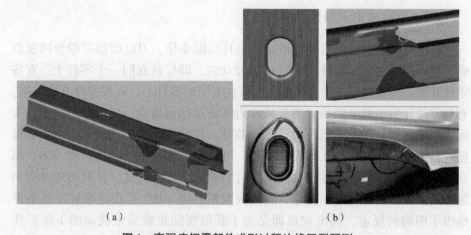

图1 高强度钢零部件成形过程边缘开裂预测
(a) 零部件成形过程仿真结果；(b) 边缘开裂位置结果对比

2 零部件服役开裂预测概述

2.1 断裂卡片技术

零部件的服役环境复杂，以碰撞工况为例，伴随着复杂应力状态和应变速率变化范围大（应变速率最大达到500/s）的特点，传统断裂模型如常应变、常应力、FLD等，由于未充分考虑其服役环境特征，在CAE分析中无法准确预测零部件的服役开裂现象。为此，大量科研工作者进行了深入研究，寻求提升零部件服役断裂CAE分析预测精度的新方法。目前，已服务于工程应用的断裂卡片技术，具有试验矩阵简单、材料模型参数准确性高、预测精度高等特点，成为解决上述难题的一种有效方法。

断裂卡片技术包含本构模型及断裂失效模型，是在兼顾计算效率和预测精度的工程应用前提下，根据材料力学性能属性，寻找最优的材料模型参数，以满足准确预测零部件服役开裂的需要。

2.2 本构模型

本构模型泛指应力张量与应变张量之间的关系，其作用主要是将连续介质的变形与内力联系起来[16]。常用描述材料的弹塑性变形行为主要包含屈服准则、硬化准则、应变速率强化准则。屈服准则用于描述材料何时进入屈服；硬化准则用于描述材料变形过程中屈服应力的变化情况[17]；应变速率强化准则用于描述不同应变速率下材料变形过程中的变化情况。

2.2.1 屈服准则

屈服准则用来表示屈服发生时各个应力分量之间的关系，分为各向同性和各向异性屈服准则。针对汽车用金属板材的变形行为，常用 Von Mises 各向同性屈服准则进行描述。

Von Mises 屈服准则的方程如式（3）所示，当等效应力 $\bar{\varphi}(\sigma)$ 达到一定值时，材料开始屈服：

$$\bar{\varphi}(\sigma)_{\text{Mises}} = \sqrt{\frac{(\sigma_1 - \sigma_2)^2 + (\sigma_2 - \sigma_3)^2 + (\sigma_3 - \sigma_1)^2}{2}} \quad (3)$$

式中，σ_1，σ_2 和 σ_3 分别为第一、第二、第三主应力。

2.2.2 硬化准则

对于汽车用金属板材而言，常用各向同性硬化模型来描述材料变形过程中屈服应力的变化情况。尤其是材料发生大变形时，需采用硬化模型拟合获得颈缩点后的应力-应变曲线，以满足仿真需要。

根据硬化模型在大应变下应力是否收敛，分为饱和型硬化模型和非饱和型硬化模型[18]，如表1所示。

表1 本构模型中常用硬化模型[19-23]

非饱和型硬化模型		饱和型硬化模型		加权硬化模型
Ludwik	$\bar{\sigma} = \sigma_0 + K(\varepsilon_p)^n$	Voce	$\bar{\sigma} = \sigma_0 + A(1 - e^{-B\varepsilon_p})$	$\bar{\sigma} = \alpha \cdot H_s +$ $(1-\alpha) \cdot H_{uns}$
Hollomon	$\bar{\sigma} = K(\varepsilon_p)^n$	Hockett – Sherby	$\bar{\sigma} = \sigma_0 + A(1 - e^{-B(\varepsilon_p)^n})$	
Swift	$\bar{\sigma} = K(\varepsilon_p + \varepsilon_0)^n$			

式中，$\bar{\sigma}$ 为等效应力；σ_0 为屈服强度；ε_0 为初始应变；ε_p 为塑性应变；K，n，A，B 为材料常数；H_s 为饱和硬化模型；H_{uns} 为非饱和硬化模型；α 为加权系数，α 值介于 0~1 之间。

目前，常采用单一硬化模型（饱和或非饱和）或加权硬化模型，对材料发生紧缩后的应力-应变曲线进行外延。通过直接标定法或反演标定法，获得各硬化模型参数值。

①直接标定法。基于单向拉伸试验测试获得的颈缩点前的真应力-真应变曲线数据，直接采用各硬化模型进行拟合，选取拟合度最优的一组参数作为材料的硬化模型参数值。

②反演标定法。选取加权硬化模型，基于直接标定法拟合获得的加权硬

化模型中饱和与非饱和硬化模型参数值，采用试验结合仿真对标的方式，对标载荷-位移（伸长量）曲线，当曲线吻合度最高（如均方根误差最小时），获得最优硬化模型加权系数 α 值。

2.2.3 应变速率强化准则

应变速率强化是材料在塑性变形过程中变形抗力随着应变速率的增加而增加的现象，属于材料发生塑性变形时的强化效应[24]。对于大多数汽车用金属板材而言，都存在应变速率强化效应。目前，在 CAE 分析中，常用 Johnson-Cook 方程[25]、Cowper-Symonds 方程[26]和 Table 表 3 种方式来考虑应变速率强化效应，如表 2 所示。

表 2 CAE 分析中常用的应变率效应表征方式

强化准则	公式	参数含义
Johnson-Cook	$\bar{\sigma} = \left[\left(1 + C\ln\left(\dfrac{\dot{\varepsilon}_p}{\dot{\varepsilon}_p^0}\right)\right)\right]\sigma_0$	式中，$\dot{\varepsilon}_p^0$ 为参考应变速率；$\dot{\varepsilon}_p$ 为塑性应变速率；σ_0 为准静态下的屈服应力；C 为材料常数
Cowper-Symonds	$\bar{\sigma} = \left[\left(1 + \dfrac{\dot{\varepsilon}_p}{C}\right)^{\frac{1}{p}}\right]\sigma_0$	式中，$\dot{\varepsilon}_p$ 为塑性应变速率；σ_0 为准静态下的屈服应力；C、P 为材料常数
Table	以表格的形式，直接输入材料在不同应变速率下的真应力-真应变曲线	

2.2.4 LS_DYNA 金属板材常用本构模型

LS_DYNA 金属板材常用本构模型如表 3 所示。

表 3 LS_DYNA 金属板材常用本构模型

材料模型	屈服准则	硬化准则	应变速率效应
Mat_24	Von Mises	Swift 等	Cowper-Symonds、Table
Mat_36	Barlat	Voce 等	Cowper-Symonds、Table
Mat_15 Mat_98 Mat_224	Von Mises	Ludwik	Johnson-Cook

2.2.5 本构模型开发方法

在 CAE 分析中，常基于不同应变速率下的单向拉伸试验数据，采用试验结合仿真对标的方式，对本构模型进行开发，开发流程如图 2 所示。

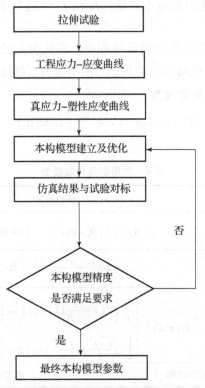

图2 高精度断裂卡片中本构模型开发方法

2.3 断裂失效模型

金属材料的断裂常为韧性断裂,是由金属内部微观孔洞成核、聚集和长大导致,即是损伤累积的结果[27]。研究指出,金属材料的韧性断裂与应力状态有关[28]。针对汽车用金属板材,在CAE分析中,常用考虑应力状态的损伤断裂失效模型预测材料的断裂失效行为。

2.3.1 应力状态表征

材料的应力状态常用应力三轴度 η 和 Lode 角参数 ξ 表征[29],如下所示:

$$\eta = \frac{\sigma_m}{\bar{\sigma}} = \frac{\frac{1}{3}(\sigma_1+\sigma_2+\sigma_3)}{\sqrt{3J_2}} = \frac{\frac{1}{3}I_1}{\sqrt{3J_2}} \tag{4}$$

$$\xi = \frac{27}{2}\frac{J_3}{\bar{\sigma}^3} = \frac{3\sqrt{3}}{2}\frac{J_3}{J_2^{3/2}} \tag{5}$$

式中,σ_m 为平均应力;$\bar{\sigma}$ 为等效应力;σ_1、σ_2 和 σ_3 分别为第一、第二、第

三主应力；I_1 为第一应力张量不变量；J_2 和 J_3 分别为第二、第三偏应力张量不变量。

汽车用金属板材在成形和服役过程中，常认为是处于平面应力状态，即第三主应力 σ_3 为零，此时其应力状态只需用应力三轴度 η 表征。

2.3.2 常用断裂失效模型

常用断裂失效模型有 Johnson – Cook[30]、GISSMO[31]、MMC[32]、DIEM[33] 等，如表 4 所示。

表 4　常用断裂失效模型

模型名称	模型函数
Johnson – Cook	$\varepsilon_f(\eta,\dot{\varepsilon}) = \left[D_1 + D_2 e^{(D_3\eta)} \right] \left(1 + D_4 \ln\left(\dfrac{\dot{\varepsilon}_p}{\dot{\varepsilon}_p^0}\right) \right)$
GISSMO	$\Delta D = \dfrac{n'}{\varepsilon_f(\eta,\xi)} D^{\left(1-\frac{1}{n'}\right)} \Delta\varepsilon_p$
MMC	$\varepsilon_f(\eta,\xi) = \left\{ \dfrac{K}{C} \left[C_\theta^s + \dfrac{\sqrt{3}}{2-\sqrt{3}}(1-C_\theta^s)\left(\sec\left(\dfrac{\pi\bar{\theta}}{6}\right)-1\right) \right] \left[\sqrt{\dfrac{1+f^2}{3}}\cos\left(\dfrac{\pi\bar{\theta}}{6}\right) + f\left(\eta+\dfrac{1}{3}\sin\left(\dfrac{\pi\bar{\theta}}{6}\right)\right) \right] \right\}^{-\frac{1}{n}}$
DIEM	正向准则：$\varepsilon_f(\eta,\sigma_1) = de^{\beta}$，$\beta = \dfrac{1-k_{NF}\eta}{\nu}$，$\nu = \dfrac{\sigma_1}{\bar{\sigma}}$ ；剪切准则：$\varepsilon_f(\eta,\tau_{\max}) = \dfrac{\varepsilon_{SF}^+ \sinh(f(\theta-\theta^-)) + \varepsilon_{SF}^- \sinh(f(\theta^+-\theta))}{\sinh(f(\theta^+-\theta^-))}$，$\theta = \dfrac{1-k_{SF}\eta}{\omega}$，$\omega = \dfrac{\tau_{\max}}{\bar{\sigma}}$

注：各断裂模型参数见参考文献。

2.3.3　LS_DYNA 金属板材常用断裂失效模型

LS_DYNA 金属板材常用断裂失效模型如表 5 所示。

表 5　LS_DYNA 金属板材常用断裂失效模型

断裂失效模型	模型接口	优点	缺点
常应变模型	Mat_24、Mat_Add_Erosion	简单，方便	未考虑其他应力状态的影响
Johnson – Cook	Mat_15、Mat_224	考虑了应力三轴度和应变速率的影响	不适用于低应力三轴度区间（0 ~ 1/3）

续表

断裂失效模型	模型接口	优点	缺点
GISSMO	Mat_Add_Damage_GISSMO	采用了非线性损伤累积方式计算损伤因子 D 值	采用数学优化方式获得模型参数,可能不存在唯一解
MMC	Mat_Add_Erosion	考虑了应力三轴度和 Lode 角参数的影响	只适用于应力-应变曲线符合 Swift 硬化模型的材料
DIEM	Mat_Add_Damage_DIEM	从剪切和拉伸两个角度去预测材料的断裂失效行为	难以设计用于标定模型参数的多组纯受拉和受剪的试验

2.3.4 断裂失效模型开发方法

CAE 分析中,基于多种应力状态断裂试验的试验数据,如剪切、拉剪、拉伸、缺口拉伸、杯突等应力状态,采用试验结合仿真对标的方式,对断裂失效模型进行开发,开发流程如图 3 所示。

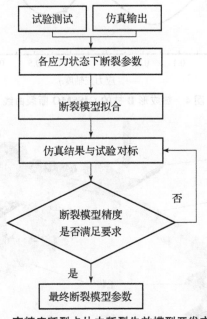

图 3 高精度断裂卡片中断裂失效模型开发方法

2.4 工程应用案例

2.4.1 零部件准静态性能预测

零部件在准静态下的弯曲性能是汽车产品设计之初需要考虑的指标之一。学者[34]采用基于GISSMO断裂失效模型的高精度断裂卡片，对热成形B柱在准静态三点弯曲工况下的断裂行为进行了研究。GISSMO断裂失效模型如图4所示，由淬火后的热成形钢板在多种应力状态下的力学性能测试结果标定所得。建立的B柱三点静压数值模型如图5所示，分别采用常应变断裂失效模型（GDYB）和GISSMO断裂失效模型计算B柱的断裂失效行为，并与实验结果（图6）进行对比。

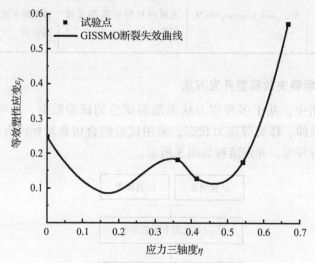

图4 热成形B柱的GISSMO断裂曲线

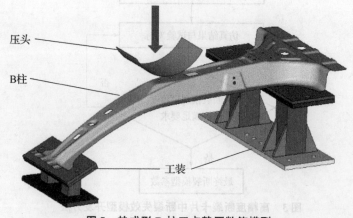

图5 热成形B柱三点静压数值模型

图6　热成形B柱三点静压实验

仿真和实验结果对比如图7、图8所示。从图中可知，常应变断裂失效模型预测结果中，B柱未产生裂纹，GISSMO断裂失效模型预测B柱在与试验相同的位置产量了微小裂纹。此外，在载荷－位移曲线的平均误差对比中，GISSMO断裂失效模型计算结果（6.28%）小于常应变断裂失效模型计算结果（6.94%）。这表明高精度断裂卡片能较好地用于预测汽车零部件的准静态性能。

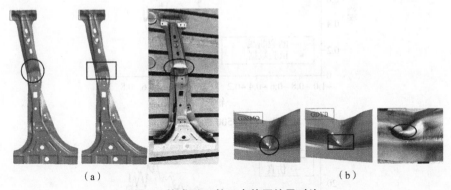

图7　热成形B柱三点静压结果对比
(a) B柱变形对比；(b) B柱断裂位置对比

2.4.2　零部件动态性能评估

零部件的动态性能是评估其服役性能的重要评价指标，采用基于如图9所示MMC断裂失效模型的高精度断裂卡片，对某车型热成形钢防撞梁在落锤冲击下的动态性能进行分析，预测其断裂失效行为。仿真结果和试验结果对比如图10、图11所示，从图中可知，在整个落锤冲击过程中，载荷－位移曲线变化趋势吻合；防撞梁的变形情况相似，并且均在相同区域产生微裂纹。这表明高精度断裂卡片可以用于评估汽车零部件的动态冲击性能。

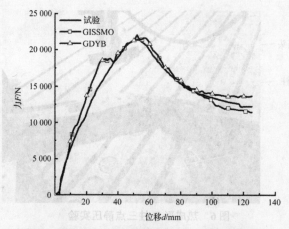

图 8 热成形 B 柱三点静压载荷 – 位移曲线对比

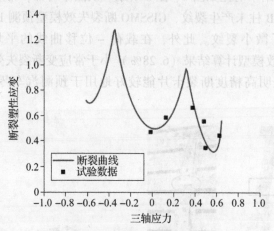

图 9 PHS1500 断裂曲线

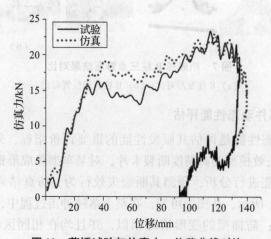

图 10 落锤试验与仿真力 – 位移曲线对比

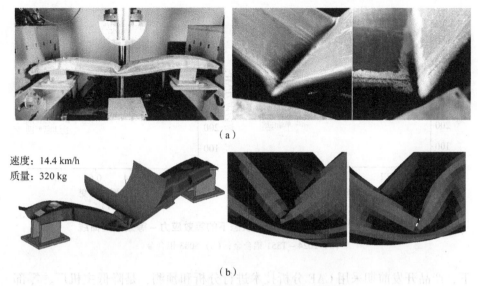

速度：14.4 km/h
质量：320 kg

(b)

图 11　零件仿真与实验的断裂形貌对比
(a) 试验过程及结果；(b) 仿真过程及结果

3　存在问题及发展趋势

汽车用金属板材的零部件成形和服役过程，是一个在复杂服役环境下的变形和断裂问题，应力状态和应变速率均会对材料的变形和断裂行为产生影响。对于变形行为对应力状态不敏感的材料，现有断裂卡片技术对材料变形和断裂行为的预测精度能达到 90% 以上，可以满足工程上的使用需求。然而，对于变形行为对应力状态敏感的材料，现有本构模型中只考虑了应变速率，而未考虑应力状态的影响，存在 CAE 分析精度低的问题，通常预测精度在 80% 以下。

研究指出，以 2024－T351 和 5083 铝合金为例[16]，在不同应力状态下，如拉伸和剪切应力状态下，等效应力 - 等效应变曲线间存在较大差异，如图 12 所示。反映在 CAE 分析中，需要采用考虑应力状态的本构模型才能准确表征其变形行为。然而，目前 LS_DYNA 等商业软件中缺乏此类本构模型。为解决这一难题，在未来的仿真研究中，采用二次开发方法，开发同时考虑应力状态和应变速率影响的新型本构模型，是进一步提升 CAE 分析精度的有效方法，也是未来断裂卡片技术的发展趋势。

4　结束语

随着汽车行业的高速发展，在发展汽车轻量化和提高碰撞安全性的要求

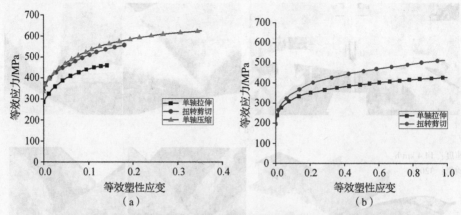

图 12 铝合金材料在不同应力状态下的等效应力－等效应变曲线

(a) 2024－T351 铝合金；(b) 5083 铝合金

下，产品开发前期采用 CAE 分析技术进行分析和预测，是降低主机厂、零部件厂新产品开发成本和缩短研发周期的最有效方法之一。在 CAE 分析中，为保证分析精度，需要考虑材料或零部件的实际服役环境特点，采用高精度断裂卡片进行仿真预测。现有的 CAE 分析方法中，针对变形行为对应变速率不敏感的材料，现有断裂卡片技术能较好地预测出材料在服役过程中的变形和断裂失效情况；但对变形行为对应变速率敏感的材料，如 2024－T351 和 5083 铝合金，在不同应力状态下的等效应力－等效应变曲线存在明显的差异，现有本构模型及断裂失效模型无法满足准确预测此类材料变形及断裂失效行为的需求。针对此类汽车用金属材料，基于其实际服役特性，开发同时考虑应力状态和应变速率影响的新型本构模型，是提升 CAE 分析精度的有效方法，也是未来断裂卡片技术的发展趋势。

参 考 文 献

[1] 赵清江, 郭怡晖, 梁宾, 等. 22MnB5 高强度钢板材的断裂失效准则研究 [J]. 塑性工程学报, 2020, 27 (143)：138－143.

[2] 闫海涛, 张文超, 张桂贤. 车辆碰撞过程中金属材料应变速率范围分析 [J]. 汽车工程师, 2018 (8)：44－46.

[3] KONIECZNY A A, HENDERSON T. Product design considerations for AHSS displaying lower formability limits in stamping – with sheared edge stretching [R]. 2007 GDIS Presentation, 2007.

[4] SHIH M C, CHIRIAC C, SHI M F. The effects of AHSS shear edge conditions on edge fracture [R]. 2010 GDIS Presentation, 2010.

[5] MCEWAN C, UNDERHILL R, LANGERAK N, et al. A new approach to predicting edge splits – the combined FLC/HEC diagram [C]. Int. Conf. Proc. IDDRG (Golden, CO, USA, June 1–3), 2009: 65–72.

[6] LAROUR P, SCHAUER H, LACKNER J, et al. Edge crack Simulation with the modular "smiley" forming tool [C]. International Deep Drawing Research Group Conference, Linz, Austria, 2016.

[7] GLÄSNER T, SCHNEIDER M, TROITZSCH M, et al. Considering the edge-crack sensitivity of a hot-rolled steel in forming simulation [J]. Materials Science and Engineering, 2016, 159: 012029.

[8] STILLGER M. Edge-crack-risks on dual phase steels optimized design out of simulation [C]. Automotive Circle Conference, Materials in Car Body Engineering, Bad Nauheim, 2017.

[9] FALK J. Fracture prediction of stretched shear cut edges in sheets made of dual-phase steel [C]. Master's Degree Thesis Mechanical Engineering. Department of Mechanical Engineering Blekinge Institute of Technology, Karlskrona, Sweden, 2017.

[10] KIM H, SHANG J, DYKEMAN J, et al. Practical evaluation and prediction of edge cracking in forming advanced high strength steels (AHSS) [J]. SAE Technical Paper 2017-01-0308, 2017.

[11] DAVID D I, AYKAS B, NARAYANAN A, et al. Simulation and experiments to evaluate edge fracture using the double bending test [C]. Forming Technology Forum 2019, TUM, Germany, 2019.

[12] https://www.ssab.com/support/webinar-center/2021/12/Problem-solving approaches to AHSS edge ductility – SSAB.

[13] BOLD J, DETTINGER T, HEIBEL S, et al. Lightweight car body design with new high strength steels and resultant challenges [C]. Automotive Circle Conference, Materials in Car Body Engineering, Bad Nauheim, 2017.

[14] GENERAL MOTORS. Rapid LME test procedure for coated sheet steels: Revision 2.0 [S]. 2020.

[15] 肖锋,高亮庆. 一种确定有效试样以测定扩孔率的试验方法: 202111592984.3 [P]. 2022-05-27.

[16] 周琳. 金属材料新的动态本构模型 [D]. 合肥: 中国科学技术大学, 2019.

[17] 孟祥瑞. 不同应力状态下金属初始屈服和硬化行为的研究 [D]. 长春:

吉林大学，2019.

[18] 余海燕. 金属薄板应变硬化模型比较分析 [J]. 锻压技术，2012，37 (5)：1-6.

[19] LUDWIK P. Elemente der technologischen mechanik [M]. Berlin：Springer - Verlag，1909.

[20] HOLLOMON J H. Tensile deformation [J]. Transactions of AIME，1945，162：268.

[21] SWIFT H W. Plastic instability under plane stress [J]. J. Mech. Phy. Solid.，1952，1：1-18.

[22] VOCE E. The relationship between stress and strain for homogeneous deformation [J]. Journal of the Institute Metals，1948，74：537-562.

[23] HOCKETT J E，SHERBY O D. Large strain deformation of polycrystalline metals at low homologous temperatures [J]. Journal of the Mechanics and Physics of Solids，1975：87-98.

[24] 杨连发，王仲仁. 应变速率强化与应变强化的过程及其对比分析 [J]. 桂林电子工业学院学报，1992 (2)：86-91.

[25] JOHNSON G R，COOK W H. A constitutive model and data for metals subjected to large strains，high strain rates and high temperatures [C]. 7th Int'l Symp Ballistics，Hague，Netherlands，1983：541-547.

[26] COWPER G R，SYMONDS P S. Strain - hardening and strainrate effects in the impact loading of cantilever beams [R]. Brown University Appl Math Report，1958，28：1-46.

[27] 黄婧. 基于连续损伤力学的金属板材成形极限研究 [D]. 武汉：武汉理工大学，2006.

[28] BASARAN M. Stress state dependent damage modelingwith a focus on the lode angle influence [D]. Aachen：Rheinisch - Westf Lischen Technischen Hochschule Aachen，2011.

[29] LI H，FU M W，LU J，et al. Ductile fracture：Experiments and computations [J]. International Journal of Plasticity，2011，27 (2)：147-180.

[30] JOHNSON G R，COOK W H. Fracture characteristics of three metals subjected to various strains，strain rates，temperatures，and pressures [J]. Engineering Fracture Mechanics，1985，21 (1)：31-48.

[31] EFFELSBERG J，HAUFE A，FEUCHT M，et al. On parameter identification for the GISSMO damage model [C]. Proceedings of the 12th International LS -

DYNA Users Conference, Dearborn, USA, 2012: 1 – 10.

[32] BAI Y, WIERZBICKI T. Application of extended Mohr – Coulomb criterion to ductile fracture [J]. International Journal of Fracture, 2010, 161 (1): 1 – 20.

[33] BORRVALL T. A general damage initiation and evolution model (DIEM) in LS – DYNA [C]. European LS – DYNA Conference, 2013.

[34] 周佳, 梁宾, 赵岩, 等. 复杂应力状态下车用高强钢断裂失效行为表征与应用研究 [J]. 塑性工程学报, 2021, 28 (3): 153 – 163.

汽车轻量化车轮行业发展及路线图

徐佐[1]，路洪洲[2]，刘献栋[3]，
郭爱民[2]

(1. 中信戴卡股份有限公司，秦皇岛　066011；
2. 中信金属股份有限公司，北京　100004；
3. 北京航空航天大学，北京　100191)

摘要：基于车轮相对于簧上质量构件的轻量化节能减排的显著效果，国内外采用先进材料、先进工艺以及有效的有限元优化和设计技术，先后开发一系列轻量化车轮，大部分已经在商用车及乘用车上大批量应用，其他也多相继完成了台架试验、整车搭载测试及小批量装车试用，小部分前沿新型车轮还在进行技术攻关。本文作者基于轻量化车轮工程产品开发案例，对上述轻量化技术及车轮的材料工艺及优化设计和相关试验结果进行了论述。同时，基于整车企业及整车产品对"双碳"、电动化、智能化等发展趋势及需求，提出未来十五年的汽车车轮发展及应用路线图。

关键词：车轮；轻量化；路线图；低碳排放

0 引言

作为汽车簧下质量旋转构件的车轮，因其轻量化带来的节能减排效果远高于簧上质量构件，按照市区实际工况进行试验，轿车和SUV车型的车轮与簧上质量构件的轻量化节油效果比值分别约为1∶8和1∶10[1]。另外，车轮减重10%带来的性能提升及节能减排效果[1]包括百公里加速时间降低0.1s、油耗降低1%~1.5%、有效负载即牵引力提高98 N、尾气排放降低1%、转向力降低1%、刹车距离减少1%等。因而汽车车轮的轻量化受到特别关注，并成为汽车整车轻量化的重要组成部分。另外，汽车电动化、智能化、低碳化等新趋势对车轮产品提出了更高的要求，车轮技术的不断创新也为汽车应用提供了更多选择，两者共同推动了当前和未来轻量化车轮、低碳排放车轮等新型车轮技术的开发和应用。本文将探讨轻量化车轮的研究进展、汽车新趋势及国际化环境等对车轮产业的影响，并初步提出了汽车车轮未来发展及应用路线图。

1 轻量化车轮开发进展及案例

1.1 铝合金车轮轻量化开发

某传统的铸造铝合金车轮原质量为 11.8 kg，使用轮辋旋压成形技术后，轮辋的力学性能得到提高。在质量和强度要求不变的情况下，可以设计出更薄的轮辋壁厚，以满足轻量化需求。本文作者研究团队通过对轮辋厚度进行优化，轮辋各区域厚度得到不同程度的降低，最大厚度降低达到 1.2 mm。原始车轮采用风冷低压铸造成形工艺（LPC），为提高车轮金属组织性能强度，采用水冷铸造成形车轮造型外观面＋旋压成形轮辋和轮缘的技术，简称车轮铸旋成形技术（LWT）。由于采用水冷＋铸旋技术，车轮各部位组织形态细小，且致密无缺陷，各力学性能得到明显提升。通过结构、工艺等轻量化技术改进，开发出了全新的铸旋车轮产品（质量 10.79 kg），减重比例达到 8.5%。其中，轮辋质量减少 0.58 kg，轮辐质量减少 0.43 kg，如图 1（a）所示，实现了轻量化目标。

某商用车锻造铝合金车轮尺寸为 22.5×9.0，轮载为 4 125 kg，质量为 25 kg。在结构设计与工程仿真上，本文作者研究团队采用了拓扑优化技术。将可设计区域与非可设计区域分离，输入设计载荷，通过计算机模拟分析，自动给出最优解，分析显示危险点位于窗口圆角半径较小的位置，因此建议加大窗口圆角，使窗口更接近圆形，减小应力水平；但法兰、轮辋位置实际应力较小，有较大的轻量化空间。据此，开展轻量化优化设计。车轮的材料力学性能达到抗拉强度不低于 340 MPa、屈服强度不低于 300 MPa、延伸率 A5（%）不低于 15.0。完成的轻量化锻造铝合金车轮质量为 23 kg，可靠性满足 TUV 标准要求（弯曲重载 100 万转，径向疲劳 400 万转），高于国家标准 GB/T 5909—2009《商用车辆车轮性能要求和试验方法》水平。该产品在国内同类产品中，质量最小，如图 1（b）所示。采用同样的思路和轻量化方法，开发的 19 寸乘用车前轮质量为 10.8 kg、20 寸的后轮质量为 12.3 kg，比同规格的铸造车轮质量减轻约 15%，轻量化优势明显，疲劳性能满足 SAE 标准要求（弯曲疲劳 25 万转，径向疲劳 250 万转），符合客户标准和路试要求，如图 1（c）所示。

1.2 钢制车轮轻量化开发

针对商用车钢制车轮的轻量化，本文作者研究团队研发了用于轮辋的高强度钢 RS590 钢材以替代抗拉强度 490 MPa 级的 SW400 材料[2,3]，RS590 钢

图1 轻量化铝合金车轮
(a) 轻量化铸旋铝合金车轮；(b) 轻量化锻造铝合金商用车车轮；
(c) 轻量化锻造铝合金乘用车车轮

组织以细晶粒铁素体+细小均匀分布的贝氏体为主，各相比例为：铁素体60%~70%，贝氏体20%~30%。添加Nb元素试验钢的铁素体晶粒更加细小紧密，并且少量的珠光体形状变得扁平。屈服强度范围为510~567 MPa，均值为543 MPa；抗拉强度范围是595~643 MPa，均值是625 MPa；伸长率范围是26%~38%。本文作者研究团队研究了闪光对焊参数（闪光留量、顶锻压力、顶锻留量、带电顶锻时间）对接头微观组织及力学性能的影响规律[4-8]，发现RS590试验钢整个焊接区组织比较均匀，焊接热影响区没有发生明显的粗化现象，焊缝组织为细小的针状铁素体+多边形铁素体+少量的粒状贝氏体，大量的针状铁素体极大地提高钢的强度，同时少量的粒状贝氏体又可以增加钢的韧性。焊缝与热影响区晶粒细化与Nb碳化物阻止焊接过热引起的奥氏体晶粒长大有关，从而明显细化焊缝组织，提高焊后性能。硬度测试表明，RS590试验钢焊缝硬度分布比较均匀，热影响区与基体硬度差异不是很大，未出现明显的软化现象，通过焊接工艺参数的优化使RS590高强度钢轮辋获得了良好焊接效果。研究团队商用车车轮（22.5×8.25）在径向载荷、弯曲载荷作用下的有限元模型，通过仿真获得其在各种载荷作用下的应力分布状态，基于所获得的车轮强度仿真结果，考虑表面加工系数、尺寸系数、有效应力集中系数等因素的影响，在材料疲劳特性曲线的基础上获得用于结构疲劳特性曲线，即可对车轮的疲劳寿命进行预测。原车轮的轮辋质量约为14 kg，在采用RS590替换原有材料并进行轮辋厚度减薄设计后，轮辋质量约为11.5 kg，质量减少约2.5 kg。轮辐质量为20 kg，整个车轮总质量约为31.5 kg，故满足了用户对重量的需求。车轮疲劳寿命的要求高于国家标准，其中径向疲劳寿命要求达100万次，弯曲疲劳寿命要求达60万次，如图2（a）所示。

针对某载重为80~100 t的超重型非公路用货车车轮，其额定载质量为8 350 kg，其原车轮的轮辐、轮辋分别由厚度为20 mm的Q235B钢板、厚度为9 mm的380CL钢板制造，单只车轮质量约为65 kg。项目组采用高强度钢AG590CL材料，在钢中添加Nb、V、Ti等微合金元素，并通过合理的控轧、控冷工艺以达到强韧化目的：屈服强度为581 MPa，远高于目标值420 MPa；抗拉强度为641 MPa，位于目标值590~710 MPa的范围。将原轮辋、轮辐的低强度材料改为AG590CL高强度钢，分别建立该超重型车轮在径向载荷、弯曲载荷作用下的有限元仿真模型，获得其在不同载荷作用下的受力状态及变形情况。由径向载荷作用下的应力仿真结果可知，轮辋最大应力为533.4 MPa，位于气门嘴孔附近。轮辋应力较大的区域主要为远端轮缘（远离轮辐一侧）以及底槽两侧的过渡圆角处。轮辐最大应力为489.9 MPa，位于轮辐内侧辐底过渡圆角处。其余应力集中处为靠近螺栓孔区域，最大应力为448.3 MPa；通风孔处，最大应力为444.5 MPa。因轮辋屈服强度为524 MPa，轮辐屈服强度为497 MPa，故在径向工况下，轮辋最大应力略超屈服强度，轮辐最大应力未超过屈服强度。由弯曲载荷作用下的应力仿真结果可知，轮辋最大应力为217.4 MPa，位于气门嘴孔附近。轮辐最大应力为443.7 MPa，位于螺栓孔处。由于轮辋屈服强度为524 MPa，轮辐屈服强度为497 MPa，因此该超重型车轮在弯曲工况下轮辋与轮辐的最大应力均未超过材料的屈服强度。由车轮在不同载荷作用下的变形仿真结果可知，该车轮在弯曲载荷下最大变形量为0.478 9 mm，位于螺栓孔处。在径向载荷作用的最大变形量为3.94 mm，位于轮辋远端，轮辋变形量过大易导致轮胎脱圈的事故，因此进行车轮轻量化设计时需对该数值进行适当约束。根据企业以往的经验，当轮辋发生3.94 mm变形量时仍可安全工作。基于Isight平台进行优化，应用Exploration组件的Approximation Loop策略，首先建立局部设计空间的近似模型，并在近似模型上进行优化计算，获得局部最优解的估计值，并通过验算不断更新近似模型继续优化，最终获得全局最优解。与现用车轮（轮辋采用9 mm厚的380CL，轮辐采用20 mm厚的Q235B）相比质量减少14.368 kg，减重率22.02%[9]，获得了良好减重效果。初步进行了第一轮总里程为 4 万 km 路试,经过检测,两只样品车轮均无可见裂纹,几何尺寸满足要求,说明刚度、强度均未出现失效,如图 2 (b) 所示。

传统乘用车钢制车轮结构承载能力较好,但美观性较差。以型号 6.5JX16 为例,额定载荷 600 kg。本文作者采用高通风孔轻量化设计,轮辐采用材料为 650DP,厚度为 4.5 mm;轮辋采用材料为 BG420CL,厚度为 3 mm;车轮的目标质量为 9.8 kg,理论减重约 18%;通风散热孔面积 32 000 mm^2(同类产品散热面积 12 000 ~ 16 000 mm^2),散热面积增加 100% ~ 160%。650DP 双相钢需要在原 580DP 的基础上添加 Nb,对材料中其他强化元素的含量进行微调。试制钢板的金相组织符合所期望的铁素体 + 马氏体组织构成,马氏体的比例大约在 20%。通过弯曲疲劳和径向疲劳结构优化设计,大通风孔轮辐各关键冲压工序的仿真分析、新模具开发以及大通风孔轮辐的试制,成功应用 650DP 高强度钢加工出大通风孔车轮轮辐,成形效果良好[10]。制造出的车轮如图 2 (c) 所示,质量为 9.8 kg,而同型号的钢制车轮质量为 11 ~ 12 kg,减重 10.9% ~ 18.3%。采用奇瑞公司的《Q/SQR T5 - 2 - 2015 车轮系统整车冲击试验规范》,将车轮装车进行试验。试验样车分别以 20 km/h、30 km/h、40 km/h、50 km/h 的速度,使安装验证车轮的前车轮通过凸出地面的刚性挡块。试验的结果:车速为 20 km/h、30 km/h 时,车轮、轮胎未见异常;车速为 40 km/h 时,右侧车轮内侧变形量为 3 mm;车速为 50 km/h 时,左侧车轮外侧变形量为 3 mm、内侧变形量为 5.1 mm,右侧车轮外侧变形量为 3 mm,内侧变形量为 6 mm,轮胎未见异常。高通风车轮在 30 000 km 的综合路试中,无开裂、无变形、外观良好,达到量产的基本要求[11]。

图 2　轻量化钢制车轮
(a) 高强度钢制商用车车轮;(b) 超重型非公路货车用钢制车轮;(c) 高通风孔乘用车钢制车轮

常用商用车钢制车轮(22.5 × 9.0)的质量一般为 44 ~ 46 kg,本文前述的轻量化商用车同型号车轮质量为 34~36 kg，而采用热冲压成形技术制造的该型号钢制车轮，其质量可降至 26~28 kg，接近同型号锻造铝合金车轮的质量（23~25 kg）。对于 22.5×8.25 的车轮，同规格的轻质钢制车轮主流产品质量是 34.5 kg，本文作者开发并出口应用的轻量化钢制车轮质量为 31 kg，但采用热冲压成形技术制造的该型号车轮，其质量可减轻至 23 kg。图 3（a）是开发的 22.5×8.25 热成形钢制车轮，采用本文作者和鞍钢开发的铌合金 WHF1300R 热成形钢[12-14]，轮辋厚度为 3.3 mm，轮辐厚度为 9 mm，应用预成形热成形工艺制造轮辋和轮辐，二者之间采用激光焊接，制成的车轮质量为 23 kg。图 3（b）是开发的 22.5×9.0 热成形钢制车轮，其轮辋厚度为 3.9~4 mm，轮辐厚度为 8~8.5 mm。浙江金固股份有限公司采用铌微合金化 WHF1300R 热成形钢研发的 22.5×9.0 型热冲压成形车轮，保证了车轮的高强韧性和抗氢脆性能[12-14]，通过了主机厂的路试验证和用户试验验证，性能满足要求。

(a)   (b)

图 3　热冲压成形轻量化车轮

(a) 22.5×8.25 型车轮；(b) 22.5×9.0 型车轮

考虑到车轮形状的复杂性，车轮整体直接热成形难度很大，而采用间接热成形工艺具有可行性。间接热成形工艺又称预成形工艺，根据车轮的形状和结构特点设计的商用车轮预成形工艺流程如图 4（a）所示。

对于乘用车车轮，其热冲压成形工艺流程如图 4（b）所示。轮辐采用一次性直接热冲压成形工艺，轮辋同样采用预成形后进行后续的加热及热冲压成形工艺；之后将轮辐和轮辋焊接合成为车轮，再进行后续的涂装等工艺。

1.3　镁合金车轮轻量化开发

镁合金车轮主要通过铸造工艺和锻造工艺生产。镁合金车轮的铸造工艺又分为重力铸造、压力铸造和低压铸造等。其方法与生产铸造铝合金车轮的方法类似，并且铸造铝合金车轮从熔炼、铸造、热处理、机加工到表面处理

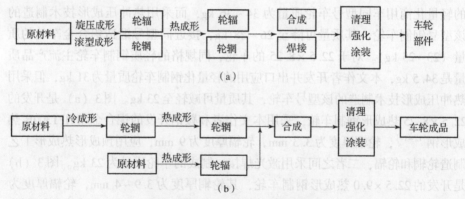

图4 热冲压成形车轮工艺流程图
(a) 商用车车轮; (b) 乘用车车轮

等各工序都有成熟工艺。通过铝合金与镁合金之间的特性差异进行针对性调整,可为铸造镁合金车轮的生产提供技术支撑。与铝合金相比,镁合金的密度、比热和凝固潜热较小、熔点低,熔化和压铸时不与 Fe 反应,因此其熔化耗能小,凝固速度快,压铸周期可缩短 20% ~ 30%,压铸型寿命长,但是镁合金液易氧化燃烧,且铸造时热裂倾向比铝合金大。因此,相比铝合金车轮,镁合金车轮在熔化、浇注及压铸型温控制等方面都比铝合金压铸要复杂,镁合金车轮的低压铸造工艺仍不成熟,铸件存在各种铸造缺陷,而且由于镁合金与铝合金的性能差异,生产铝合金车轮的铸型不适于镁合金。因此,需要结合模具结构、工艺参数、仿真模拟以及镁合金材料本身的性能等多方面进行综合协同优化。

镁合金车轮的低压铸造流程,通常分为以下步骤:

①熔化。取 AZ91 镁合金锭放入热处理炉中预热烘干,烘干的温度为 120 ~ 180 ℃,烘干时间不小于 30 min。预热后的镁合金锭放入坩埚中,升温熔化,镁合金液态金属温度控制在 720 ~ 760 ℃。

②精炼除气。将氩气或氮气气体通入熔化镁合金液态金属中,除气时间 5 ~ 10 min。镁合金液态金属温度为 700 ~ 740 ℃。

③低压铸造。干燥的压缩空气进入保温炉中,作用于保温炉内镁合金液态金属表面,迫使镁合金液态金属通过浇注系统流入型腔,增压速度控制在 1 500 ~ 3 000 Pa,直到整个型腔充满,随即增加压力,并逐渐开启模具上的各路冷却,在整个力的作用下完成凝固,而后卸压、取件。

④检测与预处理。检测镁合金车轮坯料的缺陷,常见的缺陷主要有缩松/缩孔、针孔、裂纹等。通过 X 光检测后,合格的镁合金车轮坯料进入下一工序。人工检测并刮掉毛刺,以防止热处理工序发生着火。

⑤热处理。先通过车轮坯料进行固溶处理，固溶温度为 390~420 ℃，固溶保温时间为 8~16 h；淬火为风冷处理，淬火后将坯料送入时效炉，时效炉加热温度 160~220 ℃，并保温 12~18 h。

⑥机加工。根据车轮图样及工艺要求等，编制车轮数控加工程序，并输入到数控机床的数控系统，完成镁合金车轮的加工。值得注意的是，机加工应采用镁合金专用切削液，切削后要及时将车轮清洗干净并烘干，防止出现腐蚀。

⑦防护处理。镁合金车轮需要经过表面预处理→水洗→表面防腐处理→水洗→涂装→干燥。

⑧成品。镁合金车轮的铸造工艺具有工序简单、成本低廉、生产周期短等优点。然而，为了满足车轮的强度要求，铸造镁合金车轮通常采用厚壁设计，这导致了质量增加，同时存在车轮内部组织不致密、缩孔、疏松缺陷较多（特别是轮辋和轮辐的连接处）等问题，并且后续机加工也较烦琐。

相比于铸造镁合金车轮，锻造镁合金车轮尽管生产成本相对较高，但其强度和韧性均高于铸造车轮，特别是轮辐和轮辋部位的力学性能好，内部缺陷少；同时，锻造车轮除组织更加致密、尺寸精度更高、质量更轻、表面光洁之外，还具有一致性好的优点。锻造镁合金车轮通过强力锻压机制造，包括锻铣、锻旋、一次正反挤压等几种不同的锻造技术。通过锻造毛坯去除多余的金属，最终的锻件被加工（铣削）成车轮。锻造镁合金车轮生产基本工艺流程如图 5 所示。

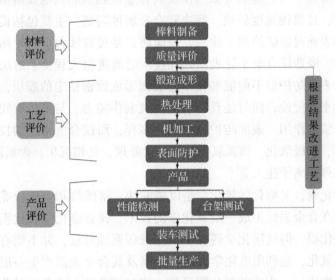

图 5　锻造镁合金车轮生产基本工艺流程

锻造镁合金车轮的具体工序包括：

①棒料制备。根据需求制备的圆形棒料直径 D 为 200～250 mm，并基于车轮类型切取合适的长度尺寸 $L(L/D=1.5～2.5)$。棒料分成铸棒和挤压棒两种，通常挤压棒的性能比铸棒好，但成本也会有所增加。

②锻造成形。镁合金车轮的力学性能除了与化学成分有关外，还与锻造变形过程中所产生的应变硬化程度有关。锻造温度越低，其应变硬化效果越显著，而锻造温度越高，变形抗力越小。锻造温度过低，坯料容易开裂，而锻造温度过高，坯料的晶粒容易长大，力学性能会急剧下降。因此，镁合金车轮锻造温度范围较窄，通常在350～430 ℃。锻造下压速度一般为 1～15 mm/s。

③热处理。毛坯在 480 ℃下加热时不需要使用惰性或还原保护气体保护。锻坯通常在 390～430 ℃下进行固溶处理，保温时间 8～12 h。随后采用风冷淬火，淬火后进行时效处理，时效温度为 170～220 ℃，保温时间 12～16 h。

④机加工。与铸造镁合金车轮类似。

⑤防护处理。与铸造镁合金车轮类似。

⑥成品。

相比于钢制和铝合金车轮，镁合金车轮耐腐蚀性较差，该问题需要解决。镁作为一种化学性质较活泼的金属材料，其标准电极电势为 -2.37 V，而常用的金属材料如铁为 -0.44 V、铝为 -1.66 V、钛为 -1.63 V。镁及其合金在空气中易与氧反应生成一层氧化膜，但氧化膜的结构较疏松，无法保护镁基体免受持续腐蚀[15,16]。这就导致当镁及其合金接触水和其他盐溶液时，易发生腐蚀溶解，且腐蚀速度较快。解决镁合金腐蚀问题，主要包括提高镁合金的耐蚀性和表面腐蚀防护两个途径。表面防护是提高镁合金车轮耐腐蚀能力的重要手段。锻造镁合金车轮表面处理技术的改进很大程度上解决了腐蚀问题。理想的表面防护层不但能够在车轮表面形成致密稳定的膜层，抵抗外界酸碱物质和水的侵蚀，同时还具有较好的抗划伤能力、与基体有较高的结合力和一定的装饰作用。表面防护技术多种多样，而镁合金常用的技术主要有化学转化膜、阳极氧化、微弧氧化、硅烷化处理、气相沉积、含氟协合涂层、激光表面处理、离子注入等[17]。

化学转化膜，又称化学氧化，是以磷酸盐、铬酸盐和锡酸盐等水溶剂经过化学处理在合金表面生成一层氧化膜的技术。镁合金化学转化膜防腐效果优于自然氧化膜，但这层化学转化膜只能减缓腐蚀速度，并不能有效地防止腐蚀。阳极氧化，是利用电化学方法在金属及其合金表面产生一层厚且相对稳定的氧化物膜层，生成的氧化膜可进一步进行涂漆、染色、封孔或钝化处理。微弧氧化又称微弧等离子体氧化或阳极火花沉积，是利用等离子微弧放电产生的高温烧结和熔覆作用，在合金表面原位生长出一层具有较高结合力和耐磨性的陶瓷层。微弧氧化过程通常经过以下 4 个阶段：表层氧化膜生成；氧化膜被击穿，并发生等离子微弧放电；氧化进一步向深层渗透；氧化、熔融、凝固平稳阶段。与阳极氧化膜相比，微弧氧化形成的膜一样具有致密层和疏松层两层结构，但微弧氧化膜的空隙更小，空隙率低，生成的膜与基体结合更好，耐蚀性更高。硅烷化处理是基于硅烷分子水解后的硅羟基能与金属氧化物反应以及硅烷分子自身缩合，形成无机/有机膜层。气相沉积是指气态物质沉积到合金基体表面，形成具有装饰和功能效果的金属、非金属或化合物覆盖层的表面处理技术，分为化学气相沉积和物理气相沉积两种。化学气相沉积是将反应气体吸附于合金基体表面，生成的化合物沉积下来形成膜层，其中发生了化学反应。物理气相沉积是利用物理方法使镀膜材料气化，进而沉积到合金基体表面的表面处理技术。含氟协合涂层是在合金表面的多孔硬质基底层中通过物理或化学（电化学）方法引入所需的功能物质，再通过精密处理对其改性，最终得到一种精密整体涂层，其综合性能远远超过一般意义上的复合涂层。激光表面处理是使合金表面改性形成亚稳结构固溶体。离子注入是高能离子（Al、Cr、Cu 等）在高真空和数百千伏的电压下加速冲击合金表面进而注入合金内部，以达到对合金表层进行改性的作用。

在工程上，针对镁合金车轮电偶腐蚀问题，课题组进行多轮防腐优化测试试验，试验结果表明：

①镁合金车轮表面进行钝化和微弧氧化后，电偶腐蚀得到抑制，两种涂层抑制程度基本相当，但钝化成本低、效率高，更适用于产业化；

②灰铸铁表面增加无机非金属涂层可降低电偶腐蚀，相比富锌涂层，树脂封闭涂层效果更好，电偶腐蚀速率降低约 56%，能够明显提升镁合金车轮安装面与铸铁制动盘的电偶腐蚀；

③采用铝合金分体式制动盘能显著改善镁合金车轮安装面的电偶腐蚀，效果优于带表面非金属涂层的灰铸铁制动盘；

④采用表面非金属绝缘处理的螺母/螺栓能改善与镁合金车轮接触面的电偶腐蚀。

目前镁合金乘用车车轮已经完成了开发和通过了台架试验及相关验证，如图 6（a）、(b)、(c) 所示，并在相关主机厂实现了整车搭载及应用，如图 6（d）所示。

1.4 复合材料车轮轻量化开发

相比于同类型铝合金车轮，连续碳纤维增强热固性复合材料（CFRP）车

图6　锻造镁合金车轮生产基本工艺流程
(a) 动态弯曲疲劳试验；(b) 动态径向疲劳试验；(c) 冲击试验；(d) 整车搭载性能测试

轮可减重 30%~50%，可获得更好的轻量化效果，并且碳纤维材料具有较好的表面视觉效果。但是，对于 CFRP 车轮而言，无论是混合纤维材料还是全碳纤维复合材料，成本均比较高，现阶段只能满足小批量生产。随着批量化生产，CFRP 车轮的价格在降低，但仍处于较高水平，使得此类车轮只用于对成本不太敏感的概念车、赛车、跑车、限量版车型以及部分新能源车，如表1所示。例如，澳洲某公司开发的一体化成形连续碳纤维热固性复合材料车轮产能仅2万只/年。

表1　碳纤维复合材料在汽车车轮中的应用实例

品牌	车型	应用及效果
福特	Shelby GT350R	碳纤维车轮，其质量仅为8.6 kg，相比铝合金车轮减重40%
柯尼塞格	AGera	除气门嘴，车轮其余均为碳纤维，4只车轮质量减少约20 kg
保时捷	911	采用碳纤维车轮，比铝合金减重20%，强度提高20%
宝马	M4 GTS	碳纤维车轮
	HP4 RACE	车架、车轮均为碳纤维材质，质量仅为169 kg

连续碳纤维增强热固性复合材料（简称 CCFRTP 或 CFRP），是以热固性树脂为基体，以连续纤维（主要为碳纤维或玻璃纤维）为增强材料的复合材料。碳纤维是一种力学性能优异的新材料。它的密度不到钢的 1/4；碳纤维的抗拉强度一般都在 3.5 GPa 以上，是钢的 7~9 倍；抗拉弹性模量为 23~43 GPa，亦高于钢。碳纤维比强度（材料的强度与其密度之比）可达到 2 GPa/(g·cm³) 以上，而 Q235 钢的比强度仅为 59 MPa/(g·cm³) 左右。CFRP 的性能主要取决于基体的性能与含量，增强体的性能、含量和分布，以及两者之间的界面结合情况。CFRP 车轮结构类型主要包括一体式和分体式两种[18]。前者的轮辐、轮辋全部由连续碳纤维增强复合材料一体制成，而后者通常由连续碳纤维增强复合材料的轮辋加轻质合金的轮辐（铝合金或镁合金），再由金属紧固件连接在一起构成，如图 7 所示。相比铝合金车轮，一体式 CFRP 车轮可减重 40%~50%，而分体式 CFRP 车轮可减重 30%~40%。

(a)　　　　　　　　　　　　(b)

图 7　连续碳纤维增强热固性复合材料 CFRP 车轮
(a) 一体式车轮；(b) 分体式车轮

CFRP 车轮成形工艺主要有两种：模压成形工艺和 RTM（树脂传递模塑）工艺，两者主要工艺流程如图 8 所示。

由于成本问题，一体式 CFRP 车轮得到大批量应用可能还需要较长时间，目前分体式 CFRP 车轮在价格上具有竞争力，如 CFRP 与铝合金、镁合金、高强度钢的组合，这也正符合现阶段多材料混合车用材料的发展趋势。不过分体式 CFRP 车轮在多材料模式下，存在混合材料仿真、异种材料连接、工序烦琐、设备投入较大、管理成本增加等诸多挑战，而一体式 CFRP 车轮在这些方面更易实现，未来在成本可接受的前提下会有更广阔的市场空间。

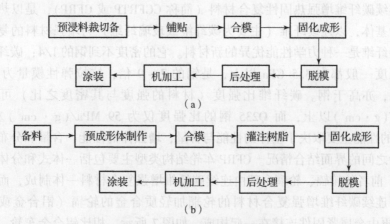

图 8　CFRP 车轮成形工艺流程
(a) 模压工艺流程；(b) RTM（树脂传递模塑）工艺流程

1.5　其他新型车轮开发

长纤维增强热塑性复合材料（Long Fiber Reinforced Thermoplastic，LFT）是以热塑性树脂为基体，以长纤维（主要为玻纤维或碳纤维）为增强材料的复合材料，其制品中纤维长度可达 3~10 mm，远超短纤维增强复材制备产品中的纤维长度（约 0.5 mm），显著提高了材料的机械性能。LFT 具有密度小、比强度高、耐腐蚀、成形加工性能优良、可设计性好、可重复回收利用、绿色环保等优势。在密度方面，LFT 的密度为 1.1~1.6 g/cm^3，仅为钢的 1/7~1/5，铝合金的 2/5~3/5，且略低于镁合金的密度（1.8 g/cm^3）；在比强度方面，不仅远超过碳钢，而且还超过某些合金钢；此外，LFT 的成形收缩率小，仅为 0.2%，可保证制品的尺寸精度。与热固性复合材料相比，可循环回收重复使用，是环保性能好的高性能轻质材料[19]。在加工方面，LFT 具有较好的流动性，适合制作复杂结构的汽车零部件。

2011 年戴姆勒公司展出的 Smart Forvision 汽车上采用了巴斯夫公司研发的概念性热塑性复合材料车轮[20]（图 9 (a)）。2014 年，Sabic、Kringlan Composites 也合作研究了热塑性复合材料车轮[21]（图 9 (b)）。虽然这两款车轮仍处于实验室阶段，未得到工程应用，但表明将 LFT 用于汽车车轮以实现其轻量化是一种新的发展趋势。近年来，本文作者与兴民智通（集团）股份有限公司合作对热塑性复合材料车轮开展了相关技术探索[22-24]，设计了长纤维增强热塑性复合材料车轮，并对其进行了性能分析、样品试制以及试验（图 9 (c)）。

(a) (b) (c)

图9 热塑性复材车轮

(a) 巴斯夫的热塑性复合材料车轮；(b) Sabic 的热塑性复合材料车轮；
(c) 北京航空航天大学与兴民智通（集团）有限公司设计的热塑性复合材料车轮

采用注塑工艺加工长纤维增强复材结构时，首先将粒料送入注射腔内，加热熔化，混合均匀，然后以一定压力挤出，注射到温度较低的密闭模具中，经过冷却定型后，开模便得到复合材料车轮。该工艺的成形效率高、材料利用率高，适于复杂结构产品。应注意必须采用长纤维粒料专用注塑机，以提高纤维保留长度。车轮注塑成型的周期控制在 3~5 min/件。本文作者开发的规格为 15×5.5 J 的注塑成型复材车轮，其对标车轮为一款铝合金车轮（额定载荷为 456 kg）。对该款车轮进行了径向疲劳试验、弯曲疲劳试验以及 13°冲击试验，部分试验结果如下：在径向疲劳试验时的寿命可到达 200 万转，到达该寿命时内外轮缘基本无变形，车轮无裂纹产生，超过国家标准的要求；弯曲疲劳试验的车轮寿命超过 10 万转，最高达 38.8 万转。但该复材车轮在 13°冲击载荷（冲锤质量 465 kg，高度 230 mm）作用下，多次试验中轮辋或轮辐根部均出现断裂，未能通过冲击试验。因此，该款 LFT 车轮可满足径向疲劳和弯曲疲劳试验的要求，但尚未达到冲击试验的要求，目前相关的抗冲击性能提升研究还在进行中。

吉林大学汽车轻量化研究团队[25]，设计出一种由镁合金轮辋和铝合金轮辐组装的新型轻量化车轮结构。该结构可充分发挥镁合金轮辋的质轻、阻尼减振性能好，以及铝合金轮辐承载和抗冲击能力强、耐腐蚀能优良的特性，提高轮辋和轮辐的可制造性和生产效率，改善车轮的维修经济性。该结构可在满足车轮各种性能要求的前提下，实现车轮进一步减重，因此具有重要的工程应用前景。针对 16×6.5 J 型镁/铝合金组装式车轮开展了联合多疲劳工况的拓扑优化设计，轮辋材料为 ZK61M 镁合金，轮辐材料为 6061 铝合金，用锻造工艺分别加工出组装式车轮的镁合金轮辋和铝合金轮辐样件，并通过 20 个不锈钢 M6 螺栓进行连接。优化后组装式车轮质量为 5.402 kg，加上轮辐和轮辋的连接螺栓的质量 0.512 kg，共计质量为 5.914 kg，如图 10 所示。

市场上某 16×6.5J 型整体式铸造铝合金车轮质量为 8.213 kg，多目标优化后的组装式车轮实现减重 28.0%。

(a) (b)

图 10　多目标优化设计后组装式车轮

(a) 车轮模型正面；(b) 车轮模型反面

对组装车轮进行弯曲疲劳、径向疲劳、13°冲击、90°冲击和模态试验。结果表明，组装式车轮在动态弯曲疲劳寿命试验中，连接轮辐和轮辋的螺栓在循环加载 6.5 万次后断裂。除了弯曲疲劳外，组装式车轮的其余各项性能均满足标准要求。

考虑到真实环境下车轮的服役工况会更加复杂多变，因此提出胶栓复合连接方案，经过有限元工况分析，表明胶栓复合连接镁/铝合金组装车轮的弯曲疲劳性能满足国家标准的要求，进而说明胶栓复合连接的可靠性较高。

2　汽车车轮发展路线图

2.1　国家战略及汽车行业发展趋势对车轮及其产业的影响

2.1.1　"双碳"战略对车轮及其行业的影响

2020 年，国家提出 "2030 年前实现碳达峰、2060 年前实现碳中和" 的重大战略目标。《中国汽车产业发展报告》[26] 提出中国汽车产业 "2028 年实现碳达峰，2050 年实现近零排放，2060 年实现碳中和" 的三步走发展战略。麦肯锡预测，2025 年新能源汽车材料生产阶段排放将占汽车全寿命周期排碳的 45%，2040 年将占 85% 左右。宝马、戴姆勒、大众、沃尔沃等著名企业均提出 2040 年或 2050 年前实现产品生命周期碳中和的目标，博世已率先实现全球 400 家工厂碳中和。2021 年蔚来发布 "蓝点计划"，成了全球第一家帮助用户完成碳减排认证交易的汽车公司。汽车行业的 "双碳" 要求以及整车企业的 "碳达峰、碳中和" 目标，直接要求零部件和原材料企业开展 "降碳"。

对于车轮企业而言，车轮本身是原材料密集型产品。钢制车轮的原材料是钢材，而钢材冶炼是耗能和排放大户；铝合金车轮的原材料是电解铝，而电解铝也是耗能和排放大户。氢能炼铁技术是钢铁行业实现碳中和的关键路径，但技术尚不成熟，且其成本也较高。这意味着随着吨钢的碳排放量降低，吨钢的价格会升高。由于钢制车轮的原材料成本占总成本的大部分，因此车轮原材料的"双碳"技术升级必然给车轮企业带来很大的成本压力。铝合金车轮的原材料也面临类似问题，铝合金降碳，主要有3种路径：一是在电解铝环节及后续环节采用绿电；二是采用再生铝合金制备车轮；三是通过轻量化进一步减少原材料使用和降低服役过程的碳排放。

采用水电来电解铝的碳排放量较火电电解铝减少86%。据安泰科数据，用火电生产1 t电解铝的碳排放总量约为13 t，其中发电环节碳排放11.2 t，电解环节碳排放1.8 t，而用水电生产电解铝时，单吨排放量仅为1.8 t，其中发电环节无碳排放，仅有电解环节产生1.8 t的CO_2。同样，采用风电和光电生产铝合金车轮的电解铝原料也能显著降低该环节的碳排放。再生铝合金车轮将是一条重要技术路径，但对回收体系、杂质元素的控制及有害性的降低技术、新合金的开发、新细化剂的开发应用等带来了新挑战。以铸造铝合金车轮的A356为例，标准要求铁含量不高于0.2wt.%，但在应用再生铝时，再生铝中铁元素等含量会提高。铁是铝合金中的主要有害杂质，生产的β-AlFeSi相将显著降低铸造铝车轮的疲劳性能及抗冲击性能等，需要优化Mn等合金元素并进一步采用细化剂等提升性能。当再生A356的性能达到标准要求时，采用再生A356的铝合金车轮的碳排放可以降低70%以上。车轮轻量化可减少原材料的使用，自然可降低车轮的碳排放。例如，车轮减重10%，相当于降低10%的原材料使用量，加之在汽车使用环节节能减排的减碳，全生命周期碳排放降低应显著高于10%。

但值得欣慰的是，在报废汽车中，车轮是最便于拆解和分类的部件之一，这对于车轮材料的原级回收再利用创造了良好的条件，尤其对于铸造铝合金车轮，报废汽车拆解分类出来的铸造铝合金车轮可以熔化为再生A356。我国2009—2010年前后汽车销量开始大幅度增长，按照乘用车产品12~15年的生命周期，在2025年后，我国报废汽车的量有望达到1 000万辆以上，报废的车轮也将达到4 000~5 000万只，报废汽车高峰期的到来，给再生低碳排放车轮的制造奠定了基础。

2.1.2 新能源汽车的需求对车轮及其行业的影响

新能源汽车的发展对车轮也提出了一系列新要求。例如，新能源汽车企业自身品牌建设对供应商提出了新的要求，一些新的车轮设计、创新的技术可更快速地装车；新能源汽车要求车轮进一步轻量化，以实现整车耗能最低、续驶里程最大化，更高强度的钢制车轮和单宽胎钢制车轮，更轻的铝合金和镁合金车轮等有了更大的应用空间，也要求原材料企业和车轮制造企业不断开发新产品；省去内燃机后，轮胎噪声成了新能源汽车噪声的重要来源，抑制轮胎与路面作用产生的胎噪、轮胎与车轮所构成胎腔产生的声腔共振噪声等向车内传播，成了新要求，这就需要车轮企业通过技术创新研发出满足需求的低噪声车轮。

电动汽车的驱动方式可分为集中驱动方式和分布驱动方式。集中驱动是由传统内燃机汽车演变而来的，即用电机取代发动机，包括单个集中电机驱动和双电机驱动。分布驱动方式包括轮边电机驱动[27]和轮毂电机驱动[28]。轮边电机驱动是指电动机与固定速比的减速器制成一体安装在车架上，减速器的输出轴通过万向节与车轮半轴相连，从而驱动车轮；轮毂电机驱动是集轮毂电机、传动机构、制动器等于轮辋内，动力在车轮内由驱动电机直接传递至车轮并驱动车辆的一种独立的驱动单元。轮毂电机驱动系统取消了传统汽车的变速器、差速器、传动轴等机械部件，具有结构简单紧凑、传动效率高、转向灵活、容易实现底盘智能化等优点，因此被视为电动汽车的最终驱动形式，是国内外电动车先进技术研究的重点与热点之一。图11给出了集中驱动式和轮毂电机驱动的电动汽车原理图。

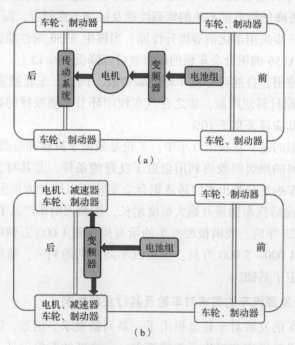

图11 不同驱动方式的电动汽车原理比较

（a）集中驱动的电动汽车原理图；（b）轮毂电机驱动的电动汽车原理图

目前轮毂电机驱动系统的额定功率密度还不够高，通常在 1~2 kW/kg，很少能够达到 3 kW/kg。对于两轮驱动的电动汽车而言，一般每个驱动车轮所附加的轮毂电机驱动系统质量常在 30 kg 左右，而乘用车的车轮与轮胎的质量之和一般不超过 30 kg。显然，轮毂电机驱动系统使得汽车的非簧载质量大幅增加。

为研发出可与轮毂电机驱动系统进行良好匹配且安全可靠的车轮，需要解决以下几个问题：适应于轮毂电机驱动电动汽车的车轮结构双轴疲劳试验载荷谱构建；轮毂电机驱动电动汽车的车轮抗冲击性能试验载荷确定；可满足轮毂电机风冷散热需求的车轮结构设计方法。只有这样，才能使车轮满足轮毂电机驱动汽车运行条件下的强度与散热性能要求，保证汽车行驶安全，提高电机运行效率与使用寿命。

2.1.3 安全及智能化对车轮及其行业的影响

汽车行驶的主动安全与被动安全无疑是汽车设计最为关注的主题。例如，近年来推出的小偏置碰撞测试可较好评价汽车正面小角度碰撞事故中车身对乘员的保护能力。在小偏置碰撞中，车身宽度和壁障重叠量小，导致传统设计的用于溃缩吸能的前纵梁难以发挥作用，进而对车身和乘员造成的伤害更高。为改进汽车的小偏置碰撞安全性，除了优化车身前部的结构和材料外，对车轮也提出了新要求。传统的碰撞测试希望车轮不出现碰撞断裂失效，而小偏置碰撞中，完整的车轮易侵入乘员舱，导致对乘员更大的伤害，因此要求在碰撞中车轮失效并实现吸能。这就需要在设计车轮时充分考虑小偏置碰撞的要求[29]，但精准的碰撞 CAE 模拟需要测量断裂失效卡片，以及开发材料本构模型和失效准则，进而才能准确预测在碰撞中车轮的状态。

汽车备用轮胎车轮总成（简称备胎）曾一直作为汽车的标准配置，但随着汽车技术的发展，如防爆轮胎、轮胎快速修补液等新型轮胎技术的出现，有效解决了爆胎问题，于是备胎的类型逐渐从全尺寸向非全尺寸转变，且无备胎配置也将逐渐成为趋势之一。自动充气补胎液是汽车轮胎专用型自动充气、修补一体化产品，具有轻量化、低成本、方便快捷等优势。目前部分运动型乘用车如沃尔沃 S60 与 V60、保时捷 911、宝马 M3、奥迪 R8 等以及北汽 EC 系列等新能源汽车，都已开始使用补胎液工具组代替备胎。各汽车厂商配备补胎液工具组质量通常为 2.2~2.7 kg，而备用轮胎车轮总成质量则约 13 kg，全尺寸备胎及其工具箱质量约 23 kg 或更多，可见采用新型的自动充气补胎液可有效降低汽车的整备质量，但这对车轮企业是一个不小的挑战，意味着车轮销量的降低。

商用车物流车轮存在的安全问题中，由制动片与制动鼓摩擦生热致轮胎起火是其中之一，尤其是在下坡路段，载货车需要长时间踩刹车，会使摩擦产生的热量迅速上升，在冷却水用完的情况下，会使散热不及时而导致起火。这与超载运输以及道路设计有密切关系，但究其根本与商用车本身采用鼓式制动有很大关系。另外，钢车轮的散热性能比铝合金车轮低也是因素之一。因此，采用盘式制动和大尺寸铝合金车轮或者单宽胎钢制车轮是未来的趋势。

车轮行业属于劳动密集型产业，随着人工成本的不断增加，智能制造将是未来车轮生产线升级改造的首选，进而实现柔性化、定制化、实时化、智能物流运输等先进制造服务能力。另外，新一代汽车消费者对汽车个性化追求越来越高，对车轮的造型、涂装配色等也提出了更多的需求，对车轮制造的柔性化生产，特别是柔性涂装工艺提出了更高的要求，需要通过车轮的智能化制造来解决。中信戴卡股份有限公司2021年入选世界经济论坛"灯塔工厂"，采用了柔性自动化、人工智能和5G等技术，打造了数字化制造系统，不仅提升了生产灵活性，降低了资源消耗、浪费和碳排放，还将制造成本大幅降低，满足了汽车主机厂日益希望获得的小批量、高质量、绿色低碳的产品。可以预见，未来车轮企业将会出现一批智能制造的"灯塔工厂"。

2.1.4 国际化对车轮及其行业的影响

中国已经是车轮制造大国和强国，铝合金车轮和钢制车轮产量均远超其他国家。"走出去"已成为车轮企业发展的关键路径，国际化过程会遇到诸如"反倾销"、国外投资、关税、进出口限制、知识产权、技术标准等一系列问题。近年来，国外相关机构多次对中国出口车轮提起反倾销诉讼，严重影响了正常的国际贸易实务，给我国车轮企业提出了诸多挑战。值得欣慰的是，我国车轮企业的新技术不断涌现，为新车轮产品的差异化和出口定价奠定了基础。

另外，近年来国内外整车企业对车轮性能也提出了新要求，如出口的商用车整车配套车轮要求满足双轴疲劳性能等，会对轻量化车轮产品的开发形成一定挑战。

相比于当前商用车采用双车轮双胎配置，单宽胎车轮（也称宽基轮辋车轮）的轻量化效果更为显著，除去自重轻的优势外，单宽胎着地面积比双胎小，行驶中滚动阻力也小。目前，欧洲商用车已经批量使用锻造铝合金单宽胎车轮和钢制单宽胎车轮。自2010年起，兴民智通（集团）股份有限公司已经完成了 22.5×11.75 以及 22.5×14.00 等系列单宽胎钢制车轮产品的开发并出口欧洲。在国内，钢制单宽胎车轮也已经在某商用车企业以及挂车企业搭载测试，我国开发的钢制单宽胎车轮的质量和性能均满足汽车使用和国内外标准要求，但目前宽尺寸轮胎资源的配套以及维修企业的拆装设备还需要升级。当然，单宽胎车轮也存在缺点，即着地面积比双轮双胎面积小，导致制动距离增大；另外，被扎或爆胎后，双轮双胎还有一个轮胎可支撑，继续行驶到维修点，而装载单宽胎车轮的货运车辆则须立即停车、维修，否则可能会损坏车轮或者造成车体侧翻，产生额外经济损失。但对于运输路况良好的物流运输，单宽胎车轮具有巨大的经济性优势，可以预见在2025年后，我国商用车将小批量装车应用单宽胎钢制车轮。

从国际贸易政策和市场竞争环境发展远景来看，到2050年未实现产品碳中和的产品，将无法进入已实现碳中和的国家/地区，并且也无法在消费市场与已实现碳中和的产品竞争。优势企业将占据道义的制高点，进而形成对落后对手的竞争优势。车轮产品的碳标签将是国际化供货及出口的必备内容。

2.2 汽车车轮未来发展及应用路线图

根据车轮行业发展趋势及汽车行业需求，初步提出未来十五年的汽车车轮发展及应用路线图，如表2所示。表中的轻量化减重比例以当前所应用车轮的质量作为基数。

表2 未来汽车车轮发展及应用路线图[1]

车轮类型及装载车型		2022—2025年	2025—2030年	2030—2035年
乘用车车轮	一般乘用车	1. 铝合金车轮； 2. 少量镁合金车轮试装； 3. 少量钢制车轮。	1. 铝合金轻量化车轮； 2. 低碳排放铝合金车轮； 3. 少量钢制车轮； 4. 少量镁合金车轮； 5. 少量复合材料车轮试装。 *轻量化：减重为1%~5%	1. 低碳排放轻量化铝合金车轮； 2. 铝合金轻量化车轮； 3. 镁合金车轮； 4. 少量复合材料车轮； 5. 少量大通风孔钢制车轮； 6. 少量机械组装式轻合金车轮试装。 *轻量化：减重为5%~15%
	出租车及交叉型乘用车	1. 高强度钢制车轮； 2. 铝合金车轮； 3. 少量大通风孔钢制车轮试装。	1. 铝合金轻量化车轮； 2. 高强度钢制车轮； 3. 少量大通风孔钢制车轮。 *轻量化：减重为1%~5%	1. 铝合金轻量化车轮； 2. 低碳排放铝合金车轮； 3. 高强度钢制车轮； 4. 大通风孔钢制车轮； 5. 少量低碳排放高强度钢制车轮。 *轻量化：减重为5%~10%

续表

车轮类型及装载车型		2022—2025 年	2025—2030 年	2030—2035 年
商用车车轮	微卡及轻卡	1. 高强度钢制车轮； 2. 传统钢制车轮； 3. 铝合金车轮。	1. 高强度钢制车轮； 2. 铝合金车轮； 3. 传统钢制车轮； 4. 少量复合材料车轮试装。 *轻量化：减重1%~5%	1. 铝合金车轮； 2. 高强度钢制车轮； 3. 热成形钢制车轮； 4. 少量复合材料车轮。 *轻量化：减重5%~10%
	中重卡	1. 高强度钢制车轮； 2. 传统钢制车轮； 3. 锻造铝合金车轮； 4. 少量型钢车轮； 5. 热成形钢制车轮道路验证及少量试装； 6. 单宽胎钢制车轮试装。	1. 高强度钢制车轮； 2. 锻造铝合金车轮； 3. 部分热成形钢制车轮； 4. 少量单宽胎钢制车轮； 5. 低碳排放高强度钢制车轮试装。 *轻量化：减重5%~15%	1. 低碳排放锻造铝合金车轮； 2. 锻造铝合金车轮； 3. 高强度钢制车轮； 4. 单宽胎钢制车轮； 5. 热成形钢制车轮； 6. 低碳排放高强度钢制车轮。 *轻量化：减重5%~15%
	矿用自卸车	1. 型钢车轮； 2. 传统钢制车轮； 3. 少量高强度钢制车轮。	1. 高强度钢制车轮； 2. 传统钢制车轮； 3. 型钢车轮。 *轻量化：减重5%~10%	1. 高强度钢制车轮； 2. 传统钢制车轮； 3. 少量型钢车轮。 *轻量化：减重5%~10%
	公交车及客车	1. 高强度钢制车轮； 2. 锻造铝合金车轮； 3. 少量热成形钢制车轮试装。	1. 锻造铝合金车轮； 2. 高强度钢制车轮； 3. 少量热成形钢制车轮； 4. 单宽胎钢制车轮试装。 *轻量化：减重5%~10%	1. 低碳排放锻造铝合金车轮； 2. 锻造铝合金车轮； 3. 高强度钢制车轮； 4. 热成形钢制车轮； 5. 少量单宽胎钢制车轮； 6. 少量复合材料车轮。 *轻量化：减重5%~10%

未来高（大）通风孔钢制车轮、高强度钢制商用车车轮、单宽胎钢制车轮、热成形钢制车轮、矿用车高强度钢制车轮、镁合金车轮等轻量化车轮，其设计和制造技术将日趋成熟；采用绿电电解铝或再生铝作为原材料的低碳排放铝合金车轮、采用短流程和氢冶金等低碳排放高强度钢的车轮，也会逐渐完成开发和投入市场。具体分析如下：

①高通风孔钢制车轮和单宽胎钢制车轮已完成开发，并在国外车型上批量应用，但由于国内市场需求差异或者配套技术、标准等原因在国内应用较少，未来有望大批量配套应用。单宽胎钢制车轮有望在"十四五"期间完成试装评价，在"十五五"期间小批量应用。大通风孔钢制车轮的批量应用主要取决于汽车行业"双碳"的迫切情况。大通风孔钢制车轮有可能在"十五五"期间优先在出租车及交叉型乘用车上小批量应用，在"十六五"期间在出租车及交叉型乘用车上批量应用以及在一般乘用车上小批量应用。其驱动力是单车大通风孔钢制车轮的碳排放要远低于传统的铝合金车轮，尽管大通风孔钢制车轮的造型仍很难与铝合金车轮媲美，但其成本低，且相比于传统钢制车轮，造型改善较大。

②高强度钢制商用车车轮已得到大批量应用，推动了车轮轻量化和商用车节能减排，新技术和新需求将进一步推动更轻量车轮的应用。随着优化设计技术、材料技术、成形及焊接工艺技术的发展，车轮质量将不断降低，未来等强度变截面优化设计、更高强度车轮专用钢等会逐渐应用到这类车轮中，高强度钢车轮将一直贯穿中重卡的轻量化应用中，但"十六五"期间或后期，将可能受到来自锻造铝合金车轮、单宽胎钢制车轮或者热成形商用车车轮的竞争。大尺寸锻造铝合金车轮已在我国长途客车和公交车上批量应用，在欧洲的物流运输货车上也已批量应用，技术和产品非常成熟。在中重卡上应用的主要瓶颈是价格和超载，目前大尺寸锻造铝合金车轮的成本和价格不断下降，2016年后我国的高速公路等超载管控日益严格。可以预见，大尺寸锻造铝合金车轮将在"十五五"期间成为长途客车和公交车应用的主流车轮，并在"十六五"期间成为中重卡应用的主流。当然，绿电电解铝原材料和再生铝合金原材料在锻造铝合金车轮的应用可能是前提条件。

③低碳排放车轮主要是指采用绿电电解铝或再生铝等作为原材料制造的铝合金车轮，或者采用短流程或氢冶金等制备的高强度钢制造的钢制车轮。预计在"十六五"期间或后期，除对成本特别敏感的汽车外，低碳排放车轮将在乘用车、商用车上得到批量应用，并逐步成为主流。

④镁合金车轮已经在方程式赛车或者少量运动型乘用车上试装应用。由于镁合金车轮存在耐腐蚀性差、成本高、电化学腐蚀问题和行业评价标准缺

失等，在主机厂进行批量配套还需要积累和时间，有望在"十五五"后期开始小批量装车应用。

⑤热成形钢制车轮分为两种，即乘用车用和商用车用。乘用车对车轮外观造型要求较高，并以铝合金车轮为主，目前即使是已开发成功且造型较为美观的大通风孔钢制车轮，其应用量都很少，而相比于大通风孔钢制车轮，乘用车热成形钢制车轮的成本和碳排放更高，因此乘用车热成形钢制车轮的优势不明显。但是商用车用大尺寸热成形钢制车轮减重十分明显，节能减排效果很显著，因此应用前景很好。然而，全热成形大尺寸钢制车轮（轮辐和轮辋都采用热成形）尚存在控制成品率、焊接性能、刚度与冲击韧性等方面的难度，相关车轮企业已经完成了6个商用车企业相关车型的（8~30）万 km 不等的搭载道路验证，但主机厂的正式规模应用可能还需在"十五五"期间开始，"十六五"期间有望大批量应用。

⑥矿用载重车辆的工况与公路车辆差异较大，主要体现在运输工况恶劣，多为山区或者矿区；没有超载限制，装载量可能达到 80 t 或者 100 t 及以上；货物为矿石、矿砂等矿物，不需要考虑货物的损坏。早年矿用载重车多采用有内胎的型钢车轮，近年来开始采用无内胎的钢制滚型车轮，但车轮自重仍多在 60 kg 以上。针对矿用载重车辆已完成了高强度钢制滚型车轮开发和第一轮路试，但批量应用可能将延至"十五五"期间。

⑦大尺寸旋铸铝合金车轮能否满足中重型商用车使用，尤其是在承载量和轴荷较大的传动轴的应用尚存在争议。由于大尺寸旋铸铝合金车轮外轮缘强度低且结构方面存在脱胎的风险，因而未列入路线图中。但目前中重型商用车的牵引车转向轮承载轴荷相对低，且容易出现跑偏等问题，多数商用车企业已经批量采用了大尺寸铝合金车轮，包括锻造铝合金车轮和旋铸铝合金车轮，来代替钢制车轮，即"前铝后钢"，特别是高端牵引车的前轮多采用铝合金车轮，甚至全车采用铝合金车轮。相比于钢制商用车车轮，大尺寸锻造和旋铸铝合金车轮有良好的散热性能，得到了物流企业的青睐。当然也有主机厂出于成本压力，又将铝合金车轮替换为钢制车轮。另外，根据我国相关法规规定，目前危险品罐车的挂车车轮均需使用单宽胎车轮和盘式制动，可以有效避免事故的发生。由于危险品罐车不允许超载，传动轴轴荷相对低，对车轮承载能力低一些，锻造铝合金车轮是主要的应用产品，大尺寸旋铸铝合金车轮也在应用，当然单宽胎钢制车轮也是较好的选择之一。

⑧连续碳纤维增强热固性复材车轮及长纤维增强热塑性复合材料等非金属车轮、机械组装式车轮等新兴轻量化车轮技术将日趋完善，其性能特点、研发思路为车轮轻量化提供了新发展方向，新兴车轮的轻量化效果更为显著，

但成本控制、性能一致性、台架试验和搭载试验等尚未完全完成，距推广应用还有一段距离，但随着材料、工艺以及结构设计等技术的进步，各类问题将会逐步得到解决，届时新兴轻量化车轮将有望为汽车整车轻量化提供更有力的技术支撑。预计新兴轻量化车轮有望在"十五五"末期或"十六五"期间开始试装或者小批量应用。

由于轮毂电机驱动的未来应用尚不明朗，很难对其应用趋势进行判断，对相关的车轮产品的开发和应用也无法预判，故没有列入表2中。

随着汽车上下游行业的发展和下游需求的提升，钢制车轮的用钢强度级别将逐渐提升，590 MPa级别及以上的车轮钢应用比例将进一步提高；铸造铝合金车轮有望在A356的基础上开展成分和工艺优化，新的成形工艺、焊接工艺、涂装工艺等有望更新。值得关注的是，当前有相关企业和专家在探讨高压铸造的免热处理车轮的开发，如果开发成功，将会有效减少铝合金的机械切削量，大幅度提高铝合金车轮的材料利用率，并降低成本。

从表2中可见，在"十六五"期间，每种汽车的车轮选择貌似越来越多，这里有从低碳排放的角度考虑，有从技术进步的角度考虑，也有从成本接受程度的考虑，还有整车产品使用环境和自身变革的角度考虑，等等。正是对上述多维度可能性的考虑，产生了很多车轮开发和应用的不确定性。但事实上，未来的真实发展及应用趋势可能与表2不同，也许某些新的车轮技术和产品在经过试装和路试，以及在市场验证和技术经济的评估过程中，被否定和抛弃，如前些年的半固态铝合金车轮和挤压铝合金车轮等。对未来的预测和评估总是仁者见仁、智者见智，但市场也总是残酷的，短期的市场可以由政策和龙头企业左右或引领，但长期的市场变化总有其客观的规律，这些规律也只有在摸索和实践中不断掌握。

另外，随着轮胎技术的发展，部分乘用车将取消备用轮胎车轮总成，这会对车轮企业的全尺寸和非全尺寸备胎车轮销量将产生一定影响，值得车轮企业关注。

3 总结

①作为汽车簧下质量旋转构件的车轮，因其轻量化带来的节能减排效果远高于簧上质量构件，按照市区实际工况进行试验，轿车和SUV车型的车轮与簧上质量构件的轻量化节油效果比值分别约为1∶8和1∶10，车轮减重10%带来的性能提升及节能减排效果包括百公里加速时间降低0.1 s、油耗降低1%~1.5%、有效负载即牵引力提高98 N、尾气排放降低1%、转向力降低1%、刹车距离减少1%等。

②过去的十年中，我国车轮上下游企业先后开发了铝合金铸旋轻量化车轮、锻造轻量化车轮、高强度钢轻量化车轮、重载高强度钢车轮、高通风孔乘用车车轮、热成形钢制商用车车轮、热成形钢制乘用车车轮、锻造镁铝合金车轮、铸造镁合金车轮、连续碳纤维增强热固性复合材料车轮等，均可以有效实现轻量化和节能减排，并均完成了台架试验以及整车搭载验证，上述铝合金车轮和高强度钢车轮均已实现大批量应用及出口。

③近年来，我国先后开发了长纤维增强热塑性复合材料车轮以及组装的新型轻量化车轮，为车轮提供了新的路径。

④整车企业的低碳排放需求、电动化、智能化、安全、国际化等对车轮产品的开发和应用提出了新的挑战和机遇。在车轮轻量化技术发展现状及整车的未来发展方面，提出未来十五年的汽车车轮发展及应用路线图。

参 考 文 献

[1] 徐佐，刘献栋，路洪洲，等．汽车车轮轻量化技术——理论与应用 [M]．北京：化学工业出版社，2022．

[2] 李珩，单颖春，路洪洲，等．钢制车轮疲劳仿真分析及含铌高强钢替代设计：2014 中国汽车工程学会年会论文集 [C]．北京：机械工业出版社，2014：912-916．

[3] 李珩．汽车行驶系关键结构件轻量化方法研究 [D]．北京：北京航空航天大学，2014．

[4] XI C Y, SUN D Q, XUAN Z Z, et al. Microstructures and mechanical properties of flash butt welded high strength steel joints [J]. Materials and Design, 2016, 96: 506-514.

[5] 郗晨瑶．RS590CL 钢闪光对焊接头微观组织及力学性能的研究 [D]．长春：吉林大学，2016．

[6] XI C Y, SUN D Q, XUAN Z Z. The effects of flash allowance and upset allowance on microstructures and mechanical properties of flash butt welded RS590CL steel joints [J]. Journal of Materials Research, 2016, 31: 3968-3980.

[7] 郗晨瑶，宣兆志，孙大千，等．带电顶锻时间对高强钢闪光对焊接头组织及性能影响研究 [J]．长春工业大学学报，2015，36（4）：446-450．

[8] 代金垚．钢制车轮组合焊接性能分析及对强度的影响 [D]．北京：北京航空航天大学，2019．

[9] 许多，韩怀卿，万国喜，等．超重型含 Nb 高强钢商用车车轮结构优化：

2021中国汽车工程学会年会论文集［C］．北京：机械工业出版社，2021：257－263．

［10］路洪洲，李军，王杰功，等．乘用车轻量化钢制车轮的发展：2014中国汽车工程学会年会论文集［C］．北京：机械工业出版社，2014：862－866．

［11］尚东，单颖春，刘献栋，等．汽车高强钢大通风孔车轮轮辐成形工艺优化仿真［J］．计算机辅助工程，2015，24（6）：7－11．

［12］路洪洲，赵岩，冯毅，等．铌微合金化热成形钢的最新进展［J］．汽车工艺与材料，2021（4）：23－32．

［13］马鸣图，路洪洲，陈翊昇，等．热成形钢及热冲压零件的氢致延迟断裂［J］．汽车工艺与材料，2021，4：1－11．

［14］LU H Z, BAIN J, GUO A M, et al. The effect and mechanism of niobium for decreasing hydrogen embrittlement in hot - stamping components ［C］// Advanced High Strength Steel and Press Hardening, 19－30, INNO SCIENCE PRESS 2020. Proceedings of The 5th International Conference (ICHSU2020), Shanghai, 2020.

［15］SONG G L, ATRENS A. Corrosion mechanisms of magnesium alloys ［J］. Advanced Engineering Materials, 1999, 1 (1): 11－33.

［16］BADAWY W A, HILAL N H, EL－RABIEE M, et al. Electrochemical behavior of Mg and some Mg alloys in aqueous solutions of different pH ［J］. Electrochimica Acta, 2010, 55 (6): 1880－1887.

［17］张津，等．镁合金选用与设计［M］．北京：化学工业出版社，2017．

［18］SCOTT FRANCIS．一次灌注固化成型的一体式碳纤维车轮毂［J］．汽车制造，2020，16：36－38．

［19］SENTHIL K, NARESH G. Development of long glass fiber reinforced polypropylene composites, mechanical and morphological characteristics ［J］. Journal of Reinforced Plastics and Composites, 2007 (3): 239－249.

［20］孙磊．来自巴斯夫的汽车轻量化解决方案［C］．中国汽车轻量化技术研讨会，2012．

［21］张璐．SABIC和Kringlan携手开发世界首款热塑性碳复合材料车轮［J］．现代化工，2014，34（7）：123．

［22］潘越，刘献栋，单颖春，等．长玻纤增强热塑性复合材料车轮径向载荷下的强度仿真［J］．计算机辅助工程，2015，24（5）：22－27．

［23］WAN X F, PAN Y, LIU X D, et al. Influence of material anisotropy on long glass fiber reinforced thermoplastics composite wheel: Dynamic impact simulation [C]. Proceedings of the ASME 2015 International Mechanical Engineering Congress & Exposition, Houston, Texas, 2015.

[24] WANG X Y, LIU X D, SHAN Y C, et al. Lightweight design of automotive wheel made of long glass fiber reinforced thermoplastic [J]. Proceedings of the Institution of Mechanical Engineers – Part C: Journal of Mechanical Engineering Science, 2016, 230 (10): 1634 – 1643.

[25] 王登峰, 张帅, 陈辉, 等. 基于疲劳试验的车轮拓扑优化和多目标优化 [J]. 汽车工程, 2017, 39 (12): 1351 – 1361.

[26] 中国汽车工业协会, 中国汽车技术研究中心有限公司, 重庆长安汽车股份有限公司. 中国汽车工业发展报告 (2021) [R]. 北京: 社会科学文献出版社, 2021.

[27] 梁志伟. 电动汽车轮边四驱系统设计研究 [D]. 杭州: 浙江大学, 2018.

[28] 褚文强, 辜承林. 电动车用轮毂电机研究现状与发展趋势 [J]. 电机与控制应用, 2007, 31 (4): 1 – 5.

[29] 郑颢, 欧阳俊, 王玉超, 等. 面向小偏置碰的轮毂断裂模拟研究 [J]. 中国机械工程, 2021, 32 (13): 1571 – 1576.

作者简介: 徐佐, 男, 研究员。1987 年毕业于昆明理工大学金属学及热处理专业, 2009 年获中国人民大学 EMBA 学位, 现任中国中信集团有限公司副总经理兼总工程师, 并兼中信戴卡股份有限公司和中信金属集团有限公司董事长, 第十三届全国人大代表。金属材料专家, 三十余年专注汽车铝合金零部件的新材料、新工艺及产业化基础与应用研究, 先后获国家科技进步二等奖 1 项、省部级科技进步一等奖 2 项, 获"全国五一劳动奖章""全国优秀企业家"等荣誉。

含铌钢在特种车轻量化上的应用现状及进展研究

王杨[1]，路洪洲[2]，冯毅[1]，高翔[1]

(1. 中国汽车工程研究院股份有限公司，重庆 401122；
2. 中信金属股份有限公司，北京 100020)

摘要：随着乘用车领域轻量化技术的不断成熟，特种车领域轻量化技术也越来越受到重视。轻量化技术分为结构优化、材料升级和工艺创新，而轻量化材料的开发和应用是当前汽车轻量化技术的主要研究方向。本文分析了特种车行业的市场现状和未来发展，明确了特种车轻量化的主要车型目标，选取了典型车型并对其进行轻量化材料拆解分析，这使得我们对特种车轻量化材料的应用现状有一定的了解。通过对典型车型的轻量化材料分析，确定了高强度钢和含铌钢在各类型特种车上的应用现状。基于上述分析，预估了特种车含铌钢的铌铁用量和实现轻量化目标后的铌铁使用增量，以促进特种车轻量化行业的发展。

关键词：特种车；轻量化；含铌钢；高强度钢

Research on Application Status and Progress of Niobium Containing Steel in Light Weight of Special Vehicles

Wang Yang[1], Lu Hongzhou[2], Feng Yi[1], Gao Xiang[1]

(1. China Automotive Engineering Research Institute Co., Ltd., Chongqing 401122;
2. CITIC Metal Co., Ltd, Beijing 100020)

Abstract: With the continuous maturity of lightweight technology in the field of passenger vehicles, the lightweight technology in the field of special vehicles has also received more and more attention. Lightweight technology is divided into structure optimization, material upgrading and process innovation. The development and application of lightweight materials is the main research direction of automotive lightweight technology. This paper analyzes the current market situation and future development of the special vehicle industry, defines the main model objectives of the special vehicle lightweight, selects typical models and analyzes their lightweight materials, which makes us have a certain understanding of the application status of lightweight materials for special vehicles. The application status of high strength steel and niobium containing steel in various types of special vehicles is determined by analyzing the lightweight materials of typical vehicles. Based on the above analysis, the amount of ferroniobium used in niobium containing steel for special vehicles and the increment of ferroniobium used after achieving the lightweight target are estimated to promote the development of the lightweight industry for special vehicles.

Key words: Special vehicles; Lightweight; Nb Containing Steel; High strength steel

0 前言

中国已是世界汽车制造大国，向制造强国转变是大势所趋。世界汽车强国应该具备3个标志条件：一是要具有国际竞争能力的世界知名的世界企业和品牌；二是要学会利用两种资源，开拓两个市场，并在国际市场占有一定的份额；三是掌握核心技术和新技术的发展趋势，支撑和引领世界汽车产品的技术进步，并在这一过程当中，培育起自主的创新能力[1]。汽车产业是世界上规模最大的产业之一，已经成为美国、日本、德国、法国等发达国家国民经济的支柱产业，具有产业关联度高、涉及面广、技术要求高、综合性强、零部件数量多、附加值大等特点，对工业结构升级和相关产业发展有很强的带动作用[2]。近年来，宏观经济的高速发展和固定资产投资的持续上升，我国的公路货运量和港口货物吞吐量快速增加，"一带一路""长江经济带""京津冀协同发展""西部大开发"等国家重大发展战略，给工程类车型的增长带来了新的发展机遇。2016年以来，新版 GB 1589—2016 和 GB 7258—2017 的颁布、"921治超"新政落地、国五排放实施等政策执行逐渐到位，带来运力释放、车辆更新需求增加。

汽车轻量化这一概念最先起源于赛车运动，它的优势其实不难理解，质量轻了，可以带来更好的操控性，发动机输出的动力能够产生更高的加速度。由于车辆轻，起步时加速性能更好，刹车时的制动距离更短。汽车轻量化绝非是简单地将其小型化。首先应保持汽车原有的性能不受影响，既要有目标地减轻汽车自身的质量，又要保证汽车行驶的安全性、耐撞性、抗振性及舒适性，同时汽车本身的造价不被提高，以免给客户造成经济上的压力。实验证明，汽车质量降低一半，燃料消耗也会降低将近一半[3]。由于环保和节能的需要，汽车的轻量化已经成为世界汽车发展的潮流。

汽车轻量化技术目的是采用现代设计方法和有效手段对汽车产品进行优化设计，或使用新材料在确保汽车综合性能指标的前提下，尽可能降低汽车产品自身质量，以达到减重、降耗、环保、安全的综合指标[4]。汽车行业的轻量化主要通过轻量化材料、轻量化结构和轻量化工艺来实现，"十三五"期间，通过高强度钢、铝合金、复合材料等新材料的应用，自卸车、半挂车、厢式车等车型实现了轻量化。"十四五"时期，我国的超载超限治理和节能环保监察力度将进一步收紧，轻量化设计技术在专用汽车领域的应用将进一步深化：在轻量化材料技术方面，行业企业应加强与上游材料企业和下游零部件企业的研发合作，解决高强度钢刚度不足、铝合金强度不足等问题；在结构设计方面，专用汽车行业将逐步引入现代设计理念（如概念设计、有限元分析等），完善产品的轻量化设计，加强车轴、轮毂、悬架等部件轻量化设计研究，推动专用汽车上装关键部件，如液压缸、阀块、风机、水泵等部件的轻量化设计技术应用；在轻量化工艺技术方面，专用汽车行业应积极吸收汽车行业先进的轻量化制造和加工工艺，通过制造工艺升级进一步提升产品的轻量化水平。

特种车用钢是指用于特种车制造行业的钢铁产品，一直以来都是特种车生产过程中的首选材料。随着国家对商用车等高燃油消耗车型节能减排要求的提高，汽车产品在轻量化与安全上的兼顾将呈现多材料在整车上的百花齐放、百家争鸣，及时地了解汽车用钢在国内特种车行业的应用现状及发展趋势，可以有效地开发出适应新形势下整车企业需求的汽车用钢产品。目前，中国每年生产和应用汽车用含铌钢材已达到 1 500 万 t 左右，占我国整体汽车用钢铁材料的 1/3[5]，广泛地应用在汽车车身、车架、排气系统、车轮和悬架、发动机和涡轮增压器、变速箱等总成零件，极大地支撑了我国汽车制造业的发展，典型应用零件有 B 柱外板加强板、B 柱内板、A 柱加强板、前防撞横梁、后座椅下横梁、扭力梁、前纵梁加强板、副车架、超高强度商用车钢大梁、高通风孔车轮、商用车车轮等。

随着近年来汽车轻量化对"中国制造2025"的实施落地、中国制造业的转型升级，以及加快中国经济的创新驱动发展有十分重要的战略意义，伴随着汽车轻量化的实施，涌现了如吉利汽车、宝钢、忠旺铝业、凌云工业、中信戴卡、康德复材等一批国际知名的制造企业。但至今中国汽车轻量化水平与国外仍有不小的差距，中国含铌钢的比例与汽车工业发达国家尚有较大的差距，因而随着"中国制造2025"的推进，中国汽车品质将稳步提升，含铌材料的应用量也将不断增加[6-7]。

1 特种车

1.1 特种车概述

特种车，又称专用车，是为了承担专门的运输（货物或人员）或作业任务，装有专用设备或经过特殊改装，从事专门运输或专门作业的具备专用功能的车辆[8]。专用汽车的定义在世界各国尚不统一，通常专用汽车是相对于普通汽车而言。普通汽车的用途比较广泛，通常称为基本车型，而专用汽车主要是在基本车型的基础上装设专用车身或用来完成某种货物装运的容器以及完成某种作业项目的装备。随着经济的发展，专用汽车的品种和数量日益增多。经常使用的专用汽车有 500 余种，在工业发达国家，专用汽车的品种可达千种以上[9]。

特种车制造具有小批量、多品种、个性化等特征，与各行各业的联系都十分紧密，产品呈现多元化特点。按照结构型式分类，专用车可分为普通自卸车、厢式车、罐式车、专用自卸车、起重举升车、特种结构车、仓栅车和半挂车八大类[10]。受我国货物运输市场变化影响，在所有车型中，运输类专用车产品占据主要市场，作业类产品产量稳中有升。自卸车和半挂车两种车型产量占比变化很大，而其他几类车型产量占比均无太大变化。

2010 年以来，专用车行业蓬勃发展，如图 1 所示。2019 年我国专用车产量实现 336.6 万辆，较上年同期增长 36.36%，达到新的历史高峰，在整体汽车产业中的地位也越来越重要，我国逐渐成为世界专用车行业的生产消费大国[11]。我国专用车企业在努力满足国内需求的同时，积极实施"走出去"战略。当前，我国专用车主要出口越南、菲律宾、老挝、巴基斯坦等 100 多个国家或地区，出口市场主要分布在亚洲、非洲和拉丁美洲地区，以及欧洲地区的部分东欧国家。图 1 为 2010—2020 年我国专用车产量统计情况。

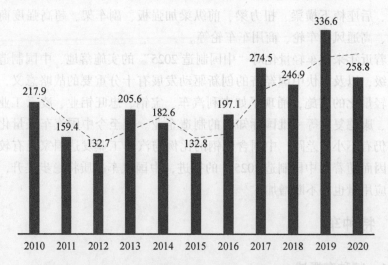

图 1　2010—2020 年我国专用车产量统计情况（单位：万辆）

（注：中国汽车工业协会专用车产量数据仅公布至 2019 年，2020 年数据由相关机构提供）

1.2 特种车市场

从近几年我国专用汽车的产品结构来看，按照产量来看，占比较大的主要有厢式车、普通自卸车、仓栅车以及半挂车，专用自卸车、特种结构车和起重举升类专用车产量相对较少。2019年，厢式车、半挂车、普通自卸车以及仓栅汽车的产量分别为85.54万辆、138.48万辆、35.55万辆和35.18万辆，分别占专用车总产量的25.49%、41.26%、10.59%和10.48%[12]。图2为2015—2020年中国特种车行业细分车型产量统计情况。

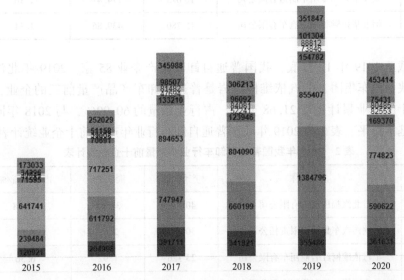

图2　2015—2020年中国特种车行业细分车型产量统计情况（单位：万辆）

(注：2020年统计中半挂车产量不含10—12月份)

截至2019年12月底，我国半挂车产量138.48万辆，全年在产企业747家。2019年，山东锣响、驻马店中集华骏、山东九州是半挂类专用车产品产量前三的企业，产量前十的企业累计生产25.05万辆，占行业总量的18.09%，如表1所示。表1为2019年我国半挂车行业年产量前十企业统计表。

表1　2019年我国半挂车行业年产量前十企业统计表

排名	企业名称	产量/辆	同比/%	市场份额/%
1	山东锣响汽车制造有限公司	60 586	399.27	4.38
2	驻马店中集华骏车辆有限公司	32 534	144.73	2.35
3	山东九州汽车制造有限公司	29 090	249.72	2.1
4	石家庄永达挂车有限公司	22 422	157.9	1.62

续表

排名	企业名称	产量/辆	同比/%	市场份额/%
5	河北双富专用汽车制造有限公司	21 413	789.61	1.55
6	扬州中集通华专用车有限公司	18 958	34.8	1.37
7	河北宏泰专用汽车有限公司	17 254	67.34	1.25
8	安徽开乐专用车辆股份有限公司	16 400	78.22	1.18
9	辽宁金天马专用车制造有限公司	16 075	174.41	1.16
10	河北华拓顺驰专用汽车有限公司	15 780	439.86	1.14

截至 2019 年 12 月底，我国普通自卸车生产企业 85 家。2019 年北汽福田、陕西汽车集团、上汽依维柯红岩是普通自卸车产品产量前三的企业，产量前十的企业累计生产 21.68 万辆，占行业总量的 60.99%，与 2018 年同期相比基本持平。表 2 为 2019 年我国普通自卸车行业年产量前十企业统计表。

表 2 2019 年我国普通自卸车行业年产量前十企业统计表

排名	企业名称	产量/辆	同比/%	市场份额/%
1	北汽福田股份有限公司	40 110	38.65	11.28
2	陕西汽车集团有限责任公司	30 268	2.68	8.51
3	上汽依维柯红岩商用车有限公司	23 326	1.92	6.56
4	中国第一汽车集团有限公司	20 486	56.7	5.76
5	浙江飞碟汽车制造有限公司	18 982	14.51	5.34
6	成都大运汽车集团有限公司	18 520	-3.46	5.21
7	北京福田戴姆勒汽车有限公司	17 424	-10.43	4.9
8	四川南骏锹汽车集团有限公司	16 850	33.85	4.74
9	山东时风商用车有限公司	16 799	-10.41	4.73
10	中国重汽集团济南卡车股份有限公司	14 059	-39.68	3.95

截至 2019 年 12 月底，我国厢式类专用车生产企业 463 家。2019 年，北汽福田、安徽江淮、上汽通用五菱是厢式类专用车产品产量前三的企业，产量前十的企业累计生产 51.17 万辆，占行业总量的 59.82%，与 2018 年同期相比上升 6.48%。表 3 为 2019 年我国厢式车行业年产量前十企业统计表。

表3 2019年我国厢式车行业年产量前十企业统计表

排名	企业名称	产量/辆	同比/%	市场份额/%
1	北汽福田股份有限公司	143 965	31.19	16.83
2	安徽江淮汽车股份有限公司	62 985	-12.53	-12.53
3	上汽通用五菱汽车有限公司	57 244	128.97	6.69
4	华晨雷诺金杯汽车有限公司	45 690	102.63	5.34
5	江西江铃专用车辆有限公司	38 002	-24.1	4.44
6	河北长安汽车有限公司	37 305	9.68	4.36
7	中国第一汽车集团有限公司	34 747	42.66	4.06
8	重庆长安汽车股份有限公司	34 493	-12.14	4.03
9	柳州五菱汽车工业有限公司	31 476	35.15	3.68
10	青岛五菱专用汽车有限公司	25 777	25.22	3.01

截至2019年12月，我国仓栅式专用车生产企业98家。2019年一汽集团、北汽福田、重汽济南商用是仓栅式汽车产量前三的企业，前十的企业累计生产25.94万辆，占行业总量的73.74%，与2018年同期相比上升1.95%。表4为2019年我国仓栅车行业年产量前十企业统计表。

表4 2019年我国仓栅车行业年产量前十企业统计表

排名	企业名称	产量/辆	同比/%	市场份额/%
1	中国第一汽车集团有限公司	60 543	39.61	17.21
2	北汽福田股份有限公司	40 657	40.1	11.56
3	中国重汽集团济南商用车有限公司	32 611	1.58	9.27
4	柳州五菱汽车工业有限公司	27 638	97.12	7.86
5	安徽江淮汽车集团股份有限公司	25 512	-24.9	7.25
6	重庆长安汽车股份有限公司	23 306	-13.05	6.62
7	东风商用车有限公司	14 419	39.56	4.1
8	青岛五菱专用汽车有限公司	11 909	51.19	3.38
9	东风汽车股份有限公司	11 534	4.47	3.28
10	河北长安汽车有限公司	11 313	15.37	3.22

截至2019年12月底，我国罐式车在产企业321家。其中，程力专汽、三一汽车、洛阳中集凌宇是罐式类专用车产品产量前三的企业，行业内产量前十的企业累计生产7.72万辆，占行业总量的49.9%。

截至2019年12月底，我国专用自卸车在产企业266家。其中，上汽依维柯红岩、一汽集团、长沙中联是专用自卸类产量前三的企业，行业内产量前十的企业累计生产5.58万辆，占行业总量的55.01%，同比上升0.7%。

截至2019年12月底，我国特种结构车在产企业469家。其中，程力专汽、中联重科、三一汽车是特种结构类专用车产品产量前三的企业，行业内产量前十的企业累计生产3.98万辆，占行业总量的44.85%。

截至2019年12月底，我国起重举升汽车在产企业158家。其中，徐工集团、中联重科、三一汽车是起重举升类专用车产品产量前三的企业，行业内产量前十的企业累计生产5.23万辆，占行业总量的70.93%。

2 特种车用钢分析

2.1 半挂车用钢分析

选取了凯瑞特种车的一款典型车型进行拆解，拆解后半挂车的主要上装钢种类型为980、B980、T700、B700X、DC01、Q235、210SS。半挂车上装各牌号钢种质量占比如图3所示。其中，T700在整车的用钢质量最多，质量占比为43.92%。另外，980、B980、B700X、DC01、Q235、210SS的用钢质量占比分别为8.95%、1.99%、13.68%、0.98%、0.31%和30.17%。

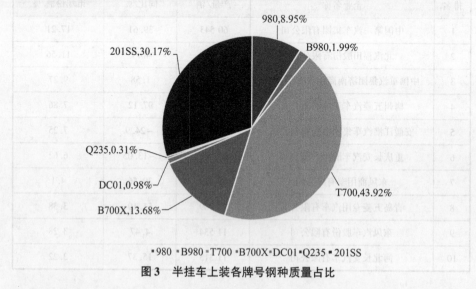

图3 半挂车上装各牌号钢种质量占比

半挂车所用的含铌高强度钢主要分为 3 大类,分别是 LSS、HSS 和其他钢种,其各钢种质量占比如图 4 所示。其中,HSS 所占比例最多,达到 68.54%,LSS 和其他钢占比分别为 1.29% 和 30.17%。

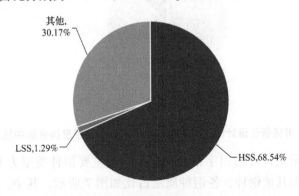

图 4　半挂车上装含铌高强度钢各钢种质量占比

2.2　自卸车用钢分析

由于自卸车用材比较复杂,不同车型用材区别较大,因此将自卸车分为田字格自卸车和 U 型自卸车两类。典型田字格自卸车也分为采用轻量化设计和未采用轻量化设计两种类型。采用轻量化设计的田字格自卸车上装主要钢种类型为 510L、Q235、Q345、T700 和其他钢种,其各钢种质量占比如图 5 所示。其中,T700 的质量占比最大,达到 81.06%;其次是 Q345,占比为 8.82%;Q235、510L 和其他钢种的占比分别为 2.97%、5.86% 和 1.28%。整个上装含铌高强度钢质量占比如图 6 所示,达到了 87%。

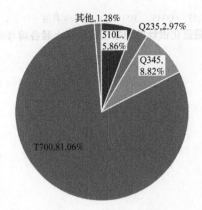

图 5　采用轻量化设计的田字格自卸车上装各牌号钢种质量占比

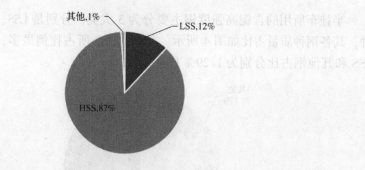

图6 采用轻量化设计的田字格自卸车上装含铌高强度钢各钢种质量占比

未采用轻量化设计的田字格自卸车上装的主要钢种类型为Q235、Q345、B510L、T700和其他钢种，各钢种质量占比如图7所示。其中，Q235的质量占比最大，为58.11%；Q345的质量占比最小，为1.54%；B510L、T700和其他钢种的质量占比分别为6.46%、17.39%和16.51%。图8为未采用轻量化设计的田字格自卸车上装含铌高强度钢各钢种质量占比。

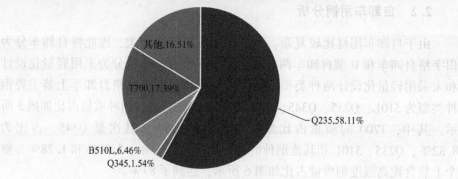

图7 未采用轻量化设计的田字格自卸车上装各牌号钢种质量占比

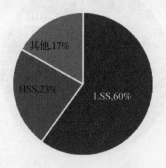

图8 未采用轻量化设计的田字格自卸车上装含铌高强度钢各钢种质量占比

相较于田字格自卸车，典型 U 型自卸车上装钢种可分为不含耐磨钢和含耐磨钢两类。在不含耐磨钢的典型 U 型自卸车当中，其钢种主要为 20#、Q235、Q345、510L 和 T700，各钢种质量占比如图 9 所示。其中，T700 的质量占比最高，为 50.97%；20#、Q235、Q345、510L 的质量占比分别为 3.82%、21.63%、15.54% 和 8.03%。整个上装含铌高强度钢质量占比如图 10 所示，达到了 59.01%。

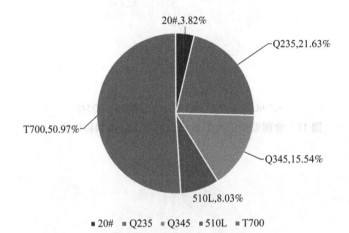

图 9 不含耐磨钢的典型 U 型自卸车上装各钢种占比

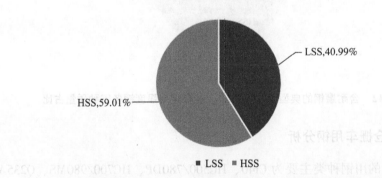

图 10 不含耐磨钢的典型 U 型自卸车上装含铌高强度钢各钢种质量占比

在含耐磨钢的典型 U 型自卸车当中，其钢种主要为 710L、H700、NM450、NM700 和 Q345，各钢种质量占比如图 11 所示。其中，NM450 和 H700 的质量占比相当，分别为 44.23% 和 42.44%，710L、NM700、Q345 的质量占比分别为 8.38%、3.73% 和 1.22%。整个上装含铌高强度钢质量占比如图 12 所示，达到了 99%。

| EVI 与氢脆 |

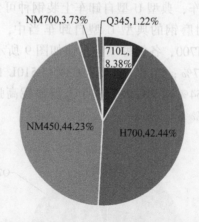

图 11　含耐磨钢的典型 U 型自卸车上装各钢种质量占比

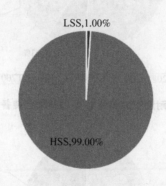

图 12　含耐磨钢的典型 U 型自卸车上装含铌高强度钢各钢种质量占比

2.3　仓栅车用钢分析

仓栅车的用钢种类主要为 Cr40、HC500/780DP、HC700/980MS、Q235A、700L、Q345A 和其他钢种，其各钢种质量占比如图 13 所示。其中，Q235A 的质量最多，达到 883.94 kg，占比为 48.90%；Cr40、HC500/780DP、HC700/980MS、700L、Q345A 的质量占比分别为 1.43%、13.49%、1.81%、19.85% 和 11.91%。

仓栅车所用的含铌高强度钢质量占比如图 14 所示。其中，HSS 和 LSS 的占比相当，分别为 47.06% 和 48.90%，其他钢种质量占比仅为 4.04%。

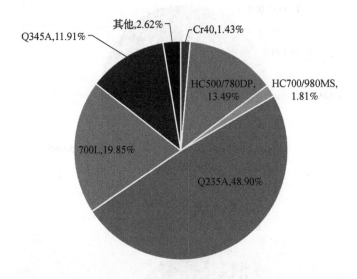

图 13 仓栅车各钢种质量占比

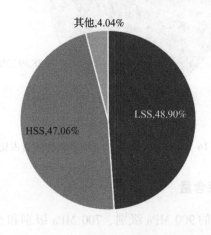

图 14 仓栅车含铌高强度钢各钢种质量占比

2.4 厢式车用钢分析

厢式车的用钢种类主要为 Q235A、Q345A、Cr40 和 T700,其各钢种质量占比如图 15 所示。其中,Q235A 的质量最高,占比为 69.73%；Q345A、Cr40 和 T700 的质量占比分别为 10.77%、2.44%、17.05%。含铌高强度钢 HSS 质量占比仅为 17.05%,如图 16 所示。

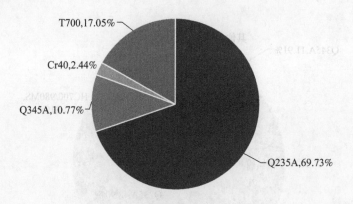

图 15 厢式车各钢种质量占比

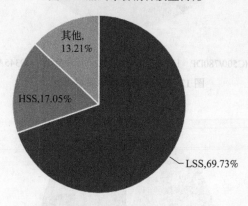

图 16 厢式车含铌高强度钢各钢种质量占比

2.5 高强度钢铌含量

通过对 14 个钢厂的 900 MPa 级别、700 MPa 级别和 500 MPa 级别的含铌量进行统计分析,得到以下各钢厂产品的平均含铌量,如表 5 所示。由表中可知,在行业内,900 MPa 级别的含铌平均值在 0.02%,700 MPa 级别的含铌平均值在 0.04%,500 MPa 级别的含铌平均值为 0.02%。

表 5 各钢厂不同强度级别钢产品的含铌量

钢厂	900 MPa 级别	700 MPa 级别	500 MPa 级别
安钢*	×	0.034 0%	0.02%
鞍钢	0.02%	0.05%	—

续表

钢厂	900 MPa 级别	700 MPa 级别	500 MPa 级别
包钢	—	—	0.02%
宝钢	0.03%	0.03%	0.033%
本钢	0.03%	0.04%	0.015%
邯钢	0	0.03%	0.03%
马钢	0	0.055 0%	0.025%
攀钢*	×	0.022 5%	0.035%
日照钢铁	×	0.04%	0.015%
山钢	×	0.04%	0.01%
首钢*	0	0.02%	0.025%
唐钢	×	0.05%	0.03%
武钢	×	0.04%	0.03%
涟钢	0.035 0%	0.035 0%	—
平均值	0.016 4%	0.037 4%	0.024%

注：- 表示没有提供相关数据；× 表示该钢厂没有生产该级别产品；0 表示不含 Nb；* 表示该钢厂既有含 Nb 的，也有不含 Nb 的，取平均值。

3 特种车上装铌铁用量估算

3.1 半挂车上装铌铁用量估算

2019 年受到治超趋严、老旧车淘汰、基建投资增速提高等因素带动，我国卡车销量继续保持增长趋势，带动了半挂车市场的发展。2019 年，我国半挂车产量达到 138.5 万辆，同比增长 110.5%。2020 年，受新冠肺炎疫情影响，企业停工停产，工地施工暂停，对半挂车市场造成了冲击。由于半挂车市场波动较大，故取近 5 年平均值为 85.18 万辆，2016—2020 年半挂车产量如图 17 所示。

图 17 2016—2020 年我国半挂车产量（单位：万辆）

2016—2020 年我国不同轴数半挂车市场占比如图 18 所示。从其结构来看，目前我国半挂车市场主要以三轴产品为主，市场份额在 90% 以上。2020 年，受按轴收费政策的影响，两轴产品市场份额有所上升，从 2019 年的 1.2% 上升至 5.2%。由于两轴和其他轴半挂车占比太小，为方便后续估算产量，故只考虑三轴半挂车，其平均占比约为 95%。

图 18　2016—2020 年我国不同轴数半挂车市场占比

根据市场分析，半挂车车型和长度种类繁多，但国家工信部对半挂车的轴数和长度有相关的限制要求。结合对各半挂车生产厂家调研结果，虽然各轴车型的长度不固定，但是销售主力车型基本都在限制长度附近。为了方便后续估算，统一三轴半挂车标准长度为 13 m，两轴半挂车长度为 10 m，一轴半挂车长度为 8.5 m。

通过调研钢厂，材料的利用率大致为 95%，Nb 利用率为 97%，FeNb-65 的利用率为 65%。基于以上设定，可以估算半挂车的用钢量和铌铁消耗量，其结果如图 19 所示。结果显示，半挂车钢材的总用量大致为 218 万 t，FeNb-65 的消耗量为 875 t。

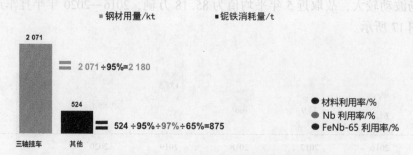

图 19　我国半挂车上装钢材用量和铌铁消耗量

3.2 自卸车上装铌铁用量估算

2016—2020 年中国自卸车车型结构如图 20 所示。由图可知，轻型货车使用含铌钢较少，可不考虑；中型货车的市场占比太小，也不考虑。因此，重点分析重型货车用钢。

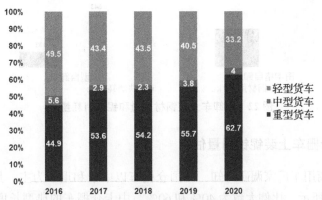

图 20　2016—2020 年中国自卸车车型结构

重型自卸车主要分为田字格自卸车和 U 型自卸车两类，再细分为含耐磨钢和不含耐磨钢两种。通过调研，各自市场份额大致如图 21 所示。结果显示，田字格不含耐磨钢 26%，田字格含耐磨钢 22%，U 型不含耐磨钢 29%，U 型含耐磨钢 23%。

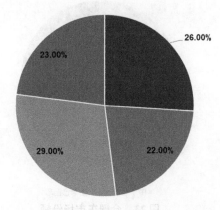

图 21　我国重型自卸车市场份额

通过调研钢厂，材料的利用率大致为 95%，Nb 利用率为 97%，FeNb-65 的利用率为 65%。基于以上设定，可以估算重型自卸车的用钢量和铌铁消耗量,其结果如图22所示。结果显示,重型自卸车钢材的总用量为113万t,FeNb-65的消耗量为581 t。

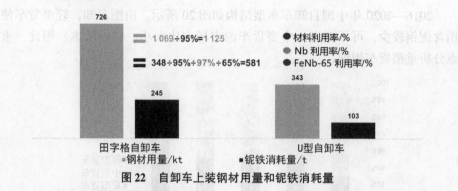

图22 自卸车上装钢材用量和铌铁消耗量

3.3 仓栅车上装铌铁用量估算

通过对商用车厂家调研得知,我国仓栅车以中卡和重卡为主,其市场份额占比如图23所示,比例大致为40%和60%。中卡仓栅车的典型长度为6.8 m,重卡仓栅车的典型长度为9.5 m。按照厂家给出的经验和商用车网上的信息,重卡上装的质量一般是中卡质量的1.4~2倍,为保守起见,取最小值1.4进行后续估算。估算结果如图24所示,钢材的总用量为83万t,FeNb-65的消耗量为187 t。

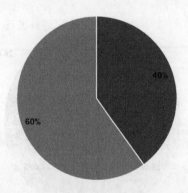

图23 仓栅车市场份额

3.4 厢式车上装铌铁用量估算

通过对商用车厂家调研得知,厢式车以轻卡为主,其市场份额占比如图25所示,其中厢式轻卡、厢式中卡和厢式重卡的比例分别为80%、13%和7%。轻卡厢式车的典型长度为5.1 m,中卡厢式车的典型长度为8.1 m,重

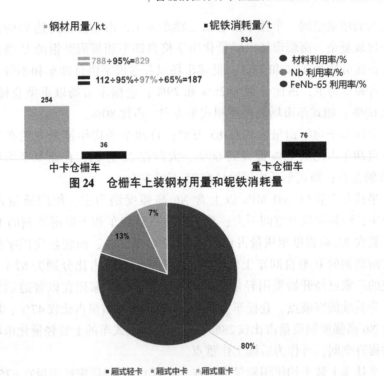

图24 仓栅车上装钢材用量和铌铁消耗量

图25 厢式车市场份额

卡仓栅车的典型长度为9.6 m。按照厂家给出的经验和商用车网上的信息，重卡上装的质量一般是中卡质量的1.4倍，中卡上装质量是轻卡质量的1.5倍。估算结果如图26所示，结果显示钢材的总用量为160万t，FeNb-65的消耗量为179 t。

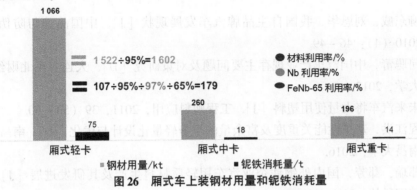

图26 厢式车上装钢材用量和铌铁消耗量

4 结论

整个专用车市场销量在2019年达到顶峰后，会出现饱和状态，后续不会有太大的增量空间。半挂车市场以三轴车为主，市场占比高达95%；自卸车市场比较复杂，高端市场以轻量化田字格自卸车和带耐磨钢的U型自卸车为主，占比分别为22%和23%；低端市场以普通田字格自卸车和不带耐磨钢的U型自卸车为主，占比分别为26%和29%；仓栅车市场以重型仓栅车为主，占比60%；厢式车市场以轻型厢式车为主，占比80%。

半挂车平均年销量大约在85万辆；自卸车平均年销量大约在36万辆；重型自卸车占比从45%提高到60%，大约在22万辆；仓栅车平均年销量在85万辆左右；厢式车平均年销量在35万辆左右。

半挂车上装以700 MPa以上含Nb高强度钢为主，使用质量占比高达68.5%，轻量化提升空间不大；普通田字格自卸车和不带耐磨钢的U型自卸车上装含Nb高强度钢质量占比分别为23%和59%，而轻量化田字格自卸车和带耐磨钢的U型自卸车上装含Nb高强度钢质量占比分别为87%和99%。激进的厂家已经开始采用轻量化方案，而保守的厂家还在以普通钢为主，这可作为后续的突破点。仓栅车上装含Nb高强度钢质量占比仅47%；厢式车上装含Nb高强度钢质量占比仅28%；仓栅车和厢式车的上装轻量化市场还有很大的提升空间，可作为后续工作重点。

半挂车上装平均年用钢量大约在218万t，平均年铌铁用量在875 t；自卸车上装平均年用钢量大约在113万t，平均年铌铁用量在581 t；仓栅车上装平均年用钢量83万t，平均年铌铁用量187 t；厢式车上装平均年用钢量160万t，平均年铌铁用量179 t。

参 考 文 献

[1] 柳东威，刘恩华. 我国自主品牌汽车发展现状 [J]. 中国品牌与防伪，2010 (4)：46 - 49.

[2] 何聪蕾. 中国汽车产业现存主要问题及对策研究 [D]. 大连：东北财经大学，2012.

[3] 未来汽车将大量使用塑料 [J]. 工程塑料应用，2011，39 (5)：60.

[4] 程江洪. 基于性能关重度及富余量的车身轻量化设计与优化 [D]. 南昌：南昌大学，2016.

[5] 郑瑞，郄芳. 国内外钢铁企业汽车用轻质材料生产及其研发进展 [J]. 首钢科技，2014 (5)：1 - 4.

[6] 金钊，李晓林. 重型挂车大梁用含铌钢的开发与应用 [J]. 中国金属通报，2018 (4)：202 - 203.

[7] 宋勇军，王晓南，徐兆国，等. 700MPa级超高强重载汽车车厢板的研制

[J]. 机械工程学报，2011，47（22）：69-73，79.

[8] 刘兴源. 关于改装汽车、专用运输车、特种汽车分类的建议 [J]. 商用汽车，2010（S3）：6-8.

[9] 冯伟文. 中国商用专用车市场需求研究 [D]. 武汉：武汉理工大学，2008.

[10] 崔增辉，王祖德. 专用汽车发展趋势研判 [J]. 汽车工业研究，2006（3）：25-29.

[11] 张筱梅. 上半年国内市场载货车、专用车"高开走稳" [J]. 专用汽车，2010（8）：19-21.

[12] 张韵. 2019年度中国专用汽车行业发展年度报告（中）[J]. 专用汽车，2020（3）：40-44.

30CrMo 钢制轻量化乘用车稳定杆开发

宋磊峰[1]，冯毅[1*]，高翔[1,2]，李少杰[3]，
王洁峰[4]，李先鹏[4]

(1. 中国汽车工程研究院股份有限公司，重庆 401122；
2. 河钢集团石钢公司，万家庄 050031；
3. 华纬科技股份有限公司，绍兴 311800；
4. 江苏常宝钢管股份有限公司，常州 213018)

摘要：在节能环保的大背景下，轻量化已成为汽车发展的重要方向，汽车的质量可分为簧上质量和簧下质量两部分。车辆簧下质量主要是指不由悬挂系统中的弹性元件所支承的部件，一般包括车轮、弹簧、减振器、摆臂、稳定杆、半轴及拉杆等部件。降低簧下质量可以显著提高减振器的动态响应速度，降低车轮转动惯量和冲击惯性，相比簧上质量减轻，提升车辆的舒适性、加速性和操控性能效果更显著。已有研究结果表明，簧下质量减重的成效，等同于簧上质量减重 5 倍以上。为了提升车辆乘坐舒适性和操控安全性，很多车辆都会配备横向稳定杆，它可以提高车辆悬架侧倾刚度，减少车辆侧倾风险。据统计，在路况差、急转弯工况下装有稳定杆的车辆翻车率降低 60%~80%。近年来，随着轻量化设计要求的提高以及空心管材制造工艺技术的不断进步，空心稳定杆在车辆中使用越发普遍，目前仍广泛采用的实心稳定杆亟待空心化设计和开发。除此之外，目前的空心稳定杆大多采用 34MnB5、20MnB5、22MnB5、26Mn5 等材料焊管制作而成，其壁厚/外径之比为 0.125，外径较实心稳定杆增加了 12% 左右，质量减轻 40%~50%，焊管材料目前主要依赖进口。基于 35CrMo、42CrMo 等材料开发无缝空心稳定杆是一种具有市场潜力的新技术和新产品。目前这项技术才刚刚起步，需要从材料、结构设计、工艺和性能开发方面进行系统研究，推动无缝空心稳定杆的开发。基于此，本文针对轻量化无缝稳定杆开发，在选材、结构优化、工艺匹配、性能仿真及验证方面进行了系统的研究。研究表明：在尺寸方面，外径、壁厚与长度是关键控制尺寸；成分、力学性能和纯净度是材料性能控制项；牌号选择强度和韧性兼容的 30CrMo 结构钢；稳定杆性能开发主要聚焦刚度和疲劳寿命，因设计边界的限值，通过空心稳定杆截面参数优化和降低局部应力的方式提升刚度和疲劳寿命，与传统实心稳定杆相比，刚度下降 11.1%，疲

劳寿命下降 10.2% 的前提下减重 37%，并通过实物试制和性能测试验证，性能满足设计要求，为国内未来无缝钢管空心稳定杆及其他车辆底盘轴杆件的开发提供了借鉴。

关键词：轻量化；稳定杆

作者简介：宋磊峰（1984—），男，硕士，高级工程师，主要从事汽车轻量化，新材料新工艺技术开发及应用推广工作。

通信地址：重庆市北部新区金渝大道 9 号

1 000 MPa 级冷轧双相钢氢致延迟开裂性能研究

谢春乾，潘丽梅，韩赟，刘华赛

（首钢技术研究院，北京 100043）

摘要：随着汽车工业的发展，越来越多的先进高强度钢被用于制造汽车"白车身"结构。使用高强度钢具有降低车身质量，减少油耗，同时提高车身安全性等优点。在目前使用的高强度钢中，双相钢由于其高的抗拉强度、低的屈服强度以及较高的加工硬化率和成形性能成为使用最广泛的钢种。延迟开裂是在静止应力作用下，材料经过一定时间后突然脆性破坏的一种现象。这种现象是材料-环境-应力相互作用而发生的一种环境脆化，材料的强度越高，延迟开裂的可能性越大。伴随着汽车用钢强度的不断提高，对高强度钢氢致延迟开裂敏感性的评价也成为一个热点研究方向。由于延迟开裂导致材料的失效具有不可预见的危险性，不仅带来国民经济的巨大损失还会给人们的日常生活和生产带来严重影响。因此，高强度钢在实际应用之前，必须对其氢致延迟开裂敏感性进行评价。高强度钢的延迟开裂受诸多因素的影响，其评价方法种类也很多。

本文拟采用电化学充氢方法使材料内部氢含量升高，同时采用缺口试样慢应变拉伸试验检验钢的氢致开裂性能，并利用 TDS（Thermal Desorption Spectroscopy）方法对材料内部的氢含量进行检测。实验结果显示，氢含量方面，DP980 试验钢中在未充氢条件下，其内部氢含量为 0.68×10^{-6}；当充氢电流密度增加到 8 mA/cm^2 时，氢含量为 1.65×10^{-6}；继续增加充氢电流密度到 16 mA/cm^2，氢含量为 2.10×10^{-6}。结果显示，随着充氢电流密度的增加，DP980 钢中的氢含量逐渐增加。力学性能方面，随着充氢电流密度和氢含量的增加，材料抗拉强度由 1 178 MPa 下降至 1 114 MPa，氢致延迟断裂敏感指数 I_σ 逐渐增大，当充氢电流密度由 8 mA/cm^2 为 16 mA/cm^2 时，I_σ 由 3.1% 变为 5.4%。

通过以上实验结果可以发现，含 Nb、Ti 成分的 DP980 具有较好的抗氢致延迟断裂性能。分析认为，双相钢的氢致延迟断裂影响因素主要有以下几个方面：一是马氏体相的存在。马氏体具有较高的氢致延迟断裂敏感性，其含量、形貌、分布和 C 含量对氢脆有显著影响。本文中 DP980 的马氏体含量为 20% 左右，含量降低；同时马氏体呈弥散分布，从而使其氢致延迟断裂敏感性较低。二是 DP980 中存在大量细小的 NbTi 析出物，这些析出相可以作为不可逆的氢捕获位点，使得试样中的扩散氢含量减少，在拉伸过程中氢原子被束缚住无法进入初始裂纹，从而提高了材料的抗氢致延迟断裂能力。三是DP980的晶粒被析出物大大细化。大量的晶界和高密度的位错可以提供更长的原子氢通过晶格的行程。此外，细晶显微组织有效地抑制了裂纹的形成和扩展，从而使得DP980具有较高的抗氢致延迟断裂能力。

关键词：双相钢；氢；延迟开裂；析出相

基金项目：无

作者简介：谢春乾（1988.2—），男，高级工程师，硕士，研究方向为汽车高强度钢。

通信地址：北京市石景山区杨庄大街69号首钢技术研究院

注：本文全文在《汽车工艺与材料》的"汽车EVI技术专刊"发表。

CR1500HF 镀锌热成形钢点焊接头性能研究

刘培星[1,2,3]，曹光明[3]，孟宪明[2]，李洪亮[2]，
方刚[4]，王东坡[1]

(1. 天津大学材料科学与工程学院，天津 300000；
2. 中国汽车技术研究中心中汽研（天津）汽车工程研究院有限公司，天津 300300；
3. 山东钢铁集团日照有限公司钢铁研究院，日照 276800；
4. 中国汽车工程研究院股份有限公司，重庆 401122)

摘要：热成形工艺是将板料（裸板或镀层板）加热至完全奥氏体状态，高温板料转移至模具中进行热冲压成形并保压实现高温板料淬火提高强度。热成形钢零部件（抗拉强度达到 1 500 MPa 且零部件回弹极小）目前是车身轻量化中重要高强度钢零部件，已在车身安全结构件中获得广泛应用，且应用比例逐渐提升。车身中共有 3 000~5 000 个点焊接头，电阻点焊工艺目前是零部件主要连接工艺。然而抗拉强度 1 000 MPa 及以上的镀锌（GI 或 GA）超高强度钢板在焊接过程中锌层发生液化（锌层熔点较低），在焊接应力的作用下焊点处钢板表层液态锌侵入基体产生裂纹的现象，即液态金属致脆（Liquid Metal Embrittlement，LME），严重制约镀锌超高强度钢的应用。目前 1 000 MPa 及以上的超高强度钢镀层主要是采用电镀锌工艺生产。因为电镀锌涂层非常薄，焊接过程中 Zn 和 Fe 之间快速充分扩散，涂层熔点升高。镀锌热成形钢由于加热过程中镀层和基体进行充分扩散，焊接前镀层熔点已升高，将有效降低焊接 LME 问题。选择两种 CR1500HF 热成形钢（镀锌板和裸板）分别加热并模具淬火，按照某主机厂点焊评价标准对淬火钢板进行点焊试验，比较了镀锌热成形钢和裸板热成形钢点焊工艺窗口，并对镀锌热成形钢点焊接头剪切/十字拉伸性能以及焊接 LME 现象等进行分析。得出以下结论：

①镀锌板焊接工艺窗口为 1.2~1.6 kA（裸板的焊接工艺窗口为 1.4~1.8 kA）。镀锌板焊工艺窗口略微降低，但仍然满足焊接工艺要求（工艺窗口≥1 kA）。随着电极压力的增大，焊接电流逐渐增大；这是由于电极压力增大，焊接接触电阻（钢板与电极之间，钢板与钢板之间）减小。

②工艺窗口左侧条件下点焊接头剪切力 20 kN 左右，工艺窗口右侧条件下点焊接头剪切力 25 kN 左右；这是由于焊接电流大，焊点直径增大。工艺

窗口左侧条件下点焊接头剪切力 4.5 kN 左右，工艺窗口右侧条件下点焊接头剪切力 5 kN 左右；这是由于焊接电流大，焊点直径增大。

③由于镀锌热成形钢板料在热成形过程中炉内加热保温 5 min，锌层和基体之间进行了充分的扩散；点焊接头中并未出现焊接 LME 的问题（边部未出现裂纹）。

关键字：热成形钢；电阻点焊；工艺窗口；焊接 LME

作者简介：刘培星（1988.12—），男，高级工程师，工学博士，研究方向为热成形技术、汽车钢应用技术。

通信地址：山东省日照市临钢路 1 号，山东钢铁集团日照有限公司

注：本文全文在《汽车工艺与材料》的"汽车 EVI 技术专刊"发表。

CSP工艺对热成形钢氢致延迟开裂性能影响

陈 勇,周桂峰

(宝钢股份中央研究院(武钢有限技术中心),
武汉 430080)

摘要:先进高强度钢的延迟开裂主要原因是钢中的扩散氢引起的,当氢原子扩散至裂纹尖端静水压力集中区域所造成延迟开裂,因此钢中氢陷阱的类型对氢致开裂敏感性有影响。可逆氢陷阱可以为其他强氢陷阱或裂纹尖端提供氢原子从而加速氢致裂纹的扩展;不可逆氢陷阱则可以有效地捕获氢原子,阻止氢原子在钢中自由扩散。有研究认为,均匀弥散的不可逆氢陷阱可以有效地分散钢中的氢,减少氢的扩散,在一定程度上可以缓解材料的延迟开裂。另外,许多研究表明,钢中的析出相是良好的不可逆氢陷阱。大家普遍认为,钢中添加Nb、Ti和V等微合金元素,在钢中生成纳米尺寸的碳氮化析出物可以有效地提升高强度钢的抗氢致延迟开裂性能,且尺寸越细小,数量越多,分布越弥散效果越好,这是因为这些细小的析出物与氢有较高的结合能,可以有效地捕获氢,使之成为不可逆氢从而抑制氢在钢中的运动。然而,钢中添加Nb、Ti和V等贵重合金,会增加钢的生产和使用成本,因此如何控制热成形钢的生产成本,如何更加有效地发挥微合金元素在热成形钢中氢陷阱的作用,是需要研究和解决的问题。与传统的热轧→冷轧工艺相比,CSP工艺具有独特的冶金工艺,其中第二相析出物较为细小是主要特点之一。这是因为薄板坯连铸冷却速度更大,有利于形成细小的析出物;传统的厚板坯,在连铸后冷却时,会发生$\gamma \to \alpha$相变,热轧前加热后发生$\alpha \to \gamma$相变。在此过程中,微合金的固溶度会降低,而CSP工艺下薄板坯直接轧制,只有由$\gamma \to \alpha$转变的单向过程,保留在奥氏体中的微合金元素固溶度高得多,这为热轧和轧后冷却后析出弥散的碳氮化物提供了有利条件。由于CSP轧制过程压下率较传统工艺大,这也会使得析出相更为细小。本文将CSP与传统工艺生产热成形钢作对比,采用恒应力方法对比研究了薄板坯连铸连轧(CSP)和传统冷轧两种不同工艺生产的1 500 MPa级热成形钢的氢致延迟开裂(HIDC)行为,结果显示CSP工艺生产的热成形钢具有较高的门槛应力值。透射电镜下观察了两种钢析出相,发现CSP工艺的析出相更为细小和弥散,数量约为传统热成形钢的3倍。使用氢渗透方法测量两种钢的扩散动力学参数,发现WHF1500-CSP具有较低的氢扩散系数和较高的氢陷阱密度。分析和讨论了

WHF1500 – CSP 中析出相对氢扩散动力学的影响以及对延迟开裂行为的影响。结论表明，使用 CSP 短流程工艺不仅能够有效地降低能耗，还能更有效地发挥微合金元素的作用，提升热成形钢抗延迟开裂性能，是一条值得探索的发展超高强度钢的途径。

关键词：CSP；热成形钢；延迟开裂；析出相

作者简介：陈勇（1976.4—），男，高级工程师，工学博士，研究方向为超高强度钢延迟开裂。

通信地址：武汉市青山区工业大道 28 号

超高强度钢冷成形开裂分析理论的现状与发展

周银[1], 温彤[1], 方刚[1,2], 路胜海[3], 李冠楠[4]

(1. 重庆大学材料科学与工程学院,重庆 400044;
2. 中国汽车工程研究院股份有限公司,重庆 401122;
3. 河钢集团钢研总院,石家庄 050023;
4. 河钢集团邯钢公司,邯郸 056015)

摘要:金属成形过程的断裂失效一直是工程界关注的重点问题。作为目前汽车领域最经济可行的轻量化手段,高强度钢的应用日益广泛且强度指标不断提升。但高强度钢成形时具有与普通钢截然不同的断裂失效表现,如断前无明显颈缩、剪切断裂以及边缘开裂等,使得传统的断裂理论模型及适用于颈缩失效的成形极限图(FLD)等手段均无法准确预测高强度钢板的成形开裂。与此同时,高强度钢种类的多样化以及成形加载路径的复杂化,对其断裂失效的分析提出了更为严苛的要求。目前,对超高强度钢的成形断裂尚无准确可靠的理论预测模型,给汽车关键零部件及其成形工艺设计带来了严峻挑战。针对超高强度钢冷成形开裂的理论分析与预测问题,本文归纳了现有理论模型的特点、适用范围及其在超高强度钢成形断裂失效分析的应用现状;指出由于超高强度钢的脆性化倾向导致其断裂分析存在的难点:随着高强度钢强度级别的不断提升,成形时其材料属性已进入事实上的"脆性"范畴,因而其微观组织演化、宏观力学行为与传统塑韧性材料有着本质的区别,现有基于韧性断裂思路与假设的模型已无法准确预测超高强度钢的"脆"断行为。因此,从(超)高强度钢"韧-脆性"的材料本质特性出发,提出新的断裂模型构建思路,即从能量角度构建基于"韧-脆性"断裂特性的高强度钢失效行为多尺度精细模型。数值模拟方面,鉴于FEM中的单元删除处理方式在一定程度上会导致系统质量和能量的损失,引起断裂特征的模糊化,而无网格法采用直接点积分与稳定性增强项以及键断裂模型,保证了质量、动量与能量的守恒以及数值稳定性、收敛性,因而能够有效地模拟材料的失效与破坏,在模拟裂纹形貌及扩展等非连续体问题时具有显著优势。因此,将无网格法应用在(超)高强度钢的仿真预测分析上也成为一种发展方向。

关键词：高强度钢；塑性成形；断裂失效；理论模型

基金项目：重庆市自然科学基金面上项目（cstc2020jcyj-msxmX0420）

作者简介：周银（1994—），男，博士生，研究方向为金属板材成形技术及数值模拟方法。

通信地址：重庆市沙坪坝区沙正街174号

基于密度泛函理论的低合金高强度钢设计

范秀如，米志杉，杨丽，苏航

（中国钢研科技集团有限公司数字化研发中心，
北京　100081）

摘要：氢能由于其热值高、来源广泛、清洁环保等优点，被誉为最具有发展潜力的二次能源，能够助力"碳达峰"与"碳中和"目标的实现。氢能产业链主要分为氢气的制备、储运与应用3个部分，而氢气分子体积密度小，易渗透，同时具有可燃性，因此影响未来氢能产业大规模发展应用的主要难点将集中于氢的储存和运输。相较于液氢储存，高压气态储氢具有设备结构简单、能耗低、响应速度快等优点，是目前工业发展中最常用的储氢技术。目前，奥氏体不锈钢被广泛接受为氢能相关设备的候选材料，但其强度无法满足高压气态储氢设备不断增加的储氢压力水平。高强度低合金（HSLA）钢已广泛应用于油气输送（油气管道、海洋工程和化工设备），其兼具强度、韧性、焊接性的优越性，也被认为是气态氢储存和运输的候选材料。然而，普通金属材料的韧性与塑性在氢环境下会降低，通常称为氢脆（HE），并且随高压储氢罐用钢强度提升，其氢脆敏感性越大，这会给高压氢储运产业带来巨大的损失与安全隐患。影响材料氢脆敏感性的因素较多，机理十分复杂，同时受限于氢原子尺寸，现有的实验手段无法直接观测到氢脆的机理，因而氢脆的成因目前仍存在争议。因此，通过原子水平的计算模拟对氢与材料的相互作用进行全面研究，有望提高对材料 HE 的理解，为设计低氢脆敏感性合金提供理论依据。基于此，本文采用第一性原理方法来模拟合金元素与氢之间的相互作用，并利用其计算结果指导低氢脆敏感性高强度低合金钢的设计。为了在原子电子层面上理解氢脆机理，分别通过密度泛函理论方法模拟了掺杂合金元素（Cr、Mn、Ni 和 Mo 元素）在体心立方铁晶格结构和晶界结构对氢结合与氢扩散的影响，并基于计算模拟结果设计了两种试验钢。通过在高压氢气下对试验钢力学性能进行表征，分析其氢脆敏感性对计算结果及设计理论进行验证。经密度泛函理论计算发现，在体心立方铁晶格结构和晶界结构中掺杂合金元素 Cr、Ni 和 Mo 会增加氢结合能并减弱氢损伤的可能性，而 Mn 掺杂会降低氢结合能并导致更多的氢原子积累。同时，合金元素显著影响铁晶格结构和晶界结构的氢扩散行为。在体心立方铁晶格结构中掺杂 Cr 可以降低氢扩散系数，而在体心立方铁晶界结构中掺杂 Ni 可以显著增加氢扩散系数。基于以上结果，可认为合理控制 Cr、Ni 和 Mo 的合金含量能够降低氢脆敏感性，而合金元素 Mn 的提高可能导致氢脆敏感性增加。在 DFT 计算结果的基础上设计了两种试验钢种，其中 Ni、Cr、Mo 含量较高、Mn 含量较低的试验钢 1 号钢在高压氢气中的氢脆敏感性明显优于对照钢 2 号钢，与计算预测吻合。因此，我们认为密度泛函理论方法不仅可以提高对钢的氢脆机理的理解，同时还可以为合金的理性设计提供理论指导。

关键词：密度泛函理论；氢脆；氢结合能；低合金高强度钢；氢脆敏感性；疲劳裂纹扩展；氢扩散系数

基金项目：国家重点研发计划项目"增材制造用高性能高温合金集成设计与制备"（2021YFB3702500）。

作者简介：范秀如（1987.5—），女，工程师，工学博士，研究方向为金属材料的材料设计、材料测试、材料功能开发及性能优化、材料相关计算及模拟。

通信地址：北京市海淀区学院南路 76 号，中国钢研科技集团有限公司

金属板材高精度断裂卡片研发及应用

梁宾[1],张冲[2],范吉富[1],姜子涵[1],王腾腾[1],
赵岩[1],娄燕山[2]

(1. 北京理工大学重庆创新中心,重庆 401120;
2. 西安交通大学,西安 710049)

摘要:当前我国汽车行业正在外部驱动和内部需求的双重条件下发展。一方面因为全球环境污染日益严重,各国的低碳环保需求促使汽车行业朝着轻量化和新能源方向发展;另一方面随着汽车行业的不断发展,各国相关机构相继发布了更加严苛的汽车碰撞法规或标准,其中美国公路安全保险协会(IIHS)和中保研采用的正面25%偏置碰撞对汽车的结构安全设计和选材提出了更大的挑战。在此背景下,随着计算机技术与有限元理论的发展,有限元仿真技术已经成为汽车产品设计前期必不可少的工具,也是各大汽车厂商在保证汽车碰撞安全性能及轻量化需求的前提下,缩短汽车产品开发周期、降低开发成本的最有效手段之一。有限元仿真技术能对汽车产品的服役性能进行预测,其预测精度高度依赖于各种汽车材料的本构模型与断裂失效模型对材料变形行为及断裂失效行为的表征精度。汽车产品服役环境伴随着高应变速率范围和复杂应力状态特征,传统本构模型与断裂失效模型由于未考虑其实际服役环境特征,已无法满足准确预测汽车产品实际服役性能的需求,而采用高精度断裂卡片是解决这一难题的有效方法。本文基于开发面向仿真应用的高精度断裂卡片来预测汽车产品服役性能以目前汽车行业的迫切需求和技术难点为背景,以金属板材为使用对象,从屈服准则、硬化模型、应变速率强化3个方面介绍了多种常用各向同性、各向异性本构模型,并列举了LS_DYNA软件中常用本构模型对应的材料卡片;介绍了常应变、Johnson – Cook、GISSMO、MMC、DIEM、DF2012/2014/2016、PDrucker 7种常用断裂失效模型及在LS_DYNA软件中的使用接口。从仿真应用角度对高精度断裂卡片的开发方法进行了综述,并从选材评价、零件成形、零件准静态性能验证、零件动态性能评估4个角度介绍了高精度断裂卡片的应用情况。从选材评价角度,高精度断裂卡片能用于全面比较含铌与不含铌高强度钢的服役性能差异;从零件成形角度,高精度断裂卡片能用于准确预测6016铝合金发动机罩内板在冲压成形过程中的变形与断裂情况;从零件准静态性能验证角度,高精度断裂卡片能准确预测热成形 B 柱的三点静压性能，并且预测精度明显优于传统常应变断裂失效模型；从零件动态性能评估角度，高精度断裂卡片能准确预测热成形防撞梁的抗动态冲击性能，预测结果与实验结果吻合度高。应用结果表明，高精度断裂卡片是提升有限元仿真中对汽车产品服役性能预测精度的有效方法，希望本文的研究方法能为我国汽车行业从业者提供一些参考。

关键词：本构模型；断裂失效模型；CAE 分析；高精度断裂卡片

基金项目：无

作者简介：梁宾（1991.12—），男，中级工程师，工学硕士，研究方向为材料本构模型及断裂失效模型的开发与仿真应用。

通信地址：E-mail：liangbin.bitcq@outlook.com

注：本文全文在《汽车工艺与材料》的"汽车 EVI 技术专刊"发表。

铌元素对典型双相钢冲压和扩孔性能的影响研究

冯毅[1,2]，路洪洲[3]，黄光杰[1]，林利[4]，高翔[1,2]，
栗克建[5]，吕冬[4]，张钧萍[2]，方刚[2]，周佳[2]，许伟[2]

(1. 重庆大学，重庆　400044；
2. 中国汽车工程研究院股份有限公司，重庆　401122；
3. 中信微合金化技术中心，北京　100004；
4. 鞍山钢铁集团有限公司技术中心，鞍山　114000；
5. 重庆科技学院，重庆　401331)

摘要：汽车制造业发展离不开高性能的材料。钢铁是近百年来汽车工业应用最为广泛的基础制造原材料。随着汽车工业的发展，汽车用钢产品也在不断向高性能、高性价比方向发展[1-3]。当前行业主流的一些钢板材料大多具有多相、亚稳等组织特征，基于位错、固溶、细晶、相变等多种机制协同强化[4]。当前，汽车行业高度关注各类汽车钢板的成形工艺性问题，而钢板材料的组织特征很大程度上决定了钢板的成形工艺性。因此，如何从组织调控层面入手，提升汽车钢板的成形性一直都是行业高度关注的问题。材料的成形性本质上可归结为韧性的宏观展现，因此从材料改性角度，通过提升韧性进而提升成形性是当前行业主流的一种技术途径。目前最有效的韧性提升途径之一是微合金化技术[5]。微合金技术理念由来已久，近几十年来逐步应用于汽车用钢领域。微合金化设计的根本理念是通过优化微合金元素的第二相析出，从微尺度层面调控钢材的基体组织，达到韧性提升这一目标。微合金化对应的增韧机制有基于微合金元素的碳、氮化物析出进而降低基体碳含量、细化基体晶粒组织、改变位错运动模式等[6]。微合金化汽车用钢以 Nb 微合金钢最具代表性。Nb 相比于其他诸如 V、Ti 等元素，除兼具上述三大增韧作用外，还具有相对高的性价比和低的性能危害性，因此 Nb 微合金钢具有广泛的应用前景。近年来，业界已逐渐认识到了 Nb 在汽车用超高强度钢领域的应用优势，但是针对 Nb 提升汽车钢板成形性的作用及其机理研究尚不系统，亟待开展更加全面的研究。基于上述分析，本文选取含 Nb、不含 Nb 的 DP590、DP780 两组双相汽车用钢板材料牌号，系统地进行了成形性试验研究。首先，开展了材料级的冲压成形性试验，进一步通过仿真分析，验证了 Nb 对抑制零件冲压起皱这一典型缺陷的成效。其次，开展材料级的扩孔性能

试验，验证了 Nb 对抑制扩孔开裂缺陷，提升扩孔率的成效。最后，开展了相关微观表征试验，对 Nb 提升双相汽车用钢板材料成形性能的机理进行了分析。取得了以下研究成果：

①完成了 DP590、DP780 两组钢的 FLC、扩孔性能对比测试分析。结果表明，两种牌号钢种的含 Nb 钢零件在冷冲压过程的起皱区域面积有所更低。DP590 不含 Nb 钢零件冲压起皱面积占比为 36.93%，含 Nb 钢零件冲压起皱面积占比为 32.80%。DP780D 不含 Nb 钢零件冲压起皱面积占比为 35.60%，含 Nb 钢零件冲压起皱面积占比为 31.59%。

②在扩孔过程中两组钢中的含 Nb 钢具有更高的扩孔率。DP590 不含 Nb 钢扩孔率比为 55.93%，含 Nb 钢扩孔率为 62.02%。DP780 不含 Nb 钢扩孔率比为 38.20%，含 Nb 钢扩孔率为 42.40%。

③Nb 的添加有效细化了基体组织，提升了大角度数量及其数量占比值，提升了对于成形性有利的 $\gamma-<111>//ND$ 纤维织构强度，有效抑制了成形过程中各类缺陷的产生和发展，从而显著提升了钢板的成形性。基于本文工作开展，全面验证了 Nb 对于钢板成形性能提升的技术优势。

关键词：汽车钢板；Nb；冲压；扩孔

基金项目：无

作者简介：冯毅（1980.12—），男，工学博士，高级工程师，主要从事汽车轻量化产品工程开发、汽车新材料新工艺开发、汽车材料 & 产品失效分析。

通信地址：重庆市渝北区金渝大道 9 号

注：本文全文在《汽车工艺与材料》的"汽车 EVI 技术专刊"发表。

汽车 EVI 技术进展

路洪洲[1,2]，马鸣图[3]，郭爱民[1,2]

(1. 中信金属股份有限公司，北京 100004；
2. 中信微合金化技术中心，北京 100004；
3. 中国汽车工程研究院股份有限公司，重庆 401122)

摘要：EVI（Early Vendor Involvement）指的是上游供应商下游用户产品研发的早期阶段提前介入，充分了解下游用户需求和难点，从而为下游客户提供高性能产品、个性化服务及整体解决方案的过程。EVI 模式最早由汽车原材料供应商提出并付诸实践，目前其他行业也逐步接受这一理念和模式。"合适的材料用在合适的地方""合适的工艺实现合适的零件制造""合适性价比的材料工艺方案满足合适的整车性能"等是 EVI 的最终目标，但需要不断地将上述目标采用可量化的方法和手段即解决方案来实现。随着新能源汽车、"双碳"、轻量化及安全、智能化等要求和发展趋势，汽车原材料供应商及零部件供应商的 EVI 也逐步从提供高性能及高性价比材料及零部件，向提供轻量化解决方案、开裂解决方案、低碳排放解决方案、模块化解决方案等转变。本文综述了热成形钢、Q&P 及 DH 钢等冷成形钢和新能源汽车专用的高强度钢硅钢等新材料方面的进展，以及可实现高精度碰撞模拟的材料断裂卡片和实现剪切边缘冲压模拟的材料成形卡片的开发进展，论述了在新材料开发和精准成形及碰撞模拟的基础上的乘用车车身正向选材，实现 EVI 的核心目标之一即"合适的材料用在合适的地方"。探讨了热成形门环、一体化铝合金下车体、商用车热成形上装及车轮等最新制造工艺技术。分析了"双碳"和"抗氢脆"两个共性需求，并提出了低碳排放汽车钢及铝合金零件的实施路径，以及抗氢脆热成形钢和冷成形钢的实现路径。对原材料企业和零部件企业当前和未来的 EVI 技术和服务方向提出了如下建议：

①高强韧性抗氢脆热成形钢的开发，以及解决零件碰撞、氢脆等一系列问题，并逐渐在热成形门环、商用车上装、商用车车轮等应用。

②Q&P 钢、DH 钢等新钢种的开发和应用研究，以及 1 000 MPa 及以上的钢板，尤其是镀锌钢板的开发和应用。

③新能源汽车需求的高性能、高强度硅钢、齿轮钢、螺栓钢的开发和应用研究。

④高精度材料卡片的开发和应用研究，尤其是断裂卡片和成形卡片，进一步提升汽车碰撞模拟以及成形模拟的精度。

⑤低碳排放汽车钢、低碳排放铝合金材料的开发和应用研究，尤其是一体化铝合金下车体、再生铝合金材料及零件、短流程汽车钢及零件的开发等，并相应开展材料及零件的碳足迹测算。

⑥在新材料新工艺以及高精度卡片的前提下的正向选材的研究，进一步实现"合适的材料用在合适的地方"。

关键词：早期介入；热成形；铝合金；材料卡片；氢脆；低碳；正向选材

中图分类号：U465.1+1；U465.2　　**文献标识码**：A 或 B

DOI：10.19710/J.cnki.1003-8817.

基金项目：澳大利亚研究理事会合作研究基金项目（LP180100431）。

作者简介：路洪洲（1981.3—），男，教授级高级工程师，工学博士，研究方向为汽车轻量化、高强度钢和铝合金开发及应用技术、循环再生技术。

通信地址：luhz@citic.com

注：本文全文在《汽车工艺与材料》的"汽车EVI技术专刊"发表。

汽车车身用铝合金板材的研究现状

张钧萍[1]，方刚[1]，路洪洲[2,3]，周佳[1]，马鸣图[1]，冯毅[1]

(1. 中国汽车工程研究院股份有限公司，重庆 401122；
2. 中信金属股份有限公司，北京 100004；
3. 中信微合金化技术中心，北京 100004)

摘要： 汽车车身的铝合金板材主要包括2000系、5000系和6000系合金。以当前铝合金车身板材技术的发展水平及趋势来看，5000系和6000系合金板材是目前应用最广泛的材料。上述材料在生产应用过程中，存在多个关键环节和技术瓶颈，本文从汽车车身用铝合金板微合金化及热处理、车身用铝合金板的先进成形技术和车身用铝合金板的有限元研究3个方面介绍了汽车车身板用铝合金的技术现状。

汽车用铝合金板材生产环节过程中，合金的微合金化及热处理将决定材料后续的工艺性能和稳定性，是铝合金板材生产过程中的核心环节。2000系合金是 Al–Cu 系合金，是一种可热处理强化的铝合金。合金中的主要强化相为 $CuAl_2$，含有一定量 Mg 时还有 $CuMgAl_2$ 强化相，通过添加一些稀土微量元素，可以提高材料的塑性和强度，但在烘烤过程中容易出现软化现象，且其抗应力腐蚀能力差，严重限值了该系列板材在车身外板的应用；5000系合金是不可热处理强化的铝合金，主要通过退火工艺提高材料的塑韧，具有中等的强度、耐蚀性、加工性能与良好的焊接性。Mg 溶于 Al 基体中形成固溶强化，使合金在强度、成形性和抗蚀性等方面具有一般钢材的特点，所以日本广泛应用5000系铝合金作为汽车内板材料（5022、5023、5182）以及其他形状复杂的部件。5000系合金的固溶强化存在延时屈服和勒德斯线两个明显的缺点。5000系也可通过稀土元素微合金、Mg/Mn 的单一或复合作用提升材料性能；6000系铝合金是可热处理强化的铝合金，可进行固溶、时效处理控制第二相的形态、数量和分布，具有成形性好、耐蚀性强、强度高和较好的耐高温性能，强化相是 Mg_2Si，控制 Mg/Si 含量比是控制材料成形、强度和稳定性的关键。此外，通过添加 Cu、Mn 元素可以提高材料的烤漆硬化能力，也可通过添加 Ti、B 和 RE 进行晶粒细化。

与钢相比，用于车身板的铝合金通过合金成分的调整以及热处理工艺的制定可以达到相应的力学性能，但其成形性方面仍然存在不小的差距。对于具有一定冲压深度和形状要求的覆盖件，采用铝合金进行室温冲压时容易产生裂纹、起皱并发生回弹，影响零件的表面质量和尺寸精度。因而，铝合金要代替钢铁材料而广泛应用于汽车覆盖件，就必须改善和研发铝合金的成形工艺。铝合金的先进成形技术主要包括液压成形、温成形、控制压边力成形以及超塑性成形。铝合金板材成形过程中，存在的问题主要有3个方面，即起皱、破裂以及回弹。随着有限元模拟的发展，越来越多的研究者使用有限元法模拟板材的成形过程。若要准确模拟实际工艺过程，必须建立准确的材料模型和屈服准则以及设置适当的工艺参数，如摩擦因数、压边力和成形速度等。有限元模拟除了对成形进行预测外，常用于优化成形工艺、设计工艺补充面以及设计坯料尺寸。通过分析不同工艺条件下工件的成形性，获得能最大程度发挥材料成形性的工艺参数。

铝合金板材用于汽车车身，既有明显的减重节能效果，又符合安全环保及汽车用材的发展趋势。目前，国内外一些汽车公司已经广泛使用铝合金板制造汽车车身。经过十余年的技术研发，我国在铝合金汽车板方面也取得了显著的成就，解决了高端汽车铝合金板材受制于人的局面。但同时应该注意到，在产品稳定性、竞争力方面，我国的汽车用铝合金板材与国外顶级水平仍然存在一定差距，如何解决上述工程应用问题，应成为各企业和研究者的重点工作之一。此外，如何将理论成果快速转化为工程应用技术和工程产品，也是汽车铝合金板材研究的发展方向。

关键词：铝合金汽车板；微合金化；热处理；先进成形技术

基金项目：无

作者简介：张钧萍（1988.10—），男，高级工程师，主要从事汽车材料性能测试评价、工艺研究及材料仿真分析。

通信地址：重庆市渝北区金渝大道9号

注：本文全文在《汽车工艺与材料》的"汽车EVI技术专刊"发表。

汽车用先进高强度钢显微组织表征和第一性原理研究

徐正萌[1]，于硕硕[1]，栗克建[1]，郭东林[1]，
曹鹏军[1]，马鸣图[2]

(1. 重庆科技学院冶金与材料工程学院，重庆 411331；
2. 中新（重庆）超高强材料研究院有限公司，重庆 401326)

摘要： 汽车轻量化和安全性能提升需求，促进了高强度、高成形性的先进高强度钢在汽车领域应用。然而，高强度钢服役过程中，材料内部的氢原子向应力集中的位置聚集，结合成氢分子，在残余应力和外部压力的作用下，发生不可预知的脆性断裂，即氢致延迟断裂现象。因此，研究氢原子在高强度钢材料基体中的扩散机制，有助于深入理解氢脆机理。微合金元素添加的高强度钢，如 Nb、V、Ti 等元素，在去应力退火后，过时效处理促使析出相长大，相界面与基体不再保持共格关系，而是变为半共格或非共格关系，从而起到氢陷阱的作用能够捕获氢。分散的纳米尺寸的球型 NbC 等沉淀相可以形成良性氢陷阱来缓解氢在其他区域的积累，晶粒细化增加的晶界数量也可以增加氢陷阱，抑制氢增强的脱黏。常规手段判定氢原子在材料中的确切位置较困难，而计算机模拟为研究微观原子相关问题提供了有利的条件。利用第一性原理计算可以证明由于缺陷处原子排列不够紧密，降低了溶解氢原子所需的活化能、氢陷阱和氢原子之间的结合能，以及从四面体或者八面体间隙到最近的四面体或者八面体间隙所需要的活化能。本实验利用扫描电镜（Scanning electron microscope, SEM）、X 射线衍射仪（X-ray diffractometer, XRD）、能谱仪（Energy dispersive X-ray spectrometers, EDS）、透射电镜（Transmission electron microscope, TEM）等技术手段对不同 Cu 含量的高强度马氏体钢材料的显微组织差异进行研究，并利用热脱附分析（Thermal desorption analysis, TDA）技术和 U 型折弯的方法分析两种钢的抗氢脆性能，最后利用第一性原理研究完成材料中 Cu 析出相界面处的氢陷阱分析，验证 Cu 析出相对抗氢脆性能的积极作用。研究表明，含有 0.2% Cu 的马氏体钢，通过特定工艺完成热处理后，在材料基体中发现大量纳米 Cu 析出相，而氢原子会被束缚在 Cu 析出相界面处由 4 个铁原子和 1 个 Cu 原子共同构建的四面体间隙中，并且计算得出四面体间隙的能量比八面体间隙低，更容易俘获氢原子，形成了良性

氢陷阱。该结论有助于解释氢在含 Cu 高强马氏体钢材料中的扩散方式，以及由 Cu 析出相构成的氢陷阱分布规律，同时为新型超高强度马氏体钢研发过程中，基于 Cu 微合金化的抗氢脆高强度材料成分、工艺设计提供了理论支持。

关键词：高强度钢；析出相；界面；氢陷阱；第一性原理

基金项目：重庆科技学院 2021 年硕士研究生创新计划项目（YKJCX2120219）；重庆市高校创新研究群体 CXQT21030，CXQT19031。

作者简介：徐正萌（1998.3—），男，硕士研究生，研究方向为钢铁材料和模拟计算；栗克建（1988.12—），男，高级工程师，博士研究生，研究方向为钢铁材料先进表征技术。

通信地址：重庆市沙坪坝区大学城东路 20 号

注：本文全文在《汽车工艺与材料》的"汽车 EVI 技术专刊"发表。

热成形钢极限冷弯性能与零件碰撞断裂指数关系研究

路洪洲[1,2]，范体强[3]，方刚[3]，冯毅[3]，王建锋[4]，崔磊[5]，晋家春[5]，卢琦[4]，郭爱民[1,2]，马鸣图[3]

(1. 中信金属股份有限公司，北京 100004；
2. 中信微合金化技术中心，北京 100004；
3. 中国汽车工程研究院股份有限公司，重庆 401122；
4. 通用汽车中国科学研究院，上海 201206；
5. 马鞍山钢铁股份有限公司，马鞍山 243041)

摘要：本文采用了3种同厚度、不同成分及工艺的铝硅镀层热成形钢制造热冲压成形零部件，并进行零件的落锤冲击测试评价；采用碰撞断裂指数 C_{Index} 分析3种材料制备的零件的抗开裂能力，并分析了 C_{Index} 与材料本身的相关力学性能的关系。研究发现，随着热成形钢的极限尖冷弯角度增大，C_{Index} 值显著提高，而 C_{Index} 值与热成形钢的强度和延伸率没有显著的关联。分析了热成形钢的极限尖冷弯失效的机理，铌微合金化提升了热成形钢极限尖冷弯角度，进而提升了热冲压成形零件的抗碰撞开裂能力。对3种铝硅镀层的22MnB5-1、22MnB5-2和22MnB5NbV性能以及热冲压成形的零件进行了极限尖冷弯和落锤碰撞对比等测试，具体结果如下：

①铝硅镀层的22MnB5NbV钢板热成形淬火后的极限尖冷弯角度显著高于传统的铝硅镀层的22MnB5。

②3种零件的碰撞断裂指数 C_{Index} 分别为83.15、91.12和97.5，铌钒复合微合金化的22MnB5NbV制造的热冲压成形零件的碰撞断裂指数最高，具有最高的抗碰撞断裂能力。

③随着热成形钢板热成形淬火并烘烤后的平均极限尖冷弯角度增大，所制造的热冲压成形零件的碰撞断裂指数提高，两者成同比关系。

④提出了影响热成形钢的极限尖冷弯开裂的微孔萌生、微孔聚集、裂纹扩展的主要影响因素，并提出了优化路径。铌微合金化是提高热成形钢极限尖冷弯角度和热冲压成形零件的碰撞断裂指数的主要因素之一。

关键词：热成形钢；热冲压成形零件；铌；极限尖冷弯角度；碰撞断裂

指数

作者简介：路洪洲，男，博士，教授级高级工程师，九三学社社员，黑龙江大庆人，现任中信金属股份有限公司高级经理/汽车领域总监。先后任中国汽车工程研究院工程师、组长、材料工艺部部长、轻量化分中心副主任等职务。出版著作8部，发表论文90余篇，授权发明专利7项。研究方向包括汽车轻量化、高强度钢及铝合金材料开发及应用，以及轻量化材料的回收再制造。

注：本文全文在《汽车工艺与材料》的"汽车EVI技术专刊"发表。

预应变和烘烤对 QP980 冷轧板材组织与力学性能的影响

周湛淞[1]，方刚[1]，阎换丽[1]，张钧萍[1]，陈泽军[2]

(1. 中国汽车工程研究院股份有限公司，重庆 401122；
2. 重庆大学，重庆 10611)

摘要：随着汽车的快速普及，社会对安全、环保等因素的考虑，对汽车轻量化的重视程度越来越高，而车身减重又是其中的关键性问题。第三代先进高强度钢很好地回应了这样的需求，超高的强度使得汽车板材更加轻薄，能源消耗减少，车身质量也得以降低。QP 钢具有第三代先进高强度钢的典型特征，即少量的合金元素添加下，实现了低成本、高强塑性能的搭配，拥有广泛的应用前景。QP 钢的特点在于特殊的热处理工艺，大量的亚稳奥氏体在室温下能相对稳定的保留，变形时会发生相变诱导塑性（TRIP）效应。因此，亚稳奥氏体的稳定性研究十分重要且具有意义。亚稳奥氏体的相变过程十分复杂，与诸多因素有关，如温度、亚稳奥氏体中的碳含量或合金含量以及周围相的约束状态等，具有较高的研究价值。汽车钢在加工制造时会面临复杂的加工过程，而复杂加工条件下对材料的组织和力学性能影响需要深入研究。本文采用万能拉伸试验机、摆锤冲击试验机、扫描电镜（SEM）和 X 射线衍射仪（XRD）等手段，研究预应变和烘烤对 QP980 冷轧板材组织和力学性能的影响。研究结果显示：

①烘烤未造成碳化物的析出，烘烤前后的 SEM 组织没有显著差别。烘烤未造成残余奥氏体相变的发生，烘烤前后的残余奥氏体含量基本相同。

②经过 0、2%、4% 预应变后，QP980 板材的弯曲性能下降，最大弯曲力和弯曲角度都减小。烘烤能略微提升材料的最大弯曲力，弯曲角度改变不明显。

③0、2%、4% 预应变下，应变量越大，位错密度越高，经过 170 ℃，20 min 的烘烤后烘烤硬化值越高。

④经过 0、2%、4% 预应变后，QP980 板材的吸收功下降，应变量越大下降越明显，烘烤使得残余奥氏体中 C 原子流失，降低了稳定性，有效提高了冲击吸收功。通过冲击断口发现，预应变扩大了中心放射性结晶状区，烘烤后扩大了边部的纤维状区域，使得边部韧窝改善，中心也出现大量韧

窝以及撕裂脊。

关键词：先进高强度钢；轻量化；烘烤；预变形；组织；力学性能

基金项目：无

作者简介：周湛淞（1990.4—），男，工学硕士，研究方向为汽车轻量化、高强度钢的开发及应用技术。

通信地址：重庆市渝北区金渝大道9号

注：本文全文在《汽车工艺与材料》的"汽车EVI技术专刊"发表。

2 GPa级热成型钢应变率敏感性及本构模型建立

曾林杰,张钧萍,方刚,张雯

(中国汽车工程研究院股份有限公司,重庆 401122)

摘要:利用 MTS CMT5035 万能材料试验机及 ZWICK HTM5020 高速拉伸试验机对某保险杠用 PHS2000 新型热成形钢开展了准静态(0.001/s)与动态拉伸试验(1/s、10/s、100/s、500/s),并对其应变速率敏感性进行了相关研究。结果表明,材料表现出了明显的应变率强化效应,且随着应变速率的增加,材料的抗拉强度、屈服强度都有明显增加。依据试验曲线及 Swift – Hockett – Sherby 本构,建立了材料的本构方程,并进行了验证,所建立的材料本构方程具有工程价值。

关键词:热成型钢;多应变速率;本构模型

Strain Rate Sensitivity and Constitutive Model Establishment of 2 GPa Hot Forming Steel

Zeng Linjie, Zhang Junping, Fang Gang, Zhang Wen

(China Automotive Engineering Research Institute Co., Ltd. Chongqing 401122)

Abstract: Using MTS CMT5035 universal material testing machine and ZWICK HTM5020 high – speed tensile testing machine to carry out quasi – static (0.001/s) and dynamic tensile tests (1/s, 10/s, 100 /s, 500/s) on a new PHS2000 hot – formed steel for bumpers, and related research on its strain rate sensitivity. The results indicate that the material exhibits a significant strain rate strengthening effect. With the increase of the strain rate, the tensile strength and yield strength of the material both increase significantly. Based on the experimental curve and the Swift – Hockett – Sherby constitutive, the constitutive equation of the material was established and verified. The established constitutive equation of the material has engineering value.

Keywords: Hot – formed steel; Multiple strain rates; Constitutive model

0 引言

汽车车身轻量化成为当今汽车技术发展的重要趋势,而采用热成形钢材料是目前最经济、最有效的轻量化途径之一,越来越多的高强度钢材料被开发并应用到汽车工业中[1,2]。但减重导致的车身安全性下降问题也至关重要,车辆碰撞数值仿真是提高整车安全性的有效手段[3,4]。汽车碰撞过程涉及材料的动态响应,准确的材料参数对实现汽车安全性设计至关重要,其中材料的应力–应变曲线不仅需要考虑常规的静态应力–应变曲线,还需要考虑材料在高应变速率下的动态力学响应。

本文对某保险杠用 PHS2000 新型热成形钢进行了 0.001/s、1/s、10/s、100/s、500/s 不同应变速率下的拉伸试验。结合优化算法,选用 Swift–Hockeet–Sherby 本构对曲线进行了拟合,并将工况下的试验结果与模拟结果进行了仿真对标,验证了本构方程的工程参考价值。

1 试验材料及方法

试验用材料为某保险杠应用的 PHS2000 新型热成形钢材料,主要成分为 0.34C、1.14Mn、0.19Si、0.121Cr、0.031Ni、0.019P、0.033Al、0.0024S、0.025Nb、0.0071Ti。对其进行 0.001/s、1/s、10/s、100/s、500/s 应变速率的拉伸试验。其中,0.001/s 的拉伸试样的尺寸及试验参考 GB/T 228.1—2010《金属材料拉伸试验》第 1 部分进行,试样尺寸如图 1 所示,试验设备为 MTS CMT5035 拉伸试验机。1/s、10/s、100/s、500/s 拉伸试验及试验参照标准 GB/T 30069.2—2016《金属材料高应变速率拉伸试验第 2 部分:液压伺服型与其他类型试验系统》进行,高速拉伸试验尺寸如图 2 所示,试验在 ZWICK HTM 5020 试验机上进行。在 1/s、10/s、100/s 应变速率试验时,通过高速试验机附属的压电传感器实现载荷的测量;在 500/s 应变速率试验时,为减弱材料在高应变率试验时出现的"力振荡"现象,采用在弹性变形段贴应变片的方式来实现载荷的测量。1/s、10/s、100/s、500/s 速率拉伸时均通过非接触变形测量系统实现变形的测量,ZWICK HTM5020 高速拉伸试验机及 VIC–2D 超高速非接触应变测量系统如图 3 及图 4 所示。为确保试验数据的稳定可靠,每个应变速率做 3 根平行试样。

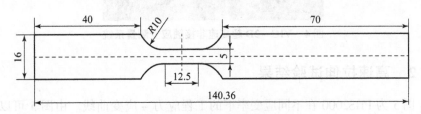

图 1 高速拉伸试样尺寸

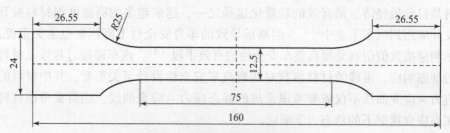

图 2　准静态拉伸试样尺寸

图 3　ZWICK HTM5020 高速拉伸试验机

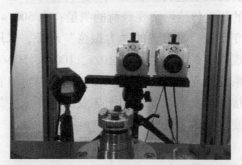

图 4　VIC – 2D 超高速非接触应变测量系统

2　高速拉伸试验结果

图 5 为 PHS2000 在不同应变率下的工程应力 – 应变曲线。由图 5 可以看出，材料出现较为明显的应力 – 应变敏感性。图 6 为处理之后的材料在不同应变速率下真应力 – 真塑性应变曲线。由图 6 可以看出，随着应变速率的增

加，材料的抗拉强度、屈服强度均有明显提高。从文献报道来看[5,6]，普遍认为是在高应变速率下，由于加工硬化、应变速率强化等综合因素导致出现了强烈的应变速率敏感性。

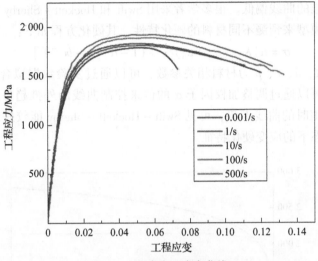

图 5　工程应力 – 应变曲线

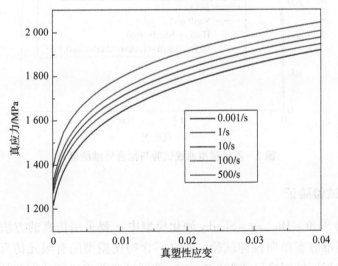

图 6　真应力 – 真塑性应变曲线

3　数值模拟仿真

3.1　本构模型建立

采用本构模型对材料硬化特性进行外推预测是获得准确应力 – 应变曲线

的有效方式，直接影响碰撞仿真的精度[7]。不同的本构模型拟合外推的结果存在较大的差异，主要分为两类：一类是以 Swift 和 Hollomon 为代表的幂函数型方程，外推的曲线偏高；另一类是以 Hockett-Sherby 和 Voce 为代表的饱和型方程，外推的曲线偏低。很多学者采用 Swift 和 Hockett-Sherby 方程加权条件下的组合模型来预测不同材料的硬化特性，其硬化方程如下：

$$\sigma = \alpha \{ K \cdot (\varepsilon_{pl} + \varepsilon_0)^n \} + (1-\alpha)[a - be^{-c\varepsilon_{pl}^p}]$$

其中，K、n、c、p 为材料相关参数，可以通过实验数据拟合得出；α 为加权因子，可以通过调整加权因子 α 的值来控制曲线的外推趋势。图 7 就是当 α 取不同值时的曲线走势，可见 Swift-Hockett-Sherby 能较好地描述材料在大应变状态下的应变硬化特征。

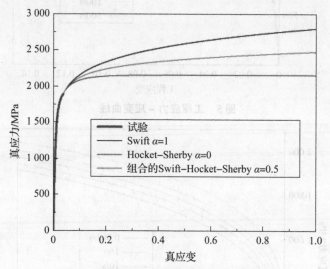

图 7　不同模型曲线试验与拟合外推结果

3.2　试验验证

选用的 Swift-Hockett-Sherby 硬化模型中 α 要采用仿真的方法进行反向标定。根据准静态单向拉伸试验，建立不含损伤模型的有限元仿真模型，模型中主要变形区域网格尺寸为 0.5 mm，按照试验要求进行约束和加载，材料类型为 *MAT_PIECEWISE_LINEAR_PLAS-TICITY（*MAT24）。

将仿真获得的结果与实际工况下获得的力-位移曲线进行对标，对加权因子 α 进行迭代优化，直至仿真与试验对标结果可接受。仿真模型及约束如图 8 所示，准静态单向拉伸仿真与试验对比结果如图 9 所示，最终获得的不同应变速率的硬化曲线最终标定结果如图 10 所示。

图8　准静态拉伸仿真模型及约束

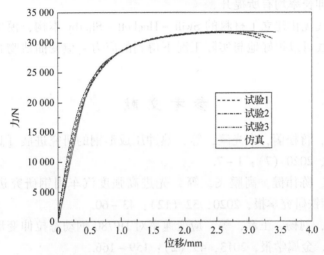

图9　单轴拉伸工况仿真与试验力-位移曲线对比（0.001/s）

从图9中可见，单轴拉伸工况下试验和模拟得到的力-位移曲线可以很好地吻合，这证明 Swift – Hockett – Sherby 组合模型可以很好地描述材料的应变硬化特征，所建立的本构方程具有工程价值。基于试验数据及 Swift – Hockett – Sherby 组合模型，最终得到多应变速率下外延真应力-真塑性应变曲线（图10）。

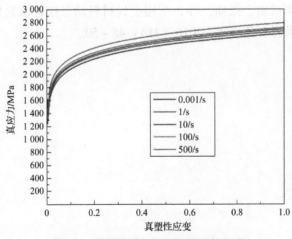

图10　外延真应力-真塑性应变曲线

4　结论

通过试验，获得了 PHS2000 材料在不同应变速率下的应变行为，证明其具有明显应变速率敏感性，且随着应变速率的增加，材料的抗拉强度、屈服强度和断后伸长率均有所提升。

通过迭代优化建立了材料的 Swift – Hockett – Sherby 本构，模拟得到的应力 – 应变曲线可以很好地与实际工况下得到的应力 – 应变曲线吻合，具有工程应用价值。

参 考 文 献

[1] 马鸣图，蒋松蔚，李光瀛，等．热冲压成形钢的研究进展［J］．机械工程材料，2020（7）：1 – 7.

[2] 赵征志，陈伟健，高鹏飞，等．先进高强度汽车用钢研究进展及展望［J］．钢铁研究学报，2020，32（12）：43 – 60.

[3] 董丹阳，刘杨，王磊，等．应变速率对 DP780 钢动态拉伸变形行为的影响［J］．金属学报，2013，49（2）：159 – 166.

[4] 许伟，方刚，张钧萍，等．面向汽车碰撞安全的热成形钢断裂失效表征与验证［J］．塑性工程学报，2020，27（6）：127 – 134.

[5] 王亚芬，赵广东，李志伟，等．DC06 冷轧深冲钢的动态力学性能测试及研究［C］．第十一届中国钢铁年会论文集——S07．汽车钢，2017.

[6] 何平，陈浩铭．基于高速拉伸试验的车身用钢板材料应变速率敏感特性研究［J］．汽车技术，2010（7）：43 – 46.

[7] 王立新，贾彦敏，张瑾，等．车用金属材料动态拉伸试验数据准确性验证［J］．世界有色金属，2016（21）：48 – 50.

1 500 MPa 级短流程热成形钢开发

梁江涛[1,3]，吕博[1,3]，肖宝亮[1,3]，李晓林[1,3]，
刘锟[1,3]，王浩宇[2]，周绍轩[2]，李生存[2]，徐德超[1,3]，
邓素怀[1,3]，刘朋[1,3]，周旬[2]，于孟[1,3]，徐海卫[2]

(1. 首钢集团有限公司技术研究院，北京 100043；
2. 首钢京唐钢铁联合有限责任公司，唐山 063200；
3. 绿色可循环钢铁流程北京市重点实验室，北京 100043)

摘要：本研究开发了 1 500 MPa 级短流程热成形钢，通过全流程工艺优化，在连铸高拉速条件下保证钢带的带状和偏析等指标优于传统热连轧产线。热冲压前的组织为铁素体+珠光体的组织，热冲压后的组织为马氏体为基体的组织。热冲压前屈服强度在 400~450 MPa 波动，抗拉强度在 600 MPa 左右波动，断后伸长率在 20%~25%，且板宽方向上力学性能均匀。热冲压后材料的屈服强度大于 1 000 MPa，抗拉强度不小于 1 500 MPa，断后伸长率不小于 7%，极限冷弯角为 66.1°。材料的氢致延迟开裂和焊接等性能都符合目前的行业规定，目前应用在乘用车安全件和商用车车身等部位。

关键词：短流程；热成形钢；抗拉强度；氢致开裂

基金项目：中信铌钢发展奖励基金（2021FWNB-30045）；国家农机装备材料生产应用示范平台。

Development of 1 500 MPa Grade Hot Stamping Steel with Compact Production Line

Liang Jiangtao[1,3], Lv Bo[1,3], Xiao Baoliang[1,3], Li Xiaolin[1,3], Liu Kun[1,3],
Wang Haoyu[2], Zhou Shaoxuan[2], Li Shengcun[2], Xu Dechao[1,3],
Deng Suhuai[1,3], Liu Peng[1,3], Zhou Xun[2], Yu Meng[1,3], Xu Haiwei[2]

(1. Sheet Metal Research Institute, Shougang Research Institute of Technology, Beijing 100043;
2. Shougang Jingtang Iron and Steel Co., Ltd., Tangshan 063200;
3. Beijing Key Laboratory of Green Recyclable Process for Iron & Steel Production, Beijing 100043)

Abstract: In this study, 1 500 MPa compact production lines hot stamping steel was developed. Through the whole process optimization, the indexes such as strip and segregation of steel strip were better than those of traditional hot continuous rolling line under the condition of continuous casting high drawing speed. The microstructure before hot stamping is ferrite + pearlite, and the microstructure after hot stamping is martensite as matrix. Before hot stamping, the yield strength between 400 ~ 450 MPa, the tensile strength fluctuates around 600 MPa, the fracture elongation is between 20% ~ 25%, and the mechanical properties are uniform in the direction of plate width. After hot stamping, the yield strength of the material is greater than 1 000 MPa, the tensile strength is not less than 1 500 MPa, the fracture elongation is not less than 7%, and the ultimate cold bending angle is 66.1°. The properties of hydrogen induced delayed cracking and welding of the material meet the current industry regulations. At present, it is used in the safety parts of passenger cars and the body of commercial vehicles.

Key words: Compact production line; Hot stamping steel; Ultimate tensile strength; Hydrogen induced cracking

0 引言

随着汽车轻量化的推进，汽车用钢的强度越来越高，当抗拉强度超过1 000 MPa后冷冲压成形对模具和冲压工艺的要求显著提高，并且冲压回弹等非常严重[1-3]。材料在高温下强度会显著降低，延伸率显著提高，在800 ℃下1 500 MPa级热成形钢的抗拉强度降低到300 ~ 400 MPa，延伸率提升到40% ~ 50%，在高温下力学性能的变化显著提升了材料的成形性能[4-7]。在热成形过程中，材料在模具中淬火形成马氏体，得到超高的强度。

目前，传统的热成形钢板生产流程包括冶炼、连铸、热轧、酸洗、冷轧和退火等，生产流程长带来的是高成本和高能耗。短流程薄板坯连铸连轧生产技术是在连铸后直接进入热轧环节，省去了连铸坯冷却、再加热和冷轧退火过程，减少了能源消耗[8-10]。热轧钢带最薄可达0.8 mm，覆盖目前传统冷轧退火热成形钢带的厚度范围。随着我国碳达峰和碳中和时间点公布，钢铁行业的节能减排成为实现"双碳"目标的关键点。

1 1 500 MPa级短流程热成形钢的显微组织

图1为1 500 MPa级短流程热成形钢热冲压前的显微组织。从金相照片可以看出组织均匀，无明显的带状组织；从扫描照片可以看出，组织为片层状的珠光体和铁素体的双相组织。短流程产线的1 500 MPa级热成形基板的带状≤1.5级，对带状组织的改善是短流程产线的一个显著特点。这是因为短流程产线的连铸拉速远远高于常规热连轧产线，短流程产线可达到4.5 m/min

以上，常规热连轧产线的连铸拉速 1.2 m/min 左右，高拉速可以对产品的偏析和带状起到显著的改善作用。

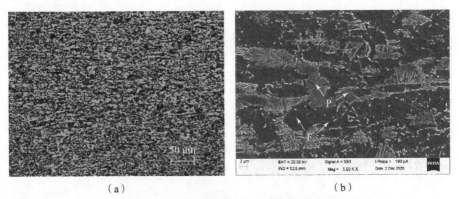

图 1　短流程热成形钢热冲压前的金相照片和扫描照片
(a) 金相照片；(b) 扫描照片

图 2 为 1 500 MPa 级短流程热成形钢热冲压前钢板表层金相照片，可见表层显微组织均匀，无明显的脱碳现象。对脱碳的有效控制是短流程产线产品的特点，连铸坯从铸机出来后直接进入轧制工序。常规热连轧产线铸坯在加热炉内的停留会造成不同程度的脱碳，特别对于热成形钢这类产品，对基板脱碳的控制有利于后续的冲压均匀性和最终产品性能的均匀性。

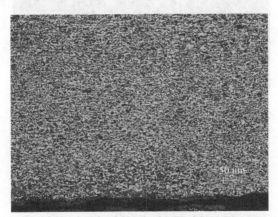

图 2　短流程热成形钢热冲压前钢板的表层金相照片

图 3 和图 4 为 1 500 MPa 级短流程热成形钢热冲压后的显微组织，热冲压的工艺为 930 ℃ 保温 5 min，随后在平板模中热冲压淬火。图 3 (a) 为热冲压后的金相照片，和目前常规的热成形钢冲压后的组织类似，都是马氏体为基体的组织，并且组织均匀，这与基板的组织均匀组织遗传性有关。图 3 (b) 为热冲压后的扫描照片，可以看到全为马氏体组织，并且马氏体板条清晰。

图4为热冲压后的TEM照片,可以看到马氏体板条均匀,板条宽度在100~200 nm。

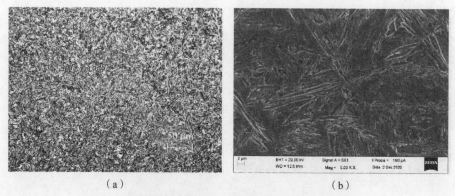

(a) (b)

图3 短流程热成形钢热冲压后的金相照片和扫描照片
(a) 金相照片;(b) 扫描照片

图4 短流程热成形钢热冲压后的TEM照片

2 1 500 MPa级短流程热成形钢的力学性能

图5为1 500 MPa级短流程热成形钢基板在板宽方向上的力学性能。从图中可以看到,屈服强度在400~450 MPa波动,抗拉强度在600 MPa左右波动,断后伸长率在20%~25%,在板宽方向上整体力学均匀,因为卷取后钢卷的边部冷却速度高于钢卷心部,导致边部的断后伸长率低于心部。目前,1 500 MPa级热成形钢冷轧退火基板的屈服强度在400 MPa左右,抗拉强度在550~600 MPa,

断后伸长率在25%左右。因为经过冷轧和退火过程可以降低基板的强度，以冷轧罩退基板为例，罩退后的组织为铁素体基体上分布着球状碳化物，短流程热成形钢基板的组织为铁素体和珠光体，短流程热成形钢的基板组织决定了抗拉强度稍高于冷轧退火板。目前，热成形行业出于对落料和冲裁的考虑，通常要求热成形基板的抗拉强度不超过700 MPa，短流程热成形钢的强度满足行业要求。

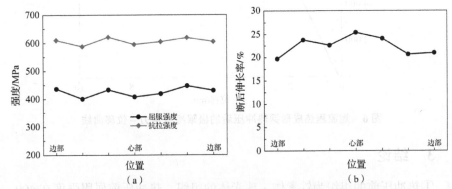

图5 短流程热成形钢热冲压前沿板宽方向上的力学性能变化
(a) 屈服强度和抗拉强度；(b) 断后伸长率

表1为1 500 MPa级短流程热成形钢热冲压后的力学性能，烘烤的工艺为170 ℃，20 min。热冲压后屈服强度大于1 000 MPa，抗拉强度不小于1 500 MPa，断后伸长率不小于7.0%，热冲压后钢板的性能满足目前对热成形钢的需求。

表1 短流程热成形钢热冲压后的力学性能

状态	方向	屈服强度/MPa	抗拉强度/MPa	断后伸长率/%
热冲压	轧向	1 140	1 516	7.2
热冲压	横向	1 202	1 561	7.5
热冲压+烘烤	轧向	1 280	1 522	9.0
热冲压+烘烤	横向	1 179	1 528	8.0

按照VDA238-100标准测了钢板热成形后的极限冷弯角，其力-位移曲线如图6所示，极限冷弯角为66.1°，和目前的冷轧退火产品相当。材料的氢致延迟开裂和焊接等性能都符合目前的规定，目前应用在乘用车安全件和商用车车身等部位。

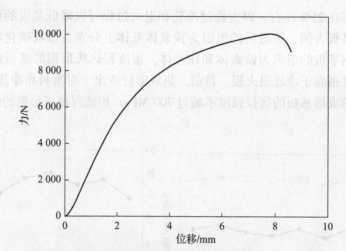

图6 短流程热成形钢热冲压后的极限冷弯角力–位移曲线

3 结论

①热冲压前的组织为铁素体+珠光体的组织,热冲压前屈服强度在400~450 MPa波动,抗拉强度在600 MPa左右波动,断后伸长率在20%~25%,且板宽方向上力学性能均匀。

②热冲压后的组织为以马氏体为基体的组织,热冲压后材料的屈服强度大于1 000 MPa,抗拉强度不小于1 500 MPa,断后伸长率不小于7%,极限冷弯角为66.1°。

③短流程产线对偏析、带状和脱碳的控制优于常规热连轧产线。

参 考 文 献

[1] 王存宇,杨洁,常颖,等. 先进高强度汽车钢的发展趋势与挑战 [J]. 钢铁,2019,54 (2):1-6.

[2] KARBASIAN H, TEKKAYA A E. A review on hot stamping [J]. Journal of Materials Processing Technology, 2010, 210 (15):2103-2118.

[3] BILLUR E. Hot formed steels [M]. Woodhead Publishing, 2017:387-411.

[4] LI H P, HE L F, ZHAO G Q, et al. Constitutive relationships of hot stamping boron steel B1500HS based on the modified Arrhenius and Johnson–Cook model [J]. Materials Science & Engineering A, 2013, 580:330-348.

[5] CUI J J, SUN G Y, XU J R, et al. A method to evaluate the formability of high–strength steel in hot stamping [J]. Materials & Design, 2015, 77:95-109.

[6] TANG B T, YUAN Z J, CHENG G, et al. Experimental verification of tailor welded joining partners for hot stamping and analytical modeling of TWBs rheological constitutive in austenitic state [J]. Materials Science & Engineering A, 2013, 585: 304-318.

[7] GÜLER H, ERTAN R, ÖZCAN R. Investigation of the hot ductility of a high-strength boron steel [J]. Materials Science & Engineering A, 2014, 608: 90-94.

[8] 魏星, 胡宽辉, 刘渊媛, 等. 冷轧和CSP短流程两种热成形钢动态拉伸性能研究 [J]. 钢铁研究, 2017, 45 (6): 67-70.

[9] 苗笑冬. CSP工艺生产热成形钢的组织及性能研究 [D]. 武汉: 武汉科技大学, 2019.

[10] 蓝毓哲. 生产流程对热成形钢组织和力学性能影响研究 [D]. 武汉: 武汉科技大学, 2019.

作者简介: 梁江涛, 男, 首钢集团有限公司技术研究院, 博士, 高级工程师, 研究方向为先进高强度钢开发与服役行为。

通信地址: E-mail: liangjtao@126.com

Fe–11Mn–2Al–0.2C 中锰钢动态变形行为

黄利[1]，冯毅[1]，张德良[1]，蔡志辉[2]，余春丽[1]

(1. 中国汽车工程研究股份有限公司，重庆　401120；
2. 太原科技大学机械工程学院，太原　030024)

摘要：实验阐述了 Fe–11Mn–2Al–0.2C 中锰钢不同应变速率（0.000 2 ~ 200/s）下加载的力学性能和增塑机制演变规律。随着应变速率增加，抗拉强度从 1 456 MPa 下降到 1 086 MPa，呈负的应变速率敏感性，主要归因于 TRIP 效应减弱和温升软化效应增强。中锰钢增塑机制随着应变速率变化：在 0.000 2 ~ 0.002/s 应变速率下，TRIP 效应是主要增塑机制；在 0.02 ~ 2/s 应变速率下，TRIP 效应被显著抑制，但 TWIP 效应和温升软化效应增强；在 2 ~ 200/s 应变速率下，TRIP 效应、TWIP 效应和温升软化效应同时增强。另外，发现随着应变速率的增加，试验钢应力状态逐渐由正应力变为剪切应力，导致奥氏体和铁素体组织被扭曲，断口韧窝被拉长呈卵形。

关键词：中锰钢；应变速率；增塑机制；TRIP 效应；TWIP 效应
基金项目：国家自然科学基金资助项目（51974084，51501035）。
中图分类号：TG　　**文献标识码**：A

Dynamic Deformation Behavior of Fe–11Mn–2Al–0.2C Medium–Mn Steel

Huang Li[1], Feng Yi[1], Zhang Deliang[1], Cai Zhihui[2], Yu Chunli[1]

(1. China Automotive Engineering Research Institute Co., Ltd, Chongqing, 401120, China;
2. School of Mechanical Engineering, Taiyuan University of Science and Technology, Taiyuan, 030024, China.)

Abstract: The mechanical properties and the evolution of plasticizing mechanism of Fe–11Mn–2Al–0.2C medium manganese steel tensioned at different strain rates (0.000 2 ~ 200/s) were experimentally described. With the increase of strain rate, the ultimate tensile strength decreased from 1 456 MPa to 1 086 MPa, showing a negative strain rate sensitivity, which is mainly attributed to the weakening of TRIP effect and the strengthening of temperature rise softening effect. Plasticizing mechanism was related to the strain rate. In the range of strain rate 0.000 2 ~ 0.002/s, TRIP effect is the main plasticizing mechanism. In the range of strain rate 0.02 ~ 2/s,

TRIP effect is significantly inhibited, but TWIP effect and temperature rise softening effect are enhanced. In the range of strain rate 2 ~ 200/s, TRIP effect and TWIP effect and temperature rise softening effect are enhanced simultaneously. In addition, it is found that the morphology of austenite and ferrite was distorted, and the shape of dimples presented oval, which was indicated that the stress state of the tensioned samples was shifted from normal stress to shear stress.

Key words: Medium manganese steel; Strain rate; Plasticizing mechanism; TRIP effect; TWIP effect

汽车钢结构件成形和汽车车身碰撞过程中，钢板的变形不是静态变形（应变速率 < 0.1/s）而是动态变形（应变速率 > 0.1/s）。生产制造过程时汽车结构件的变形速率为 0.1 ~ 10/s，而在行驶中发生碰撞时汽车结构件的变形速率则高达 $10^2 \sim 10^3$/s。然而，汽车钢静态和动态变形行为存在极大差异，不能通过静态力学性能推断动态性能。

大量的研究发现，汽车钢力学性能有的呈现正的应变速率敏感性，有的是负的，也有的不敏感[1,2]，这是由于静态和动态加载增塑机制的差异造成的。Tian 等人[3]对 0.11C – 0.62Si – 1.65Mn 钢（TRIP 钢）进行研究，发现动态加载的绝热温升提高了 TRIP 钢的奥氏体稳定性，抑制 TRIP 效应。Wei[4]、何忠平[5]通过 TRIP 钢动态变形实验也得到相似的结论。Xu 等人[6]系统研究了 Fe – 0.4C – 17Mn – 0.06V 钢在应变速率 $10^{-4} \sim 10^3$/s 下的变形行为。结果表明，随着应变速率的增大，绝热温升增加，层错能逐渐提高，增塑机制发生变化。在应变速率为 $10^{-4} \sim 0.1$/s 时，TRIP 和 TWIP 效应共存，且 TRIP 效应逐渐减弱，抗拉强度降低；在应变速率为 0.1 ~ 10/s 时，TWIP 效应逐渐增强，并出现孪晶交割，抗拉强度提高；当应变速率为 $10 \sim 10^3$/s 时，TRIP 效应消失，TWIP 效应也受到抑制，增塑机制转变为以位错滑移为主，抗拉强度降低。Tang 等人[7]对 Fe – 0.2C – 15Mn – 3Al 钢进行动态变形的研究（应变速率为 7 ~ 700/s）。研究发现，在应变速率为 7 ~ 70/s 时，TWIP 效应逐渐增强，并出现了孪晶交割，伸长率提高；在应变速率为 70 ~ 700/s 时，TWIP 效应逐渐减弱，且孪晶交割消失，伸长率下降。Hwang[8]、Lee[9]通过实验，也得出相同的结论。上述研究结果表明，随着应变速率的增大，奥氏体层错能提高，增塑机制由以 TRIP 效应为主，转变为以 TWIP 效应为主，再转变为位错滑移为主，从而获得不同的力学性能。

因此，为了保证汽车钢生产以及使用安全性，需要开展汽车钢动态变形的相关研究工作。中锰钢具有优异的静态力学性能，强塑积可达 30 ~ 70 GPa%，是理想的第三代汽车钢[10,11]。Lee 等人[9,12]研究了中锰钢在静态加载下的变形行为,发现其力学性能呈正的敏感性,但缺少对动态行为的研究。因此,为了补全中锰钢动态变形的数据,提高其在汽车制造业的竞争力,本文以 Fe-11Mn-2Al-0.2C 中锰钢为研究对象,通过研究试验钢在不同应变速率下的力学性能和增塑机制演变规律,明确应变速率对中锰钢增塑机制的影响,从而为组织调控和合金成分设计提供理论基础。

1 试验材料和方法

本试验将 50 kg 的 Fe-11Mn-2Al-0.2C 中锰钢原料,放入真空感应炉熔炼获得铸锭,铸锭锻造成厚度为 50 mm 的锻坯件。锻坯件放在 1 200 ℃ 温度下保温 2h,然后在 1 150~850 ℃ 范围内进行热轧,轧制至 4 mm 厚,空冷至室温,再进行冷轧,轧制至 1 mm 厚。将冷轧板放入 650 ℃ 电阻炉中,保温 5 min 后水冷至室温。根据前期研究结果[13],经过 650 ℃ 保温 5 min 后淬火的试样能获得优异的力学性能,因而采用此热处理工艺。

拉伸试样的尺寸如图 1 所示,平行于轧制方向切取。进行不同应变速率下的室温拉伸,应变速率分别为 0.000 2/s、0.002/s、0.02/s、2/s、20/s、200/s,得到不同应变速率下的拉伸曲线。采用 SEM,TEM,XRD 对拉断前后的试样进行微观组织观察。

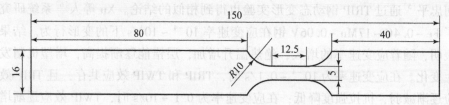

图1 拉伸试样尺寸图(单位:mm)

2 结果与讨论

2.1 力学性能分析

试验钢 0.000 2~200/s 应变速率拉伸的工程应力-应变曲线和真应力-应变曲线,如图 2(a) 和图 2(b) 所示。200/s 的曲线存在显著波动,这种现象归因于固体材料在承受外部载荷时具有的惯性和可变形性。当加载时间过短时,引起应力波的扰动(应力波指在固体中应力和应变以波的形式传播和相互作用),使拉伸曲线大幅波动。另外,发现试验钢工程应力-应变曲线存在屈服点延伸现象,即屈服平台,且屈服平台随着应变速率的增加而延长。

图 2 (c) 总结了力学性能，即屈服强度（YS）、抗拉强度（UTS）及断后伸长率（TE）。屈服强度在 932～1 035 MPa 范围内变化，对应变速率不敏感。抗拉强度随着应变速率增加，从 1 456 MPa 下降到 1 086 MPa，具有负的应变速率敏感性（SRS）。断后伸长率在 0.000 2～2/s 范围内，从 48.4% 下降到 40.6%，在 2～200/s 范围内增加到 44.5%。通过式（1）[14]计算流变应力的应变速率敏感性（SRS）指数 m，如图 2 (d) 所示。

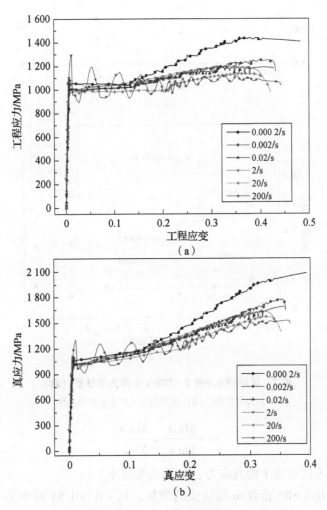

图 2 试验钢 0.000 2～200/s 拉伸力学性能
(a) 工程应力-工程应变曲线；(b) 真应力-真应变曲线

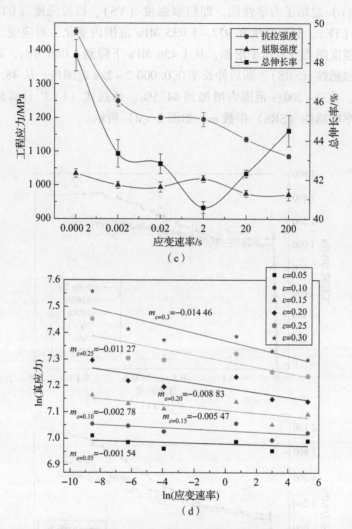

图 2　试验钢 0.000 2～200/s 拉伸力学性能（续）
（c）力学性能；（d）流变应力－应变速率敏感性

$$m = \frac{\partial \ln \sigma_t}{\partial \ln \dot{\varepsilon}_t} = \frac{\Delta \ln \sigma_t}{\Delta \ln \dot{\varepsilon}_t} \tag{1}$$

式中，σ_t 为不同应变下的真应力；$\dot{\varepsilon}_t$ 为应变速率。

流变应力的 SRS 指数 m 随应变的增加，从 $-0.001\,54$ 减少至 $-0.014\,6$，表明试验钢流变应力具有负的应变速率敏感性，这与大多数汽车钢的动力学研究相反，具有一定的研究价值。

2.2 显微组织分析

图3为试验钢在拉伸前的组织,组织由铁素体和奥氏体基体组成(图3(a)),组织形貌分为等轴状和板条状(图3(b)和图3(c))。图4(a)为拉伸前和不同应变速率下拉断的试验钢的XRD谱图。通过式(2)可计算拉伸前和不同应变速率下试验钢的奥氏体体积分数[15],计算结果如图4(b)所示。

图3 试验钢拉伸前的显微组织
(a)微观组织;(b)板条组织;(c)等轴组织

$$V_\gamma = \frac{1.4 I_\gamma}{I_\alpha + 1.4 I_\gamma} \tag{2}$$

式中,V_γ为奥氏体体积分数;I_γ为奥氏体在晶面为(200)、(220)、(311)处衍射峰的积分强度;I_α为铁素体在晶面为(200)、(211)处衍射峰的积分强度。

通过式(2)计算可得试验钢的初始组织为72.2%奥氏体+铁素体。试验钢变形前奥氏体体积分数为72.2%。当试样以0.0002~0.002/s应变速率加载时,奥氏体含量急剧下降至22.3%~26.8%,TRIP效应强烈;以0.02~2/s加载时,大部分奥氏体(57%~63%)被保留,TRIP效应被显著抑制;以20~200/s加载时,奥氏体含量又略微下降至50%,TRIP效应略微增强。由此可知,随着应变速率增加,TRIP效应整体被抑制,但这无法解释抗拉强度和延伸率变化的原因,还需探索其他增塑机制。

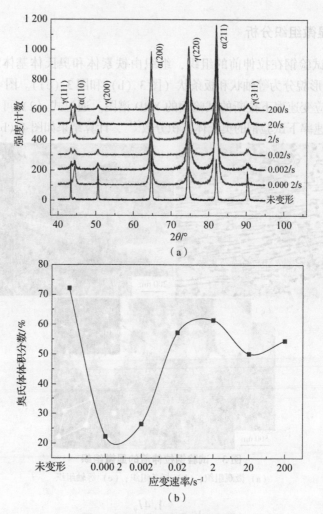

图 4　XRD 谱图及奥氏体含量

(a) 试验钢的 XRD 图；(b) 拉伸前和不同应变速率下奥氏体体积分数

由于动态加载时间极短，变形产生的热量无法散失，在试样中不断累积，使试样温度上高，即绝热温升。动态加载过程中绝热温升不可避免，绝热温升的存在直接影响力学性能。动态变形期间的温升可通过绝热温升公式（3）计算[16,17]，即

$$\Delta T = \frac{\Delta Q}{\rho C_p} = \frac{\beta}{\rho C_p}\int_{\varepsilon_2}^{\varepsilon_1}\sigma_t \mathrm{d}\varepsilon_t \tag{3}$$

式中，ΔQ 为由机械能转化的热量；β 为转换系数，$\beta = 0.9$；ρ 为钢的密度，$\rho = 7.8\ \mathrm{g/cm^3}$；$C_p$ 为比热容，对于钢而言，$C_p = 0.45\mathrm{kJ/(kg \cdot K)}$。

不同应变速率加载的温升，如表 1 所示。动态加载具有较大温升，且随

应变速率增加，绝热温升增加，温升软化效应增强，降低强度。TRIP 效应和温升软化效应共同导致抗拉强度却呈负的应变速率敏感性。

表 1 不同应变速率下的温升

参数	数值		
应变速率/s^{-1}	2	20	200
绝热温升/K	114	118	128

此外，绝热温升会增加层错能，从而产生机械孪晶（MTs），即 TWIP 效应。通过 TEM 实验，如图 5 所示，发现应变速率低于 0.02/s 时没有观察到机械孪晶，应变速率高于 0.02/s 时观察到不同程度的机械孪晶。随着应变速率的增加，孪晶层间距减少，孪晶数量增加。在 200/s 应变速率下，出现不同取向的 MTs 并发生孪晶交割（图 5（c））。根据 Brooks 等人研究[18]，MTs 交割有利于马氏体形核，这解释了在应变速率 20~200/s 下奥氏体体积分数减少的现象（图 4（b））。

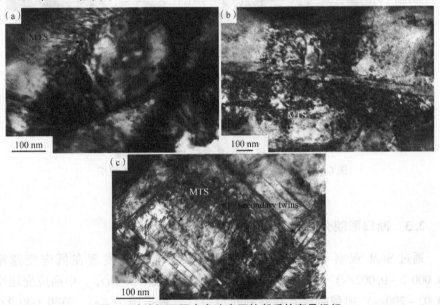

图 5 试验钢不同应变速率下拉断后的孪晶组织
(a) 0.02/s；(b) 2/s；(c) 200/s

结合 TRIP 效应、绝热温升和 TWIP 效应，延伸率随应变速率变化的原因被阐述。低应变速率（0.000 2~0.002/s）下 TRIP 效应是主要的增塑机制。在中高应变速率（0.02~200/s）下，绝热温升较强，导致软化现象，并且 TWIP 效应随着应变速率增加而增强。因此，尽管 TRIP 效应在中应变速率

(0.02~2/s) 下被显著抑制，但 TWIP 效应和温升软化效应随着应变速率增加逐渐增强，这弥补了 TRIP 效应的损失，导致延伸率从 48.4% 小幅度降低到 40.6%。当试样以高应变速率 (2~200/s) 加载时 TRIP 效应、TWIP 效应和温升软化效应同时增强，导致延伸率略微增加至 44.5%。

图 6 为试验钢不同应变速率下拉断后的显微组织。当应变速率为 0.002/s 时，组织被明显拉长，说明试样主要受到正应力的作用；当应变速率增加 (2~200/s)，组织被拉长并发生扭曲 (箭头所指)，说明试样受到剪切应力作用。由此判断，随着应变速率增加，应力状态由正应力逐渐转变为剪切应力。

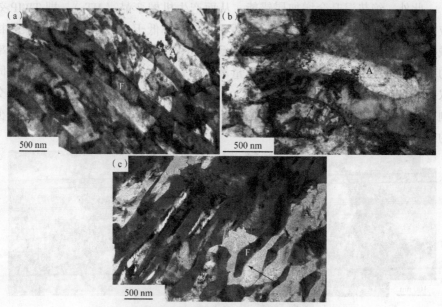

图 6 试验钢不同应变速率下拉断后的 TEM 组织
(a) 0.002/s；(b) 2/s；(c) 200/s

2.3 断口形貌分析

通过 SEM 观察不同应变速率加载的断口形貌，发现在低应变速率 (0.000 2~0.002/s) 加载时试样出现断口裂纹，如图 7 所示。中高应变速率 (0.02~200/s) 加载时没有观察到断口裂纹。根据图 7 (a)，在 0.000 2/s 加载时试样中存在较大的阶梯型裂纹 (箭头) 和许多微孔 (圆圈)，对比发现，裂纹和微孔的数量随着应变速率的增加而减少。如图 7 (b) 所示，在 0.002/s 加载时试样仅观察到一条阶梯型裂纹和较少的微孔。裂纹萌生与微孔的形核、长大、聚集有关。在中高应变速率下，微孔的聚集时间不足，无法萌生多条裂纹。因此，断口裂纹和孔洞随着应变速率的增加而减少。

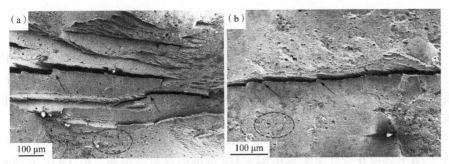

图7 试验钢不同应变速率下拉断后的断口裂纹
(a) 0.000 2/s;(b) 0.002/s

另外,低应变速率下裂纹有充足的时间向不同方向扩展,有利于局部应力的释放和传递,从而提高了材料的强度和塑性;在中高应变速率下,时间短,裂纹沿断裂方向快速扩展,不会出现断口裂纹,材料的力学性能下降。

图8为不同应变速率下的断口韧窝。当应变速率为0.000 2/s时,韧窝呈等轴状,而随着应变速率(0.02~200/s)的增加,韧窝被拉长从而呈卵形。分析认为,韧窝形态的不同是由于应变速率为0.000 2/s时,试样受到正应力的作用,从而形成等轴状韧窝;随着应变速率(0.02~200/s)的增加,试样受到剪切应力的作用,沿剪切方向(箭头)被拉长,因而形成的韧窝呈卵形。应力状态变化规律与图6观察到的规律一致。

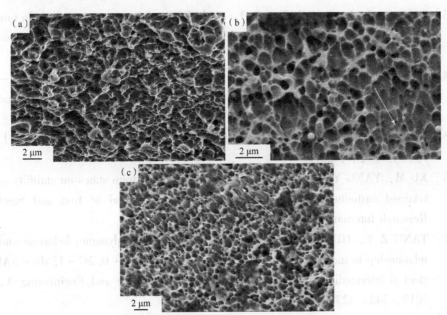

图8 试验钢不同应变速率下拉断后的断口韧窝
(a) 0.000 2/s;(b) 0.02/s;(c) 20/s

3 结论

①随着应变速率增加，抗拉强度从 1 456 MPa 下降到 1 086 MPa。流变应力-应变速率敏感（SRS）指数 m 随着应变的增加从 $-0.001\,54$ 降至 $-0.014\,6$，表明试验钢流变应力具有负的 SRS，原因主要归因于 TRIP 效应减弱和温升软化效应增强。

②在低应变速率（$0.000\,2 \sim 0.002/s$）下，TRIP 效应是主要的增塑机制。虽然 TRIP 效应在应变速率为 $0.02 \sim 2/s$ 范围内被显著抑制，但 TWIP 效应和温升软化效应增强，补偿了 TRIP 效应的损失，导致延伸率从 48.4% 略微降低至 40.6%。当试样以 $2 \sim 200/s$ 应变速率加载时，TRIP 效应、TWIP 效应和温升软化效应同时增强，导致延伸率随应变速率的增加而增加。

③随着应变速率的增加，试验钢应力状态逐渐由正应力变为剪切应力，这导致奥氏体和铁素体组织被扭曲，断口韧窝被拉长呈卵形。

参 考 文 献

[1] 韦习成, 符仁钰, 李麟, 等. 不同应变率下 TRIP 钢的拉伸性能 [J]. 上海金属, 2002 (4): 32 - 36.

[2] 史文超. TRIP780 高强钢动态变形行为的宏微观研究 [D]. 上海: 上海交通大学, 2009.

[3] TIAN R, LI L, COOMAN B C D, et al. Effect of temperature and strain rate on dynamic properties of low silicon TRIP steel [J]. Journal of Iron and Steel Research International, 2006, 13 (3): 53 - 59.

[4] WEI X C, FU R Y, LI L. Tensile deformation behavior of cold - rolled TRIP - aided steels over large range of strain rates [J]. Materials Science and Engineering A, 2007, 465 (1): 56 - 62.

[5] 何忠平. 应变速率对不同强度级别 TRIP 钢力学行为影响的研究 [D]. 上海: 上海大学, 2012.

[6] XU M, YANG Y G, CHEN J Y, et al. Effects of strain states on stability of retained austenite in medium Mn steels [J]. Journal of Iron and Steel Research International, 2017, 24 (11): 76 - 80.

[7] TANG Z Y, HUANG J N, DING H, et al. On the dynamic behavior and relationship to mechanical properties of cold - rolled Fe - 0.2C - 15Mn - 3Al steel at intermediate strain rate [J]. Materials Science and Engineering A, 2019, 742: 423 - 431.

[8] HWANG S W, JI J H, PARK K T. Effects of Al addition on high strain rate deformation of fully austenitic high Mn steels [J]. Materials Science and

Engineering A, 2011, 528 (24): 45-50.

[9] LEE S W, ESTRIN Y R, DE COOMAN B C D. Effect of the strain rate on the TRIP-TWIP transition in austenitic Fe-12 pct Mn-0.6 pct C TWIP steel [J]. Metallurgical and Materials Transactions A, 2014, 45 (2): 717-730.

[10] HEO Y U, SUH D W, LEE H C. Fabrication of an ultrafine-grained structure by a compositional pinning technique [J]. Acta Materialia, 2014, 77: 236-247.

[11] SUN R, XU W, WANG C, et al. Work hardening behavior of ultrafine grained duplex medium-Mn steels processed by ART-annealing [J]. Steel Research International, 2012, 8 (4): 316-321.

[12] LEE S, DE COOMAN B C. Tensile behavior of intercritically annealed 10 pct Mn multi-phase steel [J]. Metallurgical and Materials Transactions A, 2014, 45 (2): 709-716.

[13] CAI Z H, JING S Y, LI H Y, et al. The influence of microstructural characteristics on yield point elongation phenomenon on Fe-0.C-11Mn-2Al steel [J]. Material Science & Engineering A, 2019, 739: 17-25.

[14] 马鸣图, 李洁, 赵岩, 等. 汽车用金属材料在高应变速率下响应特性的研究进展 [J]. 机械工程, 2017, 41 (9): 1-24.

[15] YEN H W, OOI S W, EIZADJOU M, et al. Role of stress-assisted martensite in the design of strong ultrafine-grained duplex steels [J]. Acta Materialia, 2015, 82: 100-114.

[16] CURTZE S, KUOKKALA V T. Dependence of tensile deformation behavior of TWIP steels on stacking fault energy, temperature and strain rate [J]. Acta Materialia, 2010, 58 (15): 5129-5141.

[17] MAZANCOVÁ E, MAZANEC K. Stacking fault energy in high manganese alloys [J]. Materials Science and Engineering A, 2009, 16: 26-31.

[18] LEE S, LEE S J, KUMAR S S, et al. Localized deformation in multiphase, ultra-fine-grained 6 pct Mn transformation-induced plasticity steel [J]. Metallurgical and Materials Transactions A, 2001, 42 (12): 3638-3651.

作者简介：黄利, 博士, 中级工程师, 主要从事汽车新材料新工艺研发及推广应用、汽车材料EVI、汽车轻量化产品工程开发、汽车材料&零件检测技术、汽车材料&零件失效分析等相关技术领域工作。

H220YD + ZM 镀锌钢板电阻点焊工艺研究

卢岳[1]，熊自柳[1]，宋帅[1]，孙力[1]，陈翔[2]，彭建[2]

（1. 河钢集团钢研总院，石家庄 050023；
2. 重庆大学材料科学与工程学院，重庆 400044）

摘要：本文采用正交试验方法研究了焊接电流、焊接时间、电极压力3个因素对 H220YD + ZM 镀锌钢板电阻点焊接头的力学性能、微观组织和断口形貌的影响，以焊点拉剪力为评价指标进行正交分析，获取了工艺窗口，并采用电极磨损试验对焊点一致性进行了评价。结果表明：最佳焊接参数为焊接电流 8.6 kA、焊接时间 16 cycles、电极压力 2.6 kN；H220YD + ZM 点焊接头热影响区为粗大块状铁素体，熔核区为粒状贝氏体和马氏体；发生纽扣断裂的试样熔核形成良好，观察到韧窝存在，指向剪切方向，表现为塑性断裂；经过 500 次点焊后，焊点仍能保持较为良好的形状，未出现焊点形核直径小于 5.0 mm 的点，压下率均满足 ≤30% 的要求。

关键词：H220YD + ZM 镀锌钢板；电阻点焊；工艺窗口；焊点一致性
中图分类号：TG453.9　　　**文献标志码**：A

Study on Resistance Spot Welding Process of H220YD + ZM Galvanized Steel

Lu Yue[1], Xiong Ziliu[1], Song Shuai[1], Sun Li[1], Chen Xiang[2], Peng Jian[2]

(1. HBIS Group Technology Research Institute, Shijiazhuang 050023;
2. College of Materials Science and Engineering, Chongqing University, Chongqing 400044)

Abstract: In this paper, the effects of welding current, welding time and electrode pressure on the mechanical properties, microstructure and fracture morphology of resistance spot welding joint of H220YD + ZM galvanized steel sheet were studied by orthogonal test. The tensile shear force of solder joint was used as the evaluation index for orthogonal analysis, and the process window was obtained. The electrode wear experiment was used to evaluate the consistency of solder joint. The results show that the optimal welding parameters are as follows: welding current 8.6 kA, welding time 16 cycles, and electrode pressure 2.6 kN. The heat affected zone of H220YD + ZM spot welding joint is coarse block ferrite, and the nugget zone is granular bainite and martensite. The nugget of the specimen with button fracture was well formed, and the dimple was observed, pointing to the shear direction, showing plastic fracture. After 500 times of spot welding, the solder joints can still maintain a good shape, there is no spot with the nugget diameter less than 5.0 mm, and the reduction rate meets the requirements of ≤30 %.

Key words: H220YD + ZM galvanized steel plate; Resistance spot welding; Process window; Solder joint consistency

0 引言

自2021年以来，我国迈入由钢铁大国到钢铁强国转变的新发展阶段，碳中和目标的提出使钢铁行业面临全新的挑战。目前，钢铁广泛应用于汽车行业，而腐蚀问题在汽车中较为常见。热浸镀锌对于钢铁的耐蚀性能有着极大的作用，能够极大地增加汽车使用年限[1]。

电阻点焊是汽车车身上常用的连接方式，主要是利用电流通过焊接接头的接触表面，以及内部材料的电阻热来实现的。其主要优点为加热时间短，部件变形和残余应力小，焊接操作简单，易于实现自动化，具有较高的生产效率[2]。

本文以H220YD + ZM镀锌钢板为例，研究电阻点焊对其焊接性能的影响，采用正交试验设计方法，以焊点拉剪力为评价指标，对焊接电流、焊接时间、电极压力3个因素，利用SPSS软件进行正交分析，获取钢板可焊性窗口，研究了优化后的工艺参数对点焊接头力学性能的影响，并对显微组织进行了观察。

1 试验

1.1 试验材料

试验采用河钢集团唐钢公司生产的H220YD + ZM镀锌铝镁钢板，厚度为1.6 mm。母材成分及力学性能如表1及表2所示，利用线切割设备将钢板切割成125 mm×40 mm的电阻点焊试样。在进行试验前，先用无水乙醇清洗试片表面的油污及污染物，吹干后放置在干燥箱内以消除表面污染对焊接质量的影响。

表1 母材成分

元素	C	Mn	P	S	Al	Fe
H220YD + ZM	≤0.01	≤1.60	≤0.10	≤0.025	≤1.00	Bal.

表 2　母材力学性能

性能参数	R_{eL}/MPa	R_m/MPa	A_{80mm}/%
H220YD + ZM	233	>354	>42

点焊仪器使用重庆大学材料科学与工程学院的 TCW – 33E – LX 电阻点焊机。图 1 为抗拉剪试样及金相试样,沿焊点横截面切开,制备点焊接头金相试样。使用新三思 CMT – 5105 万能力学试验机进行抗拉剪及十字拉伸试验。金相制样采用的腐蚀液为 4% 浓度的硝酸酒精溶液,腐蚀时间约为 20 s。对焊点的宏观特性研究主要包括表面形貌、焊点直径及焊点压下量等;使用金相显微镜对点焊接头及各个区域进行观察并拍照,使用 TESCAN VEGA3 LMH SEM 型号扫描电子显微镜观察分析断口形貌。

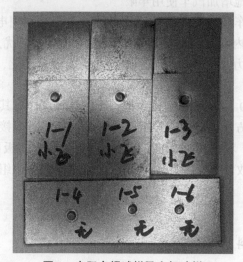

图 1　电阻点焊试样及金相试样

1.2　试验设计

根据板材的厚度、强度和锌铝镁镀层等因素,结合以前的试验及相关文献,本试验选择了焊接电流、焊接时间和电极压力为正交设计变量,相比于 H220Y 裸板,镀锌钢镀层的存在增大了焊接电流,同时根据 H220YD + ZM 的板厚以及电极帽的影响,确定了焊接电流、焊接时间和电极压力 3 个因素初步取值区间,各因素分别设置 4 种水平,范围为焊接电流:8 ~ 11 kA、焊接时间 12 ~ 18 cycles、电极压力 1.8 ~ 3.0 kN。设计了根据试验绘制 L16(4^3) 正交试验表,本例有 3 个因素,4 种水平。若不考察相互作用,则各因素之间自由度之和为:因素个数 × (水平数 – 1) = 3 × 3 = 9,小于 L16(4^3) 总自由度

16 - 1 = 15，各因素之间自由度之和小于总自由度，进行正交试验。

2 结果与讨论

2.1 正交试验结果

利用 SPSS 软件进行正交试验方差分析，结果如表3所示。利用多因素方差分析研究电流、时间、压力对于拉剪力的差异关系，模型 R 平方值为 0.973，其中电流、时间会对拉剪力产生显著性差异关系（$p<0.05$）。得出工艺参数范围为电流为 7~9 kA，时间为 14~18 cycles，压力为 2.2~2.8 kN。

表3 方差分析表

参数	平方和	df	均方	F	p
截距	1 609	1	1 609	10 151	0.000**
电流/kA	8.004	3	2.668	16.831	0.022*
时间/cycles	7.836	3	2.612	16.477	0.023*
压力/kN	1.023	3	0.341	2.15	0.273
空列	0.561	3	0.187	1.181	0.447
残差	0.476	3	0.159		

注：$R^2=0.973$；*$p<0.05$；**$p<0.01$。

本次工艺窗口最大焊接时间选择 18 cycles，电流左边界从 5.5 kA 开始，以 200 A 为步长逐渐增加，直到焊点直径达到 5.0 mm 时确定为 A 点；右边界焊接电流从 8 kA 开始，200 A 为步长增长，点焊接头产生飞溅时对应的电流值确定为 D 点。下一焊接时间选择 16 cycles，此时从 A 点电流值开始，以相同的步长增长，直到焊点直径达到要求时确定为 B 点，右边界的电流值从 D 点开始，以相同步长增长，点焊接头产生飞溅时对应的电流为 E 点。最小焊接时间选择 14 cycles，以此类推，获得 H220YD+ZM 工艺窗口范围如图 2 所示。以 E 点参数为标准，减少 200A 获得 G 点，以此作为后续电极磨损试验点。工艺窗口最大电流范围为 2.6 kA，最小电流范围为 2.4 kA[3]。

2.2 工艺窗口试验

图 3 为不同窗口点对熔核直径、焊点厚度、压下率及拉剪力的影响。可以看出 A、B、C 3 点较之 D、E、F 点，由于电流差异较大，对拉剪力的影响效果也有所不同。随着电流的增加，熔核直径也随之增加，而焊点厚度则随

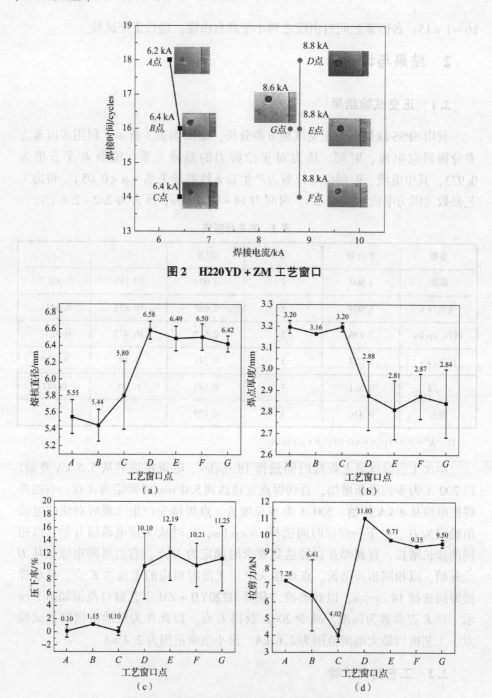

图 2 H220YD + ZM 工艺窗口

图 3 H220YD + ZM 熔核尺寸及力学性能
(a) 熔核直径；(b) 焊点厚度；(c) 压下率；(d) 拉剪力

之减小，对应的压下率相应升高，但均未超过30%。拉剪力最大值出现在 D 点的情况下，此时拉剪力为 11.03 kN。在本次工艺范围内焊接性能满足标准要求，由此确定 H220YD + ZM 钢最佳焊接参数：焊接电流 8.6 kA、焊接时间 16 cycles、电极压力 2.6 kN。

图 4 为水平显微硬度值分布图。显微硬度变化曲线表明，母材处显微硬度值约为 100 $HV_{0.2}$，热影响区硬度值为 100～170 $HV_{0.2}$，而熔核区硬度值分布则出现差异，A、B 两点由于电流值较小，焊核形成不充分，马氏体数量较少，显微硬度值较低，为 175 $HV_{0.2}$ 左右，而 C～G 点稳定在 200 $HV_{0.2}$ 上下。热影响区的显微硬度值从靠近母材区到熔核区依次增大，呈现"山峰"型分布[4]。从母材开始至熔核区，在焊接热循环过程中靠近熔核区峰值温度较高，而在冷却过程中，沿着母材往熔核区方向形成一个热应力梯度，越靠近熔核区热应力越大，显微硬度值越高。熔核区受热奥氏体化，然后在快速冷却过程中，发生马氏体转变和贝氏体转变，马氏体含量显著增加，故熔核区的显微硬度值要远远高于母材区，熔核区贝氏体的碳含量对于贝氏体的显微硬度具有决定性作用[5]。相比较 A、B、C 与 D、E、F、G，可以看出，随着电流增加，熔核直径也增加，对应的热影响区宽度增加，因此图中 D、E、F、G 点的热影响区硬度范围大于 A、B、C 点。

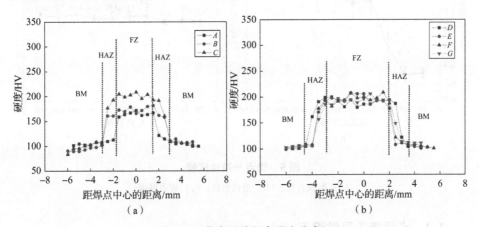

图 4　工艺窗口特征点硬度分布

(a) A、B、C 点；(b) D、E、F、G 点

2.3　焊点一致性试验

选择工艺窗口中的 G 点进行电极磨损试验，点焊过程中电极帽不断磨损，表面质量逐渐变差，所对应的焊点尺寸也会出现差异，磨损严重也会增加飞溅发生情况。每焊接 50 点后，在纸上用复写纸进行打点、拍摄照片并测量熔

核直径,发现随着焊接次数的增加,电极帽逐渐磨损,对应在白纸上的焊点直径逐渐增大,而且铜电极帽上出现粘连情况。图5(a)为实验过程中焊点形核直径的变化。从图中可以看到,在经过500次点焊后,焊点仍能保持较为良好的形状。图5(b)和图5(c)为对应电极磨损点的熔核直径及焊点厚度。在电极寿命测试过程中,500个焊点满足要求,未出现焊点形核直径小于5.0 mm的点,压下率均满足≤30%的要求,满足SMTC5 111003—2014标准要求。

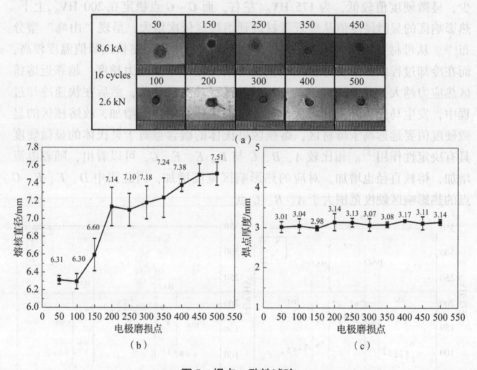

图5 焊点一致性试验

(a) 形核直径;(b) 熔核直径;(c) 焊点厚度

2.4 点焊接头显微组织

H220YD + ZM点焊接头由 A 母材区和 B 热影响区及 C 熔核区组成,如图6(a)所示。图6(b)母材区组织为铁素体。图6(c)热影响区组织为粗大铁素体,这是因为H220YD + ZM含碳量极低,焊接过程中,该区域峰值温度处在Ac3线以下,高温停留时间很短,但铁素体晶粒快速长大[6]。图6(d)熔核区组织为粒状贝氏体和马氏体,电阻点焊依靠两板之间的电阻热产热。当电流通过时,液态金属在快速的冷却过程中发生马氏体相变,形成块状马氏体结构和贝氏体的混合组织。

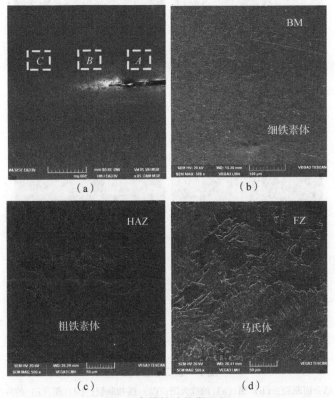

图6 点焊接头显微组织
(a) 点焊接头；(b) 母材区；(c) 热影响区；(d) 熔核区

2.5 断口

通过对抗拉剪试验后的试样进行观察，在不同焊接参数下，失效模式可以分为结合面断裂和纽扣断裂，如图7(a)和图7(c)所示。发生结合面断裂的试样则未形成有效熔核，此时力学性能较低，热输入量不充分，断口观察到台阶状花样，呈现出脆性断裂。发生纽扣断裂的试样熔核形成良好，此时拉剪力较高，两板之间结合充分，力学性能优良，断口观察到韧窝存在，指向剪切方向，表现为塑性断裂[7,8]。

3 结论

①结合飞溅情况，由此确定 H220YD + ZM 钢最佳焊接参数：焊接电流 8.6 kA、焊接时间 16 cycles、电极压力 2.6 kN。工艺窗口最大电流范围为 2.6 kA，最小电流范围为 2.4 kA。

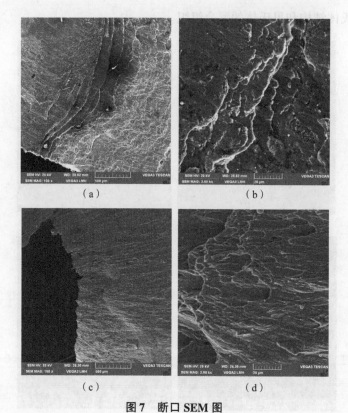

图 7　断口 SEM 图

(a) 结合面断裂；(b) 图 (a) 的放大图；(c) 纽扣断裂；(d) 图 (c) 的放大图

②H220YD + ZM 点焊接头热影响区为粗大块状铁素体，熔核区为粒状贝氏体和马氏体。经过 500 次点焊后，焊点仍能保持较为良好的形状。未出现焊点形核直径小于 5.0 mm 的点，压下率均满足 ≤30% 的要求，满足 SMTC5 111003—2014 标准要求。

③点焊失效模式可以分为结合面断裂和纽扣断裂。结合面断裂的试样断口观察到台阶状花样，呈现出脆性断裂。发生纽扣断裂的试样熔核形成良好，观察到韧窝存在，指向剪切方向，表现为塑性断裂。

参 考 文 献

[1] 陈云霞. 汽车用热成形钢新材料与新工艺进展 [J]. 新材料产业，2020 (5)：52 - 56.

[2] 陈道齐. 汽车车身焊接技术的研究进展 [J]. 汽车实用技术，2020 (4)：179 - 181.

[3] 李志伟，郭晶，吴长江. H260YD + Z 热镀锌板的电阻点焊工艺窗口研究

[J]. 热加工工艺, 2017, 46 (23): 189-191.

[4] 贺优优, 王东帅. 热冲压钢电阻点焊形核热过程及组织特征分析 [J]. 焊接技术, 2019, 48 (4): 15-18.

[5] 王小乐, 朱政强, 赵翔. 不等厚高强度钢 H220YD/DP590GA 电阻点焊接头的组织和性能 [J]. 上海交通大学学报, 2016, 50 (12): 1889-1892.

[6] 潘小强, 张立研, 曹艳艳, 等. 焊接时间对低碳钢点焊接头组织和性能的影响 [J]. 热加工工艺, 2020, 49 (21): 31-33.

[7] MA Y W, YU Y, GENG P H, et al. Fracture modeling of resistance spot welded ultra-high-strength steel considering the effect of liquid metal embrittlement crack [J]. Materials & Design, 2021, 210: 110075.

[8] 孔谅, 凌展翔, 王泽, 等. 镀锌 Q&P980 钢电阻点焊接头液态金属脆裂纹的形态及分布 [J]. 上海交通大学学报, 2019, 53 (6): 704-707.

作者简介: 卢岳 (1995—), 男, 硕士, 河北石家庄人, 工程师, 主要研究方向为钢铁材料焊接工艺及钢与轻合金异种材料焊接; E-mail: luyue@hbisco.com。

通讯作者: 熊自柳 (1980—), 男, 博士, 正高工, 从事汽车板产品开发及应用技术研究; E-mail: xiongziliu@hbisco.com。

"门锁加强板"零件冲压开裂原因分析及优化改进

王亚男,刘妍,刘恩泽,杨维宇

(内蒙古包钢稀土钢板材有限责任公司研发中心,包头 014010)

摘要:本文对1.2 mmDC03板料冲压时出现的问题分别进行了数值模拟分析,准确地还原现场实际工况,并进行模拟试验,验证在冲压工艺不变的情况下,开展板料力学性能、表面粗糙度、润滑等多种因素的调整试验。同时,对该批次板料的取样,进行实验室显微组织和显微硬度分析,分析出本批次板料存在的异常。两方面原因反馈生产部门后对产品性能进行改进,后期供货性能良好,问题解决。

关键词:冲压;板材性能;可靠性评估;数值模拟

Analysis and Optimization of Cracking Caused by Stamping of "Door Lock Reinforcement Plate"

Wang Yanan, Liu Yan, Liu Enze, Yang Weiyu

(Research center of Rare Earth Steel Sheet Co., Ltd. of Inner Mongolia Baotou Steel Union, Baotou 014010, Inner Mongolia Autonomous Region, China)

ABSTRACT: In this paper, the problems of 1.2mmDC03 sheet metal stamping were analyzed by numerical simulation, and the actual working conditions of the site were accurately reduced. The simulation experiments were carried out to verify that the adjustment experiments of mechanical properties, surface roughness, lubrication and other factors of the sheet metal were carried out under the condition that the stamping process remained unchanged. At the same time, the sample of this batch of plate, the laboratory microstructure and microhardness analysis, analysis of the abnormal existence of this batch of plate. The feedback from the two aspects improved the product performance, and the later supply performance was good, and the problem was solved.

Key Words: Stamping; Material property; Reliability evaluation; Numerical simulation

主机厂生产零件"门锁加强板"使用"钢厂1"板料,牌号为DC03,规格为1.2 mm。替换为"钢厂2"板料进行试冲,试冲时零件呈贯通式严重开裂，如图1所示。虽然增加涂油频率开裂改善，但仍有明显拉薄，如图2所示。将压边力降至0.15 MPa后，拉薄仍未缓解。在对开裂原因进行初步分析后，对现场板料进行取样，进行实验室显微组织分析，同时与该主机厂技术人员进行沟通交流，拿到了该零件的数模。通过与实际工况的对标，将该件成形过程模拟出来，并进行性能验证计算，以提供板料优化解决思路。

 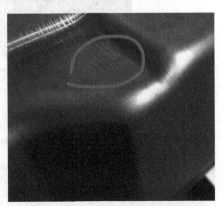

图1　未涂油时贯通式开裂　　　　　图2　单侧涂油后拉薄（隐裂）

1　实验室分析

将取好的金相试样横纵向分别制样，使用4%硝酸酒精溶液进行腐蚀，使用ZEISS Axio observer A1M 光学显微镜观察试样的整个断面进行全视野观察，并通过450 SVD 显微维氏硬度计分辨组织区别并进行分析，结果具体介绍如下。

1.1　横向观察

将两钢厂试样置于同一视野对比，如图3所示。"钢厂1"晶粒相比"钢厂2"粗约2级，但"钢厂1"晶粒度较为粗大，其屈服强度却远高于"钢厂2"，需进一步查看组织形貌。

1.2　纵向观察

如图4、图5所示，"钢厂1"组织为铁素体+珠光体，试样中有通长的珠光体偏析带，且厚度方向上表面、心部的晶粒度明显不一致。"钢厂2"组织为铁素体+珠光体，试样整体组织均匀，铁素体与珠光体交织分布，珠光体比例整体高于"钢厂1"，这也就解释了该板料晶粒度粗大但屈服强度高的原因。

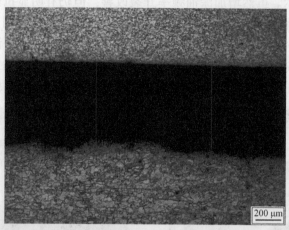

图3 两种材料微观组织对比

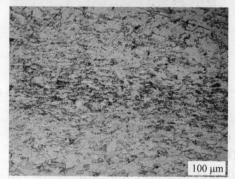 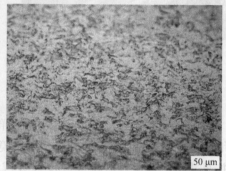

图4 "钢厂1"中心偏析带　　　　图5 "钢厂2"均匀组织

该偏析带在做单向拉伸试验时，对性能影响不明显，但在厚度方向折弯时会在两相间出现变形不一致，从而影响成形性能。

1.3 显微硬度测试

"钢厂2"心部、边部显微维氏硬度分别为141、146；"钢厂1"心部、边部显微维氏硬度分别为152、99。

由此验证"钢厂1"心部组织与"钢厂2"类似的判断，同时证明该异常组织在变形时由于硬度差别大，将造成非均匀变形。两厂成分设计和工艺体系有明显差异，短时间内不便大更改生产工艺，因此进行数值模拟分析，以便找出在目前逻辑内可行的优化方案，提高板料适用性。

2 数值模拟分析及试验

2.1 采用板材数据

使用 AUTOFORM-R8 版本软件,采用"钢厂1"板材数据及"钢厂2"板材数据进行数值模拟对比分析。"钢厂1"性能数据直接采用软件内嵌该厂材料卡性能直接计算,"钢厂2"性能采用出厂检测数据进行计算,具体性能数值如表1所示。

表1 AUTOFORM 材料主要性能录入

材料\性能数值	屈服强度/MPa	抗拉强度/MPa	R值(0°)	R值(45°)	R值(90°)	N值(全应变)
"钢厂1"	176	298	1.87	1.3	1.98	0.209
"钢厂2"	150	292	2.49	1.73	2.9	0.245

说明:1. 本次使用的"钢厂2"材料卡,是以 AUTOFORM 材料卡的拟合逻辑进行参数修改的,未知参数(Young's modulus、Poisson's Ratio、密度、0° R 值、45° R 值、Biaxial 相关数据)使用 AUTOFORM 材料卡中对应逻辑规则生成。

2. 由于"钢厂2"各向异性以及应力-应变曲线等数据获取不全面,单次模拟的数据不建议过分关注,但针对本零件所做的性能调整对比具有参考价值。

2.2 数值模拟试验过程

2.2.1 第一次试验

使用 AUTOFORM-R8 版本,自适应网格处理,复杂变形部位 7 级细化;使用 Spring Control 控制压力不变;按照现场了解的实际工艺,现场采用干板不涂油工艺,模拟计算时干板摩擦系数采用 0.2,并考虑动摩擦变化情况进行计算;采用 CE+(评估阶段+)算法,对应弹性壳单元-5(EPS-5),最大初始单元 40,最小单元 0.31;Thickness Stress 打开,厚度积分层数 5。

计算结果如图 6、图 7 所示,"钢厂2"最大减薄 27.0%,"钢厂1"最大减薄 23.0%。基本符合实际冲压结果。"钢厂1"屈服强度远高于"钢厂2",抗拉强度仅高于"钢厂2" 6 MPa,R 值也低于"钢厂2"很多,可见差异原因比较复杂,为了寻找原因,做了后面的对比试验。

2.2.2 第二次试验

使用控制变量法,基于"钢厂2"性能,保持其他性能不变,单加屈服强度至 176 MPa(增至与"钢厂1"相同)。结果如图 8 所示,减薄恶化,证明针对该零件的"钢厂2"板料屈服强度升高至"钢厂1"有负面影响。

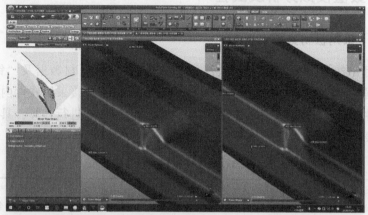

图6 "钢厂1"(右)和"钢厂2"(左)减薄率对比

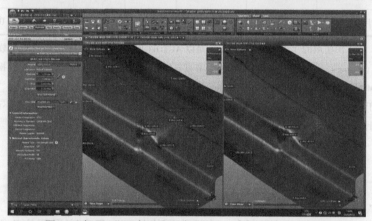

图7 "钢厂1"(左)和"钢厂2"(右)板内应力对比

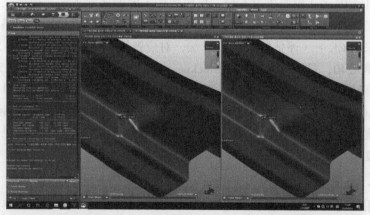

图8 "钢厂1"(右)和"钢厂2"(左)减薄率对比

2.2.3 第三次试验

使用控制变量法，基于"钢厂2"性能，保持其他性能不变，单降平均R值（降至与"钢厂1"相同）。结果如图9所示，显示减薄恶化为30.9%，证明针对该零件的"钢厂2"板料平均R值降至与"钢厂1"相同时有负面影响。

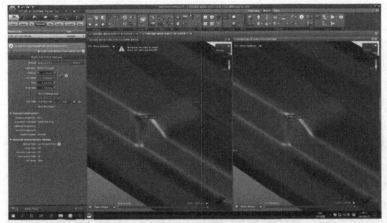

图9 "钢厂1"（右）和"钢厂2"（左）减薄率对比

2.2.4 第四次试验

使用控制变量法，基于"钢厂2"性能，保持其他性能不变，同比增加屈服强度、抗拉强度（增至与"钢厂1"相同）。结果如图10所示，减薄率为27.1%，与不做调整前减薄程度一致。

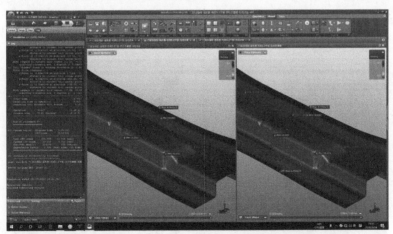

图10 "钢厂1"（右）和"钢厂2"（左）减薄率对比

2.2.5 第五次试验

使用控制变量法，基于"钢厂2"性能，保持其他性能不变，降R值+

屈服强度（降至与"钢厂1"相同）。结果如图11所示，减薄恶化为31%。对标后发现，抗拉强度对减薄有剧烈的正向影响，其他性能不论单独还是共同作用均为负向影响。下面开始以"钢厂1"减薄率为标准，基于"钢厂2"材料性能优化试验。

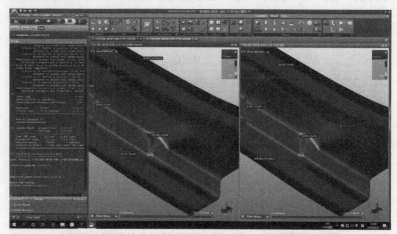

图11 "钢厂1"（右）和"钢厂2"（左）减薄率对比

2.2.6 第六次试验

使用控制变量法，基于"钢厂2"性能，保持其他性能不变，单加 R 值至 3.0（各向异性按比例增至1.16），减薄率降为24.9%。结果如图12所示，由于各向异性同步加大至1.16，R 值即使提高至3，也无法低于"钢厂1"减薄率23%。

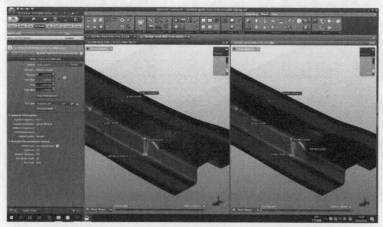

图12 "钢厂1"（右）和"钢厂2"（左）减薄率对比

2.2.7 第七次试验

使用控制变量法,基于"钢厂2"性能,保持其他性能不变,单提抗拉强度至320 MPa。结果如图13所示,减薄率降至25.3%,但无法低于"钢厂1"减薄率23%。(后面还增至330 MPa,减薄率降低不明显,说明在合理范围内,抗拉强度对其的影响已较弱)

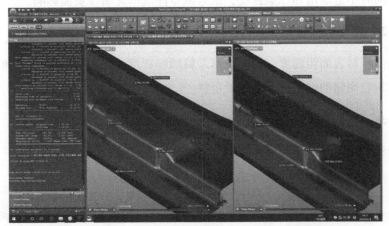

图13 "钢厂1"(右)和"钢厂2"(左)减薄率对比

2.2.8 第八次试验

使用控制变量法,基于"钢厂2"性能,保持其他性能不变,粗糙度从0.2降为0.15(已考虑动摩擦减弱效应)。结果如图14所示,减薄率降至0.19%,优于"钢厂1"。可见针对该零件,表面粗糙度的影响较为剧烈。可采取优化表面粗糙度的方式来提高适用性。

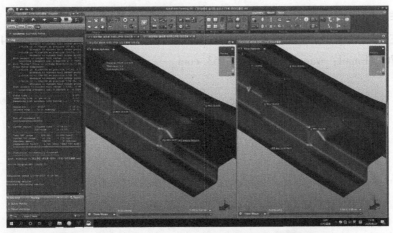

图14 "钢厂1"(右)和"钢厂2"(左)减薄率对比

3 优化板料

3.1 调整板料力学性能

根据第七次实验板料结果,重点提高板料抗拉强度。根据第四次实验结果,若同时小范围增加屈服强度,也对该零件成形无明显负面影响。

3.2 优化表面特征值

降低板料表面粗糙度,提高成形走料顺畅程度,同时提升表面 P_e 值,以增强板料表面储油性,进一步顺滑走料。

3.3 优化后再次试冲

干板不涂油时,连续试冲 20 件无异常,该厂认定合格。

4 结论

①实验室分析找到"钢厂1""钢厂2"之间的组织差异,分析出两者在冲压变形时产生不同效果的微观原因。"钢厂1"晶粒较粗大但组织均匀,且珠光体比例较高,"钢厂2"晶粒细小但有珠光体偏析带且珠光体比例较少。

②由于两厂家成分工艺设计逻辑有区别,但短时间内不便大更改生产工艺,因此进行数值模拟分析,找出在目前逻辑内可行的优化方案,提高板料适用性。

③优化后再次试模,20 件无异常,板料适用性大幅提升。

作者简介:王亚男(1992—),女,内蒙古包头人,本科双学士,工程师,主要研究方向为数值模拟研究及金属材料失效分析;电话:0472-2180670;Email:wangyanan0026@163.com。

第二相析出物特征对 2 GPa 热成形钢氢致延迟开裂的影响

杨峰，邝霜，夏明生，齐建群，张静，赵光

（河钢唐钢技术中心，唐山 063011）

摘要：通过对铌或钒微合金化的 2 GPa 热成形钢中第二相析出物在奥氏体中均匀形核的理论计算，得到了两种微合金化钢中形成的第二相析出物的尺寸及种类，以及两种第二相析出物随温度变化的规律。理论上提出了在生产过程中如何通过工艺控制来得到较为细小的第二相析出物的尺寸，以达到抑制氢致延迟开裂的最佳效果。通过预充氢后的拉伸试验显示，铌和钒微合金化 34MnB5 热成形钢的强度损失相差不显著，并对此现象进行了原因分析。

关键词：热成形钢；微合金化；第二相析出物；氢致延迟开裂；均匀形核

Effect of Precipitate Characteristics on Hydrogen – Induced Delayed Cracking of 2 GPa Hot Forming Steel

Yang Feng, Kuang Shuang, Xia Mingsheng, Qi Jianqun, Zhang Jing, Zhao Guang

(Researcher center of He Steel Group Tang Steel, Tangshan 063011)

Abstract: In the niobium or vanadium micro – alloyed 2 GPa hot formed steel, the theoretical calculation of second phase precipitates as the homogeneous nucleation in austenite was worked out. The size and type of the second phase precipitates and the law of the two second phase precipitates changing with temperature was obtained. Theoretically, how to obtain the finer size of the second phase precipitate through process control in the production process was proposed to achieve the best effect of inhibiting the delayed cracking caused by hydrogen. The strength loss of niobium and vanadium micro – alloyed 34MnB5 hot formed steel was not significantly different from tensile test after hydrogen pre – charging, and the reason of this phenomenon was analyzed.

Key words: HPS; Micro – alloyed; The second phase precipitate; HIC; Homogeneous nucleation

0 引言

热成形钢（Hot Press Steel or Hot Stamping Steel）一般加 B（B 元素有效提高淬透性），又称为 B 钢（Boron Steel）。高强度硼合金钢加热使之奥氏体化，随后将红热的板料送入有冷却系统的模具内冲压成形，同时被具有快速均匀冷却系统的模具冷却淬火，钢板组织由奥氏体转变成马氏体，因而得到超高强度的钢板[1]。目前商用的热成形钢的强度达到了 2 GPa，其中较为典型的钢种为 34MnB5。但是随着强度的提高，钢板的氢致延迟开裂的敏感性增加，限制了热成形钢的使用。

为了改善氢致延迟开裂对热成形高强度钢的影响，往往采用微合金化的方式，一般会添加 Nb 和 V 等合金元素[2]。Nb 在热成形钢中一般会形成 Nb(C、N) 的析出物钉扎在晶界上起到细化晶粒的作用。氢离子容易吸附在 NbC 析出物与钢基体不连续的界面处[3]，而吸附在此处的氢离子不容易脱附。有人指出，氢离子容易吸附在 NbC 析出物半共格界面处的失配位错核心[4]而不容易脱附。V 与 Nb 有相同的机理与效果，但是二者碳化物的析出温度不一样，因此在生产过程中得到的析出物形貌存在差距。理论上，"深氢陷阱"的能力与表面积的关系为：NbC > TiC > VC[5]，所以 Nb（C、N）析出物要优于 V(C、N)析出物抑制氢致延迟开裂的效果。同时 Depover 在其文献中指出，超过 70 nm 的纳米析出物将完全失去对氢脆的抑制能力[6]。

雍岐龙在其著作《钢铁材料中的第二相》详述了如何通过固溶度积的公式理论计算钢中 Nb&V(C、N)第二相析出物的析出尺寸，他在著作中只提供了 0.10C% – 0.005% – 0.06Nb 和 0.10C% – 0.02% – 0.1V 两种成分体系的计算结果[7]。虽然目前越来越多的人关注到第二相析出物在超高强度钢中抑制延迟断裂的效果，但是没有人在 34MnB5 的成分体系下进行过相关的理论计算。本文将在上述成分体系中，理论计算铌与钒的碳氮化物在奥氏体中均匀形核的临界尺寸和在典型温度下的熟化长大尺寸，并对比 34MnB5 + Nb、34MnB5 + V 钢抑制氢致延迟开裂效果的差异性。

1 试验材料及内容

试验用 22Mn5 + Nb、34MnB5 + Nb、34MnB5 + V 钢的典型成分见表 1。从成分体系中的碳含量可以判断这 3 个钢种为中低碳钢，即 22Mn5 + Nb 钢可采用常用的固溶度公式计算、34MnB5 + Nb 钢采用中碳含量下固溶度公式计算[8]、34MnB5 + V 钢采用通用的固溶度公式计算[7]。

表1 对比试验钢的成分体系

成分 材料牌号	C	N	V	Nb	Si	Mn	S	P	B	Cr+Ni+Cu
34MnB5+Nb	0.33~0.35	≤0.005	—	≤0.05	≤0.25	≤1.5	≤0.005	≤0.02	≤0.005	≤0.3
34MnB5+V		≤0.003	0.20~0.5	—						
22Mn5+Nb	0.21~0.25	≤0.004	—	≤0.04	≤0.25	≤1.4	≤0.01	≤0.03	≤0.005	≤0.3

本文结合实际生产中的典型温度和热成形淬火过程中不同的奥氏体化温度，理论计算34MnB5+Nb、34MnB5+V钢中第二相析出物在奥氏体中均匀形核和熟化长大尺寸（22Mn5+Nb只计算全固溶温度）。

分别选取1.8 mm厚的34MnB5+V、2.0 mm厚的34MnB5+Nb进行了淬火前后的力学性能检测，结果见表2。平模淬火前，34MnB5+Nb钢的强度要优于34MnB5+V钢的性能，而延伸率34MnB5+V钢要高；平模淬火后34MnB5+Nb钢强度和延伸率均优于34MnB5+V钢。

表2 平模淬火前后力学性能对比

力学性能 材料牌号	淬火前			淬火后		
	$R_{p0.2}$/MPa	R_m/MPa	A/%	$R_{p0.2}$/MPa	R_m/MPa	A/%
34MnB5+V	428	703	19.5	1 225	1 909	5.5
34MnB5+Nb	492	898	15	1 257	1 921	6

备注：淬火温度930 ℃，2.0 mm的保温时间365 s，1.8 mm的保温时间340 s。

本文根据国标GB/T 3939—2020[9]，设计拉伸试样如图1所示，试样标距段为20 mm，各样品厚度与表2相同。将线切割边部打磨后的试样进行室温预充氢处理（见图2，除标距段外，其余全部用绝缘胶带包裹，保证只有标距段充氢），充氢时的电流密度为0.422 mA/cm^2，充氢时间为60 mins。充氢结束后取下绝缘胶带并用2000目砂纸打磨试样标距段，随后立刻在Zwick/Roell Z100拉伸试验机上进行室温拉伸试验，拉伸应变速率0.000 067/s，将得到的强度与延伸率与表2中淬火后的强度对比，表征Nb或V微合金化34MnB5热成形钢在强度和塑性损伤方面的差距，并对断口的形貌通过ZEISS ULTRA55场发射扫描电镜进行了分析。

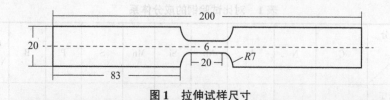

图1 拉伸试样尺寸

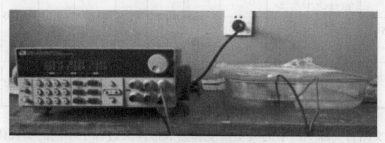

图2 电化学预充氢

2 碳氮化铌 Nb(C、N) 在奥氏体中的均匀形核及熟化的理论计算

2.1 全固溶温度的计算

中碳钢中碳氮化铌 Nb(C、N) 在奥氏体的溶度积公式:

$$\lg \frac{[Nb] \cdot [C]}{x} = 3.42 - 7\,900/T \quad (1)$$

$$\lg \frac{[Nb] \cdot [N]}{1-x} = 2.80 - 8\,500/T \quad (2)$$

将上述两式转换为指数模式再相加消除 x 后得到如下公式:

$$\frac{[Nb] \cdot [C]}{10^{3.42-7\,900/T}} + \frac{[Nb] \cdot [N]}{10^{2.8-8\,500/T}} = 1 \quad (3)$$

求得 34MnB5 + Nb 热成形钢第二相全固溶温度 T_{AS} 为 1 549.54K（约 1 276 ℃）。

同理，根据低碳钢中碳氮化铌 Nb(C、N) 在奥氏体的溶度积公式:

$$\lg \frac{[Nb] \cdot [C]}{x} = 2.96 - 7\,515/T \quad (4)$$

$$\lg \frac{[Nb] \cdot [N]}{1-x} = 3.70 - 10\,800/T \quad (5)$$

求得 22MnB5 + Nb 热成形钢第二相全固溶温度 T_{AS} 为 1 470.7K（约 1 197.5 ℃）。

2.2 均匀形核时沉淀析出物的临界核心尺寸

碳氮化铌 Nb(C、N)奥氏体中均匀形核的临界核心尺寸为

$$d^* = -\frac{4\sigma}{\Delta G_V + \Delta G_{EV}} \tag{6}$$

式中，ΔG_V 为单位体积的相变自由能；ΔG_{EV} 为新相形成时造成的单位体积弹性应变能；σ 为新相与母相界面的比界面能。

碳氮化铌 Nb(C、N)形核时的弹性应变能可以不予考虑，因此只要确定另两个值就可以理论计算一定温度下的临界核心尺寸。

考虑热轧加热时均热温度以及在热成形淬火时奥氏体化温度区间，参考《钢铁材料中的第二相》提供的方法，计算了奥氏体中均匀形核时的临界核心尺寸 d^*（表3）。

表3 碳氮化铌 Nb(C、N)奥氏体中均匀形核的临界核心尺寸

温度/℃	x	$V_{Nb(C,N)}/$ $(m^3 \cdot mol^{-1})$	$\Delta G_V/(J \cdot m^{-3})$	$\sigma/(J \cdot m^{-2})$	d^*/nm
700	0.855 366 08	1.355 19 × 10^{-5}	−4 071 864 461.81	0.749 998	0.736 761
750	0.862 134 50	1.357 1 × 10^{-5}	−3 695 291 430.26	0.720 029	0.779 402
800	0.868 051 52	1.358 96 × 10^{-5}	−3 320 244 893.15	0.690 028	0.831 298
850	0.873 219 02	1.360 76 × 10^{-5}	−2 946 632 764.04	0.659 999	0.895 937
900	0.877 700 58	1.362 52 × 10^{-5}	−2 574 354 871.86	0.629 945	0.978 801
950	0.881 522 88	1.364 24 × 10^{-5}	−2 203 321 996.13	0.599 87	1.089 03
1 250	0.886 614 38	1.373 53 × 10^{-5}	−189 925 957.21	0.419 017	8.824 85

在 700~950 ℃温度范围内，临界形核尺寸都接近 1 nm，只有在 1 250 ℃时形核的临界尺寸偏大，达到了 8.8 nm。

2.3 第二相析出物的熟化长大

根据 Ostwald 熟化机制，t 时刻第二相的平均尺寸可以计算为

$$\bar{r}_t^3 = \bar{r}_0^3 + m^3 t \tag{7}$$

参考《钢铁材料中的第二相》提供的方法，计算了奥氏体中均匀形核后的熟化尺寸 r_t，如表4所示。

表4 碳氮化铌 Nb(C、N)奥氏体中熟化尺寸

温度/熟化速率 \ 时间 \ 熟化尺寸	5 min	15 min	30 min
900 ℃/0.327 95 nm·s$^{-1/3}$	2.26 nm	3.20 nm	4.01 nm
950 ℃/0.510 54 nm·s$^{-1/3}$	3.45 nm	3.95 nm	6.22 nm
1 250 ℃/3.744 11 nm·s$^{-1/3}$	—	—	45.66 nm

从理论计算可知,在 900 ℃ 与 950 ℃ 温度下,随着保温时间的增长,第二相析出物的长大不是很明显,基本都在 10 nm 以内。奥氏体均匀形核的条件下,均热温度 1 250 ℃ 时形成的碳氮化铌 Nb(C、N)最大尺寸为 45.66 nm。

3 碳氮化钒 V(C、N) 在奥氏体中的均匀形核及熟化的理论计算

碳氮化钒 V(C、N)在奥氏体中的溶度积公式:

$$\lg \frac{[V]\cdot[C]}{x} = 6.72 - 9\,500/T \tag{8}$$

$$\lg \frac{[V]\cdot[N]}{1-x} = 3.63 - 8\,700/T \tag{9}$$

34MnB5+V 热成形钢计算全固溶温度 T_{AS} 为 1 292.73 K(1 019.5 ℃),现有的加热炉均热温度很容易达到此全固溶温度。

同理,考虑热轧加热时均热温度以及在热成形淬火时奥氏体化温度区间,按《钢铁材料中的第二相》提供的方法,计算了奥氏体中均匀形核时的临界核心尺寸 d^*,如表 5 所示。

表5 碳氮化钒 V(C、N)在奥氏体中均匀形核的临界核心尺寸

温度/℃	x	$\Delta G_V/(\text{J}\cdot\text{m}^{-3})$	$\sigma/(\text{J}\cdot\text{m}^{-2})$	d^*/nm
750	0.953 156 87	−2 620 838 240	0.607 654	0.927 419
800	0.949 365 96	−1 967 369 415	0.582 177	1.183 67
850	0.938 524 86	−1 337 214 685	0.556 563	1.664 84
900	0.897 723 23	−791 353 276.4	0.530 385	2.680 9
950	0.679 300 54	−569 464 205.7	0.500 988	3.519 01
1 010	0.332 086 926	−113 594 536.8	0.464 764	16.365 7

典型温度下碳氮化钒 V(C、N)熟化尺寸如表 6 所示。

表6 碳氮化钒 V(C、N)奥氏体中熟化尺寸

温度/熟化速率 \ 熟化尺寸 \ 时间	5 min	15 min	30 min
900 ℃/0.547 27 nm·s$^{-1/3}$	3.68 nm	5.29 nm	6.66 nm
950 ℃/0.871 89 nm·s$^{-1/3}$	6.02 nm	8.51 nm	10.66 nm
1 010 ℃/7.115 22 nm·s$^{-1/3}$	(VC)48.27 nm	—	—
1 010 ℃/0.716 452 nm·s$^{-1/3}$	(VN)16.50 nm		

900~950 ℃范围内，碳氮化钒 V(C、N)都有析出，此温度下碳化钒 VC 的熟化速率最快，取相关值进行计算可能得到最大尺寸。1 010 ℃时以氮化钒 VN 的析出为主，但是少量的碳化钒 VC 在此温度下会急剧长大，因此对二者分别进行了计算，见表6。

4 预充氢后拉伸试验结果

预充氢后的拉伸试验结果如图 3 所示，结果采用 Maoqiu Wang[10]、Depover[11] 提出的方法来进行评定。

$$\Delta R_m = \frac{R_m - R_{m充氢}}{R_m}$$

$$EI = \frac{A - A_{充氢}}{A} \tag{10}$$

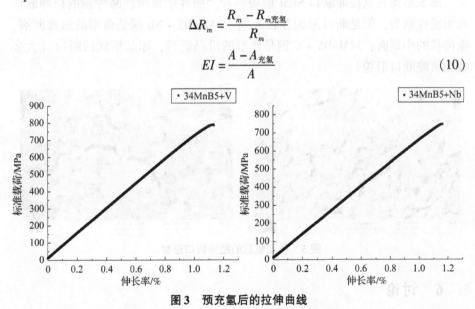

图3 预充氢后的拉伸曲线

34MnB5 + V 钢充氢后的慢应变速率拉伸抗拉强度约为 790 MPa，伸长率 1.14%，与表2中的抗拉强度对比，ΔR_m 约损失 58.6%，EI 塑性损失约为 79%；34MnB5 + Nb 钢充氢后的慢应变速率拉伸抗拉强度约为 746 MPa，伸长

率 1.16%，与表 2 中的抗拉强度对比，ΔR_m 约损失 61%，EI 塑性损失约为 80.6%；34MnB5+Nb 钢的损伤略大于 34MnB5+V 钢，但二者总体损伤差距不明显。

5 正常与预充氢拉伸断口对比

图 4 是正常拉伸的断口 SEM 形貌照片。照片中显示，两种钢的拉伸断口均为韧性断裂为主，韧窝的尺寸非常细小，有极少数的解理断裂面，约占 10% 不到。

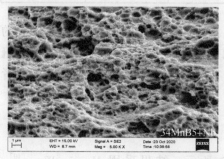

图 4 正常的拉伸断口形貌

图 5 是预充氢拉伸断口 SEM 形貌照片。照片中显示，两种钢的拉伸断口均为脆性断裂，但是断口形貌存在差别。34MnB5+Nb 钢是典型的解理断裂，锯齿状的小刻面；34MnB5+V 钢是典型的沿晶断裂，冰晶糖状的断口（大多数的氢脆断口形貌）。

图 5 预充氢后的拉伸断口形貌

6 讨论

6.1 碳含量对铌微合金化钢中第二相析出物全固溶温度 T_{AS} 的影响

由 2.1 节中的计算可知，22MnB5+Nb 钢与 34MnB5+Nb 钢中碳氮化铌

Nb(C、N)的全固溶温度 T_{AS} 分别为 1 197.5 ℃和 1 276 ℃，而目前钢铁厂装配的热轧加热炉的均热能力大部分在 1 250 ℃以下，即在此均热的条件下，22MnB5 + Nb 钢中的碳氮化铌 Nb(C、N)可以完全溶解，而 34MnB5 + Nb 钢中碳氮化铌 Nb(C、N)不能全固溶。这说明随着碳含量的增加，全固溶温度 T_{AS} 提高，局限于加热炉的加热能力，碳氮化铌 Nb(C、N)不能全固溶，反而会随着均热时间的延长，这些在连铸时形成的第二相析出物会长大，这对获得细小的第二相颗粒不利，进而影响抑制氢致延迟开裂的效果。可以通过降低 34MnB5 + Nb 钢中 Nb 含量来保证碳氮化铌 Nb(C、N)的全固溶，但是强度会显著降低，且最终第二相析出物的数量也会减少。

6.2 铌或钒微合金化在 34MnB5 钢中第二相析出物的差异

1）全固溶温度的差异

34MnB5 + Nb 钢中第二相的全固溶温度 T_{AS} 为 1 276 ℃，34MnB5 + V 钢中第二相的全固溶温度 T_{AS} 为 1 019.5 ℃，因此 34MnB5 + V 钢全固溶温度 T_{AS} 远低于 34MnB5 + Nb 钢。

2）临界形核尺寸的差异

从表 3 与表 5 的对比中可以发现，碳氮化铌 Nb(C、N)的析出物组分 x 随温度变化不明显，x 值基本稳定在 0.85 以上，说明在奥氏体均匀形核的过程中，自始至终以碳化铌 NbC 的析出物为主。但是碳氮化钒 V(C、N)的析出物在 1 100 ℃时以氮化钒 VN 为主（$x \approx 0.33$），在 950 ℃时碳化钒 VC、氮化钒 VN 都有析出（$x \approx 0.68$），在低温 850 ℃时基本以碳化钒 VC 为主（$x \approx 0.94$）。

相同温度下，碳氮化钒 V(C、N)临界形核尺寸 d^* 要普遍大于碳氮化铌 Nb(C、N)，且随着温度的升高，碳氮化钒 V(C、N)临界形核尺寸增加得很快，而碳氮化铌 Nb(C、N)基本都在 1 nm 以下。在 900~950 ℃的范围内，碳氮化钒 V(C、N)临界形核尺寸比碳氮化铌 Nb(C、N)大了 3 倍。

3）熟化速率和尺寸的差异

从表 4 与表 6 的对比中可以发现，碳化铌 NbC 在低温时熟化速率较小，因此在淬火奥氏体温度内（900~950 ℃），析出物长大效果不明显，即使保温 30 min 后，熟化后的尺寸都小于 10 nm。但在加热炉均热的高温下（1 250 ℃），30 min 后亦会明显长大到 45.66 nm。

由于组分的差距，碳氮化钒 V(C、N)的熟化长大要分碳化钒 VC、氮化钒 VN 两种情况来看。在淬火奥氏体温度内（900~950 ℃），组分差距不大，且碳化钒 VC 的熟化速率大于氮化钒 VN，以碳化钒 VC 计算的 30 min 后的熟尺寸仅 10.66 nm。

高温时（1 010 ℃），析出组分以氮化钒 VN 为主，此温度下的氮化钒 VN 熟化速率很小，5 min 后的熟化尺寸约 16.5 nm。但在此温度下占组分约 0.3 的碳化钒 VC 的熟化速率很大，5 min 后的熟化尺寸达到了 48.27 nm，急剧长大，但是该尺寸在工艺上不会发生。

6.3 铌或钒微合金化 34MnB5 钢生产工艺对析出物尺寸的影响

1) 34MnB5 + Nb 钢的工艺特点

碳氮化铌 Nb(C、N)在 34MnB5 + Nb 钢中不能完全固溶（见 6.1 节），保留下来的析出物颗粒在后续的均热时长大。Li Lin[12]在其文献中通过透射电镜在淬火前的 38MnB5 + Nb（0.34%C − 0.054%Nb 成分）钢中观察到了析出物大部分的平均尺寸在 0 ~ 50 nm（与理论计算吻合），最大颗粒的直径为 160 nm。因此在热轧时，34MnB5 + Nb 钢加热时可适当缩短均热时间，降低未溶颗粒的熟化长大时间。但是由于 34MnB5 + Nb 钢在热轧加热时始终处于高温中，不能通过工艺完全避免大颗粒未溶第二相析出物的存在。

碳氮化铌 Nb(C、N)在 34MnB5 + Nb 钢中的临界形核尺寸和熟化速率都比较小（见 6.2 节），导致溶解后重新析出的第二相颗粒尺寸都很小（约 10 nm），即对温度和长大时间不敏感。因此冷轧退火、淬火奥氏体化保温工艺的窗口较大，后续工艺容易实现 34MnB5 + Nb 钢细小尺寸的第二相析出颗粒。

2) 34MnB5 + V 钢的工艺特点

在高温下 34MnB5 + V 钢的碳化钒 VC 的临界形核尺寸大且熟化速率很快（见 6.2 节），对温度和长大时间较敏感，导致工艺的窗口较小。但是工艺始终是可控的，可以避免碳氮化钒 V(C、N)在 34MnB5 + V 钢中形成粗大的第二相析出颗粒。

在热轧时，1 250 ℃均热后的 34MnB5 + V 钢中的第二相析出物会完全固溶到基体中，出炉到精轧开轧前（精轧开轧温度 1 050 ℃），温度一直保持在 1 019.5 ℃以上，理论上是不会在开轧前形核（不会出现表 6 中计算得到的 48.27 nm 的尺寸），只有精轧开轧后在较低温度的奥氏体中非均匀形核。非均匀形核的特点是形核功小，形核容易[13]，但是随着轧制温度的降低，熟化速率低。大部分的形核和熟化长大发生在卷取之后的形变铁素体中，这时形成的第二相析出物的尺寸会更加细小[14]。

另外，不考虑 C、Mn 偏析的影响，理论上可适当降低 34MnB5 + V 钢生产的均热温度来降低能耗，但是为保证开轧的温度，粗轧时需要略微提速，二者需要均衡考虑。

由于碳化钒 VC 的临界形核尺寸大且熟化速率很快，34MnB5 + V 钢冷轧退火时应该走较低温度的奥氏体化温度和较快的速度，缓冷段走温度下限和较快的速度，尽量避免第二相析出物在较高温度下的长大。热冲压成形淬火时，采用较低的奥氏体化温度和较短的加热时间。Junmo Lee[15]在其文献中通过透射电镜在淬火后（980 ℃保温 30 min）的 0.6%C - 0.2%V 钢中观察到了析出物大部分的平均尺寸在 10~30 nm（与理论计算吻合）。该文献进一步指出，当 V 的含量达到 1% 后，也会导致未溶的第二相析出物，其尺寸可达到 200 nm 以上。

简而言之，34MnB5 + Nb 钢热轧工艺中不能避免粗大析出物的产生，但是 34MnB5 + V 钢通过后续工艺控制可以得到较为细小的析出物。

6.4 铌或钒微合金化抑制 34MnB5 钢氢致延迟开裂的差异

淬火前，34MnB5 + Nb 钢的强度要优于 34MnB5 + V 钢，但是淬火后，34MnB5 + Nb 钢的力学性能均优于 34MnB5 + V 钢。说明淬火前 34MnB5 + V 钢的析出物主要是在低温时生成细小的颗粒，但是在淬火时，这些颗粒在高温下的熟化速度快，迅速长大，析出强化的效果减弱；34MnB5 + Nb 钢在淬火前由于存在未溶的析出物，Nb 的强化效果没有完全发挥，而当淬火时，促进了 Nb 析出物颗粒的进一步回溶与重新析出，且熟化速度远低于 34MnB5 + V 钢中的析出物，因此力学性能在淬火后优于 34MnB5 + V 钢。

从充氢后拉伸试验结果发现，34MnB5 + Nb 钢强度和塑性损伤略大于 34MnB5 + V 钢，总体差距不明显。由于 34MnB5 + Nb 钢中存在大颗粒未溶解的第二相析出物，此类未溶析出物失去了"深氢陷阱"的能力（Rongjian Shi 在其文章中指出，碳化铌 NbC 的尺寸在（17.8 ± 10.7）nm 时，已经失去了捕捉氢的能力[4]），但是 34MnB5 + Nb 钢中部分重新固溶再析出长大的第二相析出物平均尺寸要小于 34MnB5 + V 钢（见 6.2 节），可能抵消了大颗粒未溶解的第二相析出物的影响，所以预充氢拉伸试验表现出上述的结果。

从断口形貌的差距发现，正常拉伸的断口都是韧性断裂为主，而预充氢后的拉伸断口几乎完全是脆性断裂。两种钢预充氢后的拉伸断口形貌又存在一定的差距：34MnB5 + Nb 钢为解理断裂，属于穿晶断裂的一种；34MnB5 + V 钢为沿晶断裂，说明 34MnB5 + Nb 钢晶界的结合力要高于 34MnB5 + V 钢，即 34MnB5 + Nb 钢晶粒更细小，Nb 的细晶强化效果更显著。但是 34MnB5 + Nb 钢受制于加热炉的均热能力，钢中部分 Nb 没有重新固溶后再沉淀析出更加细小的纳米颗粒，而是以较大的未溶颗粒存在，因此未能完全发挥 Nb 的第二相析出物抑制氢致延迟开裂的优势。

7　结论

①通过理论计算得到在典型温度下 34MnB5 + Nb、34MnB5 + V 钢的全固溶温度 T_{AS} 和第二相析出物在奥氏体中均匀形核时的组分、临界形核尺寸与熟化后的尺寸；

②34MnB5 + Nb 钢中的第二相析出物全固溶温度 T_{AS} 在加热炉均热温度极限之上；

③34MnB5 + Nb 钢中存在未固溶大颗粒的第二相析出物，此类析出物已经失去了"深氢陷阱"的能力，但是 34MnB5 + Nb 钢中部分重新固溶再析出长大的第二相析出物平均尺寸要小于 34MnB5 + V 钢，可能抵消了大颗粒未溶解的第二相析出物的影响；

④Nb 相较于 V 的第二相析出物抑制氢致延迟开裂的优势在 34MnB5 热成形钢中不显著。

8　不足

理论计算只能分辨第二相析出物的种类和近似的尺寸，不能对第二相析出物的各尺寸含量分布进行计算；其次，未能对 34MnB5 + Nb、34MnB5 + V 热成形钢中第二相析出物颗粒尺寸的差距进行直观的 TEM 分析验证，特别是 34MnB5 + Nb 钢未溶析出物的尺寸大小，在目前这方面的工作正在进行中。

参考文献

[1] KARBASIAN H, TEKKAYA A E. A review on hot stamping [J]. Journal of Materials Processing Technology, 2015, 210：2013 - 2118.

[2] 马鸣图，刘邦佑，陈翊昇，等. 热成形钢及热冲压零件的氢致延迟断裂 [J]. 汽车工艺与材料，2021 (4)：1 - 11.

[3] CHEN Y S, LU H Z. Observation of hydrogen trapping at dislocations grain boundaries, and precipitates [J]. Science, 2020, 367 (6474)：171 - 175.

[4] SHI R J, MA Y. Atomic - scale investigation of deep hydrogen trapping in Nb/α - Fe semi - coherent interfaces [J]. Acta Materialia, 2020, 200：686 - 696.

[5] FU G W, HARA T, TSUZAKI K. Nano - Preciptates Design with Hydrogen trapping character in high strength steel [J]. Effects of Hydrogen on Materials, 2009：448 - 455.

[6] DEPOVE T R, VERBEKEN K. The effect of TiC on the hydrogen induced ductility loss and trapping behavior of Fe – C – Ti alloys [J]. Corrosion Science, 2016, 112: 308 – 326.

[7] 雍岐龙. 钢铁材料中的第二相 [M]. 北京：冶金工业出版社, 2003.

[8] DEARDO A J, HUA M J, GARCIA C I. Basic metallurgy of modern niobium steels [J]. TMS (The Minerals, Metals & Materials Society), 2005.

[9] 全国钢标准化技术委员会. GB/T 39039 – 2020 高强度钢氢致延迟断裂评价方法 [S]. 2020.

[10] WANG M Q. Effect of hydrogen on the fracture behavior of high strength steel during slow strain rate test [J]. Corrosion Science, 2007, 49: 4081 – 4097.

[11] DEPOVER T, ESCOBAR D P. Effect of hydrogen charging on the mechanical properties of advanced high strength steels [J]. International Journal of Hydrogen Energy, 2014, 39: 4647 – 4656.

[12] LI L, LI B S, ZHU G M, et al. Effects of Nb on the microstructure and mechanical properties of 38MnB5 steel [J]. International Journal of Minerals, Metallurgy and Materials, 2018, 25 (10): 1181 – 1190.

[13] 张宗昌, 宋慧平, 宋义全. 金属固态相变教程 [M]. 北京：冶金工业出版社, 2003.

[14] 肖锋. 塑性变形对钒在钢中析出行为的影响 [J]. 四川冶金, 1998 (3): 42 – 45.

[15] LEE J M, LEE T Y, KWON Y J, et al. Effects of vanadium carbides on hydrogen embrittlement of tempered martensitic steel [J]. Metals and Materials International, 2016, 22: 364 – 372.

作者简介：杨峰（1983—），男，汉族，湖南常德人，工程师，硕士研究生，主要从事方向为钢铁材料的加工及热处理；Email：41649503@qq.com。

基体组织结构对热成形钢氢致裂纹影响

卢茜倩，谷海容，计遥遥，崔磊，晋家春，邓宗吉

（马鞍山钢铁股份有限公司，马鞍山 243000）

摘要：本文主要通过对热成形之前的组织进行调控研究，来观察基体组织对热成形后的氢致裂纹的影响。结果表明，淬火试样氢致裂纹在晶界和M板条界处形核，并沿着晶界和板条束扩展，裂纹往往穿过三角晶界处，而小角度晶界更能阻碍裂纹源的生成和扩展。基体中碳化物处易于产生氢鼓泡和氢致裂纹。通过工艺调控得到更加细小均匀的基体组织，且基体中含有更少大颗粒(Ti、Nb)(C、N)的试验钢，具有更好的抗HIC能力。

收稿日期：2021 - 07 - 26

关键词：热成形钢；组织；氢致裂纹

中图分类号：TG171　**文献标识码**：A

Effect of Matrix Structure on Hydrogen – induced Cracks of Hot Forming Steel

Lu Qianqian, Gu Hairong, Ji Yaoyao, Cui Lei, Jin Jiachun, Deng Zongji

(Maanshan Iron and Steel Co., Ltd, Maanshan243000, Anhui)

Abstract: In this paper, the effect of matrix structure on hydrogen – induced cracks after hot forming was studied by regulating the microstructure before the hot forming. The results show that the hydrogen – induced cracks of the quenched specimens nucleate at the grain boundary and the M – lath boundary, and propagate along the grain boundary and the lath bundle, and the cracks often pass through the triangular grain boundary, but the small Angle grain boundary can hinder the crack source formation and propagation. Hydrogen bubbling and hydrogen – induced cracks are easy to occur at carbide in matrix. The test steel with finer and more uniform matrix structure and less big(Ti,Nb)(C,N)in the matrix has better HIC resistance.

Key words: Hot forming steel; Structure; Hydrogen – induced cracks

0 引言

随着现代汽车向减重、节能、高安全性等方向发展，先进高强度钢得到

了越来越多的应用。其中,热成形钢因具有超高强度而得到广泛使用[1-3]。当钢的抗拉强度超过 1 200 MPa 时(组织中不存在能够有效捕捉原子氢的氢陷阱结构),在实际环境中服役时对氢致延迟断裂就变得十分敏感,尤其是低温回火马氏体钢在潮湿或腐蚀环境下容易发生延迟断裂,且随着强度的提高其延迟断裂的敏感性增大[4,5]。因此,热成形钢的组织结构对热成形钢的氢致裂纹影响较大[6,7]。

本文主要通过对热成形之前的组织进行调控研究,来观察基体组织对热成形后的氢致裂纹的影响,从而得到最佳的基板组织结构,为热成形钢基板的工艺制定提供必要的理论依据。

1 试验

试验所用材料为某钢厂不同工艺生产的 22MnB5 热成形钢。其中,1 号出厂状态为连续退火状态,2 号出厂状态为罩退状态,3 号出厂状态为球化退火状态,4 号为添加少量的 Nb、V 然后连续退火状态。4 种热成形钢分别编号为 1 号 ~4 号,其成分如表 1 所示。采用线切割在每种热成形钢上分别切取一块 10 cm × 10 cm × T mm (T 板厚统一选取 1.6 mm 试样)和 6 块 16 cm × 4 cm × T mm 的样品,将其按编号分批装入型号为 KSL – 1200X 的热处理炉中随炉升温至 930 ℃,保温 5 min,取出后立即放入水中淬火,制取淬火试样。

表1 试验钢化学成分　　　(单位:质量分数,%)

牌号	C	Si	Mn	P	S	Ti	Cr	B	Nb	V
22MnB5	≤0.4	≤0.5	≤1.5	≤0.03	≤0.01	≤0.05	≤0.5	≤0.005	—	—
22MnB5NbV	≤0.4	≤0.5	≤1.5	≤0.03	≤0.01	≤0.05	≤0.5	≤0.005	≤0.05	≤0.05

将热成形后试样的 10 mm × T mm 的一面上焊上铜导线,用冷镶嵌的方法将试样密封,只露出焊铜导线一面的对立面,将这一面用 200 目、400 目、600 目、800 目的砂纸逐级打磨至样品表面划痕方向一致并抛光至镜面。用无水乙醇将样品表面清洗干净,用吹风机吹干,备用。

氢渗透试验采用 Devanathan – Stachurski(D – S)双电解池电化学氢渗透试验装置,采用型号为 SI 1287 的电化学工作站对样品进行充氢,氢渗透设备如图 1 所示。其中,试样为阴极,Pt 电极为阳极,电解液为 0.5 mol/L NaOH 溶液,充氢电流密度为 200 mA/cm^2,充氢时间为 72 h。

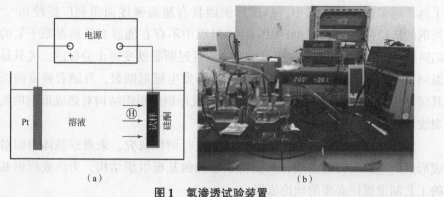

图1　氢渗透试验装置

(a) 示意图；(b) 实物图

2　结果与分析

图2为1号~4号热成形前的基体组织SEM照片。由图2（a）、（d）可以看出，经连续退火处理，组织主要为铁素体+珠光体组织。图2（b）、（c）组织主要为铁素体+粒状贝氏体，其中4号组织较其他试样组织相对细小、晶粒更均匀。这主要与Nb/V微合金化形成的碳化物对组织的细化作用有关。这些组织特征可以在热成形淬火时产生组织遗传，从而影响构件的性能。

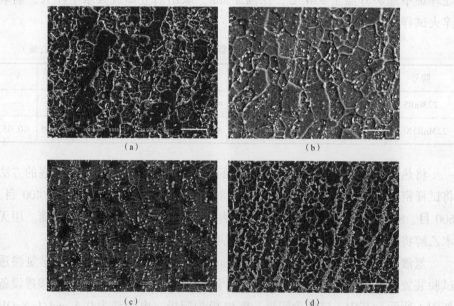

图2　1号~4号热成形钢基体组织的SEM照片

(a) 1号；(b) 2号；(c) 3号；(d) 4号

图3为热成形钢淬火组织的SEM照片，其组织均为板条马氏体组织。从图中可以明显看出，4号比其他试样的马氏体板条更加细小均匀。这应该与淬火奥氏体化过程中，钢中十分细小的Nb、V的碳、氮化物等硬质相阻碍晶粒长大有关。M板条的大小是影响热成形钢抗氢致裂纹和延迟断裂的重要因素[8]。

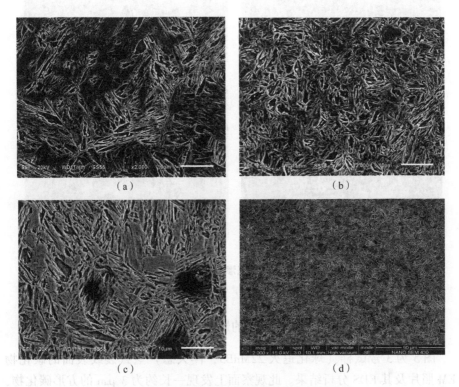

图3　1号~4号热成形钢淬火组织的SEM照片
(a) 1号；(b) 2号；(c) 3号；(d) 4号

2.1　基体组织对氢致裂纹的影响

图4为1号~4号试样在相同的氢渗透条件下的氢致裂纹SEM照片。由图4(a)、(b)、(c)可以看出，淬火试样氢致裂纹均在晶界和M板条界处形核，并沿着晶界和板条束进行扩展，且裂纹更易穿过三角晶界处。这主要是由于晶界和板条界处的缺陷多，是氢的较强陷阱；充氢时氢易于被捕获产生聚集，当内压足够高时，将产生氢鼓泡或氢致裂纹[9]。图4(d)裂纹明显减少、长度较短、与晶界和板条界的关系不明显，这可能与试样的晶粒和马氏体板条更加细小均匀，具有更多的小角度晶界有关。

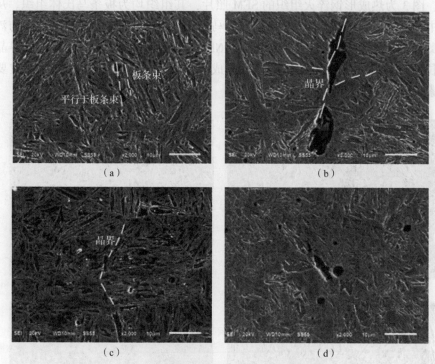

图4 1号~4号热成形钢氢渗透后的氢致裂纹SEM照片
(a) 1号; (b) 2号; (c) 3号; (d) 4号

2.2 基体中碳化物对氢致裂纹的影响

图5为3号试样(球化退火22MnB5,淬火态)氢致裂纹表面的碳化物SEM照片及其EDS分析结果。此观察面上发现一长约为3 μm的方形碳化物,EDS分析结果显示其为Ti(C、N)。碳氮化物是钢中较强的氢陷阱,捕获的氢易于在其周围聚集。然而,尽管碳化物带有明显的尖角(应力集中处),但未发现在它们周围产生氢鼓泡和氢致裂纹。这表明,这种碳化物在目前的充氢条件下,对产生氢鼓泡和氢致裂纹并不敏感。

图6为4号试样碳化物SEM形貌及其对应能谱。4号试样由于添加了Nb、V微合金元素,导致基体组织结构中含有Nb的碳氮化物。Nb固溶于Ti(C、N)中,形成的(Ti、Nb)(C、N),以方形(Ti、Nb)(C、N)为中心,在其周围形成了氢鼓泡,并且在其附近形成了氢致裂纹。这充分表明,充氢时,(Ti、Nb)(C、N)碳化物作为氢陷阱引起氢的聚集,聚集的氢以碳化物和基体的界面(材料薄弱处)为核心,形成鼓泡或微裂纹,并在一定条件下发生长大。图6(c)进一步显示,在晶界处的(Ti、Nb)(C、N)是氢致裂纹产生的起源地之一,

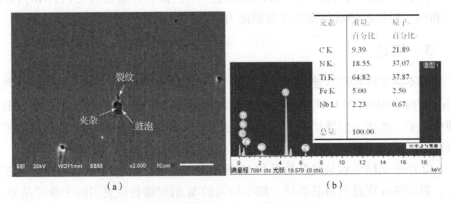

图5 3号试样碳化物SEM形貌及其对应能谱
(a) SEM形貌；(b) 对应能谱

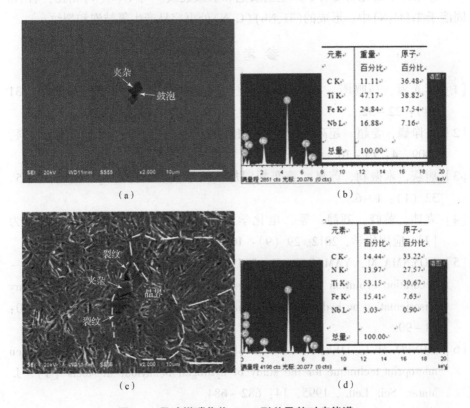

图6 4号试样碳化物SEM形貌及其对应能谱
(a) 4号试样腐蚀前的SEM；(b) 图(a)中夹杂物能谱结果；
(c) 4号试样腐蚀后的SEM；(d) 图(c)中夹杂物能谱结果

并且裂纹沿着晶界发生扩散，裂纹尾部十分尖锐，当受到外部施加的应力时构件将十分危险。因此，应采取合适的生产工艺抑制异常粗大的(Ti、Nb)(C、N)析出，对提高热成形钢的抗氢脆能力有益。

3 结论

①不同基体组织状态的热成形钢，热成形淬火组织均为 M。其中，添加 Nb、V 的 22MnB5NbV 试样的晶粒及晶粒内的 M 板条都比其他组织状态试样细小得多。总体上呈现出组织更加均匀细小的基体组织具有更好的抗氢致裂纹产生的能力。

②淬火试样氢致裂纹在晶界和 M 板条界处形核，并沿着晶界和板条束扩展，裂纹往往穿过三角晶界处。细小均匀的 M 组织能提供更多的小角度晶界，这是 22MnB5NbV 淬火试样具有更好的抗 HIC 能力的重要原因。

③基体中碳化物处易于产生氢鼓泡和氢致裂纹。与 Ti(C、N)相比，若 Nb 固溶于 Ti(C、N)中，形成的(Ti、Nb)(C、N)处更容易产生氢鼓泡和裂纹。

参 考 文 献

[1] 李光瀛，马鸣图. 我国汽车板生产现状及展望[J]. 轧钢，2014，31(4)：22 – 32.

[2] 谷诤巍，姜超. 超高强度钢板冲压件热成型工艺[J]. 汽车工艺与材料，2009，4：15 – 16.

[3] 唐荻，米振莉，苏岚. 汽车板深加工技术发展趋势[J]. 轧钢，2015，32 (1)：1 – 6.

[4] 袁玮，黄峰，刘静，等. 电化学方法研究 X120 管线钢氢致裂纹行为[J]. 应用化学，2012，29 (9)：1065 – 1069.

[5] KOYAMA M, YAMASAKI D, TSUZAKI K. In situ observations of silver – decoration evolution under hydrogen permeation：Effects of grain boundary misorientation on hydrogen flux in pure iron[J]. Scr. Mater.，2017，140：88 – 90.

[6] LUPPO M I, OVEJERO – GARCIA J. New application of the hydrogen microprint technique for the study of hydrogen behaviour in steels[J]. J. Mater. Sci. Lett.，1995，14：682 – 684.

[7] 李康，武玮，胡海军，等. 氢在 X90 管线钢中的扩散特性[J]. 腐蚀与防护，2016，37 (4)：279 – 293.

[8] YAZDIPOUR N, DUNNE D P, PERELOMA E V. Effect of grain size on the hydrogen diffusion process in steel using cellular automaton approach[C]//

International Conference on Processing Manufacturing of Advanced Materials, 2011: 1568 – 1573.

[9] DAVIES R G. Hydrogen embrittlement of dual – phase steels [J]. Metallurgical Transactions A, 1981, 12 (9): 1667 – 1672.

作者简介：卢茜倩（1989—）女，硕士研究生，工程师。

基于结构应力的点焊疲劳卡片研究

罗三峰[1,2]

（1. 中国汽车工程研究院股份有限公司，重庆 401122；
2. 重庆市汽车轻量化工程技术研究中心，重庆 401122）

摘要：有限元分析是点焊疲劳寿命分析的重要研究手段，而准确有效的材料疲劳卡片是有限元分析的重要基础与保障，传统方法中常采用母材的疲劳循环特性曲线。本文对点焊试样进行拉剪疲劳试验，获得了不同水平下的接头载荷 - 疲劳寿命关系，并利用 ACM 焊点模型使用有限元方法计算出点焊接头处的力与力矩，再根据力与力矩计算接头附近的结构应力。通过最小二乘法拟合后，获得接头结构的 $S-N$ 曲线，进一步构建了点焊接头的疲劳卡片，并通过进一步试验验证了疲劳卡片的准确性。结果表明，通过计算结构应力获得的点焊接头疲劳卡片可有效地表征接头疲劳行为并用于疲劳寿命预测。

关键词：点焊接头；疲劳寿命；结构应力；疲劳卡片

中图分类号：TG407　　　文献标识码：A

Research on Spot Weld Fatigue Cards Based on Structural Stress

Luo Sanfeng[1,2]

(1. China Automotive Engineering Research Instituteco. , ltd, Chongqing 401122, China;
2. Chongqing Automotive Lightweight Engineering Technology Research Center
Chongqing 401122, China)

Abstract: Finite element analysis is an important research means of spot welding fatigue life analysis, and accurate and effective material fatigue card is an important basis and guarantee of finite element analysis. The fatigue cycle characteristic curve of base metal is often used in traditional methods. In this paper, the tension shear fatigue test of spot welding samples is carried out, and the relationship between joint load and fatigue life at different levels is obtained. Using ACM solder joint model, the force and moment at the spot welded joint are calculated by finite element method, and the structural stress near the joint is calculated according to the force and moment. After fitting by the least square method, the structural stress $S - N$ curve of the joint is obtained, and the fatigue card of the spot welded joint is further constructed, and the accuracy of the fatigue card is verified by further experiments. The results show that the spot welded joint fatigue card obtained by calculating the structural stress can effectively characterize the joint fatigue behavior and be used for fatigue life prediction.

Key words: Spot welded joints; Fatigue life; Structural stress; Fatigue card

0 引言

电阻点焊是一种典型的压力焊方法,以电阻热为热源加热局部材料,同时施加一定压力使得待焊部位快速连接,且连接过程不需填充金属,是一种快速、高效、易于自动化的焊接技术。电阻点焊技术广泛地应用于汽车制造中,每辆轿车的车身上有 4 000~6 000 个点焊接头[1],且一辆典型的钢制车身90%以上装配量由电阻点焊工艺完成[2]。由于在点焊接头处不连续的几何形态,加之点接头形成过程中的剧烈物理化学变化与焊接热循环,使得在点焊接头处容易产生应力集中,成为疲劳裂纹萌发的起点,因此对点焊接头的疲劳评估尤为重要。

点焊疲劳的评估方法主要包含结构应力法、名义应力法、热点应力法、缺口应力法和断裂力学法等。其中,名义应力法应用较为广泛,该方法直接计算结构的名义应力,根据接头的接头形式、受力状态、加载状态以及其他接头条件,选择并查询焊接疲劳设计标准中相关的案例,并将名义应力与案例中的许永名义应力进行比较进而判定结构是否安全。由于点焊接头的名义应力法依赖于标准中的案例数据,因而对于非标准接头适用性较差,同时由于标准无法穷尽实际结构中的各种复杂接头,因此该方法存在一定的局限性。热点应力法、缺口应力法和断裂力学法等方法克服了名义应力法的局限,能综合考虑点焊接头的结构、几何样式、载荷条件和板厚因素,但上述方法对网格划分密度质量、建模质量和计算量的要求较大,难以应用于大规模的实际工程。

等效结构应力法是以结构应力为损伤参量的一种接头评价方法,其计算流程如图1所示。结构应力的计算方法结合了断裂力学与接头试验数据统计分析结果,将试验结果的等效结构应力范围 ΔS 和疲劳寿命 N 拟合得到$\Delta S - N$曲线。该曲线考虑了应力集中、板厚因素、加载条件等综合因素,加之结构应力法对网格大小的敏感度不高,降低了建模难度。本文采取结构应力方法对疲劳试验结果进行计算,构建结构应力-寿命的材料卡片,并通过试验检验焊点材料卡片的精度。

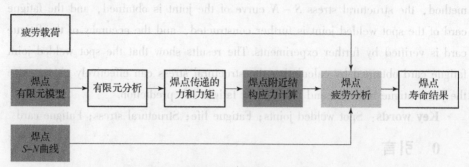

图 1　点焊接头疲劳寿命计算流程

1　点焊疲劳试验

本文采用汽车用的 0.7 mm 热镀锌钢板与 1.6 mm 高强度钢为原材料，依据标准 ISO 14324 Resistance spot welding—Destructive tests of welds—Method for the fatigue testing of spot welded joints 加工试样，加工过程中保证试样边缘无毛刺，试样尺寸设计与试样照片如图 2（a）与图 2（b）所示。试样在 MTS 370 电液伺服疲劳试验系统（图 3）上进行，试验采用轴向载荷控制，循环载荷比 $R=0.1$，频率 5~25 Hz，疲劳试验加载波形为正弦波，试验最大循环基数为 1×10^7 次。将试样两表面任意一个点焊部位或其附近，产生与熔核直径相当的裂纹或表面未见裂纹而试样断裂作为试样失效的判据。点焊接头的疲劳试验结果与试样照片分别如图 4 和图 5 所示。

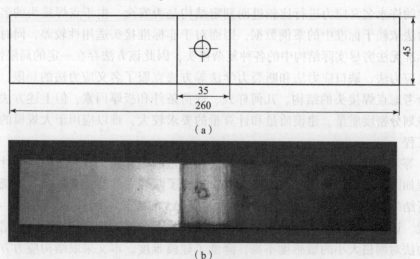

图 2　点焊试样设计

（a）点焊试样设计；（b）点焊试样照片

图 3　MTS 370 电液伺服疲劳试验系统

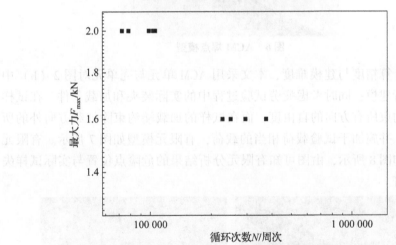

图 4　点焊接头疲劳试验结果

图 5　点焊接头失效照片

2 点焊疲劳卡片的创建

2.1 有限元模型

有限元分析中常用的焊点有限元模型类型包含实体模型、实体板壳模型、C-BAR模型、C-WELD模型、单刚性梁模型、多刚性梁模型、伞状模型与面接触模型（ACM）。Palmonella等人[3]利用常用的焊点模型对帽型梁建立了有限元模型，利用不同的有限元模型计算帽型梁的模态分析，并将其与试验结果进行对比，结果发现利用ACM单元建立的点焊接头计算的模态结果具备较高的准确性。ACM单元是一种组合单元焊点模型（图6），六面体单元HEXA和连接单元RBE3构成，上下两层板之间建立一个六面体模拟焊核，六面体各个节点通过RBE3单元与上下两层板四个节点连接。

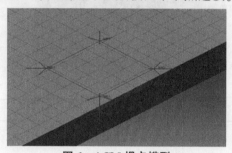

图6　ACM焊点模型

考虑计算精度与建模难度，本文采用ACM单元与壳单元对图2（b）中的试样进行建模；同时考虑疲劳试验过程中的实际装夹和加载条件，在试样的加持段约束所有方向的自由度，而在试样的加载端约束除加载方向外的所有自由度，并施加于试验载荷相当的载荷，有限元模型如图7所示。有限元分析结果如图8所示，由图可知有限元分析结果的危险点位置与实际试样失效位置相符。

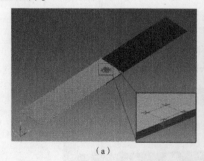
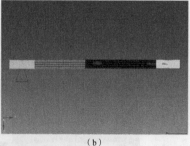

（a）　　　　　　　　　　　（b）

图7　试样有限元模型

（a）有限元模型；（b）边界条件

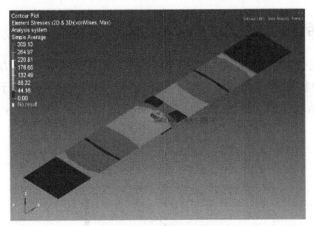

图 8　有限元分析结果

2.2　计算结构应力疲劳卡片

对上节有限元结果中焊点附近的力和力矩进行提取，对上板、下板与熔核处的结构应力进行计算，上下板的计算公式如下：

$$\sigma_{sheet1} = -\sigma(FX1)\cos\theta - \sigma_{\max}(FY1)\sin\theta - \sigma(FZ1) + \sigma_{\max}(MX1)\sin\theta - \sigma_{\max}(MY1)\cos\theta$$

熔核处的结构应力计算公式如下：

$$\sigma_{abs} = \frac{\sigma}{2} + \sqrt{\left(\frac{\sigma}{2}\right)^2 + \tau^2}, \text{如果 } \sigma \geqslant 0$$

$$\sigma_{abs} = \frac{\sigma}{2} + \sqrt{\left(\frac{\sigma}{2}\right)^2 + \tau^2}, \text{如果 } \sigma < 0$$

其中，σ 为法向应力；τ 为剪切应力。

本文中失效位置为熔核附近的薄板处，将其结构应力 S 与疲劳寿命 N 利用最小二乘法进行线性拟合，拟合后得到如图 9 所示的点焊接头疲劳卡片。

Required properties are marked in yellow

Name	Value	Description
⊟ General		
MaterialType	99	Material Type
YS		Yield Strength (MPa)
UTS	888.3	Ultimate Tensile Strength (MPa)
E	2E5	Elastic Modulus (MPa)
me		Elastic Poisson's Ratio
mp		Plastic Poisson's Ratio
SRI1	3329	Stress Range Intercept (MPa)
b1	-0.18569	First Fatigue Strength Exponent
Nc1	1E6	Fatigue Transition Point (cycles)
b2	0	Second Fatigue Strength Exponent
SE	0	Standard Error of Log(N)
RR	0.1	R-ratio of Test
Nfc	1E30	Fatigue CutOff
MSS		Mean Stress Sensitivity

SF-FXY	1	Scale Factor FXY
DE-FXY	0	Diameter Exponent FXY
TE-FXY	0	Thickness Exponent FXY
SF-MXY	0.6	Scale Factor MXY
DE-MXY	0	Diameter Exponent MXY
TE-MXY	0.5	Thickness Exponent MXY
SF-FZ	0.6	Scale Factor FZ
DE-FZ	0	Diameter Exponent FZ
TE-FZ	0.5	Thickness Exponent FZ
SF-MZ	0	Scale Factor MZ
DE-MZ	0	Diameter Exponent MZ
TE-MZ	0	Thickness Exponent MZ
M1		Mean stress parameter M1
M2		Mean stress parameter M2
M3		Mean stress parameter M3
M4		Mean stress parameter M4
Comments		Comments
References		References

图 9　点焊接头疲劳卡片

3 疲劳卡片的验证

为验证点焊接头疲劳卡片的准确性,对相同试样在最大力为 1.8 kN、1.45 kN 应力状态进行疲劳试验,并利用图 9 所示疲劳卡片进行疲劳寿命仿真,其预测结果如图 10 所示,计算结果与试验结果较为吻合,计算精度较高。

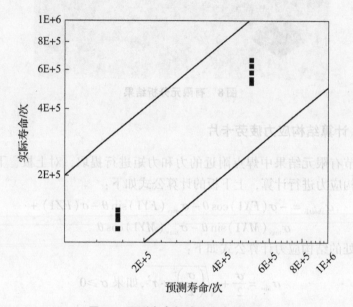

图 10　预测寿命与试验寿命的对比

4 结论

①采用 ACM 熔核、壳单元基板的焊点疲劳预测有限元建模方法能较好地反映出点焊实际状态,可以用于不同受力状态下点焊疲劳预测。

②不同载荷水平下,点焊疲劳寿命预测结果与试验寿命之间存在良好的相关性,误差在两个因子之内。

③基于结构应力构建的疲劳卡片,建模简单、计算快捷,能有效预测接头疲劳寿命,可广泛应用于点焊连接件的疲劳分析和设计。

参 考 文 献

[1] 袁少波,童彦刚. 点焊技术在汽车工业中的应用 [J]. 电焊机,2005 (2):26-30.

[2] 李永兵,李亚庭,楼铭,等. 轿车车身轻量化及其对连接技术的挑战[J]. 机械工程学报,2012,48(18):44-54.

[3] PALMONELLA M, FRISWELL M I, MOTTERSHEAD J E, et al. Finite element models of spot welds in structural dynamics: Review and updating [J]. Computers & Structures, 2005, 83(8/9): 648-661.

基于可靠性提升的乘用车玻璃升降系统典型故障分析预防

孙超，冯毅，高翔，周佳

(中国汽车工程研究院股份有限公司，重庆 401122)

摘要：本文以提升玻璃升降系统使用可靠性为目的，聚焦该系统典型故障，从预防性设计的角度精准定位故障产生机理。结合玻璃、车门钣金、导轨、玻璃泥槽、水切、电机等外界设计交互因素，对实际试验过程中和市场反馈失效模式展开原因分析，总结出从根本上规避问题的解决方案，为以后的车型设计提出了改进方法。

关键词：玻璃升降器；可靠性提升；升降异响卡滞；设计预防

Analysis and Prevention of Typical Faults of Passenger Car Window Lifting System Based on Reliability Improvement

Sun Chao, Feng Yi, Gao Xiang, Zhou Jia

(China Automotive Engineering Research Institute Co., Ltd, Chongqing, 401122)

Abstract: In order to improve the reliability of the glass lifting system, this paper focuses on the typical faults of the system and accurately locates the fault generation mechanism from the perspective of preventive design. Combined with the external design interaction factors such as glass, door sheet metal, guide rail, glass groove, water cutting and motor, this paper analyzes the causes of the failure modes in the actual test process and market feedback, summarizes the solutions to fundamentally avoid the problems, and puts forward improvement methods for the future vehicle design.

Key Words: Window regulator; Reliability improvement; Lifting jamming; Design prevention

0 前言

乘用车玻璃升降系统是乘用车除车辆行驶性相关功能外使用频率较高的集成系统，在各主要整车企业的市场故障零部件统计数据中，长期占据中高里程维修和投诉抱怨中前三名的位置。在实际使用过程中，经常会出现诸如玻璃升不到顶、降不到底、升降卡滞、运行速度慢、升降异响、防水密封失效漏水、振动噪声等各种各样故障。升降系统故障后用户使用感官极差，轻则影响整车品质感，使用者会对整车品质、厂家质控环节产生怀疑；重则由于密封和关闭问题直接影响车辆使用安全性。故需建立一套科学的方法，从产品设计过程着手，考虑参数选型，兼顾零部件试验和整车验证环节，保证玻璃升降系统运行稳定可靠。

1 玻璃升降器的结构形式和特点

汽车玻璃升降器按产品结构区分，主要分为叉臂式升降器和绳轮式升降器两类。其中叉臂式升降器结构件少、制造工艺简单、运行速度快，但由于其主要缺点明显，主动臂和从动臂之间易磨损噪声大、耐久性能差、质量较大，主要适用于尺寸大、弧度小的车门，目前应用在乘用车上的案例已逐渐减少，其主要应用集中在微车等品质感要求不高的车型中，故不在本文所涉及缺陷和优化方法讨论范围内。

绳轮式电动玻璃升降器由电机、减速器、钢丝绳、导向板等零件构成，如图1所示。这种升降器的主要优点是零件少、质量轻、安装位置易调整、布置空间较小，较适用于乘用车类车门和玻璃曲率变化大的小型车门。此类升降器成本相对较高，设计时必须考虑运行轨迹和窗框、导轨等导向件在运动方向上的平行一致性，否则运动过程中由于运动学上的轨迹不匹配易发生卡滞现象；绳轮式升降器的钢丝类电机拉锁，在运动中不断收紧和放松，使其存在一定的形状波动性，且拉锁的柔韧度较大，在车辆行驶中颠簸易与周边内饰件、钣金件、电器件等发生运动干涉产生振动异响，以上均需在设计开发过程中考虑充分，才可从根本上避免质量缺陷的发生。

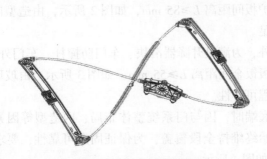

图1 绳轮式玻璃升降器

2 玻璃升降系统的主要失效形式

从用户使用的基本要求出发,对市场维修及抱怨的主要失效形式进行分析,不难发现,玻璃升降系统存在的故障形式可以分为感官性和功能性两大类。

感官性故障从使用感受出发,定义为未对玻璃升降系统的升降和密封功能性产生破坏性影响,但因不符合用户预期而对使用过程体验感降低,影响系统运行品质的失效种类。主要体现在行驶中玻璃振动噪声、升降启动瞬间晃动异响、漏风漏尘等。

功能性故障从性能要求出发,定义为直接或间接影响到升降功能和密封功能的失效种类。主要体现形式诸如运行卡滞、无法开关、漏水等严重性问题。此类问题因涉及驾驶员操作安全性和整车密封性,可能导致车辆行驶性功能关联受损,故障等级较高。

对于因电信号类的输入因素而导致的控制失效,不在本文讨论范畴。

3 玻璃升降系统可靠性提升的预防性设计

3.1 感官性故障

感官性相关的振动异响类故障,易导致用户体验感差,涉及工况复杂,维修人员锁定失效形式需要一定处理经验,维修难度较大,动辄涉及对整个车门系统进行拆装。即便找到问题源头后,也会对原厂控制的装配尺寸精度和系统完整性产生破坏,直接影响后期升降系统使用寿命。为避免此类故障,必须从设计源头出发,将各类失效形式在升降系统设计过程中加以规避,充分校合系统匹配度,使失效模式预防前置。

1) 系统布置阶段的校核与选型

由玻璃向车内,为具备充足布置升降器电机和车门内饰板的相互间关系,需保证玻璃至门护板间距离 $L \geq 85$ mm,如图 2 所示,由造型向车内递推,可避免后期空间不足。

由玻璃向车外,为满足升降器滑块、车门防撞杆、车门外板间相互关系,需保证玻璃至外板钣金间距离 $L \geq 55$ mm,如图 3 所示,由玻璃和外板造型交互校核,分析工程可行性。

玻璃下降至底端时,因与门系统整体布局、内造型等因素相关,导轨对玻璃保持度不能始终维持全段覆盖,为保证固定可靠性,要求导轨对玻璃夹持比大于 75%,如图 4 所示。

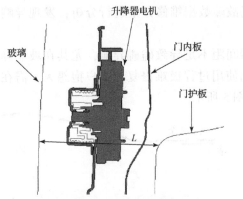

图2 玻璃至车门护板间距要求

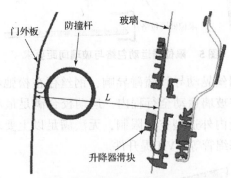

图3 玻璃至车门外板间距要求

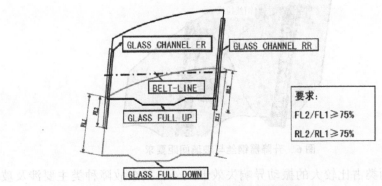

图4 导轨与玻璃夹持比要求

玻璃宽度和升降器选型的关系：对于前门玻璃宽度≥730 mm、后门玻璃宽度≥780 mm 的玻璃（按水切线长度测量为准），要求选用图1所示的双导轨升降器，避免大玻璃配小升降器的选型不良，从而导致松旷异响和升降晃动等问题。

2）零部件设计阶段的失效预防

在车辆行驶过程中，玻璃升降系统与周边件晃动磕碰导致的振动异响是问题源头。对市场故障数据维修方案进行分析，发现异响来源主要集中在以下零部件之间。

玻璃与限位器间距不足导致磕碰异响，尤其在玻璃降下、车门关闭状态下。此类故障后期使用过程极难修复，客户抱怨大。需在布置时最小距离满足 $L \geqslant 10$ mm，如图 5 所示。

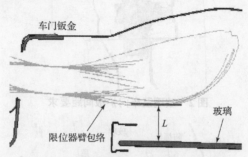

图 5　限位器运动包络与玻璃间距要求

玻璃与升降器钢丝晃动导致磕碰异响，钢丝存在松弛和拉紧状态，运动波动范围较大。应在玻璃运动全行程内，运动校合满足最小距离 $L \geqslant 15$ mm，如图 6 所示。如果受内外造型空间限制，无法满足以上要求，需在钢丝拉线上增加防震橡胶、海绵管等 NVH 提升件。

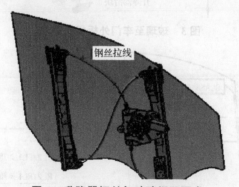

图 6　升降器钢丝与玻璃间距要求

除以上两类占比较大的振动异响失效形式外，其余故障种类主要涉及玻璃与外把手间、玻璃与锁芯拉杆间、玻璃与各类线束间、滑块与线束间等，故障占比较为分散。为提升设计可靠性，应在设计预防中进行规避，可按一般要求执行，双运动件间距 $\geqslant 15$ mm、运动件与非运动件间距 $\geqslant 10$ mm，非运动件间距 $\geqslant 5$ mm。

3.2　功能性故障

功能性相关的运行困难和密封失效类问题，因和升降运动过程相关，涉及因素较多。售后维修人员锁定问题源头困难，优化方案多以润滑轨道、清洗泥槽等方式进行。看似准确有效，实则对可靠性提升无任何帮助。考虑从设计源头出发，将各类功能性失效形式从整个轨道的轨迹符合性、重心偏移控制、夹持件的配合间隙要求等方面展开分析校核。从整个系统的运行匹配度方面入手，根本上提升升降系统功能类可靠性。

升降运行速度 = $2 \times \pi \times$ 线轮半径 $R \times$ 电机转速 $n/60$，应满足 $100 \sim 180$ mm/s；系统阻力 f = 前端泥槽阻力 f_f + 后端泥槽阻力 f_r + 内外水切阻力 f_c + 玻璃自重 g。

为保证升降速度满足 100 mm/s 的最低要求，理论上不考虑到后期外界运行环境污染因素干扰阻力上升的不可控性，控制内部干扰阻力 f_f、f_r、f_c 尽量减小，以满足系统阻力在 90N 的最大要求范围内。原则上在设计耐久试验时，应按运行上限速度校核。

以下论述不包含因制造工艺不良导致窗框导轨与设计尺寸偏差造成的轨道间平行控制失稳，在未受恶劣使用环境干扰影响阻力变化的前提下，从系统设计的可靠性提升角度，进行运行困难失效问题的预防性规避。

1) 运行轨迹符合性设计

玻璃在轨道内的轨迹为往复运动，看似完美的弧面运动实则在运动范围内存在一定的轨迹偏移。为控制偏移量在误差范围内，应在校合中尽量提高轨迹符合度的一致性。运动校核中，玻璃上下运动全过程需玻璃上各测量点与玻璃主体距离的偏差 $\delta \leq 0.25$ mm。

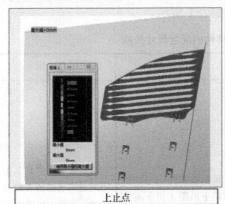 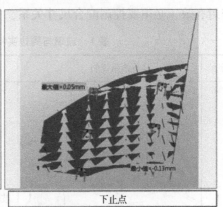

上止点　　　　　　　　　下止点

图7　玻璃运动轨迹的符合性要求

2) 运行重心偏移控制

运行重心的位置变化会对前后窗框、导轨、泥槽产生的系统阻力产生干扰，考虑运行过程中玻璃重心一直在移动，因此应在设计时充分论证运行重心始终控制在双导轨几何中心线区域的 ±30 mm 范围内（单导轨绳轮式升降器应控制在玻璃偏移方向的 20 mm 以内），如图 8 所示，这样才可保证运行中不因重心变化导致系统寿命降低，可规避诸如泥槽局部异常磨损、偏移性系统卡滞等问题。另外在系统布置时，如空间允许，应使双导轨跨距尽可能增大，以增加系统运行稳定性和耐久性。

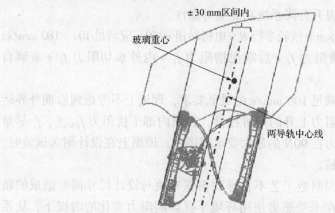

图 8 玻璃的运行重心范围要求

3) 夹持件的配合尺寸控制

玻璃的实际运行轨道并不是窗框导轨，而是装配在导轨中的玻璃泥槽。窗框前后侧的泥槽与导轨有一定的干涉量要求，它决定了玻璃系统的运行阻力和密封性；泥槽和夹持在车门内外板之间的水切零件，共同决定了运行系统运行阻力的大小。为保证玻璃升降系统在设计耐久生命周期内的正常运转、密封有效，必须要控制配合尺寸关系，如表 1 所示。

表 1 玻璃与周边夹持件的配合尺寸关系

序号	图示说明	尺寸要求	功能作用
1	水切／水切／车门外板／玻璃／车门内护板／L	玻璃运动到上止点时，玻璃下沿距水切下夹持点尺寸 $L \geq 20$ mm	保证玻璃运动到上止点时玻璃底部的夹持力足够，系统不松旷密封失效

续表

序号	图示说明	尺寸要求	功能作用
2	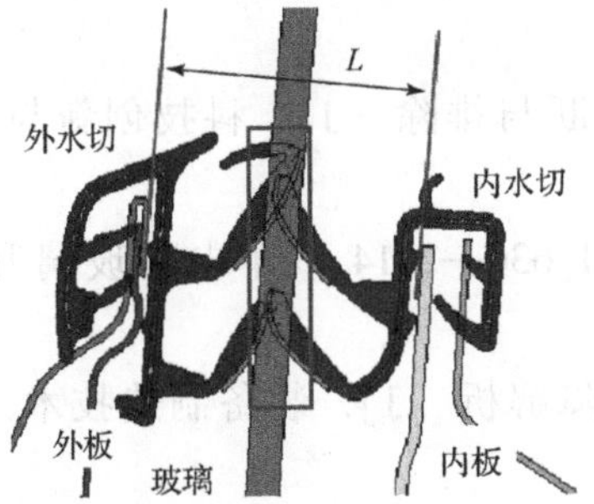 外水切 / 内水切 / 外板 / 玻璃 / 内板 (L)	①内外水切之间安装间距，车门内外钣金间距需满足最小尺寸要求 $L \geq 30$ mm；②在方框区域中，内外水切与玻璃的干涉量控制在 2~4 mm	保证钣金间有足够的空间满足水切和玻璃间配合，避免夹持过紧，阻力上升
3	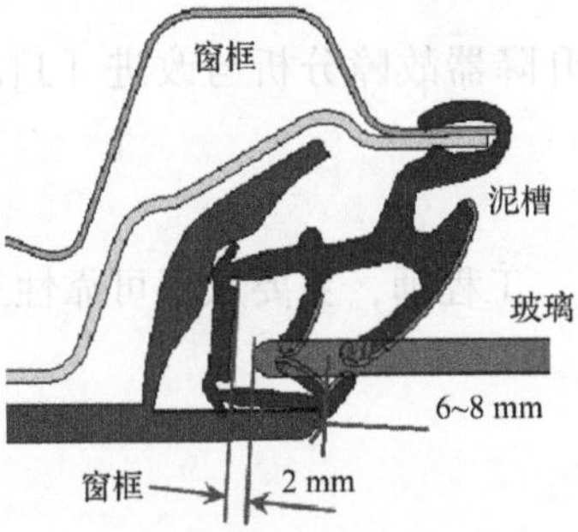 窗框 / 泥槽 / 玻璃 / 窗框 (6~8 mm, 2 mm)	窗框内部，玻璃底部到泥槽间距 $L_1 = 2$ mm；运动范围内，窗框与玻璃保持 L_2 控制在 6~8 mm；泥槽与玻璃干涉 2~4 mm	保证窗框对玻璃有足够的夹持稳定力，泥槽与玻璃间阻尼力稳定可靠

4 结论

通过对乘用车玻璃升降系统典型故障分类解析，探寻失效产生机理，锁定系统设计过程中易出现问题的薄弱环节。对设计源头的失效预防校核开展体系构建，可以帮助各种同类型故障出现后快速锁定问题原因，也可为未来车型设计在各个阶段如何提升玻璃升降系统可靠性提供一定的理论参考。

当然，除系统设计可预防的问题外，引起升降系统故障的其他因素也很多，诸如生产制造过程中工艺和尺寸控制不稳定、恶劣使用环境下污染和异物导致轨道润滑度下降、电信号干扰控制失效等诸多环节都可能对乘用车的玻璃升降系统产生影响。但外界因素干扰主要考虑后期过程控制环节和交互匹配去优化，系统性的源头问题必须在预防控制上加以体现，本文讨论的方法，结合了实际车型工程经验，着眼于升降系统失效问题的设计预防，能够形成升降机构设计知识库框架的主体，具备一定的工程实用价值。

参 考 文 献

[1] 邱洁平. 现代轿车电动玻璃升降器研究与探讨 [J]. 汽车技术, 2002 (4): 11-13.
[2] 孙大鹏. 浅析电动车窗常见故障诊断与排除 [J]. 科技创新与应用, 2013 (19): 112-113.
[3] 全国汽车标准化技术委员会. QC/T 636—2014 汽车电动玻璃升降器 [S]. 2014.
[4] 侯江红. 玻璃升降器产品及常见故障解析 [J]. 装备制造技术, 2012 (10): 269-270.
[5] 葛胜勇, 杨旭凌. 汽车电动门窗玻璃升降器常见故障诊断与检修 [J]. 汽车电器, 2004 (8): 44-45.
[6] 宁方勇, 王丽鹏, 石小明. 车窗玻璃升降器故障分析与改进 [J]. 汽车实用技术, 2020 (11): 132-134.

作者简介：孙超 (1983—), 男, 硕士, 工程师, 主要从事可靠性工程和轻量化 EVI 工作。

金属材料高周疲劳试验方法综述

王光耀，万鑫铭，周佳，赵奕炳，罗三峰，冯毅

(中国汽车工程研究院股份有限公司，重庆 401122)

摘要：本文介绍了金属材料高周疲劳试验方法，即成组法、升降法、SAFL法和Locati法、虚拟子样法、固定射点法，分析了这些方法的特点，然后介绍了国内外疲劳试验方法的现状。

关键词：$P-S-N$ 曲线；疲劳极限；成组法；升降法；SAFL法；Locati法；虚拟子样法；固定射点法

High Cycle Fatigue Testing Methods of Metallic Materials

Wang Guangyao, Wan Xinming, Zhou Jia, Zhao Yibing, Luo Sanfeng, Feng Yi

(China Automotive Engineering Research Institute Co., Ltd., Chongqing 401122, China)

Abstract: High-frequency fatigue testing methods of metallic materials were introduced in paper. And characters of these methods were analyzed. Finally, the present situation were introduced.

Key words: $P-S-N$ curve; Fatigue limit; Standard grouped measuring method; Up-down measuring method; SAFL method; Locati method; Suppositional sample measuring method; Fixed emitting point method.

0 前言

疲劳试验是当前评价汽车材料、零件的强度性能、承载能力和运行可靠性最重要的、最可靠的手段。它在汽车产品的开发与改性、质量控制以及货源鉴定，汽车材料和零件数据库的建立，虚拟疲劳的试验验证等方面有着广泛的应用，疲劳试验直接与我国汽车工业自主开发能力的提高密切相关。

目前，国内外通用的测定 $P-S-N$ 曲线和疲劳极限的两种标准方法分别为成组法和升降法[1-4]。这两种方法充分考虑到试样疲劳试验数据的分散性和随机性，使用试样较多，试验精度和置信度较高。但是试验所需的时间较长，工作量大，费用较高。针对上述传统标准方法的不足，国外曾提出了如SAFL法、Locati法、固定射点法、虚拟子样法等[5-7]快速疲劳试验方法，以减少试验工作量。本文介绍了金属材料高周疲劳试验方法，并分析了这些方法的优缺点。

1 疲劳试验方法

1.1 成组法

成组试验法是在某一指定应力（或应变）水平下，根据一组试样的试样结果测定 $S-N$ 曲线或 $P-S-N$ 曲线。设对数疲劳寿命 $x_i = \lg N_i$, $(i=1,2,\cdots,n)$ 服从正态分布，子样平均值 $\bar{x}$ 和标准差 s 分别为

$$\bar{x} = \frac{1}{n}\sum_{i=1}^{n} x_i \tag{1}$$

$$s = \sqrt{\left[\sum_{i=1}^{n}(x_i - \bar{x})^2\right]/(n-1)} \tag{2}$$

根据 t 分布理论，母体平均值 μ 的区间估计式为

$$\bar{x} - t_r \frac{s}{\sqrt{n}} < \mu < \bar{x} + t_r \frac{s}{\sqrt{n}} \tag{3}$$

由此可知每一组试验的观测值个数应满足下式：

$$\delta_{\max}\sqrt{n}/t_\gamma \geq s\sqrt{x} \tag{4}$$

当给定置信度 γ 时，t_γ 可查表得出。$\delta_{\max}$ 为误差限度，对于一般情况 $\delta_{\max} = 5\%$。此时由 $\bar{x}$ 可求得 N_{50}：

$$N_{50} = \lg^{-1}\bar{x} \tag{5}$$

式中，N_{50} 是具有置信度 γ 的中值疲劳寿命。

当给定置信度 γ 和可靠度 P 时，母体百分位值 x_P 区间估计式为

$$\bar{x} + u_P\beta s - t_\gamma s\sqrt{\frac{1}{n} + u_P^2(\beta^2-1)} < x_P < \bar{x} + u_P\beta s - t_\gamma s\sqrt{\frac{1}{n} + u_P^2(\beta^2-1)} \tag{6}$$

式中，β 为标准差修正系数，$\beta = \dfrac{\sqrt{(n-1)}\,\Gamma(n-1)/2}{\Gamma(n-2)}$，$\Gamma$ 值可由 Γ 函数表中查得；u_P 为与可靠度 P 相关的标准正态偏量。

由式（6）可知，测定安全疲劳寿命时每组观测值个数应满足下式：

$$\delta_{\max}/\left[t_\gamma\sqrt{\frac{1}{n} + u_P^2(\beta^2-1)} - \delta_{\max}u_P^2\beta\right] \geq s\sqrt{x} \tag{7}$$

此时，母体百分位值可写成

$$x_P = \bar{x} + u_P\beta s \tag{8}$$

具有置信度 γ 和可靠度 P 的安全寿命：

$$N_P = \lg^{-1} x_P \tag{9}$$

这种试验法用于评估曲轴在过载情况下的疲劳强度。适用于中、短寿命区，即在指定的应力水平下，测得的一组试样的寿命大多数在 2×10^6 周次循环以内。$S-N$ 曲线可以很直观地确定一个疲劳极限值，但试样本身的疲劳试验结果变异性较大时，$S-N$ 曲线上形成"分散带"。尽管可以取一条由中值寿命构成的"中间线"，但该曲线不能作为安全寿命估算的依据。$P-S-N$ 曲线则可以提供特定置信度下疲劳极限的下限，因此用于安全寿命的估算相对合理。但 $P-S-N$ 曲线的获取依赖于大子样的疲劳试验，应用起来有一定的限制。

1.2 升降法

升降法用于在指定的"循环基数"N_0（如 $N_0 = 10^7$）下测定"疲劳极限"，或在任一指定的寿命下测定疲劳强度。

进行升降法试验，国家标准规定用于解释性的研究最少 15 个试样估计疲劳强度的平均值和标准偏差，对于可靠性数据要求至少 30 个试样。试验开始时选用较高的应力水平，随后试样的试验应力水平取决于前一试样的试验结果。凡前一个时间未达到指定循环数时发生破坏，则随后的一次试验就在低一级的应力水平下进行。凡前一个试样越出，则随后的一次试验就在高一级的应力水平下进行。直至完成全部试验为止。将试验经过绘制成升降图，根据升降图，将相邻应力级的各数据点配成对子。配对时，从第一次出现相反结果的两个数据点开始。对于第一次出现相反结果以前的数据，如在升降图的波动范围以内，则可作为有效数据加以利用。按照上述方法安排试验，当升降图"闭合"时，则各数据点均可配成对子。闭合的条件是：根据有效数据的终点为越出"○"或破坏"×"，可设想在某一应力水平还存在一数据点，若该点有效数据的起点位于同一应力水平上，则表示闭合。遇有不闭合情况，则需舍弃 1~2 个数据点或补做试验，以满足闭合条件。在随机取样情况下，总可取得闭合式升降图。

1.3 SAFL 法

SAFL 是英文 Statistical Analysis for Fatigue Limit 的缩写，即疲劳极限统计分析试验法。该方法的核心内容是首先判定试样疲劳强度分布情况，然后根据数理统计原理，由样件疲劳强度值推出总体疲劳强度分布区域。

确定 $S-N$ 线需要两点，而一个试样只能破坏一次，为了找到另一点，该方法引入一理论点——1/4 循环断裂点 QCI（Quarter Cycle Intercept），即在此负荷下，试样在 1/4 循环处就会断裂。

QCI 对每一样件都是相同的，它可以用以下方法确定：

① 通过拉力试验，即

$$QCI = \frac{断裂时负荷}{断裂时截面积} \tag{10}$$

② 比例关系，即

$$QCI = \frac{强度极限}{1-面积缩小量} = \frac{Qult}{1-R_a} \tag{11}$$

其中，

$$Qult = \frac{极限负荷}{原始面积} \tag{12}$$

$$R_a = \frac{原始截面积-断裂时面积}{原始截面积} \tag{13}$$

③ 强度极限 $+350 \text{ kg/mm}^2$

上述计算的 QCI 是在平均负荷为零时的情况。如果平均负荷 $LOAD$ 不为零，则 $QCI = QCI$（计算值）$- LOAD$（平均值），QCI 是理论上的近似值，它作为 $S-N$ 线上的一点，$S-N$ 线上的另一点由试验得到。

由

$$\frac{\lg(\sigma_t) - \lg(QCI)}{\lg(Nt) - \lg(1/4)} = \frac{\lg(\sigma) - \lg(QCI)}{\lg(SL) - \lg(1/4)} \tag{14}$$

可求得每一试样的疲劳极限 σ。如果试样在试验负荷 ST 下循环 10^7 次后未断裂，则用试样负荷 σ_t 来估计试样疲劳强度。

1.4 Locati 法

Locati 法是意大利学者 Locati 根据 Palmgren – Miner 疲劳损伤累积理论提出来的一种快速测定疲劳极限的方法。根据 Palmgren – Miner 理论，疲劳破坏是由变形功累积所致。同一种材料制造的试样，在不同应力水平下运转，发生破坏时的总变形功应为一定值。如一种材料制成的试件在应力 σ_1 下运转 N_1 次破坏。总变形功为 $W_总$，则每一循环周次的平均变形功 W_1 为

$$W_1 = W_总 / N_1 \tag{15}$$

若此试样在任意应力水平 σ_i 下运转 N_i 次破坏，则每一循环周次的平均变形功 W_i 为

$$W_i = W_总 / N_i \tag{16}$$

假设一试样在应力 σ_1 运转 n_1 次，在应力 σ_2 下运转 n_2 次，……，在应力 σ_i 下运转 n_i 次之后破坏，总变形功仍为 $W_总$，故得

$$W_1 n_1 + W_2 n_2 + \cdots\cdots + W_i n_i = W_总 \tag{17}$$

由式（15）和式（16）可知，式（17）可改写成

$$(n_1/N_1)W_总 + (n_2/N_2)W_总 + \cdots + (n_i/N_i)W_总 = W_总 \qquad (18)$$

其中，$n_1/N_1 + n_2/N_2 + \cdots + n_i/N_i = 1$。式中的 N_1 为试样在应力 σ_1 下的循环寿命，N_2 为试样在应力 σ_2 下的循环寿命，N_i 为试样在应力 σ_i 下的循环寿命。

根据上述理论，Locati 法用一个试样，从某一应力开始，采用等量阶梯加载，并在每一应力水平下运转相同的周次，直至破坏，及时记录下所采用的应力水平级数和运转总周次。另外，选用 3 条疲劳曲线作为参考曲线，将试验用的各级应力水平分别代入 3 条疲劳曲线方程，求出相应的 $\sum n_i/N_i$ 的值，将 3 个方程的 $\sum n_i/N_i$ 和 $\sigma_{\lim}$ 构成的坐标系内，并连成光滑曲线，最后用内插法找出 $\sum n_i/N_i = 1$ 的 $\sigma_{\lim}$ 值，即为待测试样的疲劳极限。

虽然应用 Locati 法测定疲劳极限，仅要求一个试样，测定的时间相对其他方法也大幅度的缩短，比常规方法效率高出 10 倍。但是，在应用 Locati 法处理试验数据时，需要事先知道与该试样材料化学成分相似的材料的疲劳曲线作为试样数据处理的依据，并且为了尽量避免材料的"锻炼"效应，在试验时必须选择正确的初始应力 σ_0、应力增量 $\Delta\sigma$、各级应力的循环周次 n_i 和平均应力增长速率 α，$\alpha = \Delta\sigma/n_i$。其中，初始应力 σ_0 的选择范围应是 $0.8\sigma_p < \sigma_0 < 1.2\sigma_p$，$\sigma_p$ 为试样疲劳极限的期望值。初始应力应尽量选择大一些，使其靠近疲劳极限。这样可以缩短总的试验试样。应力增量 $\Delta\sigma$ 的选择范围应是 $0.05\sigma_p < \Delta\sigma < 0.15\sigma_p$。各级应力循环数 n_i（最后一级除外）由所选定的 $\Delta\sigma$ 值和平均应力增大速率的最佳值 α 确定。

可见，该方法试验参数的选择要求较高，可操作性相对较差，对试验员的试验经验要求较高。同时，数据处理过程需要另外选用 3 条和试样材料类似的材料的疲劳曲线作为参考，而在实际情况下，找到类似材料的疲劳曲线较为困难。尤其是在测定零部件的疲劳极限的试验中，零部件的结构对其疲劳极限也有影响。因此，要找出合适的参考疲劳曲线，更为困难。综上所述，利用该方法测定材料或者零部件的疲劳极限的可操作性不强。但是，鉴于该方法所需的试样数量较少，大大缩减了试验周期。因此，可以考虑用于工艺方案的对比性试验方面。

1.5 虚拟子样法与固定射点法

一定的疲劳寿命范围内，在双对数坐标中，循环应力 – 疲劳寿命呈线性关系，如图 1 所示。

图中的 S_0 可为无限寿命下的疲劳极限，那么如果试样经过 N_0 次的试验而没有失效，就认为它在 S_0 应力水平下永远不会失效。

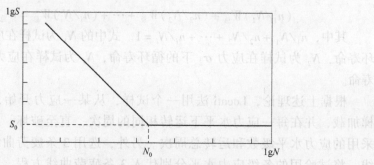

图1　双对数坐标的 $S-N$ 曲线示意图

由于任意两点就可以确定一条直线，因此对任何样品有两个不同的循环到失效的载荷点就可以作出这条双对数坐标下的 $S-N$ 曲线的直线段。但是这通过疲劳试验是无法做到的，因为一个试件只能试验至失效一次。实际在做这条曲线时用到了一个理论点，称之为1/4循环断裂点（Quarter Cycle Intercept），简称 QCI 点，即试样仅经过1/4次循环就发生断裂的载荷。

如图2所示，设在某一应力水平 S_i 下试验，得到的疲劳寿命为 N_i，在 $\lg S-\lg N$ 图中表示为 B 点。图2中的点 A 为1/4循环断裂点（QCI）。连接点 A 和点 B，确定一条直线 AB，直线 AB 与其余 $n-1$ 级应力水平线相交得到 $n-1$ 个交点，如图中的 C 点，这些点称之为虚拟试验点。在 $P-S-N$ 曲线拟合中，虚拟试验点与实际试验点的数据同等对待。这种根据上述法则估计 $P-S-N$ 曲线的方法称为虚拟子样法。

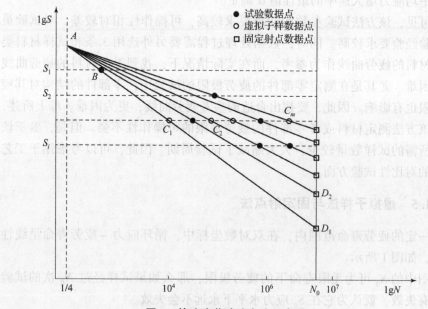

图2　快速疲劳试验方法示意图

类似地,如图 2 所示,直线 AB 与指定循环基数 N_0(如 10^7 次)垂直线相交于 D 点,D 点的纵坐标表示第 i 个试件估算出的疲劳极限。利用该方法得到一个大小为 n 的疲劳极限子样,作为母体的一组疲劳极限的观测值进行统计分析。子样的中值 $S-N$ 曲线用常规方法进行拟合;特征循环数 N_0 则要根据该材料或者零件的具体要求确定。

1/4 循环点和虚拟子样坐标的确定是利用实际试验点进行确定的,具体方法如下:

首先,根据下式估计各级应力下试样的对数疲劳寿命平均值,即

$$\overline{X_i} = \frac{1}{m_i}\sum_{j=1}^{m_i} \lg N_{ij} \tag{19}$$

式中,m_i 为第 i 级应力的试样总数;N_{ij} 为该级应力下第 j 个试样的疲劳寿命。

然后,在双对数坐标下,对已取得的 n 个 $(\overline{X_i},\lg S_i)$ 数据,利用最小二乘法拟合出子样的 $S-N$ 曲线的表达式,即

$$\lg S_i = \alpha + \beta \overline{X_i} \tag{20}$$

曲线的相关系数 R 应不小于要求的最小相关系数,如不满足则增加试验点数,直至满足要求。

将 $\overline{X_A} = \lg \frac{1}{4}$ 代入所得 $S-N$ 曲线的表达式(20),求出点 A 的纵坐标 $\lg S_A$,即

$$\lg S_A = \alpha + \beta \lg \frac{1}{4} \tag{21}$$

对于 $P-S-N$ 曲线的确定,根据几何关系,可以获得虚拟子样点 $D(S_D,\lg N_D)$,则该虚拟子样的对数疲劳寿命 $\lg N_D$ 为

$$\lg N_D = \lg \frac{1}{4} + \frac{(\lg S_0 - \lg S_A)\left(\lg \frac{1}{4} - \lg N_c\right)}{\lg S_A - \lg S_c} \tag{22}$$

对于疲劳极限的确定,根据式(23)可以确定疲劳极限 $\lg S_D$,即

$$\lg S_D = \lg S_A + \frac{(\lg N_0 - \lg 1/4)(\lg S_A - \lg S_c)}{\lg 1/4 - \lg N_c} \tag{23}$$

为了更为准确地估计不同存活率下的 $P-S-N$ 曲线和疲劳极限,需要对数据点是否满足正态分布进行判断。与传统的成组法判断试验数据点分布情况的方法相同[8],采用作图法或者解析法对数据点的分布情况进行判断。

采用统计分析方法对不同存活率下的疲劳寿命下限和疲劳极限下限进行估计。首先分别利用下式估计子样的对数疲劳寿命或者疲劳极限的平均值 $\overline{x}$ 和标准差 σ_x,即

$$\bar{x} = \frac{1}{T} \sum_{i=1}^{T} x_i \tag{24}$$

$$\sigma_x = \sqrt{\frac{1}{T-1} \sum_{i=1}^{T} (x_i - \bar{x})^2} \tag{25}$$

式中，T 为有效试样总数。

然后，估计疲劳寿命或者疲劳极限的变异系数 λ，即

$$\lambda = \frac{\sigma_x}{\bar{x}} \tag{26}$$

指定误差限度 α，在一定的置信度 γ（一般取 95%）和自由度 $v = n - 1$ 下，查 t 分布数值表获得 $t_{\alpha,v}$ 值，然后利用式（27）对所得疲劳寿命平均值的精度进行检查：

$$\delta_x = \frac{\lambda \cdot t_{\alpha,v}}{\sqrt{n}} \tag{27}$$

若实际误差限度不大于要求的误差限度 α，则说明试样数量满足要求；反之，则应增加试样数量，直至实际误差限度不大于要求的误差限度。

最后，利用下式估计存活率为 P 时的对数疲劳寿命下限或者疲劳极限下限 x_p：

$$x_p = \bar{x} - k_{(p,\gamma,v)} \sigma_x \tag{28}$$

其中，$k_{(p,\gamma,v)}$ 为正态分布的单边误差限。单边误差限查询不同概率下的正态分布单侧误差限系数 $k_{(p,\gamma,v)}$ 表获得。

与 SAFL 法提出的通过拉伸试验方法确定 1/4 循环的方法相比，该方法提出的方法更具有合理性和更广的适用性。一方面，高周疲劳试验是动态试验，而拉伸试验是准静态试验。众所周知，材料在动态情况下的力学性能明显不同于其在准静态下的力学性能，因此，1/4 循环点的值不能简单地用拉伸试验方法来确定，而该方法提出的利用试验点拟合确定 1/4 循环点的方法更具有合理性。另一方面，由于确定 1/4 循环点方法的限制，SAFL 法更多情况下适用于轴向控制力下的疲劳试验，而该方法能够适用于多种加载方式下的高周疲劳试验。

2 结论

传统的金属材料高周疲劳试验方法成组法和升降法已经得到广泛的认可和应用。这两种方法试验精度高，但是试验周期长，工作量大也是无可避免的。研究者们提出的 SAFL 法和 Locati 法虽然大幅缩短了试验周期，但是这两种快速试验方法未得到广泛的认可，方法的有效性需要更多的试验进行验证。

参 考 文 献

[1] 高镇同,熊俊江. 疲劳/断裂可靠性研究现状与展望 [J]. 机械强度,1995,17 (3):61-79.
[2] 高镇同. 疲劳应用统计学 [M]. 北京:国防工业出版社,1986.
[3] 何才. 疲劳试验数据处理及 $P-S-N$ 曲线的作用 [J]. 汽车工艺与材料,2007 (4):42-44.
[4] 师照峰. $P-S-N$ 曲线测定方法的研究 [J]. 理化检验:物理分册,1992,28 (2):49-51.
[5] 李力. SAFL——分析疲劳试验数据的一种方法 [J]. 重发科技,1994 (1):19-22,26.
[6] 周迅. 曲轴弯曲疲劳试验系统的研究与开发 [D]. 杭州:浙江大学,2003.
[7] 史文库,郑志峰. 应用 Locati 法快速测定链板疲劳极限 [J]. 石油矿场机械,1990,19 (2):25-27.
[8] ISO 12107:2003 Metallic materials – Fatigue testing – Statistical planning and analysis of data.

抗氢脆高强度钢化学成分设计的第一性原理研究

王诚[1]，成林[1,2]，王润生[1]，吴开明[1,2]

(1. 武汉科技大学国际钢铁研究院，武汉　430081；
2. 武汉科技大学理学院，武汉　430081)

摘要：采用基于密度泛函理论的第一性原理计算方法，研究了钢中常见合金元素（Al、Co、Cr、Cu、Mn、Mo、Nb、Ni、Ti、Si、V、Zr、W）及其与氢的结合对纯铁弹性力学性能的影响。计算结果表明，不同合金元素的掺杂使纯铁弹性性质得到不同程度的增强，而氢原子进入合金体系则会普遍降低弹性力学性能。其中，氢对含 Al、Co、Cu、Ni 超胞的弹性性能有显著影响，而对 Mn、Mo 掺杂纯铁的弹性性能影响有限。从电子结构，即态密度、电荷密度、差分电荷密度和 Bader 电荷等，讨论了合金元素和氢对弹性力学性质影响的物理机制，为抗氢脆高强度钢的化学成分设计提供参考。

关键词：高强度钢；氢脆；第一性原理；弹性性质；电子结构
基金项目：中碳超细贝氏体钢氢扩散与氢致延迟断裂行为（52071238）。
收稿日期：2021.7.15
中图分类号：TG142.33　　**文献标识码**：J

First-principles Study on the Design of Chemical Components for Hydrogen Embrittlement and High Strength Steel

Wang Cheng[1], Cheng Lin[1,2], Wang Runsheng[1], Wu Kaiming[1,2]

(1. International Research Institute for Steel Technology, Wuhan University of Science and Technology, Wuhan 430081;
2. College of Science, Wuhan University of Science and Technology, Wuhan 430081)

Abstract: The first-principles calculation method based on density functional theory has been utilized to study the effects of alloying elements (Al, Co, Cr, Cu, Mn, Mo, Nb, Ni, Ti, Si, V, Zr, W) as well as their combination effects with hydrogen on the elastic properties of doped pure irons. The results show that pure irons are normally strengthened by alloying element doping but weakened by hydrogen doping. Meanwhile, the elastic properties of Al, Co, Cu, Ni doped pure irons are significantly influenced by further hydrogen doping. However, hydrogen doping showed limited influences on the elastic properties Mn and Mo doped pure irons. The underlying influencing mechanisms of alloying elements as well as hydrogen on the elastic properties of doped pure irons are discussed in the perspective of density of states, charge density, differential charge density and bader charge. It provides reference for chemical composition design of hydrogen embrittlement resistant high strength steel.

Key words: High Strength Steel; Hydrogen Embrittlement; DFT; Elastic Properties; Electronic Properties

0 引言

钢铁是最重要的、通用性和适应性最强的工程材料。为了降低资源和能源的消耗，提高钢的力学性能一直是材料研究者的目标。氢致延迟断裂往往是在材料的外加应力水平显著低于其屈服强度时突然发生，其不可预测且危害极大[1-4]，是制造高应力结构件的先进高强度钢过程中必须考虑的首要问题[5-10]。近年来，第一性原理计算被广泛应用于研究微合金化元素和氢对金属材料力学性能的影响机制[11,12]。Marker C 等人[13]计算了 Ti - X(X = Mo、Nb、Sn、Ta、Zr) 体系的弹性性能，包括弹性刚度系数、体积模量、剪切模量、杨氏模量，并对钛合金的弹性性能作出了较好的预测。Chen 等人[16]通过第一性原理计算研究了 TiAl - H 体系的结构稳定性、力学性能和弹性各向异性。更有研究表明，氢在进入铁基体趋近稳定位置时，更倾向于纯铁的四面体间隙位置，而不是八面体间隙位置[18-21]。

相比之下，合金元素和氢对钢力学性能的影响机制研究较少。在目前的工作中，采用基于密度泛函理论的第一性原理计算，更系统地研究合金元素（Al、Co、Cr、Cu、Mn、Mo、Nb、Ni、Ti、Si、V、W、Zr）和氢对弹性力学性质影响的物理机制，可以为抗氢脆高强度钢的化学成分设计带来新的见解。

1 计算模型及方法

本工作所有计算均采用基于密度泛函理论的 Viena - Ab - initio Simulation Package（VASP）软件包，选用缀加平面波（APW）方法[22]，采用了 Perdew - Burke - Ernzerhof（PBE）泛函[23]和广义梯度近似（GGA）。首先建立了一个 $2 \times 2 \times 2$ 的超晶胞模型。采用置换法建立 Fe - X 二元合金模型。布里渊区 K 点取 $5 \times 5 \times 5$ 的 Monk - horst Pack 网格划分[24]。平面波截断能选择了 400 eV 的截止能量。在能量自洽计算和弛豫计算中，选择了默认的能量和力判据。

2 结果与分析

2.1 晶格常数

为了保证第一性原理计算中使用的晶格常数的合理性,通过 BM 状态方程平衡晶格常数和纯铁的体积模量,计算不同晶格常数及其对应的能量。由计算拟合得到纯铁的平衡晶格常数为 2.833 6 Å①,体模量为 173.8 GPa,与实验值 2.87 Å 和 168 GPa[25]吻合良好。

2.2 弹性常数

由 VASP 计算得到弹性刚度常数 C_{ij} 和弹性柔度常数 S_{ij},采用 Voigt – Reuss – Hill(VRH)[26]近似方法计算纯铁以及铁合金的弹性性质。

立方晶系的体积模量和剪切模量计算如式(1)~(5)[27]所示,杨氏模量 E、泊松比 μ、各向异性常数 A^U 和显微硬度 H 可由体积模量 B 和剪切模量 G 计算,如式(1)~(9)所示。

$$B_V = \frac{(C_{11} + C_{22} + C_{33}) + 2(C_{12} + C_{13} + C_{23})}{9} \quad (1)$$

$$B_R = \frac{1}{(S_{11} + S_{22} + S_{33}) + 2(S_{12} + S_{13} + S_{23})} \quad (2)$$

$$G_V = \frac{C_{11} - C_{12} + 3C_{44}}{5} \quad (3)$$

$$G_R = \frac{5(C_{11} - C_{12})C_{44}}{3(C_{11} - C_{12}) + 4C_{44}} \quad (4)$$

$$B = \frac{B_V + B_R}{2} \text{ 和 } G = \frac{G_V + G_R}{2} \quad (5)$$

$$E = \frac{9BG}{3B + G} \quad (6)$$

$$\mu = \frac{3B - 2G}{2(3B + G)} \quad (7)$$

$$H = \frac{(1 - 2\mu)E}{6(1 + \mu)} \quad (8)$$

$$A^U = 5\frac{G_V}{G_R} + \frac{B_V}{B_R} - 6 \quad (9)$$

式中,B_V、B_R、G_V、G_R 分别为 Voiget 和 Reuss 近似法计算得到的体积模量和

---
① 1 Å = 0.1 nm。

剪切模量。

2.2.1 不含氢体系弹性性质

由于置换法形成的铁基合金超晶胞模型没有改变晶系类型,因此只有3个独立的弹性常数 C_{11}、C_{12}和C_{44},均满足立方晶系[28]的力学稳定性判据。用式(1)~(9)计算得到各弹性性能,如图1所示。

体积模量 B 是用来测量材料抵抗压力引起的体积变化的指数,B 值越高,材料抵抗压力引起的体积变化的能力越强;剪切模量 G 为剪应力作用下可逆变形抗力的测量值,即剪应力与剪应变之比,表示材料对剪切应变的抗力[29-31];杨氏模量 E 反映了材料抵抗单轴拉伸的能力,通常是指材料的拉、压、弯、扭、剪等应力与材料产生的应变的比值,杨氏模量 E 值越大,材料的塑性越差,硬度[32]越高;$C_{11}-C_{12}$ 值与杨氏模量 E 相似,$C_{11}-C_{12}$ 值高表示材料呈脆性,值低表示材料塑性好[29];泊松比通常在 -1 和 0.5 之间,用来量化晶体的剪切稳定性,数值越大,塑性和剪切稳定性越好[32,33];普氏比值 B/G 是体积模量与剪切模量的比值,用于预测材料的脆性和延性行为,B/G 值越高,材料的塑性越好,且脆性和延性分离的临界值约为 1.75[30,33];显微硬度是压痕硬度的一种,它反映了被测物体抵抗另一坚硬物体压入的能力,H 值越大,材料的硬度越大[34]。各向异性常数 A^U 考虑了由体积模量和剪切模量贡献的刚度系数[35]用以表示弹性各向异性。

计算得到的纯铁体积模量(173.8 GPa)与文献中实验、理论计算结果(168 GPa[25]和174 GPa[38])吻合较好,进一步证明了本文工作的可靠性,其他计算结果(Al、Co、Ti 部分力学性能实验值)也和相关研究吻合[37-40]。从图1(a)可以看出,由于 W、Zr、Mo 元素的电负性与 Fe 元素差异较大,其获得电子的能力越强,价电子云在外力作用下就越难发生移动,微合金化后超胞体积模量 B 值显著改善。同时,Si 和 Cu 元素的情况正好相反。图1(b)、(c)显示了强度指标完全一致的排列。从图1(d)、(e)可以看出,除 Zr 和 Cu 外,其他合金元素的泊松比和普氏比都有所降低。从图1(g)可以看出,只有 W、Mo、Nb 和 Zr 使 $C_{11}-C_{12}$ 值略有升高,而 Cu 和 Al 显著降低了 $C_{11}-C_{12}$ 值。最后,各合金元素均使各向异性常数参数增大,如图1(h)所示。

2.2.2 含氢体系的弹性性质

由于四面体间隙位的不对称性,插入氢原子后的超胞弹性常数表现出单斜晶系的特点,具有 C_{11}、C_{12}、C_{13}、C_{23}、C_{22}、C_{33}、C_{16}、C_{26}、C_{36}、C_{44}、C_{45}、C_{55} 和 C_{66} 这13个独立的弹性常数。这13个独立弹性常数 C_{ij} 应满足 Born 稳定性判据[40]。

| EVI 与氢脆 |

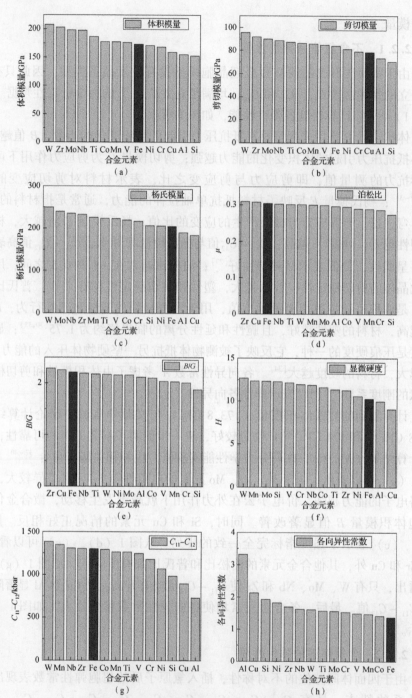

图1 合金元素对铁基体相关参数的影响比较

(a) 体积模量 B; (b) 剪切模量 G; (c) 杨氏模量 E; (d) 泊松比参数 μ; (e) 普氏比 B/G;
(f) 显微硬度 H; (g) $C_{11}-C_{12}$ 值; (h) 各向异性常数 A^U

计算结果表明,所有氢原子掺杂后的超胞均满足力学稳定性条件。由计算得到的各弹性性质结果表明,氢掺杂后合金体系的剪切模量、杨氏模量、显微硬度等性能均有所降低,泊松比、普氏比和各向异性常数均略有提高,如图2所示。其中,氢对Ni、Cu、Al和Co掺杂的超胞力学性能影响效果更明显。这些结果表明,氢削弱了金属原子间的金属键,降低了强度指数;同时,不同的合金元素在不同程度上增强了氢原子的弱化作用。

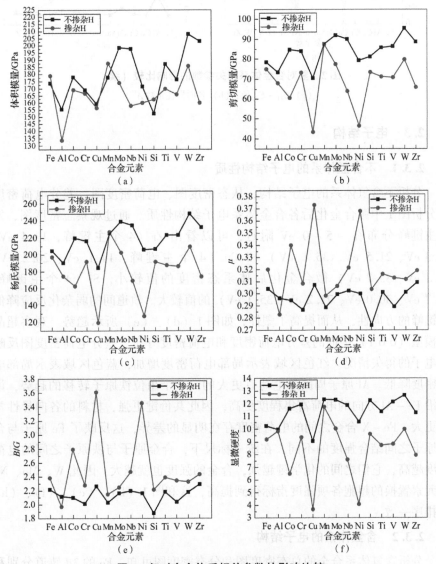

图2 氢对合金体系相关参数的影响比较

(a) 体积模量 B;(b) 剪切模量 G;(c) 杨氏模量 E;
(d) 泊松比 μ;(e) 普氏比 B/G;(f) 显微硬度 H

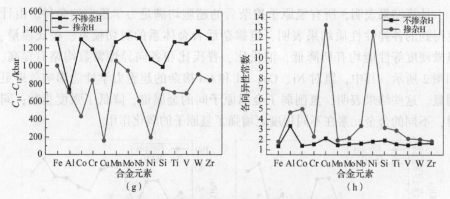

图 2　氢对合金体系相关参数的影响比较（续）

(g) $C_{11}-C_{12}$ 值；(h) 各向异性常数 A^U

2.3　电子结构

2.3.1　不含氢体系的电子结构性质

分析不含氢体系的电子结构，从态密度图、电荷密度图、差分电荷密度图分析图 1 中微合金化后各合金体系电子结构性质。通过观察态密度图，发现主键峰分布在 $-5\sim 0$ eV 附近，可以看出 Zr（4 个主键峰，13.4 eV、22.3 eV、21.5 eV、35.1 eV）和 Cu（4 个主键峰，14.1 eV、20.2 eV、23.1 eV、35.7 eV）微合金化后体系态密度的值较小，Si（4 个主键峰，14.7 eV、30.0 eV、21.2 eV、35.1 eV）的值较大。轨道间的弱杂化反应降低了键峰的方向性，从而提高了塑性，如图 1 (d)、(e) 所示趋势。观察超晶胞模型（0 0 1）平面的差分电荷密度和电荷密度分布。差分电荷密度图反映了电子的得失情况。红色区域表示局部电荷密度增加，蓝色区域表示局部电荷密度降低。Al 原子周围的电荷有更大的向 4 个角位铁原子转移的趋势，说明沿 Fe-Al 方向的电荷富集程度更高，因此共价键更强，材料的各向异性常数更大。Fe-X 合金之间的电荷密度存在明显的差异，这反映了 Fe 原子与合金原子之间结合强度的不同。在统一标尺下，合金原子与铁原子之间的电荷密度越高，它们之间的化学键越强，合金的强度也就越大，因此 W、Mo、Nb 等元素置换的超胞各项强度指标得到提高，这和图 1 (b)、(c)、(f)、(h) 的排序一致。

2.3.2　含氢体系的电子结构

分析含氢体系合金的总态密度图和分态密度图可知，Fe 的 3d 轨道分别和 Ti、W、Zr 的 d 轨道，Al、Cu、Nb 的 s、p 轨道，Ni 的 s 和 p 轨道，Cr、Co、Mn、Mo、Si 和 V 的 d 轨道以及 H 的 s 轨道杂化，并主导电子结构。纯铁的态密度图显示 H-s 和 Fe-d 轨道的重叠区域范围为 -10 ~ -5 eV，表明 Fe-H 共价键存在。通过差分电荷密度图，可以得到 Fe、H 及合金元素之间电荷传递信息。电荷向合金原子和 Fe 原子之间转移明显，H 原子周围电子富集并与合金元素之间有重叠电子云。特别是 W、Zr 这种电负性和铁相差较大的元素，在微合金化后，原子周围电子富集程度更高。态密度图中观察到的轨道杂化成键行为也和差分电荷密度图中重叠的电子云相对应，Co、Cr、Mn、Mo、V、Si、Ni 原子与 H 原子之间并无重叠的电子云，这和态密度图中这些元素与 H 原子没有轨道杂化相对应。

进一步计算了各含氢体系的 bader 电荷，结果表明，除 Ni（+0.29e）、Cu（+0.26e）、Co（+0.26e）和 Si（+0.06e）得到电荷外，其他合金元素失去电荷。Si、Cu、Co 和 Ni 的电负性比 Fe 稍强，但比 H 的电负性要小，因此从 Fe 原子中带走很少的电荷。Mo 和 W 的电负性与 H 相似，所以 H 也获得较小的电荷（0.37e）。其他元素的电负性与 H 原子差异较大，从而失去更多电荷。如上文所述，氢进入合金体系后，会显著影响 Ni、Cu、Co 和 Si 掺杂合金的力学性能，且因为氢元素的电负性高于这 13 种元素，因此必然会抢夺一部分电子，进一步削弱了基体的金属结合，因此氢会显著降低合金的力学性能。

3 结论

本文从第一性原理出发，研究了 bcc 铁基合金的弹性性质和电子结构，我们可以得出以下结论：

①通过弹性常数计算 B、G、E、μ、B/G、H、A^U 等力学性能，W 对合金体系的体积模量、剪切模量、杨氏模量和显微硬度等力学性能有明显的增强作用，而 Zr 对泊松比和普氏比有一定的增强作用。Si、Cu、Al 对合金的力学性能有减弱作用。

②通过比较含氢体系和非含氢体系的力学性能可知，不同掺杂合金的力学性能不同程度地受到氢原子的影响，氢原子可以降低材料的强度指数，其中 Al、Cu、Ni、Zr 掺杂合金体系受氢的影响较大。

③为了降低钢材料的氢脆敏感性，应尽量减少与铁元素电负性差异较大的合金元素掺杂。

参 考 文 献

[1] YS A, KT B. Quantities and distribution of strain-induced vacancies and dislocations enhanced by hydrogen in iron [J]. Acta Materialia, 2021, 208:

116663.

[2] ASARI D, MIZOKAMI S, FUKAHORI M, et al. Microscopic defects formed during crack incubation, initiation and propagation processes causing hydrogen-related fracture of dual-phase steels [J]. Mater. Sci. Eng. A, 2020, 780: 139209.

[3] WANG Z, SHI X, YANG X, et al. Atomistic simulation of the effect of the dissolution and adsorption of hydrogen atoms on the fracture of α-Fe single crystal under tensile load [J]. International Journal of Hydrogen Energy, 2020, 46 (1): 1347-1361.

[4] KOYAMA M, OGAWA T, YAN D, et al. Hydrogen desorption and cracking associated with martensitic transformation in Fe-Cr-Ni-based austenitic steels with different carbon contents [J]. Int. J. Hydro. Ener., 2017, 42: 26423-26435.

[5] VENEZUELA J, BLANCH J, ZULKIPLY A, et al. Further study of the hydrogen embrittlement of martensitic advanced high-strength steel insimulated auto service conditions [J]. Corros. Sci., 2018, 135: 120-135.

[6] VENEZUELA J, LIM F Y, LIU L, et al. The hydrogen embrittlement susceptibility of anautomotive 1 700MPa-class martensitic advanced high-strength steel [J]. Corros. Sci., 2020, 171: 108726.

[7] LIU Q, ZHOU Q, VENEZUELA J, et al. Hydrogen concentration in dual-phase (DP) and quenched and partitioned (Q&P) advanced high-strengthsteels (AHSS) under simulated service conditions compared with cathodic chargingconditions [J]. Adv. Eng. Mater., 2016, 18: 1588-1599.

[8] LIU Q, VENEZUELA J, ZHANG M, et al. Hydrogen trapping in someadvanced high strength steels [J]. Corros. Sci., 2016, 111: 770-785.

[9] LIU Q, ZHOU Q, VENEZUELA J, et al. A review of the influence of hydrogen on the mechanical properties of DP, TRIP, and TWIP advanced high-strength steels for auto construction [J]. Corros. Rev., 2016, 34: 127-152.

[10] LIU Q, ZHOU Q, VENEZUELA J, et al. Hydrogen influence on someadvanced high-strength steels [J]. Corros. Sci., 2017, 125: 114-138.

[11] WAN X, XIE W, CHEN H, et al. First-principles study of phase transformations in Cu-Cr alloys [J]. Journal of Alloys and Compounds, 2021, 862: 158531.

[12] JIANG M, XU K, LIAO N, et al. First principles investigation on selective hydrogen sensing properties of α – phase TeO$_2$ [J]. International Journal of Hydrogen Energy, 2020, 46 (5): 4666–4672.

[13] MARKER C, SHANG S L, ZHAO J C, et al. Effects of alloying elements on the elastic properties of bcc Ti – X alloys from first – principles calculations [J]. Computational Materials Science, 2018, 142: 215–226.

[14] PAN A Y, GUAN W M. The hydrogenation mechanism of PtAl and IrAl thermal barrier coatings from first – principles investigations [J]. International Journal of Hydrogen Energy, 2020, 45: 20032–20041.

[15] GEBHARDT T, MUSIC D, KOSSMANN D, et al. Influence of chemical composition and magnetic effects on the elastic properties of fcc Fe – Mn alloys [J]. Acta Materialia, 2011, 59: 1493–1501.

[16] CHEN S, LIANG C P, GONG H R. Structural stability, mechanical property and elastic anisotropy of TiAl – H system [J]. International Journal of Hydrogen Energy, 2012, 37 (3): 2676–2684.

[17] GONG H R, WANG F. First principles study of various Zr – H phases with low H concentrations [J]. International journal of hydrogen energy, 2012, 37 (17): 12393–12401.

[18] LEE B J, JANG J W. A modified embedded – atom method interatomic potential for the Fe – H system [J]. Acta Materialia, 2007, 55 (20): 6779–6788.

[19] MIWA K, FUKUMOTO A. First – principles study on 3d transition – metal dihydrides [J]. Physical Review B, 2002, 65 (15): 155114.

[20] JIANG D E, CARTER E A. Diffusion of interstitial hydrogen into and through bcc Fe from first principles [J]. Physical Review B, 2004, 70 (6): 064102.

[21] LUO J, ZHOU H B, LIU Y L, et al. Dissolution, diffusion and permeation behavior of hydrogen in vanadium: A first – principles investigation [J]. Journal of Physics: Condensed Matter, 2011, 23 (13): 135501.

[22] KRESSE G G, FURTHMÜLLER J J. Efficient iterative schemes for Ab initio total – energy calculations using a plane – wave basis set [J]. Physical B: Condensed matter, 1996, 54: 11169.

[23] WHITE J A, BIRD D M. Implementation of gradient – corrected exchange – correlation potentials in Car – Parrinello total – energy calculations [J].

Physical Review B Condensed Matter, 1994, 50 (7): 4954-4957.

[24] KOHN W, SHAM LJ. Self-consistent equations including exchange and correlation effects [J]. Physical Review, 1965, 140: A1133e8.

[25] KITTEL C. Introduction to solid state physics [M]. New York: John Wiley & Sons, 1996.

[26] GRIMVALL G. Thermophysical properties of materials [M]. Amsterdam: Elsevier, 1999.

[27] YAO H Z, OUYANG L Z, CHING W Y. Ab initio calculation of elastic constants of ceramic crystals [J]. Journal of the American Ceramic Society, 2007, 90 (10): 3194-3204.

[28] HILL R. The elastic behaviour of a crystalline aggregate [J]. Proceedings of the Physical Society, 1952, 65 (5): 349-354.

[29] NONG Z S, ZHU J C, YANG X W, et al. The mechanical, thermodynamic and electronic properties of Al3Nb with DO22 structure: A first-principles study [J]. Physica B: Condensed Matter, 2012, 407 (17): 3555-3560.

[30] CAO Y, ZHU J S, NONG Z S, et al. First-principles studies of the structural, elastic, electronic and thermal properties of Ni_3Nb [J]. Computational Materials Science, 2013, 77: 208-213.

[31] CAO Y, ZHU J C, LIU Y, et al. First-principles studies of the structural, elastic, electronic and thermal properties of $\gamma' - Ni_3Ti$ [J]. Physica B: Condensed Matter, 2013, 412: 45-49.

[32] NONG Z S, ZHU J C, YANG X W, et al. First-principles investigation of the elastic and electronic properties of the binary intermetallics in the Al-La alloy system [J]. Physica B: Condensed Matter, 2012, 407 (24): 4706-4711.

[33] CAO Y, ZHU J C, LIU Y, et al. First-principles studies of the structural, elastic, electronic and thermal properties of Ni_3Si [J]. Computational Materials Science, 2013, 69: 40-45.

[34] PANG M J, ZHAN Y Z, WANG H Z, et al. Ab initio investigation of structural, electronic, mechanical, and thermodynamic properties of $AlSc_2$ intermetallic compound under pressure [J]. Journal of Applied Physics, 2011. 110 (3): 0335331-0335339.

[35] RANGANATHAN S I, OSTOJA-STARZEWSKI M. Universal elastic anisotropy index [J]. Physical Review Letters, 2008, 101 (5): 055504.

[36] BODA A, ALI S M, SHENOY K T, et al. Adsorption, absorption, diffusion and permeation of hydrogen and its isotopes in bcc bulk Fe and Fe (100) surface: Plane wave – based density functional theoretical investigations [J]. The Journal of Physical Chemistry C, 2019, 123 (39): 23951 – 23966.

[37] FU C, YOO M. Deformation behavior of B2 type aluminides: FeAl and NiAl [J]. Acta Metall. Mater., 1992, 40: 703 – 711.

[38] RANGANATHAN S I, OSTOJA – STARZEWSKI M. Universal elastic anisotropy index [J]. Physical Review Letters, 2008, 101 (5): 055504 – 055507.

[39] SA I, LEE B J. Modified embedded – atom method interatomic potentials for the Fe – Nb and Fe – Ti binary systems [J]. Scripta Materialia, 2008, 59 (6): 595 – 598.

[40] GANGTAI Z, TINGTING B, YARU Z, et al. A new superhard phase and physical properties of ZrB3 from first – principles calculations [J]. Materials, 2016, 9 (8): 1 – 16.

作者简介：王诚，1997，男，硕士研究生；成林，1981，男，博士，副教授；王润生，1997，男，硕士研究生；吴开明，1966，男，博士，教授。

铝元素对中锰钢包辛格效应的影响研究

冯毅[1,2]，黄光杰[1]，马鸣图[2]，王辉[3]，高翔[1,2]，
丁桦[4]，蔡明辉[4]，蔡志辉[5]，张宇[4]，胡晓[4]，方刚[2]，
黄利[2]，周佳[2]，许伟[2]

(1. 重庆大学，重庆 400044；
2. 中国汽车工程研究院股份有限公司，重庆 401122；
3. 中国兵器工业第五九研究所，重庆 400039；
4. 东北大学，沈阳 110819；
5. 太原科技大学，太原 030024)

摘要：汽车轻量化早已成为行业大势所趋。中锰钢作为代表性的高强韧第三代先进汽车用钢，在汽车轻量化领域具有广阔的应用前景。铝元素是一种重要的钢材改性元素。在钢中添加一定含量的铝元素将有助于提升钢材的服役性能，并降低钢的密度从而提升钢材的轻量化成效。本文对不同铝含量的中锰钢进行了包辛格性能对比测评，研究了铝含量变化对中锰钢包辛格效应的影响规律，建立了不同加载路径条件下不同含铝量中锰钢的包辛格效应本构模型，并最终从层错能、相间应力分配等多角度综合分析了铝对于提升中锰钢包辛格效应抗力的机理。

关键词：铝；中锰钢；包辛格效应

基金项目：国家自然科学基金项目（U1760205）。

Effect of Aluminum on Bauschinger Effect of Medium Manganese Steel

Feng Yi [1,2], Huang Guangjie [1], Ma Mingtu [2], Wang Hui [3], Gao Xiang [1,2],
Ding Hua [4], Cai Minghui [4], Cai Zhihui [5], Zhang Yu [4], Hu Xiao [4],
Fang Gang [2], Huang Li [2], Zhou Jia [2], Xu Wei[2]

(1. Chongqing University, Chongqing 400044;
2. China Automotive Engineering Research Institute Co., Ltd., Chongqing 401122;
3. The 59th Research Institute of China ordnance industry, Chongqing 400039;
4. Northeast University, Shenyang 110819;
5. Taiyuan University of science and technology, Taiyuan 030024)

Abstract: Automobile lightweight has long become the general trend of the industry. As a representative of the third generation of advanced automotive steel with high strength and toughness, medium manganese steel has broad application prospects in the field of automotive lightweight. Aluminum is an important modification element of steel. Adding a certain amount of aluminum to steel will help to improve the service performance of steel and reduce the density of steel, so as to improve the lightweight effect of steel. In this paper, the Bauschinger effect of medium manganese steel with different aluminum content is compared and evaluated, the influence law of aluminum content change on Bauschinger effect of medium manganese steel ladle is studied, the Bauschinger effect constitutive model of medium manganese steel with different aluminum content under different loading paths is established, and finally the mechanism of aluminum to improve the resistance of Bauschinger effect of medium manganese steel ladle is comprehensively analyzed from the perspectives of stacking fault energy and interphase stress distribution.

Key words: Aluminium; Medium manganese steel; Bauschinger effect

0 前言

包辛格效应（Bauschinger Effect, BE）是金属材料固有的一种性能特性。包辛格效应是指金属材料经正向变形后立即反方向变形，在这一过程中会出现反向屈服强度降低的现象。包辛格效应是造成金属材料力学性能方向性的重要原因之一。德国学者 Johann Bauschinger 在 1881 年首次发现了包辛格效应现象。一百多年来针对金属材料包辛格效应的研究一直都是材料领域的热点问题之一[1]。包辛格效应产生的主要原因是金属材料在循环加载条件下所产生的不均匀应变。材料在塑性应变过程中，相与相之间将产生短程和长程内应力。长程内应力的出现与材料在循环加载过程中出现的内应力或背应力有关。背应力目前被广泛认为是包辛格效应产生的主要机理。材料在变形过程中位错将持续处于运动状态，而材料基体中的晶界、第二相、相界、溶质原子等均会阻碍位错运动，进而产生局部背应力。局部背应力使位错在反向受力时容易运动进而引发位错的湮灭，致使材料发生软化导致屈服强度降低。包辛格效应对各种金属材料的使用性能（力学性能、成形性能[2]、氢脆性能、疲劳性能等）将构成显著影响，值得高度关注。

汽车轻量化早已成为行业大势所趋。中锰钢作为代表性的高强韧第三代先进汽车用钢，在汽车轻量化领域具有广阔的应用前景[3]。此外，铝元素近年来被愈发广泛地应用于各类轻质高强度汽车钢材的开发中，引发了行业的高度关注。本文对不同铝含量的中锰钢进行了包辛格效应对比试验，研究了铝含量变化对中锰钢包辛格效应强弱的影响规律。建立了不同加载路径条件下不同含铝量中锰钢的包辛格效应本构模型，分别从层错能、相间应力分配等角度综合分析了铝元素对提升中锰钢包辛格效应抗力的机理。

1 试验材料

试验对象为两种不同铝元素含量的中锰钢,各自的化学成分如表1所示。

表1 两种包辛格效应测试钢种化学成分 （单位：wt%）

牌号 \ 元素	C	Mn	Al
4Al – 中锰钢	0.20	8.0	4.0
8Al – 中锰钢	1.0	12.0	8.0

2 试验方法和设备

如图1所示,在金属塑性加工过程中正向加载引起的塑性应变强化导致金属材料在随后的反向加载过程中呈现塑性应变软化（屈服极限降低）的现象。基于此,本文采取拉–压往复变形手段对各种成分的含铝中锰钢的包辛格效应予以测评。

如图2所示,包辛格试验在MTS322电液伺服疲劳试验系统上进行,该设备的最大载荷为250 kN。首先,试样的设计是否合理对于包辛格效应试验而言很重要,最关键的一点就是样品的结构尺寸设计要合理,以抑制试验过程中压缩阶段样品的失稳。如图3所示,为本文所采用的样品尺寸规格。样品中部设计为短长的圆柱状结构,以尽量降低压缩变形程度。此外,为匹配这种短尺寸结构样品,试验过程中专门采用了8 mm短型引伸计（图4）。试验流程如下：

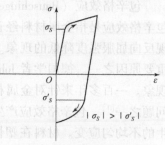

图1 包辛格效应示意图

图2 包辛格试验设备外观

图3 包辛格效应样品尺寸规格

①对样品进行正常的准静态拉伸试验,获取拉伸曲线,并以此确定拉–压循环加载试验参数。

②对样品进行不同应变量的预拉伸处理。

③对样品进行相同应变量的预拉伸处理后,再进行反向压缩直至达到指定应变结束,获取拉-压往复加载曲线。

④对上述试验数据进行处理,获取样品的相关包辛格评价参量值,并进行相应的机理分析。

此外,本文正向、反向加载的速率均为 2 mm/min。图 5 为试验过程示例。

图4 8 mm 短型引伸计

图5 试验过程示例

3 试验结果

本文两种含铝中锰钢的加载路径设定如下:拉 4% + 压 4%、拉 6% + 压 6%、拉 8% + 压 8%。图 6 和图 7 为两种含铝中锰钢的拉-压往复加载曲线。

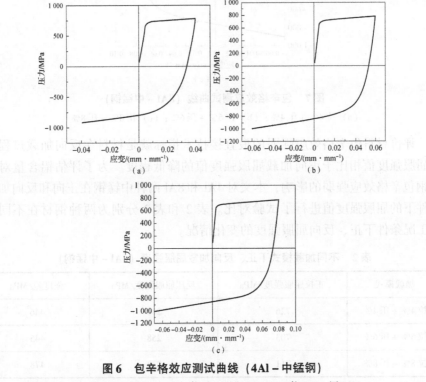

图6 包辛格效应测试曲线(4Al-中锰钢)

(a)拉 4% + 压 4%;(b)拉 6% + 压 6%;(c)拉 8% + 压 8%

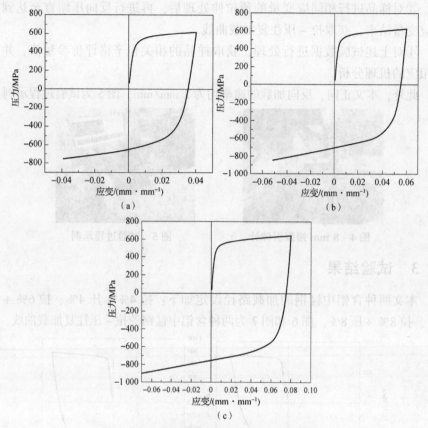

图7 包辛格效应测试曲线（8Al – 中锰钢）
(a) 拉4% + 压4%；(b) 拉6% + 压6%；(c) 拉8% + 压8%

评价材料包辛格效应强弱的最直接技术指标就是材料在反向加载过程中的屈服强度值相比于正向加载屈服强度值的降低程度。为了评估铝含量对中锰钢包辛格效应强弱的影响，本文对4Al和8Al两种中锰钢在正向和反向加载条件下的屈服强度值进行了试验对比。表2和表3分别为两种钢材在不同加载工况条件下正、反向屈服强度的变化情况。

表2 不同加载模式下正、反向加载屈服强度（4Al – 中锰钢）

加载模式	正拉屈服强度/MPa	反压屈服强度/MPa	强度差/MPa
拉4% + 压4%	726	280	446
拉6% + 压6%	703	258	445
拉8% + 压8%	711	233	478

表3 不同加载模式下正、反向加载屈服强度（8Al - 中锰钢）

加载模式	正拉屈服强度/MPa	反压屈服强度/MPa	强度差/MPa
拉4% + 压4%	501	385	116
拉6% + 压6%	508	402	106
拉8% + 压8%	512	400	112

由表2和表3可以看出，两种不同铝含量中锰钢在先拉伸后再进行压缩的过程中均出现了屈服强度的降低，表明其均具有包辛格效应。以材料在反向加载过程中屈服强度的降低比率作为包辛格效应评价指标，可以看出4Al - 中锰钢随不同加载工况条件下的屈服强度降低比率较高，达到了64.0%，而8Al - 中锰钢屈服强度的降低比率较低，为22.0%。因此，4Al - 中锰钢的包辛格效应强于8Al - 中锰钢。基于试验数据，分析了不同加载工况条件下相关包辛格表征参数的变化规律，典型表征参数如包辛格应力参数（BSP）、包辛格比（B）、屈强损伤比（β）。表4为两种钢在相同加载模式下相关包辛格参数的试验值。图8为两种钢材在相同加载工况下BSP、B和β值的变化规律。从表4中可以看出，8Al - 中锰钢的B值大于4Al - 中锰钢，而BSP和β值则是小于4Al - 中锰钢，表明4Al - 中锰钢的包辛格效应强于8Al - 中锰钢。

表4 两种钢在相同加载模式下相关包辛格参数的试验值

加载模式	B	BSP	β
4Al - 中锰钢			
拉4% + 压4%	0.69	0.64	0.61
拉6% + 压6%	0.68	0.67	0.63
拉8% + 压8%	0.66	0.70	0.67
8Al - 中锰钢			
拉4% + 压4%	0.88	0.36	0.23
拉6% + 压6%	0.89	0.35	0.21
拉8% + 压8%	0.89	0.38	0.22

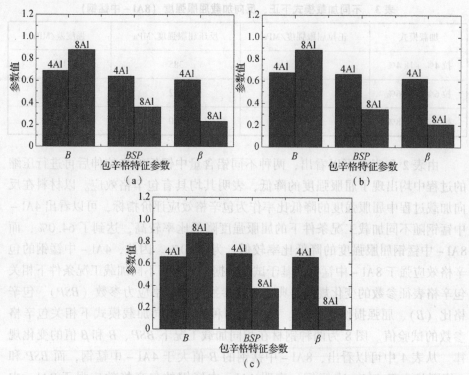

图8　4Al 和 8Al – 中锰钢在相同加载工况下 BSP、B 和 β 值的变化规律
(a) 拉4%+压4%；(b) 拉6%+压6%；(c) 拉8%+压8%

4　讨论分析

4.1　应变对包辛格效应的影响

包辛格效应可以用位错理论解释。首先，在正向加载过程中，由位错源发射的位错发生运动遇到晶界、第二相等障碍出现塞积，从而产生了背应力。背应力又会反作用于位错源。当背应力（取决于塞积时的应力集中）足够大时，将使位错源停止发射位错。背应力是一种长程应力，是金属基体内平均应力的一种表征量。因为正向变形过程中位错运动的方向和背应力的方向相反，使得反向加载过程中位错运动的方向与背应力方向一致，此时背应力将促进位错运动，降低反向塑性变形的难易程度，从而降低了反向加载过程中的屈服强度值。上述过程被认为是一般金属材料产生包辛格效应的主要原因。其次，材料反向加载过程中在滑移面上产生的位错与正向加载变形过程中产生的位错之间发生接触将导致位错湮灭，这也会引起材料的软化，导致屈服强度降低。因此，若通过添加合金元素或优化工艺路径，使基体组织在往复加载过程中的位错运动状态发生变化，则可改变材料的包辛格效应强弱。

图9为两种钢材包辛格效应相关表征参数随预拉伸应变量的变化。从图中可以看出，随着预拉伸应变量增加，4Al-中锰钢的 B 值降低、BSP 值增大、β 值增加，说明材料的包辛格效应随预拉伸应变量增加而增强。随着预拉伸应变量的增加，8Al-中锰钢的 B 值、BSP 值和 β 值基本保持恒定，证实 8Al-中锰钢的包辛格效应对形变过程非常不敏感。通常来说，预拉应变量增大，材料基体的应变硬化程度增加，微观层面上体现为位错塞积效应增强，导致背应力增大进而增强了材料的包辛格效应。此外，材料若在变形过程中发生相变（如 TRIP 效应），会影响基体中不同相之间的应力和应变配分以及位错运动的状态，从而对材料的包辛格效应产生不同程度的影响。

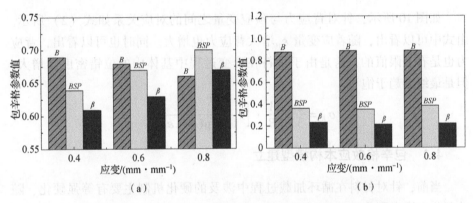

图9　两种钢材包辛格效应相关表征参数随预拉伸应变量的变化
(a) 4Al-中锰钢；(b) 8Al-中锰钢

如前所述，包辛格效应来源于预加载过程中因不同相间塑性应变不兼容导致位错运动受阻进而产生的背应力。因此，基于背应力对两种含铝中锰钢的包辛格效应强弱进行验证。背应力是在预拉伸过程中产生的，如式（1）所示，其中 B 为背应力。本文近似定义预拉伸曲线段的结束点所对应的流变应力值与反向压缩变形屈服强度值之间的 $1/2$ 倍差值即为背应力。如图10所示，经不同应变量预拉伸处理后，4Al-中锰钢的背应力明显高于 8Al-中锰钢。背应力越高，材料的包辛格效应越强，这也和前述两种试验钢的包辛格效应强弱试验结果一致。此外，两种试验钢的背应力总体上均是随预拉应变量增加而增大。8Al-中锰钢的背应力随预拉伸应变量增加的变化幅度低于 4Al-中锰钢，这也与 8Al-中锰钢的低包辛格效应敏感性相符。

$$\sigma_B = (\sigma_f - \sigma_r)/2 \tag{1}$$

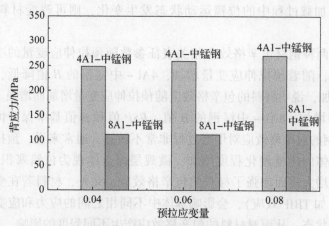

图10 两种钢材的背应力随拉伸预应变量的变化

如图10所示,针对背应力与预应变量之间的对应关系如式(2)所示。由式中可以看出,随着应变量 ε_P 增大背应力也增大。同时也可以看出,背应力也是有上限值的,这是由于材料在形变过程中基体中的位错密度会增大,但是最终会趋于饱和。

$$\sigma_B = \frac{2}{3} \cdot \frac{A}{B} \cdot \left[1 - \frac{1}{\exp(B \cdot \varepsilon_P)} \right] \tag{2}$$

4.2 包辛格效应本构模型建立

当前,针对材料在循环加载过程中涉及的硬化机制主要有等强硬化、随动硬化和混合硬化3种机制。一般金属材料主要为混合硬化机制。本文选用 Chaboche 模型这一当前行业内最主流的混合硬化机制模型,建立两种不同铝含量中锰钢的包辛格本构模型(塑性段)。Chaboche 模型由各向同性及随动硬化两部分组成,前者可由 Voce 方程表述,如式(3)所示。后者基于 Armstrong – Frederik 方程表述,相应的在单轴条件下的背应力演化率如式(4)所示。

$$\sigma_f = \sigma_0 + Q \cdot (1 - e^{-A \cdot \varepsilon}) \tag{3}$$

$$d\alpha_{ij} = \frac{C}{\sigma_f}(\sigma_{ij} - \alpha_{ij})d\varepsilon - B\alpha_{ij}d\varepsilon \tag{4}$$

其中,σ_f 为各向同性部分的流变应力,σ_0 为屈服强度,ε 为塑性应变,σ_{ij} 及 α_{ij} 分别为 Cauchy 应力张量分量和背应力张量分量,Q、A、B 和 C 为常数。(准静态)单轴拉–压循环加载条件下正、反向的流变应力–应变关系模型如式(5)、式(6)所示:

$$\sigma_{\text{正}f} = \sigma_0 + Q \cdot (1 - e^{-A \cdot \varepsilon}) + (C/B) \cdot (1 - e^{-B \cdot \varepsilon}) \tag{5}$$

$$\sigma_{\text{反}f} = -\sigma_0 + Q \cdot (1 - e^{-A \cdot (\varepsilon_P - \varepsilon)}) - (2C/B) \cdot (1 - e^{-B \cdot (\varepsilon_P - \varepsilon)}) + (C/B) \cdot (1 - e^{-B \cdot \varepsilon_P}) \quad (6)$$

其中，$\sigma_{\text{正}f}$和$\sigma_{\text{反}f}$为材料正、反向加载过程中的流变应力，ε_P为预拉伸加载曲线上卸载点对应的塑性应变值。根据式（5）、式（6）得出两种不同铝含量中锰钢的包辛格本构模型如式（7）~式（18）所示：

① 4Al - 中锰钢，预拉 4%：

$$\sigma_{\text{正}f} = 726 + 9.9 \times (1 - e^{-441.9 \times \varepsilon}) + 86.9 \times (1 - e^{-21.6 \times \varepsilon}) \quad (7)$$

$$\sigma_{\text{反}f} = -726 + 9.9 \times (1 - e^{-441.9 \times (0.027 - \varepsilon)}) - 173.8 \times (1 - e^{-21.6 \times (0.027 - \varepsilon)}) + 37.3 \quad (8)$$

② 4Al - 中锰钢，预拉 6%：

$$\sigma_{\text{正}f} = 703 + 14.7 \times (1 - e^{-337.8 \times \varepsilon}) + 116.7 \times (1 - e^{-13.9 \times \varepsilon}) \quad (9)$$

$$\sigma_{\text{反}f} = -703 + 14.7 \times (1 - e^{-337.8 \times (0.046 - \varepsilon)}) - 233.4 \times (1 - e^{-13.9 \times (0.046 - \varepsilon)}) + 55.1 \quad (10)$$

③ 4Al - 中锰钢，预拉 8%：

$$\sigma_{\text{正}f} = 711 + 20.6 \times (1 - e^{-284.1 \times \varepsilon}) + 148.3 \times (1 - e^{-9.5 \times \varepsilon}) \quad (11)$$

$$\sigma_{\text{反}f} = -711 + 20.6 \times (1 - e^{-284.1 \times (0.066 - \varepsilon)}) - 296.6 \times (1 - e^{-9.5 \times (0.066 - \varepsilon)}) + 69.1 \quad (12)$$

④ 8Al - 中锰钢，预拉 4%：

$$\sigma_{\text{正}f} = 501 + 43.9 \times (1 - e^{-378.1 \times \varepsilon}) + 104.5 \times (1 - e^{-27.2 \times \varepsilon}) \quad (13)$$

$$\sigma_{\text{反}f} = -501 + 43.9 \times (1 - e^{-378.1 \times (0.030 - \varepsilon)}) - 209.0 \times (1 - e^{-27.2 \times (0.030 - \varepsilon)}) + 58.3 \quad (14)$$

⑤ 8Al - 中锰钢，预拉 6%：

$$\sigma_{\text{正}f} = 508 + 37.5 \times (1 - e^{-352.9 \times \varepsilon}) + 128.4 \times (1 - e^{-18.6 \times \varepsilon}) \quad (15)$$

$$\sigma_{\text{反}f} = -508 + 37.5 \times (1 - e^{-352.9 \times (0.049 - \varepsilon)}) - 256.8 \times (1 - e^{-18.6 \times (0.049 - \varepsilon)}) + 76.8 \quad (16)$$

⑥ 8Al - 中锰钢，预拉 8%：

$$\sigma_{\text{正}f} = 511 + 58.6 \times (1 - e^{-347.5 \times \varepsilon}) + 136.2 \times (1 - e^{-16.7 \times \varepsilon}) \quad (17)$$

$$\sigma_{\text{反}f} = -511 + 58.6 \times (1 - e^{-347.5 \times (0.070 - \varepsilon)}) - 272.4 \times (1 - e^{-16.7 \times (0.070 - \varepsilon)}) + 93.9 \quad (18)$$

4.3 基于层错能因素的铝元素影响机理

层错能是影响金属材料位错运动机制的关键性因素，尤其在往复载荷工况下层错能的高低对位错的运动将产生显著的影响[4-7]。层错能低时位错容易分解成为扩展位错（不全位错），这种位错不能发生交滑移。层错能高时位错就容易发生交滑移，从而引起位错阻塞导致大量位错胞形成。一般来说，层错能越低位错发生攀移和交滑移的能力就越低，位错就越容易产生塞积，导致加工硬化效应就越明显，而层错能越高则反之。因此，一般层错能较低的金属和合金更容易在变形基体中观察到位错塞积群的存在[3-6]。为评估铝含量变化对钢层错能的影响，基于第一性原理进行了微观尺度的模拟，获取铝含量与钢材层错能之间的关系。鉴于本文目标钢种在形变过程中主要涉及奥氏体相的变化对材料宏观包辛格效应的影响，因此基于 VASP 平台，使用 Materials Studio 软件建立了基于 FCC 结构的晶胞模型。在（111）面上先切出 4 层原子，建立囊括 64 个原子的无层错的晶胞模型，再将下面 2 层原子做 $a/6$ <112> 滑移处理，得到有层错的晶胞模型，如图 11 所示。最后，基于图 11 模型进一步建立了面向 $Fe-xAl$ 合金的无层错能和有层错能模型（图 12）。

图 11 FCC 层错模型示意图

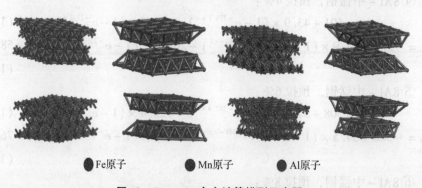

●Fe原子　　●Mn原子　　●Al原子

图 12 $Fe-xAl$ 合金计算模型示意图

再使用 VASP 软件，设置 K 点为 $6\times6\times6$。采用 PBE 赝势分别计算不同铝含量条件下上述晶胞模型对应的层错能及自由能，结果如图 13 和图 14 所示。首先，从图中可以看出，随着 Al 含量（3~15at.%）的增加，$Fe-xAl$ 合金的层错能不断增高。其次，Al 含量的增加也将使整个合金系统的总自由能增高，即表明随着 Al 含量增加合金中奥氏体的稳定性将逐渐降低，这显然会抑制了基体中孪晶的形成。

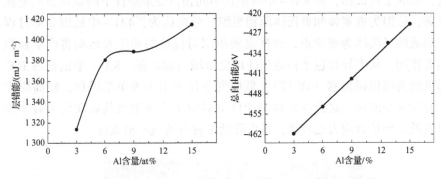

图13 铝对层错能的影响　　图14 铝对总自由能的影响

在上述分析基础上，基于热力学对两种钢材的层错能进行了理论计算，4Al－中锰钢层错能为 16 mJ/m^2，8Al－中锰钢为 63 mJ/m^2。由此可以看出，8Al－中锰钢的层错能数倍于 4Al－中锰钢，即增加 Al 元素可降低形变过程中位错的积塞进而降低背应力，最终降低材料的包辛格效应。层错能决定了形变的主导机制。已有研究结果表明，对于中锰钢而言，当层错能较低时，主要发生马氏体相变（TRIP 效应），变形后的组织为内部拥有大量的位错胞的 ε－HCP 马氏体，而当层错能较高时主要的变形机制为位错的纯滑移[8,9]。

图15 和图16 为两种钢分别经 4%、6%、8% 预拉伸处理后的组织。从图中可以看出，4Al－中锰钢在不同应变量条件下奥氏体均发生了显著的 TRIP

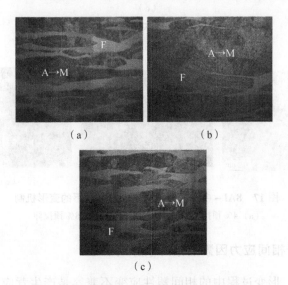

图15　4Al－中锰钢随不同预拉伸处理后的组织
(a) 4%预拉伸；(b) 6%预拉伸；(c) 8%预拉伸

转变，形成了马氏体，而8Al－中锰钢在不同预拉变形条件下的微观组织变化不显著，依旧为铁素体和奥氏体两相组织。分析认为，4Al－中锰钢变形过程中所形成的马氏体为硬质点，这些高硬组织对位错的萌生及运动将产生强烈的阻碍作用，从而导致包辛格效应随形变量增大而增强。8Al－中锰钢的主要变形机制为纯位错滑移（图17），低应变条件下主要为单系滑移，较高应变下主要为多系滑移。这种变形机制条件下对位错的萌生及其运动的阻碍作用相对较低，导致背应力也较低，进而降低了材料的包辛格效应。

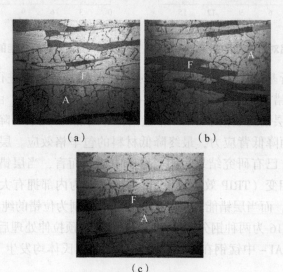

图16　8Al－中锰钢随不同预拉伸处理后的组织
(a) 4%预拉伸；(b) 6%预拉伸；(c) 8%预拉伸

图17　8Al－中锰钢在不同应变量条件下的变形机制
(a) 4%预拉伸；(b) 6%预拉伸；(c) 8%预拉伸

4.4　基于相间应力因素的铝元素影响机理

如前所述，形变过程中的相间塑性应变不兼容是产生背应力的根源，基于此进一步对试验钢的包辛格效应强弱以及铝元素的作用进行分析。对于本文两种中锰钢而言，其初始状态均为铁素体＋奥氏体两相组织，随着形变进行，奥氏体基于TRIP效应开始转变为马氏体，两相组织基体逐渐成为三相组织基体。后续随着奥氏体组织全部完成相变转化，基体又为铁素体+马氏体两相组织。这一过程中伴随着相间应力的变化，将导致试验钢中基体的背应力也随之发生变化。为了诠释形变过程中相间塑性应变不兼容与背应力之间的关系，需掌握铁素体、奥氏体和马氏体3种相的力学性能。选取本文所涉钢材样品进行了3种组织的纳米硬度检测，评估各相的强塑性差异性。图18为纳米硬度检测结果，从图可以看出铁素体与奥氏体强塑性接近，而马氏体强塑性与之差异很大。由此可以得出，铁素体与奥氏体之间的相间塑性应变不兼容效应相对较弱，而铁素体与马氏体、奥氏体与马氏体之间的相间塑性应变不兼容效应则相对较强。

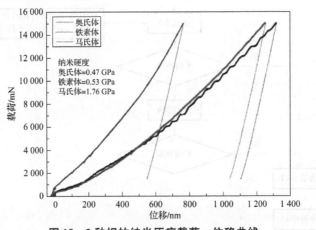

图18　3种相的纳米压痕载荷-位移曲线

首先，初始变形状态下的相间塑性应变不兼容效应主要涉及铁素体和奥氏体之间的情况。采用ABAQUS软件，建立了铁素体/奥氏体双晶模型。在ABAQUS软件中对该模型施加边界条件，而后导出inp文件。inp文件中对每个晶粒进行了相关材料参数的设定，包括弹性模量、滑移系、孪生系、晶体取向、率相关晶体塑性参数和迭代参数。利用二次开发接口调用FORTRAN语言编写的UMAT子程序进行计算。在后处理模块提取所需滑移系等数据进行分析。子程序调用过程如图19所示，每个积分点在增量步开始时调用UMAT子程序，子程序中所需要的变量通过主程序接口由inp文件导入。当一次迭代计算完成时，变量值会被更新，并通过UMAT接口输送回主程序。通过上述过程，建立奥氏体/铁素体双晶体塑性计算模型（晶粒尺寸为2 μm×2 μm×4 μm），如图20（a）所示。编写包含奥氏体/铁素体滑移系和孪生系的UMAT子程序，并模拟奥氏体+铁素体双晶体经拉伸变形后（不含相变）等效应力分布图。由于一般铁素体的强度略强于奥氏体，预示着奥氏体可能首先出现变形。如图 20（b）所示，奥氏体/铁素体双晶体在拉伸过程中等效应力主要累积在奥氏体晶粒中，此时塑性变形方式主要为奥氏体滑移系的激活。此时，尽管钢中奥氏体组织的 TRIP 相变在局部已经开始，但是此时马氏体的体积分数还比较小，基体的总体相间塑性应变不兼容效应还较弱，因此背应力也比较低，导致材料在反向加载过程中出现的包辛格效应并不明显。

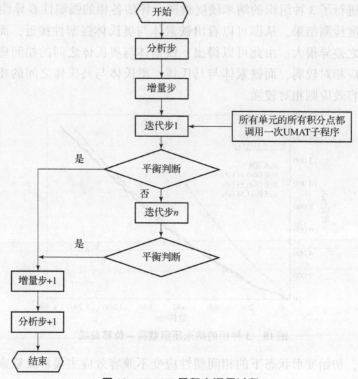

图 19　UMAT 子程序调用过程

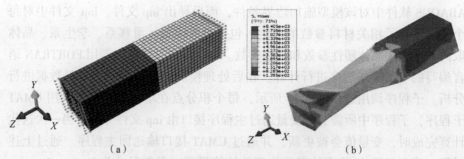

图 20　双晶模型及拉伸后的 Mises 等效应力分布云图
（a）双晶模型；（b）奥氏体（左）+铁素体（右）

随着形变过程的进行，奥氏体体积分数逐渐降低，马氏体的体积分数逐渐提升，此时铁素体和奥氏体之间的相界面面积降低，两者间的塑性应变不兼容效应也随之逐渐弱化。铁素体/马氏体、奥氏体/马氏体相界面面积增加，由于软硬相间的强塑性差异增强，使软相承担大部分塑性应变，软相中随形变产生的位错难以跨越软相与硬相之间的相界面，导致在软相一边产生显著的位错塞积，使得基体中总的相间应力提升，促进了背应力的增大，进而增强了材料的包辛格效应。值得注意的是，在这个过程中，奥氏体体积分数不断降低，因此奥氏体/马氏体相界面面积并不是随形变过程的进行而单调递增，而是一个先增加后降低过程，这种变化将带来基体中相间应力的复杂变化。随着形变过程再进行，直至奥氏体组织基本转化为马氏体，基体回归两相组织，此时铁素体与奥氏体、奥氏体与马氏体之间的相界面消失，全部是铁素体与马氏体之间的相界面。此时铁素体区域主要承担塑性变形，铁素体一侧的位错塞积效应随形变继续增强，导致背应力再次提升直至材料出现缩颈并最终沿铁素体一侧失效。从上述试验结果来看，本文4Al-中锰钢在0~8%应变量预拉伸变形范围内，处于基体总相间应力递增的阶段，因此其包辛格效应均随应变量增大而愈发强烈。8Al-中锰钢由于无TRIP及TWIP效应，基体一直保持铁素体/奥氏体两相状态。由于此两相强塑性接近，形变过程中相界面处的位错协调滑移过程容易持续开展下去，因此基体中总的相间应力一直保持较低的水平，背应力始终低于4Al-中锰钢，包辛格效应较弱。

采用EBSD测量了4Al-中锰钢在不同预拉伸应变量条件下的*KAM*值，如图21所示。一般而言，*KAM*值越高表示基体中的位错密度越高，即可采用*KAM*值间接表征材料基体中的应力分布。由此可以看出变形初始阶段，铁素体的位错密度高于奥氏体，这也使得铁素体纳米硬度高于奥氏体，促使变形首先发生在奥氏体中，这也和模拟结果相一致。随着形变继续进行，奥氏体出现相变，此时铁素体的*KAM*值未出现显著的变化，奥氏体的*KAM*值持续增加，在0~10%预拉伸应变范围内马氏体的*KAM*几乎为零，说明此时主导基体相间应力的是奥氏体与马氏体间的相间应力。随着变形量的增加，奥氏体一边的*KAM*值增加，位错在奥氏体/马氏体相界部位的塞积效应逐渐增强，背应力增加，包辛格效应逐渐增强，这也和4Al-中锰钢在0~8%预拉伸应变范围内的包辛效强弱变化趋势一致。随着预拉伸变形量继续增加，奥氏体的*KAM*值增加幅度依旧显著高于铁素体，说明此时依旧是奥氏体/马氏体相界面处的相间应力占据主导。但是，从10%应变量开始，马氏体的*KAM*值也开始提升，这是由于因为奥氏体一侧的位错塞积既提升了背应力，也对奥氏体自身起到了强化作用，导致其和马氏体之间的强度差逐渐降低，此时马氏体一侧也开始出现形变，因此在马氏体一侧的位错密度值也逐渐提升。随着奥氏体和马氏体之间的*KAM*差值逐步缩小，两相界面两侧区域内的位错密度差也逐渐降低，引发两相间塑性应变不兼容效应也降低，导致背应力随之降低，进而降低了反向加载过程中材料的包辛格效应。此外，在形变过程中随着奥氏体TRIP相变过程进行，马氏体体积分数逐步提升而奥氏体体积分数逐渐降低。一定阶段后奥氏体/马氏体相界面面积降低，即奥氏体的三维体积值降低，在体积值降低条件下位错密度继续增强，对奥氏体本身的强化效应也在增强。在大约25%预拉伸应变量时，奥氏体和马氏体之间的 *KAM* 值相等，而后奥氏体的 *KAM* 值变化不大甚至已经超过了马氏体的 *KAM* 值，说明奥氏体已达到最高强化状态，其强度和马氏体几乎等同，两者间的相间应力达到最低，所产生的背应力也达到最低，材料的包辛格效应此时处于最弱状态。继续形变奥氏体和马氏体的 *KAM* 保持近相等状态且不再有显著变化，此时背应力也不再变化。当奥氏体100%转化后基体中的背应力仅依靠铁素体一侧的位错塞积（表现为 *KAM* 增加），导致材料的包辛格效应从此刻开始又逐渐提升。

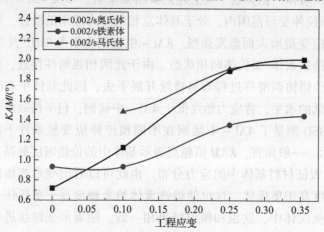

图21 钢材在不同预拉伸变形量条件下的 *KAM* 值（4Al-中锰钢）

对上述过程中相间应力的变化进行数学解析。基于 Tomota 等人[10]提出的以应力平衡为基础的连续介质模型理论，依旧以全拉伸过程中占据主导地位的奥氏体/马氏体两相组织为目标，将其简化为一个独立的两相系统，预拉伸过程中任意时刻两相的体积分数之和为1.0。设定奥氏体为软相、马氏体为硬相，两相在形变过程中的流变应力如式（19）和式（20）所示：

$$\sigma_\gamma = \sigma_f - f \times \frac{E \times (7 - 5\nu)}{15 \times (1 - \nu^2)} \times (\varepsilon_\gamma - \varepsilon_M) \tag{19}$$

$$\sigma_M = \sigma_f + (1 - f) \times \frac{E \times (7 - 5\nu)}{15 \times (1 - \nu^2)} \times (\varepsilon_\gamma - \varepsilon_M) \tag{20}$$

其中，σ_γ 和 σ_M 为奥氏体和马氏体各自在形变过程中的流变应力，σ_f 为二元合金的总流变应力，f 为硬相马氏体的体积分数，E 和 ν 为马氏体的弹性模型及泊松比，ε_γ 和 ε_M 为奥氏体及马氏体两相的塑性应变值。首先考察与试验预拉应变量范围相近似的 0~10% 应变范围内基体中的相间应力变化情况。由于奥氏体很软，马氏体很硬，因此变形全部集中在奥氏体内，可以认为此时 ε_M 为 0。式（19）和式（20）可以转化为式（21）及式（22）：

$$\sigma_\gamma = \sigma_f - f \times \frac{E \times (7 - 5\nu)}{15 \times (1 - \nu^2)} \times \varepsilon_\gamma \tag{21}$$

$$\sigma_M = \sigma_f + (1 - f) \times \frac{E \times (7 - 5\nu)}{15 \times (1 - \nu^2)} \times \varepsilon_\gamma \tag{22}$$

进一步定义形变过程中的相间应力，即为两相各自内部的应力之差，该值越大，可认为两相在界面处的应力集中越显著，从而使软相一侧形成位错积塞构成背应力。将式（21）与式（22）相减得式（23）。此外，在假定存在广义塑性松弛前提下，可认为在硬质点附近的位错密度正比于塑性应变值，而如前所述可采用 KAM 值作为位错密度的替代表征参数，因此可定义形变过程中奥氏体的 KAM 值与其应变之间也为正比关系[10]，得出式（24）。最终将式（24）再代入到式（23）中得到式（25）。

$$\sigma_M - \sigma_\gamma = \frac{E \times (7 - 5\nu)}{15 \times (1 - \nu^2)} \times \varepsilon_\gamma \tag{23}$$

$$\varepsilon_\gamma = A K_\lambda \tag{24}$$

$$\sigma_M - \sigma_\gamma = A \times \frac{E \times (7 - 5\nu)}{15 \times (1 - \nu^2)} \times K_\gamma \tag{25}$$

其中，A 为 KAM 值和应变之间的比例系数，K 为奥氏体基体中的 KAM 值。结合前述结果可知，在 0~10% 拉应变范围内，随着形变进行奥氏体一侧的 KAM 值逐渐提升，马氏体和奥氏体两相应力之差也越大，此时界面处的应力集中随形变愈发显著，相间应力增大，从而背应力乃至包辛格效应随之提升。当拉应变超过 10% 以后，马氏体和奥氏体两相内的 KAM 值之差逐渐降低，此时式（25）可转化为式（26）。可以看出，此时随形变进行两相内应力之差逐渐降低，可预见材料的包辛格效应会逐渐降低，25% 拉应变时两相内应力之差为零，此时包辛格效应强度降至最低。之后奥氏体转化结束，材料转变为铁素体/马氏体两相合金，此后材料的包辛格效应强弱将随铁素体及马氏体之间因 KAM 值变化而导致的两相内应力之差而变化。如式（26）所示，可基于奥氏体和马氏体之间在变形过程中的 KAM 差值，表征拉应变过程中的相间应力变化：

$$\sigma_M - \sigma_\gamma = A \times \frac{E \times (7 - 5\nu)}{15 \times (1 - \nu^2)} \times (K_\gamma - K_M) \tag{26}$$

进一步从相间塑性应变不兼容角度分析两种钢包辛格效应的强弱。图 22

为4Al-中锰钢拉应变过程中奥氏体和马氏体的 KAM 差值变化；图23为两种钢奥氏体的 KAM 值随预拉应变的变化。从图中可以看出，在0~10%拉应变范围内时，奥氏体/马氏体相间应力仅和奥氏体的塑性应变相关，可采用奥氏体一侧的 KAM 予以表征，此阶段4Al-中锰钢奥氏体的 KAM 值显著高于8Al-中锰钢，同样验证了后者具有较弱包辛格效应这一研究结论。

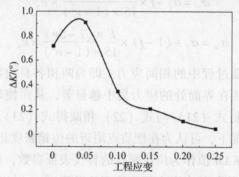

图22　4Al-中锰钢拉应变过程中奥氏体和马氏体的 KAM 差

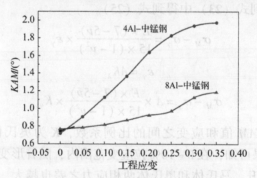

图23　两种钢形变过程中奥氏体 KAM 值

综上所述，8Al-中锰钢中铝元素含量很高，导致TRIP和TWIP效应被消除，相间应力仅来自于位错沿奥氏体/铁素体相界面的富集，这种性能相近的不同相之间因位错富集导致的应力集中效应很低，因此8Al-中锰钢具有更低的包辛格效应。

5　结论

①对4Al、8Al两种不同铝含量的中锰钢进行了基于拉-压加载模式的包辛格效应测评，结果表明4Al-中锰钢的包辛格效应强于8Al-中锰钢。

②在预拉伸过程中，4Al-中锰钢的变形机制主要为TRIP效应，所形成高硬马氏体组织增强了对位错的阻碍作用，进而产生了更大的背应力，包辛格效应增强；8Al-中锰钢在预拉伸过程中始终无TRIP效应，仅涉及大量全

位错的纯滑移,这种变形机制对应产生的基体背应力相对较低,因此使材料具有较弱的包辛格效应。

③铝元素通过提升中锰钢的层错能,降低形变过程中基体的总体相间塑性应变不兼容水平,提升了材料的包辛格效应抗力。

参 考 文 献

[1] 李扬. 中锰第三代汽车钢包辛格效应研究 [D]. 大连:大连理工大学,2018.

[2] 庄京彪. 车身成形中的包辛格效应及其对回弹的影响 [D]. 长沙:湖南大学,2013.

[3] 唐荻,米振莉,陈雨来. 国外新型汽车用钢技术要求及研究开发现状 [J]. 钢铁,2005,40 (6):45-63.

[4] 章凯斌,潘永村,林东毅,等. 铝元素对TWIP钢热轧后材料性质影响之研究:中国矿冶工程学会年会论文集 [C]. 1999.

[5] 代永娟,米振莉,唐荻,等. 铝、铜、铬合金元素对Fe-21Mn-0.4C TWIP/TRIP钢层错能和力学性能的影响 [J]. 钢铁研究学报,2011,23 (4):32-36.

[6] ADLER P H, OLSON G B, OWEN W S. Strain hardening of had-field manganese steel [J]. Metall Trans, 1986, 17:1725.

[7] TIAN X, ZHANG Y S. Effect of aluminium, chromium and silicon on the lattice parameter for Fe-Mn-C austenite [J]. Materials Science Progress, 1991, 5 (1):48-51.

[8] FROMMEYER G, BRUX U, PETER N. Supra-ductile and high strength manganese-TRIP/TWIP steels for high energy absorption purposes [J]. ISIJ International, 2003, 43:438-446.

[9] ALLAIN S, CHATEAU J P, BOUAZIZ O. et al. Correlations between the calculated stacking fault mechanisms in Fe-Mn-C alloys energy correlations between and the plasticity materials [J]. Science and Engineering A, 2004, 387/389:158-162.

[10] 马鸣图,友田阳,段祝平. 金属合金中的包辛格效应及其在工业生产中的应用 [M]. 北京:机械工业出版社,1994.

作者简介:冯毅 (1980—),男,博士,高级工程师,主要从事汽车轻量化开发、汽车材料与工艺开发及检测技术。

某转向器摇臂轴失效分析

阎换丽,李晓瑜,高丽,方刚,
李志刚,冯毅

(中国汽车工程研究院股份有限公司,重庆 401122)

摘要:通过对某转向器摇臂轴断裂件进行化学成分、金相组织、硬度和淬硬层深度的检验,以及断口宏观和微观扫描电镜观察,分析了该转向器摇臂轴齿轮断齿的原因。结果表明,摇臂轴的淬硬层深度偏深,降低了齿轮的弯曲强度,从而在受到外界较大载荷时发生了一次性断裂。

关键词:转向器摇臂轴;断齿;淬硬层深度;一次性断裂

Yan Huanli, Li Xiaoyu, Gao Li, Fang Gang, Li Zhigang, Feng Yi

(China Automotive Engineering Research Institute Co., Ltd, Chongqing 401122)

Abstract: Through the examination of chemical composition, metallographic structure, hardness and hardened layer depth of the fractured part of a steering rocker shaft, as well as the macroscopic and microscopic scanning electron microscope observation of fracture, the causes of gear tooth fracture of the steering rocker shaft were analyzed. The results show that there are many carbides and network carbides in the teeth of the rocker shaft, and the depth of the hardened layer is too deep, which reduces the bending strength of the gear and causes a one-time fracture when subjected to large external load.

Keywords: Rocker shaft; Gear tooth fracture; The depth of the hardened layer; One-time fracture

0 引言

转向器是汽车转向系统中的关键零部件,是用来改变和保持汽车行驶方向的专门机构[1]。摇臂轴是转向器传递扭矩的核心部件,其齿扇是设计的重点,目前齿扇有直齿和变厚齿两种。

某汽车动力转向器公司选用20CrMnTi钢生产转向器摇臂轴,锻打后进行正火处理,齿扇采用变厚齿,具体参数如表1所示。

表1 变厚扇形齿参数表

参数	参数值
模数	4
整圆齿数	12
法面压力角	22.5°
中齿变位系数	0.449
齿顶高系数	0.8
齿顶间隙系数	0.25
齿面粗糙度	$Ra3.2$
大端三齿公法线长度	32.53 ± 0.05

齿面采取表面渗碳淬火,要求渗碳层深度0.8~1.2 mm,表面硬度58~63 HRC,心部硬度28~45 HRC,螺纹及花键处不进行渗碳处理。

2020年9月装配有该公司摇臂轴的皮卡车正常行驶中因扇齿断裂而造成转向失灵,行驶里程为280km。为查找断裂原因,对该摇臂轴断齿进行以下失效分析。

1 断口宏观观察

摇臂轴照片如图1所示。产品在服役时受到顺时针和逆时针方向的反复交替载荷作用,齿面均有磨损。断裂位置位于扇形齿处,5个齿中有1个齿发生断裂。起裂位置位于3号齿齿根表面,断口由约2/3有断口形貌区域和约1/3的平滑无断口形貌区域组成,断口未发现疲劳断裂特征,断裂方向如图2所示。

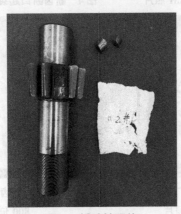

图1 摇臂轴照片

图2 摇臂轴断口局部放大后照片

2 断口 SEM 观察

用 Quanta200 扫描电镜观察断口微观形貌,发现摇臂轴样品3号齿位置断口沿齿根表面多点起裂,如图3所示;起裂区未见裂纹、夹杂等缺陷,起裂区断口形貌为沿晶,如图4所示;扩展区断口形貌为准解理,如图5所示;最后断裂区断口形貌为沿晶+韧窝,如图6所示;整个断口未发现疲劳断口形貌特征。

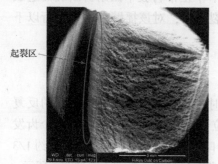

图3 断齿断口12倍 SEM 照片

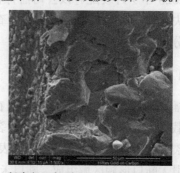

图4 断齿断口起裂区1 500倍断齿 SEM 照片

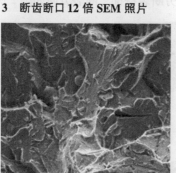

图5 断齿断口扩展区 1 500倍 SEM 照片

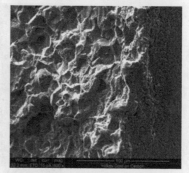

图6 断齿断口最后断裂区 800倍 SEM 照片

3 化学成分分析

采用 CS230 碳硫分析仪、iCAP6300 全谱 ICP 分析仪分别依照 GB/T 20123—2006《钢铁总碳硫含量的测定高频感应炉燃烧后红外吸收法（常规方法）》、GB/T 20125—2006《低合金钢多元素的测定电感耦合等离子体原子发射光谱法》对失效的摇臂轴进行化学成分分析，结果如表 2 所示。通过与 GB/T 3077—2015《合金结构钢》中 20CrMnTi 钢的成分进行对比，可知该摇臂轴的化学成分含量符合标准要求。

表 2　摇臂轴化学成分含量　　（单位：质量分数%）

化学元素	C	Si	Mn	P	S	Cr	Ni	Cu	Ti
检验结果	0.20	0.21	0.83	0.014	0.005 1	1.07	0.021	0.030	0.066
技术要求	0.17~0.23	0.17~0.37	0.80~1.10	≤0.030	≤0.030	1.00~1.30	≤0.30	≤0.30	0.04~0.10

4 金相组织及硬度分析

在摇臂轴齿扇 5 号齿的位置沿横截面剖开取样，经镶嵌机镶嵌、磨抛机磨平抛光后在 Leica DMI3000M 金相显微镜下观察非金属夹杂物，并按 GB/T 10561—2005《钢中非金属夹杂物含量的测定标准评级图显微检验法》进行评级。钢中非金属夹杂物是指钢中不具有金属性质的氧化物、硫化物、硅酸盐和氮化物。非金属夹杂物会破坏钢金属基体的连续性，致使材料的塑性、韧性降低和疲劳性能降低[2]。

摇臂轴齿扇位置非金属夹杂物检验结果为 A0.5、B0.5、C0.5、D0.5、DS0.5，金相照片如图 7 所示。由检验结果可以看出，产品中几乎无非金属夹杂，材料"洁净度"较高，故排除非金属夹杂对产品失效的影响。

图 7　摇臂轴抛光态金相照片（100 倍）

在抛光状态下进一步观察齿的表层,发现存在内氧化现象。内氧化是渗碳过程中的氧渗入工件表面,与工件表面的合金元素发生反应,形成氧化物造成的。氧沿着晶界向内部渗入并与合金元素发生反应,产生晶间氧化,晶间氧化的深度就是内氧化的深度[3]。通过测量,摇臂轴齿扇齿根的内氧化层深度约为 12 μm,金相照片如图 8 所示。

经 4% 硝酸酒精溶液浅腐蚀后,可观察到内氧化层的晶界两侧出现黑色的非马氏体组织,这是因为内氧化造成晶界附近合金元素的贫化使组织稳定性降低,在随后的冷却时发生分解,形成屈氏体和贝氏体组织的混合物[4]。如图 9 所示,样品表面非马氏体组织的深度约为 18 μm,满足 QC/T 262—1999《汽车渗碳齿轮金相检验》中要求表面非马氏体组织最深不得超过 0.02 mm 的规定。

 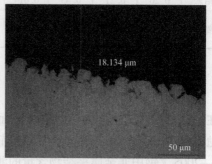

图 8 摇臂轴齿根表层抛光态金相照片（500 倍）　　图 9 摇臂轴齿根表层浅腐蚀金相照片（500 倍）

通过显微维氏硬度检验,发现表层黑色组织的硬度比正常组织低 100HV 左右,但用洛氏硬度计检验表面硬度,结果为 60.8 HRC,满足企业产品技术要求 58~63 HRC。样品的心部硬度检验结果为 39.1 HRC,满足企业产品技术要求 28~45 HRC。张凌志等人[4]研究发现,表面黑色组织在小于 50 μm 时的硬度比正常组织硬度低 100 HV,但渗层表面的残余压应力几乎没有什么差异,而且表面黑带明显使脆性渗层韧化。因此,少量的表面黑带不会改变表面的残余压应力值,黑带与基体是冶金结合,齿轮在啮合时由于有润滑油的存在使其磨损不大,渗层不易产生剥落,往往仍能完整地包容整个轮廓。表面黑带能提高齿轮表面的工作性能,使其适应于多种工况。特别是齿面有软带时,接触状态好,减少了啮合副的噪声、消除偏载。当黑色组织厚度大于 50 μm 时,则会降低接触疲劳强度和表面耐磨性,产品寿命急剧下降。

抛光态试样经 4% 硝酸酒精溶液正常浸蚀后按 QC/T 262—1999《汽车渗碳齿轮金相检验》进行马氏体、残余奥氏体、碳化物检验。马氏体等级为 4 级,残余奥氏体等级为 2 级,碳化物级别为 2 级。按照 QC/T 262—1999 标准要求，马氏体和残余奥氏体1~5级为合格（图10），碳化物1~4级为合格（图11），可见该摇臂轴齿部的马氏体、残余奥氏体、碳化物满足标准要求。其心部组织为低碳马氏体+不明显的游离铁素体和少量贝氏体（图12），相当于GB/T 25744—2010《钢件渗碳淬火回火金相检验》标准中的2级。

图10 马氏体+残余奥氏体金相照片（400倍）

图11 碳化物金相照片（400倍）

图12 心部金相组织照片（500倍）

在完成金相检验的试样上进行淬硬层深度检验，检测位置位于齿的分度圆处，维氏硬度载荷为1 kgf（1 kgf=9.806 65 N），淬硬层深度测试曲线如图13所示，测试结果为1.49 mm，高于产品的技术要求0.8~1.2 mm。淬硬层深度过深时可能会促使齿根表面丧失有益的残余压缩应力和丧失芯部韧性，从而导致产品的弯曲强度下降[5]。

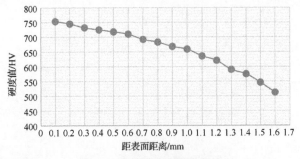
图13 淬硬层深度测定曲线

5 结论与建议

摇臂轴的轮齿淬硬层深度偏深,降低了齿轮的弯曲强度,从而在使用过程中受到外界较大载荷时发生了一次性断裂。建议改进渗碳工艺,如缩短渗碳时间等。

参 考 文 献

[1] 周红浪,张海峰. 摇臂轴变厚齿扇的精确建模与应用 [J]. 机械工程与自动化,2019,4: 70-72.

[2] 姜锡山. 钢中非金属夹杂物 [M]. 北京:冶金工业出版社,2011.

[3] 胡崧平,杨磊,牛文明. 可控气氛渗碳内氧化问题分析及预防 [J]. 金属加工(热加工),2020,5: 10-13.

[4] 张凌志,高秋梅,赵瑾,等. 减少20CrMnTi钢渗碳淬火黑色组织的方法 [J]. 金属热处理,2009,34(10): 75-77.

[5] 王克胜,路梦春. 渗碳齿轮最佳有效硬化层深度 [J]. 矿山机械,1994(2): 2-8.

作者简介:阎换丽,女,硕士,汉族,祖籍河南省安阳市,现任中国汽车工程研究院股份有限公司部件与材料测评研究中心理化分析工程师,主要研究方向为汽车轻量化材料研究与测试评价、零部件失效分析。

中锰 TRIP 钢氢致开裂性能研究现状与进展

马成 崔彦发 张青 赵林林

(河钢集团钢研总院,石家庄 050000)

摘要:本文总结了中锰钢的研究现状,介绍了成分设计、加工工艺等对中锰钢性能的影响,并重点讨论了微观组织及 TRIP 效应等对中锰钢的氢致开裂敏感性的影响。同时,讨论了研究中亟待解决的问题,如第二相析出、微结构缺陷等。最后指出了中锰钢及其氢致开裂研究存在的问题及下一步研究方向。

关键词:中锰钢;高强度钢;氢致开裂;相变致塑效应

基金项目:河北省高端钢铁冶金联合基金项目 (E2019318022);河钢集团重点科技项目 (HG2020102)。

Review of the Hydrogen Embrittlement of Medium Manganese TRIP Steel

Ma Cheng, Cui Yanfa, Zhang Qing, Zhao Linlin

(Technology and Research Institute, HBIS Group, Shijiazhuang 050000)

Abstract: The progress and current status for the research on the influence of composition design and processing technology on the properties of medium – Mn steel together with the hydrogen induced cracking (HIC) properties of medium – Mn steel were summarized, with a focus on the influence of microstructure and TRIP effect. The research hotspots like precipitates and microstructure defects were discussed. Some of the challenges and perspectives for the research of HIC of medium – Mn steel in the future were also briefly addressed.

Key words: Medium – Mn steel; High strength steel; Hydrogen induced cracking (HIC); Transformation – induced plasticly (TRIP)

作为第三代先进高强度钢种之一,中锰 TRIP 钢(下文简称为中锰钢)因其低碳中合金,低成本,高强塑积等特点而逐渐被人们所关注[1-4]。中锰钢一般由板条马氏体组织经过两相区退火,通过 C、Mn 扩散配分获得稳定奥氏体[5,6]和利用 Mn 元素钉扎作用抑制晶粒长大,获得超细铁素体基体[7];超细组织带来细晶强化,外加应力作用下奥氏体发生 TRIP 效应获取高强高塑性[8]。因此,中锰钢具有优异的强度和塑性等力学特征。其微观组织由亚微米铁素体基体和 20%~40% 的亚稳态残余奥氏体等组成,与传统 TRIP 钢和淬火配分 QP 钢中残余奥氏体不超过 15% 的含量相比,中锰钢组织中亚稳相含量大幅提高,由此带来更大的高强高塑潜力[9,10]。尽管如此,其使役性能仍需更深入的研究。氢致开裂是钢中氢的存在使材料在一定应力的作用下,经过一段时间后毫无征兆地发生脆性破坏的现象[11]。由于钢铁冶炼过程中氢的残余,焊接、酸洗、电镀过程中氢的渗入,以及在酸、水等环境条件下服役过程中氢的扩散等原因,钢铁材料很难避免氢的影响。尤其是中锰钢等先进高强度钢,其强度超过 1 000 MPa 后,氢致开裂的问题愈发突显。

目前,针对先进高强度钢氢致开裂的研究已成为研究热点,学者认为氢致开裂主要由于钢中扩散氢与位错、晶界、溶质原子等氢陷阱的相互作用导致的高强度钢的突发断裂失效。目前主要提出了氢压理论、氢致解聚理论(或称为弱键理论)(Hydrogen Enhanced Decohesion,HEDE)、氢致局部塑性变形理论(Hydrogen Enhanced Localized Plasticity,HELP)、氢致空洞形核理论(Hydrogen Enhanced Vacancy Formation,HEVF)等[12,13],但未能形成一套全面、完善、成熟的理论。尤其是先进高强度钢的氢致开裂行为均具有一定特殊性:双相钢由于内部含有高碳、高强的马氏体导致其具有明显的氢致开裂敏感性;TWIP 钢中氢致开裂与相变过程的孪晶形成密切相关[14];对于 TRIP 钢,应变过程中的 TRIP 效应是引发 TRIP 钢高氢致开裂敏感性的主要原因。

本文围绕化学成分、加工工艺两方面综述了中锰 TRIP 钢的发展现状,并从组织、碳化物析出和位错等方面总结了微观结构对中锰钢氢致开裂行为的影响及其机理,重点讨论了 TRIP 效应对氢致开裂特性的影响,指出了中锰钢氢致开裂研究存在的问题及下一步研究方向。

1 中锰钢的研究进展

中锰钢的报道最早可追溯到 20 世纪七八十年代。1972 年 Miller 等研究者对 0.11C – 5.7Mn 进行罩式退火处理获得多边形铁素体基体和体积分数超过 29% 奥氏体的混合组织,抗拉强度达 878 MPa[15];1980 年 Niikura 等人对 5Mn 钢研究发现经过退火处理,可获得超细铁素体基体和大量亚稳奥氏体组织,抗拉强度达 669 MPa[5]。当时对中锰钢并无统一的认识,而近年中锰钢成为新的研究热点。本节将从化学成分和加工工艺两方面综述中锰钢的研究进展。

1.1 中锰钢成分设计

Mn 是中锰钢的标志性合金元素,质量分数占 3%~12%,其在稳定奥氏体方面已经有大量报道[16-18]。研究人员发现在一定范围内，随着 Mn 含量的增加，奥氏体体积分数增加，强塑积增加[19]。但徐娟萍等人通过大量中锰钢文献对比发现，奥氏体分数随 Mn 含量增加而增加，但其强塑积与 Mn 含量并未有明显的依赖关系[20]。

中锰钢中 C 含量在 0.1%~0.6% 范围，过量碳将产生碳偏析，影响焊接性能；少量 C 可以促进奥氏体逆转变，扩大奥氏体稳定区，影响钢铁材料的基础力学性能[21,22]。李楠研究了不同碳含量（0.1%~0.4%）对冷轧中锰钢的影响。经过实验对比，碳含量从 0.1% 增加到 0.2% 时，钢的抗拉强度约 1 000 MPa，而断后伸长率从 27% 升高到 43% 时，强塑积从 28 GPa% 提高到 45 GPa%；碳含量为 0.4% 时，钢的强度明显提高至 1 200 MPa，但塑性却下降，这是由于碳含量过高析出金属碳化物造成的[23]。

Al 元素可以扩大两相区，抑制渗碳体生成，维持奥氏体的稳定[24,25]。另外，含铝中锰钢还出现双峰分布的铁素体，使之拥有更高的延伸率和更短的吕德斯带[26]。一定量的 Si 可作为铁素体稳定元素，并促进铁素体中 C 向奥氏体的配分，稳定奥氏体[27]。类似的研究还有 V 合金化中锰钢可能生成中间相 VC 或 VN 起到析出强化和晶界强化的作用[28,29]；Nb 生成的碳化物具有钉扎位错，细化晶粒的作用[30,31]。

1.2 中锰钢加工工艺

钢材的加工工艺是控制其组织结构的关键手段（图1）。在中锰钢的加工工艺方面，在奥氏体形成温度 AC3 和奥氏体转变完全稳定 AC1 之间进行临界退火是目前中锰钢研究中最经典的方式。通过不同临界退火工艺将产生不同形态的铁素体和奥氏体双相组织，但在其他元素（如含 Al、V、Mo 等）影响下，调整工艺参数（临界退火温度、时间等）或改变生产工艺（如采用淬火回火与配分工艺、两步或循环热处理等）时可能有少量马氏体、高温铁素体甚至碳化物等其他相的析出。

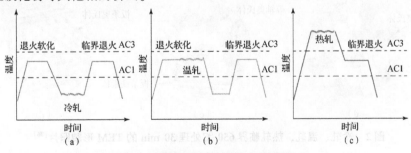

图1 中锰钢典型临界退火工艺图
(a) 冷轧；(b) 温轧；(c) 热轧

首先，不同的轧制温度影响奥氏体/铁素体双相组织的形态。Natsumeda 对 0.2C-2Si-5Mn 钢分别进行冷轧-临界退火和热轧-临界退火以得到铁素体和奥氏体双相组织，冷轧表现出等轴状组织，热轧显示板条复相组织，并且随着退火时间延长奥氏体含量增加，抗拉强度和延伸率提高[32]。Magalhaes 等人通过 1 100 ℃ 热轧和 630 ℃ 温轧的方式分别对 8Mn 钢进行轧制，他们发现温轧组织形态由拉长的板条和圆形组成的不均匀奥氏体形态，晶粒形态的异质性会产生不同的奥氏体性质，从而获得了更高的强度（1 307 MPa）和延伸率（30%），从而增强了 TRIP 效应[33]。赵晓丽等人分别通过冷轧、热轧、温轧，同样得到轴状、板条状以及轴状/板条复合组织[34]。

其次，临界退火温度和退火时间影响组织结构。He-Song 等人对 0.25C-4Mn-1.88Al 钢进行不同临界退火温度的研究，随着温度从 700 ℃、720 ℃ 升高到 740 ℃~760 ℃，残余奥氏体分数从 25%、46% 升高到 53%，然后降低到 46%，但稳定性逐渐降低，其中 720 ℃ 退火由于大体积分数奥氏体和相对较高的奥氏体稳定获得了最优的综合机械性能（强塑积为 46 GPa%）[35]。韩赟对温轧 5Mn 钢进行 650 ℃ 退火 1~10 min 处理。试验发现，退火 1 min 组织为板条铁素体+点状和针状奥氏体；退火 3 min 奥氏体含量增加，点状奥氏体长大为等轴状，针状奥氏体生长成条状；继续延长至 10 min，奥氏体长大明显（图 2）[36]。

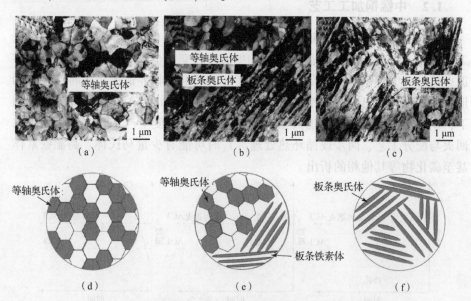

图 2　冷轧、温轧、热轧临界 650 ℃ 处理 30 min 的 TEM 形貌照片[36] 以及冷轧、温轧、热轧中锰钢组织示意

(a),(d) 冷轧；(b),(e) 温轧；(c),(f) 热轧

再次，退火后回火会影响奥氏体的稳定性。Zhao 等人研究 0.1C－5Mn 钢的回火处理，发现随回火温度从 200 ℃、300 ℃升高到 400 ℃，奥氏体分解析出渗碳体相增加，奥氏体碳含量及奥氏体含量随之降低，稳定性降低，但渗碳体析出强化和奥氏体 TRIP 效应的复合作用使强度提高、塑性降低；但随着回火温度进一步升高到 500 ℃，奥氏体 TRIP 效应的降低起主要作用，导致抗拉强度和塑性的急剧下降[37]。此外，预变形的影响也得到了广泛研究。Li 通过对含铝中锰钢进行 10% 预应变处理，获得抗拉强度 1 100 MPa 和强塑积 50.2 GPa% 的优异性能。该学者认为，预应变可以导致残余奥氏体平均晶粒尺寸减小，稳定性提高，同时预应变还使组织中位错密度提高，增加加工硬化程度[38]。

最后，越来越多先进工艺被用于中锰钢的加工，以获得更优异的性能。例如，Ding 等人通过闪速加热使中锰钢形成大量化学界面，阻止马氏体相变，将中锰钢强度由大约 1 060 MPa 提升至 1 458 MPa，甚至可达到 2 000 MPa 以上[39]。

总之，改善中锰钢的化学成分与加工工艺可以得到不同形态、尺寸的微观组织，以获得更加优异的力学性能。

2 中锰钢的氢致开裂研究

2.1 奥氏体和铁素体双相组织

前文已经提到，中锰 TRIP 钢中主要组织是细晶铁素体基体和嵌入其中的奥氏体相。铁素体是碳溶解在 $\alpha-Fe$ 中的间隙固溶体，体心立方结构，滑移系高达 48 个；同时氢在其中扩散快，固溶度小，具有良好的塑性特征和敏感的氢致开裂特征。奥氏体是面心立方结构，具有更大的固溶度和更小的扩散系数，因此奥氏体可以作为不可逆氢陷阱，降低氢致开裂敏感性[40]；但室温下奥氏体稳定性较低，容易发生分解或相变，又可能提高氢致开裂敏感性[41]。

Han 等人研究 7Mn 钢热轧板条状组织和冷轧粒状组织的氢致开裂性能差异，粒状组织表现出较优的抗氢致开裂性能，他们认为这是由于裂纹在粒状组织中扩展路径比板条状组织中更加曲折导致的[42]。与之类似，Jeong 发现在等体积分数和机械稳定性几乎相同的情况下，板条形奥氏体与等轴晶奥氏体相比在减轻氢敏感性方面具有更有益的作用，他认为这是由于板条奥氏体晶粒之间的更多晶界阻碍了氢的迁移[43]。赵晓丽等人系统研究了 0.1C－5Mn 的氢致断裂特性，他们发现随冷轧退火时间延长，组织粗化，奥氏体稳定性降低，试验钢的氢致开裂塑性损失迅速增加，从退火 5 min 的 12% 迅速增加到退火 60 min 的 62%；温轧、热轧具有同样的现象[36]。该团队比较 3 种同退火下轧态组织，三者强塑积相近，达 30 GPa%，但氢致开裂敏感性差异较大，即热轧板条状组织性能最差，冷轧等轴状组织居中，板条和等轴状混合的温轧组织表现最优。研究认为，这是裂纹在原奥氏体晶界处产生，热轧原奥氏体晶粒尺寸要远远大于温轧和冷轧，因此晶界更少，吸附同等氢含量，富集程度更高；等轴奥氏体稳定性差更易发生 TRIP 效应从而导致变形应力集中和奥氏体中氢的释放富集产生氢致裂纹；温轧态氢富集少、奥氏体稳定性高，因此具有最低的氢致开裂敏感性[44]。Du 制备了 3 种含有不同体积分数奥氏体（分别为 22.4%、0.2%、10.2%）的中锰钢，通过慢应变拉伸试验揭示出氢致开裂指数随残余奥氏体含量增加而降低，反而与氢浓度无关[45]。邵成伟等人对含 3Al 中锰钢在不同变形量（0~89%）的氢致开裂敏感性进行研究，经过不同变形后，板条奥氏体变得细小密集平直稳定增加，导致奥氏体/铁素体界面增加，避免氢的富集；分层断裂和细小片层状裂纹吸收能量，释放应力，从而得到更低的氢致开裂敏感性[46]。综上，奥氏体的形态、含量以及稳定性对中锰钢的氢致开裂敏感性具有重要影响。

由于氢在铁素体和奥氏体中扩散速率和固溶度的极大差异导致中锰钢内部组织与氢的作用更加复杂，同时铁素体/奥氏体（F/A）界面被证明是不可逆氢陷阱[47-49]，因此这种 F/A 界面也严重影响了氢致开裂敏感性。Sun 等人制备了两种不同奥氏体含量（IA700 样品，奥氏体体积分数 26% 和 IA800 样品，奥氏体体积分数 59%）的中锰钢。样品之间不同的氢迁移和俘获行为主要是由于不同的相分数及氢的扩散行为。IA700 中锰钢中更多的高位错密度铁素体为其提供了大量的弱氢捕获位点和充分的扩散通道，避免在奥氏体晶界处聚集导致的裂纹萌生和沿晶断裂，因此具有更好的抗氢致开裂性能[50]。这也为我们提供了通过调整相分数和界面分布同时改善氢致开裂敏感性和强度的新思路。但目前中锰钢内铁素体与氢的作用研究过少，因此需借鉴具有相近组织的钢种研究来推测铁素体与氢的可能作用机制。双相不锈钢同样具有奥氏体和铁素体的双相组织，对中锰钢的氢致开裂研究可提供一定参考。何建宏曾研究双相钢的氢致断裂行为，根据断口观察认为裂纹起源于铁素体解理面 {100} 面，穿铁素体晶粒扩展，然后将奥氏体撕裂或沿晶断裂[51]。这与 Sun 对中锰钢的研究结果[53]相似。Ornek 等人独辟蹊径，研究 Sandvik 双相不锈钢中奥氏体间距对铁素体和奥氏体之间载荷分配的影响，最终发现小间距试验试样抗氢致开裂性能更优[52]。

通过调节不同的钢材化学组分和加工处理工艺可以调节中锰钢奥氏体/铁

素体复相组织的组分含量，微观形貌以及奥氏体稳定性，依此改善中锰钢的氢致开裂性能；但同时，奥氏体含量减小和稳定性增加又可能导致高强度钢的力学性能和强塑积的下降。因此，我们需要综合其力学特性和氢致开裂敏感性合理选择组分和工艺。

2.2 碳化物等第二相析出及夹杂

碳化物在中锰钢的加工中会无法避免地出现。例如，中锰钢热轧淬火工序奥氏体转变形成马氏体与可能出现的针状碳化物；临界退火过程，渗碳体在退火初期，由于碳的配分形成长大，但退火一定时间后渗碳体中碳原子向奥氏体扩散，逐渐溶解；回火过程过饱和铁素体中碳以渗碳体形式析出；在不同温度回火处理时，亚稳态奥氏体可能继续分解，形成渗碳体、珠光体、铁素体等[53-57]。因此，研究碳化物与氢的相互作用对高强度钢的氢致断裂具有重要意义。

一定形态和尺寸的碳化物可作为一种不可逆氢陷阱，已经被证明可以捕获氢，抑制氢扩散，有利于氢致开裂性能的改善[58]。Luo 和赵晓丽等团队还在其研究中提到中锰钢经过一定温度回火（如 > 500 ℃）处理，部分奥氏体分解生成渗碳体，析出的渗碳体可以作为氢捕获位点，避免氢向应力集中区域或裂纹尖端的扩散，改善了氢致开裂特征[54,59]。Takahashi 使用原子探针层析成像技术首次直接在钢中观察到纳米级碳化钛（TiC）板状沉淀物界面处捕获的原子级氢，表明基质和 TiC 之间的宽界面的主要捕获位点[60]。Depover 按照固定的 Fe - CX 合金化程序，引入 Ti、Cr、Mo、W 和 V 元素，通过 TDS 分析发现回火后的 TiC 和 V4C3 沉淀物捕获了大量的氢；Cr2C6 和 Mo2C 捕获的氢很少，而 W2C 未捕获氢，并未表现出强氢陷阱特征，因此碳化物种类对于氢的吸收和固定起到一定作用[61,62]。另外，就碳化物尺寸而言，Chen 等人发现马氏体钢中纳米级 TiC、MoC 等析出相比普通析出相具有更优异的氢捕捉效果（图3）[63]。李戬对比不同退火时间的钒钛微合金钢，发现随时间增加析出相 Ti（C，N），VC 尺寸减小，有效氢扩散系数增加，作者认为是大量细小的析出相作为不可逆氢陷阱，抑制氢的扩散[64]。与之相对的是，碳化物尺寸过大、形成网状带状结构或局部富集偏析，则大量氢可能导致局部钉扎，引起裂纹萌生和扩展[43,65]。

实际上析出碳化物与氢之间相互作用更加复杂，氢的捕获能力不仅取决于碳化物的种类、密度和尺寸，还与沉淀物与基质之间的界面的共格状态有关。

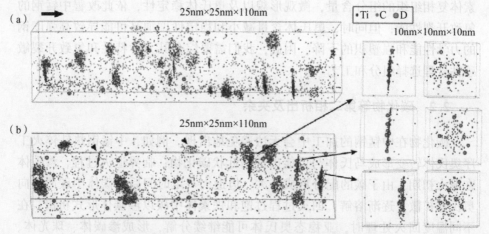

图3 退火含 TiC 钢未充氘和充氘状态三维元素分布图[63]
(a) 未充氘;(b) 充氘

Turnbull 通过原子建模计算非共格 TiC 的空位结合能为 1.8 eV,而氢跃迁到陷阱的活化能势垒超过 0.9 eV,跃迁受限,因此非共格 TiC 对改善氢致开裂无效[66]。与之类似,Wei 和 Tsuzaki 利用高温水蒸气的氧化提供氢源,研究铁中不同共格状态的 TiC 捕获氢。在该模型中,氢与非共格 TiC 之间的结合能为 53 kJ/mol,而跃迁势垒为 21 ~ 35 kJ/mol,低温下难以捕获氢[67]。同时,他们进一步通过热脱附光谱法研究淬火 - 回火 0.05C - 0.20Ti - 2.0Ni 钢 TiC 颗粒的氢捕获行为伴随其共格到不共格界面的变化。随着沉淀物的长大,界面相关性逐渐降低,导致捕获结合能与势垒同时增加,势垒增加导致阴极充氢更难以进行[68]。

但通过元素复合的手段可以改善钢中析出第二相的共格状态[68,69],降低氢与碳化物之间的结合能,增加氢吸附。Nahm 通过第一性原理计算研究具有共格关系的 TiC/MoC 与铁素体中的氢陷阱态。计算结果表明,该共格界面与氢的结合能为负;通过热脱附试验分析证实,在含 Ti 的钢中添加 Mo 可以显著减少可扩散氢的量[70]。Yamasaki 和 Bhadeshia 发现在四元 Fe - C - Mo - V 马氏体钢中调节 Mo/V 比改变析出相晶格参数和共格状态,对于特定尺寸碳化物,钼含量高时,碳化物的共格状态最佳,捕氢能力最强[71]。这也为耐氢致开裂钢材的开发提供了新的思路,即通过多组分金属添加调节碳化物氢陷阱与铁氧体基体的共格状态,改善氢致开裂敏感性。

2.3 微结构缺陷

研究微结构缺陷对中锰钢氢致开裂性能的影响文献较少,但在其他先进钢铁材料的研究中，微结构缺陷已经被证明对氢致开裂行为具有重要影响。许多微结构缺陷（如空位、微孔、晶界和位错）可以通过应变将引入金属晶格[72,73]，成为氢致鼓泡、氢致裂纹的潜在起始点[74]。Laureys对比冷变形、回复、再结晶3种状态的超低碳钢也证实高位错密度的冷变形具有最高的氢致开裂敏感性，位错重新排布的回复态次之，位错最少的再结晶态具有最低的氢致开裂敏感性[75]。Sun等人也提到位错含量增加导致在铁素体-马氏体界面处的铁素体中形成了亚晶胞，铁素体中的晶界加宽，沿晶界和板条界线产生了裂纹[76]。Zhao通过添加0~1%的W改变位错密度，发现随着W含量增加，析出物越细，位错密度越高因而吸附更多氢，在氢致解聚和氢压共同作用下也更易发生氢致开裂现象[77]。Chen等人利用冷变形改变Armco铁内部的位错缺陷，随着变形增加至50%，缺陷密度提高，对氢致开裂更加敏感；但继续变形后位错缠结成为厚壁胞状组织，表现出类似不可逆氢陷阱的特征，可以改善氢致开裂敏感性[78]。同样，在铁素体钢中，针状铁素体的位错迁移率和氢致开裂敏感性远低于超细铁素体。这是因为针状铁素体由分散的碳氮化物钉扎的高密度缠结位错组成，这种缠结位错形成一个个弥散的氢陷阱，从而改变氢的分布并降低钢的氢致开裂敏感性[79]。

2.4 TRIP效应与氢致开裂

TRIP效应是通过残余奥氏体的马氏体相变提高材料延展性，一般发生于TRIP钢、Q&P钢（或者叫马氏体-TRIP钢）、中锰钢等具有一定量亚稳态奥氏体的钢中，是目前提高钢铁强度的重要手段[80-82]。此类高强度钢存在共性氢致开裂特征，即在变形初期，由于氢在奥氏体中扩散系数小，固溶度高，这些弥散的奥氏体晶粒可以作为强氢陷阱，通过固溶的方式吸引大量的氢，对氢致开裂不敏感，甚至有利于改善基体的氢致开裂敏感性。但随着变形积累，越来越多奥氏体转变为马氏体，氢的溶解度降低，导致多余的氢溢出富集在马氏体界面处；同时相变导致体积膨胀，使得两相界面处应力集中，同样促进了该处氢的富集[83,84]。因而在利用TRIP效应提高先进高强度钢的强度和塑性的同时，必须重视TRIP效应导致的氢致开裂问题，因此精准调控中锰钢的组织形态和微观结构至关重要。Tan提到软基体和硬基体结构之间明显的强度差会导致软相中的明显应变局部化；硬质成分中的低应变降低了载荷传递，从而降低了残余奥氏体中TRIP效应的有效性[85]。我们在中锰钢的设计过程不仅需要根据其碳浓度、尺寸、形态、分布和晶体取向来调整残余奥氏体岛的数量和稳定性，还必须考虑奥氏体之间应变的机械分配，以及周围的混合组成基体成分，从而更好传递应变，有效利用奥氏体与马氏体的相变改善其塑性、强度，同时避免其带来过高的氢致开裂敏感性。

3 目前问题及研究趋势

综上所述，国内外研究者一方面通过调节化学成分和改变加工工艺的方式直观地改善中锰钢的力学及氢致开裂敏感性，另一方面利用不同研究手段探究氢与不同组织之间的相互作用，进而提出多种机制与模型，但仍有如下几个方面亟待进一步研究：

①钢中微观组织的精准调控仍是目前高强度钢研究中的共性难题，如细晶铁素体和奥氏体双相组织的比例与形态分布极大影响着材料的成形及使用性能，而合理的组织调控可以为提升性能提供有力支撑。

②氢致开裂试验暂未有通用标准，一般采用加速试验的方式进行相对评价，标准化的检测和评价体系有待建立。

③钢铁内部氢、位错等分布和运动的直观观测可以为氢致开裂研究提供可靠的证明，在这一方面低温冷冻转移技术，同位素标记和层析原子探针结合发展等手段仍需进一步普及。

④针对中锰钢特有成分和结构与氢的相互作用应开展重点研究，如 Mn 元素（包括晶格 Mn、固溶 Mn 和析出 Mn 等）与氢的作用，Mn 元素的化学和机械双配分过程如何影响组织结构及氢致开裂表现等。

为进一步阐明中锰钢氢致开裂的机制，未来的研究应该在更微观的层次上探究中锰钢组织与氢的相互作用，如氢在中锰钢内部的扩散与吸附过程等，同时利用实验数据与现场数据建立材料失效数据库，建立材料服役行为评价模型。在研究上述失效机理的基础上，进一步开发中锰钢组织的精细调控手段，获得力学性能优异且氢致开裂敏感性较低的组织结构，从而缓解、预防中锰钢的氢致开裂。

参 考 文 献

[1] LEE Y K, HAN J. Current opinion in medium manganese steel [J]. Materials Science & Technology, 2015, 31 (7): 843 – 856.

[2] AYDIN H, ESSADIQI E, JUNG I H, et al. Development of 3rd generation AHSS with medium Mn content alloying compositions [J]. Materials Science and Engineering A, 2013, 564 (3): 501 – 508.

[3] ARLAZAROV A, GOUNE M, BOUAZIZ O, et al. Evolution of microstructure and mechanical properties of medium Mn steels during double annealing [J]. Materials Science & Engineering A, 2012, 542 (4): 31 – 39.

[4] CAI Z H, DING H, XUE X, et al. Microstructural evolution and mechanical properties of hot-rolled 11% manganese TRIP steel [J]. Materials Science & Engineering A, 2013, 560 (1): 388-395.

[5] NIIKURA M, MORRIS J W. Thermal processing of ferritic 5Mn steel for toughness at cryogenic temperatures [J]. Metallurgical Transactions A, 1980, 11: 1531-1540.

[6] MOOR E D, MATLOCK D K, SPEER J G, et al. Austenite stabilization through manganese enrichment [J]. Scripta Materialia, 2011, 64 (2): 185-188.

[7] LEE S J, LEE S, COOMAN B C D. Mn partitioning during the intercritical annealing of ultrafine-grained 6% Mn transformation-induced plasticity steel [J]. Scripta Materialia, 2011, 64 (7): 649-652.

[8] HEO Y U, SUH D W, LEE H C. Fabrication of an ultrafine-grained structure by a compositional pinning technique [J]. Acta Materialia, 2014, 77: 236-247.

[9] HU B, LUO H W, YANG F, et al. Recent progress in medium-Mn steels made with new designing strategies: A review [J]. Journal of Materials Science & Technology, 2017, 33 (12): 1457-1464.

[10] 李扬, 刘汉武, 杜云慧, 等. 汽车用先进高强钢的应用现状和发展方向 [J]. 材料导报, 2011 (13): 101-104.

[11] 黄发, 周庆军. 高强钢的氢致延迟断裂行为研究进展 [J]. 宝钢技术, 2015 (3): 11-16.

[12] LYNCH S. Hydrogen embrittlement phenomena and mechanisms [J]. Corrosion Reviews, 2012, 30 (3/4): 105-123.

[13] MLMAB C, MDAD E, ANAD F, et al. Enumeration of the hydrogen-enhanced localized plasticity mechanism for hydrogen embrittlement in structural materials [J]. Acta Materialia, 2019, 165: 734-750.

[14] LIU Q, ZHOU Q, VENEZUELA J, et al. A review of the influence of hydrogen on the mechanical properties of DP, TRIP and TWIP advanced high-strength steels for auto construction [J]. Corrosion Reviews, 2016, 34 (3): 127-152.

[15] MILLER R L. Ultrafine-grained microstructures and mechanical properties of alloy steels [J]. Metallurgical and Materials Transactions B, 1972 (3/4): 905-912.

[16] XU H F, ZHAO J, CAO W Q, et al. Heat treatment effects on the microstructure and mechanical properties of a medium manganese steel (0.2C-

5Mn) [J]. Materials Science & Engineering A, 2012, 532 (1): 435-442.

[17] DAI Z, DING R, YANG Z, et al. Elucidating the effect of Mn partitioning on interface migration and carbon partitioning during quenching and partitioning of the Fe – C – Mn – Si steels: Modeling and experiments [J]. Acta Materialia, 2018, 144: 666-678.

[18] CHEN H, SYBRAND V D Z. Analysis of ferrite growth retardation induced by local Mn enrichment in austenite created by prior interface passages [J]. Acta Materialia, 2013, 61 (4): 1338-1349.

[19] SUN B H, FAZELI F, SCOTT C, et al. Microstructural characteristics and tensile behavior of medium manganese steels with different manganese additions [J]. Materials Science & Engineering A, 2018, 729: 496-507.

[20] 徐娟萍, 付豪, 王正, 等. 中锰钢的研究进展与前景 [J]. 工程科学学报, 2019 (5): 557-572.

[21] 田亚强, 黎旺, 宋进英, 等. C和Mn元素配分行为对冷轧中锰TRIP钢组织性能的影响 [J]. 钢铁研究学报, 2019 (3): 312-317.

[22] DU P J, YANG D P, BAI M K, et al. Austenite stabilisation by two step partitioning of manganese and carbon in a Mn – TRIP steel [J]. Materials Science & Technology, 2019, 35 (17): 2084-2091.

[23] 李楠, 时捷, 陈为亮, 等. 碳含量对冷轧中锰钢双相区退火组织和力学性能的影响 [J]. 热加工工艺, 2012, 41 (2): 5-8, 27.

[24] SEO C H, KWON K H, CHOI K, et al. Deformation behavior of ferrite – austenite duplex lightweight Fe – Mn – Al – C steel [J]. Scripta Materialia, 2012, 66 (8): 519-522.

[25] WANG X H, KANG J, LI Y J, et al. Characterisation on Al – bearing hot – rolled TRIP steel produced through isothermal bainite transformation [J]. Materials Science and Technology, 2019, 36 (2): 1-13.

[26] JANG J M, KIM S J, KANG N H, et al. Effects of annealing conditions on microstructure and mechanical properties of low carbon, manganese transformation – induced plasticity steel [J]. Metals & Materials International, 2009, 15 (6): 909-916.

[27] SUN B, FAZELI F, SCOTT C, et al. The influence of silicon additions on the deformation behavior of austenite – ferrite duplex medium manganese steels [J]. Acta Materialia, 2018, 148: 249-262.

[28] YU H, CAI Z, FU G, et al. Effect of V – Ti addition on microstructure

evolution and mechanical properties of hot – rolled transformation – induced plasticity steel [J]. Acta Metallurgica Sinica (English Letters), 2019, 32 (3): 86 – 94.

[29] 雷鸣. 钒合金化中锰钢组织及力学性能研究 [D]. 北京: 北京交通大学, 2019.

[30] FAN L F, JIA L Y, ZHAO Y. Reverse – phase transformation annealing, ultra – fine grained ferrite, austenite, tensile strength and elongation [J] Ironmaking & Steelmaking, 2019, 47 (4): 1 – 8.

[31] ZHU Y, HU B, LUO H. Influence of Nb and V on microstructure and mechanical properties of hot – rolled medium Mn steels [J]. Steel Research International, 2018, 89 (9): 1700389 – 1700398.

[32] HIROKAZU N, K AMANE, SHUNICHI H. Effect of cold reduction on microstructure and mechanical property of 5% Mn steel [J]. Tetsu to Hagane, 2018, 104 (5): 274 – 283.

[33] MAGALHAES A, DOS SANTOS C, FERREIRA A, et al. Analysis of medium manganese steel through cold – rolling and intercritical annealing or warm – rolling [J]. Materials Science and Technology, 2018, 35 (17): 2120 – 2133.

[34] 赵晓丽. 高强塑积中锰钢氢脆敏感性的研究 [D]. 北京: 钢铁研究总院, 2019.

[35] WANG H S, GUO Y, LAN M F, et al. Microstructure and mechanical properties of a novel hot – rolled 4% Mn steel processed by intercritical annealing [J]. Journal of Materials Science, 2018, 53: 12570 – 12582.

[36] 韩赟, 邝霜, 曹佳丽. 连续退火时间对温轧中锰钢组织性能的影响 [J]. 汽车工艺与材料, 2014 (10): 5 – 9.

[37] ZHAO X L, ZHANG Y J, SHAO C W, et al. Thermal stability of retained austenite and mechanical properties of medium – Mn steel during tempering treatment [J]. Journal of Iron and Steel Research, International, 2017, 24 (8): 82 – 89.

[38] LI Z C, MISRA R D K, DING H, et al. The significant impact of pre – strain on the structure – mechanical properties relationship in cold – rolled medium manganese TRIP steel [J]. Materials Science & Engineering, 2018, 712 (1): 206 – 213.

[39] DING R, YAO Y J, SUN B H, et al. Chemical boundary engineering: A

new route toward lean, ultrastrong yet ductile steels [J]. Science Advances, 2020, 6 (13): 1430.

[40] ZHU X, ZHANG K, LI W, et al. Effect of retained austenite stability and morphology on the hydrogen embrittlement susceptibility in quenching and partitioning treated steels [J]. Materials Science and Engineering, 2016, 658 (3): 400-408.

[41] 吴珂. 中高碳钢强塑性组织调控与氢脆相关性研究 [D]. 上海：上海交通大学, 2017.

[42] HAN J, NAM J H, LEE Y K. The mechanism of hydrogen embrittlement in intercritically annealed medium Mn TRIP steel [J]. Acta Materialia, 2016, 113: 1-10.

[43] JEONG I, RYU K M, LEE D G, et al. Austenite morphology and resistance to hydrogen embrittlement in medium Mn transformation-induced plasticity steel [J]. Scripta Materialia, 2019, 169: 52-56.

[44] 赵晓丽, 张永健, 惠卫军, 等. 不同处理状态下0.1C-5Mn中锰钢的氢脆敏感性 [J]. 钢铁研究学报, 2019, 31 (9): 70-80.

[45] DU Y, GAO X H, LAN L Y. Hydrogen embrittlement behavior of high strength low carbon medium manganese steel under different heat treatments [J]. International Journal of Hydrogen Energy, 2019, 44: 32292-32306.

[46] 邵成伟. 高强塑积含铝中锰钢组织调控及氢脆敏感性研究 [D]. 北京：北京交通大学, 2018.

[47] TURNBULL A, HUTCHINGS R B. Analysis of hydrogen atom transport in a two-phase alloy [J]. Materials Science & Engineering A, 1994, 177 (1/2): 161-171.

[48] OWCZAREK E, ZAKROCZYMSKI T. Hydrogen transport in a duplex stainless steel [J]. Acta Materialia, 2000, 48 (12): 3059-3070.

[49] PERNG T P, ALTSTETTER C J. Comparison of hydrogen gas embrittlement of austenitic and ferritic stainless-steels [J]. Metallurgical Transactions A - Physical Metallurgy and Materials Science, 1987, 18: 123-134.

[50] SUN B H, KRIEGER W, ROHWERDER M, et al. Dependence of hydrogen embrittlement mechanisms on microstructure-driven hydrogen distribution in medium Mn steels [J]. Acta Materialia, 2020, 183: 313-328.

[51] 何建宏, 唐祥云, 陈南平. 铁素体-奥氏体双相不锈钢的氢致开裂研究 [J]. 金属学报, 1989 (1): 42-46.

[52] ORNEK C, RECCAGNI P, KIVISAKK U, et al. Hydrogen embrittlement of super duplex stainless steel – towards understanding the effects of microstructure and strain [J]. International Journal of Hydrogen Energy, 2018, 43 (27): 12543 – 12555.

[53] LUO H W, SHI Y, WANG C, et al. Experimental and numerical analysis on formation of stable austenite during the intercritical annealing of 5Mn steel [J]. Acta Materialia, 2011, 59 (10): 4002 – 4014.

[54] LUO H W, LIU J H, DONG H, et al. A novel observation on cementite formed during intercritical annealing of medium Mn steel [J]. Metallurgical & Materials Transactions A, 2016, 47 (6): 3119 – 3124.

[55] PARK H S, SEOL J B, LIM N S, et al. Study of the decomposition behavior of retained austenite and the partitioning of alloying elements during tempering in CMnSiAl TRIP steels [J]. Materials & Design, 2015, 82 (10): 173 – 180.

[56] RASHID M S, RAO B V N. Tempering characteristics of a vanadium containing dual phase steel [J]. Metallurgical Transactions A, 1982, 13 (10): 1679 – 1686.

[57] SARIKAYA M, JHINGAN A K, THOMAS G. Retained austenite and tempered martensite embrittlement in medium carbon steels [J]. Metallurgical Transactions A, 1983, 14: 1121 – 1133.

[58] HUI W J, ZHANG Y J, ZHAO X L, et al. Influence of cold deformation and annealing on hydrogen embrittlement of cold hardening bainitic steel for high strength bolts [J]. Materials Science and Engineering A, 2016, 662: 528 – 536.

[59] 赵晓丽, 张永健, 黄海涛, 等. 回火对冷轧后退火处理中锰钢0.1C – 5Mn氢脆敏感性的影响 [J]. 材料热处理学报, 2018, 39 (10): 36 – 45.

[60] TAKAHASHI J, KAWAKAMI K, KOBAYASHI Y, et al. The first direct observation of hydrogen trapping sites in TiC precipitation – hardening steel through atom probe tomography [J]. Scripta Materialia, 2010, 63 (3): 261 – 264.

[61] DEPOVER T, VERBEKEN K. Hydrogen trapping and hydrogen induced mechanical degradation in lab cast Fe – C – Cr alloys [J]. Materials Science & Engineering, 2016, 669 (6): 134 – 149.

[62] DEPOVER T, VERBEKEN K. The detrimental effect of hydrogen at

dislocations on the hydrogen embrittlement susceptibility of Fe – C – X alloys: An experimental proof of the HELP mechanism [J]. International Journal of Hydrogen Energy, 2018, 43 (5): 3050 – 3061.

[63] CHEN Y N, WANG Z J, YANG T, et al. Crystallization kinetics of amorphous lead zirconate titanate thin films in a microwave magnetic field [J]. Acta Materialia, 2014, 71: 1 – 10.

[64] 李戬, 徐春, 马晓艺. 控轧控冷工艺对钒钛微合金钢组织性能的影响 [J]. 中北大学学报（自然科学版）, 2014, 35 (1): 88 – 92.

[65] REN X, CHU W, LI J, et al. The effects of inclusions and second phase particles on hydrogen – induced blistering in iron [J]. Materials Chemistry & Physics, 2008, 107 (2/3): 231 – 235.

[66] TURNBULL A. Perspectives on hydrogen uptake, diffusion and trapping [J]. International Journal of Hydrogen Energy, 2015, 40 (47): 16961 – 16970.

[67] WEI F G, TSUZAKI K. Hydrogen absorption of incoherent TiC particles in iron from environment at high temperatures [J]. Metallurgical & Materials Transactions A, 2004, 35 (10): 3155 – 3163.

[68] CHENG L, CAI Q W, XIE B S, et al. Relationships among microstructure, precipitation and mechanical properties in different depths of Ti – Mo low carbon low alloy steel plate [J]. Materials Science & Engineering A, 2016, 651 (1): 185 – 191.

[69] JANG J H, LEE C H, HEO Y U, et al. Stability of (Ti, M) C (M = Nb, V, Mo and W) carbide in steels using first – principles calculations [J]. Acta Materialia, 2012, 60 (1): 208 – 217.

[70] SONG E J, BAEK S W, NAHM S H, et al. Effects of molybdenum addition on hydrogen desorption of TiC precipitation – hardened steel [J]. Metals & Materials International, 2018, 24: 532 – 536.

[71] YAMASAKI S, BHADESHIA H. M4C3 precipitation in Fe – C – Mo – V steels and relationship to hydrogen trapping [J]. Proceedings of the Royal Society A: Mathematical, Physical and Engineering Sciences, 2006, 462: 2315 – 2330.

[72] KUMNICK A J, JOHNSON H H. Deep trapping states for hydrogen in deformed iron [J]. Acta Metallurgica, 1980, 28 (1): 33 – 39.

[73] MESHKOV Y Y, METTUS G S, VOVK Y N. An investigation of defects in cold worked steels and their elimination by annealing [J]. Metallofizika,

1975, 61: 76-78.

[74] TAKAHASHI H, TAKEYAMA T, HARA T. Electron-microscopic study of micro-crack formed by hydrogen precipitation in pure iron [J]. Journal of The Japan Institute of Metals, 1979, 43: 492-499.

[75] LAUREYS A, VAN D E E, PETROV R, et al. Effect of deformation and charging conditions on crack and blister formation during electrochemical hydrogen charging [J]. Acta Materialia, 2017, 127 (4): 192-202.

[76] SUN S, GU J, CHEN N. The influence of hydrogen on the sub-structure of the martensite and ferrite dual-phase steel [J]. Scripta Metallurgica, 1989, 23 (10): 1735-1737.

[77] ZHAO J, JIANG Z, LEE C S. Effects of tungsten on the hydrogen embrittlement behaviour of microalloyed steels [J]. Corrosion Science, 2014, 82 (5): 380-391.

[78] CHEN L, XIONG X L, TAO X, et al. Effect of dislocation cell walls on hydrogen adsorption, hydrogen trapping and hydrogen embrittlement resistance [J]. Corrosion Science, 2020, 166: 108428.

[79] ZHAO M C, SHAN Y Y, XIAO F R, et al. Investigation on the H_2S-resistant behaviors of acicular ferrite and ultrafine ferrite [J]. Materials Letters, 2002, 57 (1): 141-145.

[80] ZACKAY V F, PARKER E R. The changing role of metastable austenite in the design of alloys [J]. Annual Review of Materials Science, 1976, 6 (1): 139-155.

[81] ZHANG S, FINDLEY K O. Quantitative assessment of the effects of microstructure on the stability of retained austenite in TRIP steels [J]. Acta Materialia, 2013, 61 (6): 1895-1903.

[82] SEO E J, CHO L, ESTRIN Y, et al. Microstructure-mechanical properties relationships for quenching and partitioning (Q&P) processed steel [J]. Acta Materialia, 2016, 113: 124-139.

[83] MCCOY R A, GERBERICH W W, ZACKAY V F. On the resistance of TRIP steel to hydrogen embrittlement [J]. Metallurgical & Materials Transactions B, 1970, 1 (7): 2031-2034.

[84] LIU Q L, ZHOU Q J, VENEZUELA J, et al. A review of the influence of hydrogen on the mechanical properties of DP, TRIP, and TWIP advanced high-strength steels for auto construction [J]. Corrosion Reviews, 2016,

34 (3): 127-152.

[85] TAN X D, PONGE D, LU W J, et al. Joint investigation of strain partitioning and chemical partitioning in ferrite-containing TRIP-assisted steels [J]. Acta Materialia, 2020, 186: 374-388.

作者简介: 马成 (1988—), 男, 博士, 高级工程师, 主要从事钢铁材料服役性能研究。

自卸车翻转轴结构静动态多目标可靠性拓扑优化

周松[1]，高翔[1]，范体强[1]，王彬花[1]，周佳[1]
万鑫铭[1]，李阳[2]

(1. 中国汽车工程研究院股份有限公司，重庆 401122；
2. 重庆凯瑞特种车有限公司，重庆 402360)

摘要：针对翻转轴的材料属性和不同载荷工况等随机不确定性因素对其性能的影响，且降低其重量以提高燃油经济性。通过对自卸车进行有限元建模，根据实际工况下的极限受力对翻转轴进行载荷分析，采用一次二阶矩法进行可靠性分析，并用可靠性指标反映不确定性因素的影响。将静态多工况下刚度和动态特征值为目标函数，以体积分数和可靠性指标为约束条件。基于折中规划法归一化子目标建立综合目标函数，以层次分析法确定子目标权重系数，提出了一种考虑翻转轴结构的静动态多目标可靠性拓扑优化模型。结果表明，相比确定性拓扑优化，可靠性拓扑优化得到的翻转轴刚度和各阶固有频率提高得更显著，在满足可靠性的条件下质量减小28.96%。试验测试与理论分析结果基本一致，验证了多目标可靠性拓扑优化设计的可行性。

关键词：自卸车翻转轴；拓扑优化；可靠性分析；一次二阶矩法；层次分析法

基金项目：国家重点研发计划重点专项（2017YFB0304405）；重庆市"科技创新领军人才支持计划"（CSTCCXLJR201901）。

中图分类号：U463 TB114.3

Static and Dynamic Multi-objective Reliability Topological Optimization for Tipping Shaft Structure of Dump Truck

Zhou Song[1], Gao Xiang[1], Fan Tiqiang[1], Wang Binhua[1], Zhou Jia[1],
Wan Xinming[1], Li Yang[2]

(1. China Automotive Engineering Research Institute Co., Ltd. ChongQing 401122, China)
(2. Chongqing Kairui Special Vehicle Co., Ltd., ChongQing 402360, China)

Abstract: In view of the effect of random uncertain factors such as the material properties of the turning shaft and different load conditions on its performance, and reduce its weight to improve fuel economy. Through the finite element modeling of the dump truck, the load analysis of the turning shaft is carried out according to the limit force under the actual working conditions, the first-order second moment method is used for reliability analysis, and the reliability index is used to reflect the influence of uncertain factors. The stiffness and dynamic characteristic values under static multi-conditions are set as objective functions, and the volume fraction and reliability index are used as constraints. A comprehensive objective function is established based on the normalized sub-objectives of the compromise programming method, the weight coefficients of the sub-objectives are determined by the analytic hierarchy process, and the multi-objective topology optimization design based on reliability constraints is carried out on the flip-axis structure. The results show that, compared with the deterministic topology optimization, the stiffness of the turning axis and the natural frequencies of each order obtained by the reliability topology optimization are more significantly improved, and the mass is reduced by 28.96% under the condition of satisfying the reliability. The experimental test and theoretical analysis results are basically consistent, verifying the feasibility of multi-objective reliability topology optimization design.

Key words: Dump truck turning axle; Topology Optimization; Reliability analysis; First-order second-moment method; Analytic Hierarchy Process

0 引言

目前，汽车轻量化已成为行业发展的必然趋势，尤其对于专用车等高燃油消耗车型。轻量化是实现汽车节能减排最直接有效的手段。当前国内自卸车具有较大幅度的轻量化空间，要确保轻量化的同时还能保持原车型的高安全系数，直接增大了轻量化设计难度[1]。

近年来，国内学者对自卸车结构轻量化设计进行了研究。朱晓晶等人[2]以自卸车车厢部件的材料和板厚作为设计变量，运用近似模型技术，进行静态工况以及动态冲击工况的轻量化设计。许康等人[3]根据自卸车后桥驱动壳结构特点，将实际中不同的极限受力工况进行载荷分析，并基于有限元进行结构拓扑优化分析。唐华平等人[4]针对自卸车车架进行了静动态特性研究，通过拓扑优化对车架的结构进行了轻量化设计。由此可见，当前自卸车结构轻量化设计模型均为单目标的确定性模型，即单一目标函数和约束等均被看作确定性量。尽管有些学者开展了结构多目标拓扑优化研究，如臧晓雷等人[5]将矿用车架结构的静态多工况下刚度和动态多个低阶频率作为目标函数,提出了车架多目标拓扑优化方法。朱建峰等人[6]讨论了多工况和动态结构拓扑优化问题,提出了带有工程约束技术的结构拓扑优化方法。然而大多情况下,对汽车进行拓扑优化设计时不仅需要考虑其静动态多目标优化问题,而且还需要考虑各零部件材料参数和外载荷的随机不确定性[7]。尤其对于翻转轴这类核心构件,自卸车翻转轴在货厢举升时翻转轴与翻转轴套往往处于干摩擦状态,其性能优劣决定了自卸车结构的可靠性。因此,有必要在结构设计阶段,考虑翻转轴的几何尺寸、材料属性、载荷工况等随机因素对目标函数和约束的影响,开展拓扑优化设计,使结构设计更加合理。

为了准确反映不确定性因素对自卸车零部件性能指标的影响,同时使翻转轴结构设计更趋向于合理性,实现轻量化设计。本文采用计算简便、效率高的一次二阶矩法对翻转轴进行了可靠性分析,根据可靠性指标求得符合可靠性约束的正态随机变量作为其拓扑优化设计的确定性参数。以某自卸车翻转轴为研究对象,考虑自卸车举升瞬间和举升10°两种典型工况时翻转轴刚度和动态特征值最大化为目标函数,以体积分数和可靠性指标作为约束条件。基于折中规划法归一化子目标建立综合目标函数,以层次分析法确定子目标权重系数,对翻转轴结构进行静动态多目标可靠性拓扑优化设计。对比确定性拓扑优化,可靠性拓扑优化设计可获得更加合理的构型。最后通过试验验证了该方法的有效性。

1 可靠性拓扑优化

1.1 可靠性分析

以随机变量 $x=(x_1,x_2,\cdots,x_n)^T$ 表示结构中的不确定性因素,则各随机变量与结构功能状态间的关系为

$$\left.\begin{array}{l} Z=g(x_1,x_2,\cdots,x_n)<0,\text{失效状态} \\ Z=g(x_1,x_2,\cdots,x_n)=0,\text{极限状态} \\ Z=g(x_1,x_2,\cdots,x_n)>0,\text{安全状态} \end{array}\right\} \quad (1)$$

其中,$Z=g(x_1,x_2,\cdots,x_n)=0$ 为极限状态方程,它将基本变量空间划分为失效区和安全区两个部分。设结构处于失效状态的概率为 P_f,采用一次二阶矩法求解 P_f,通常将随机变量 $x=(x_1,x_2,\cdots,x_n)^T$ 映射为标准化空间的标准正态变量 $y=(y_1,y_2,\cdots,y_n)^T$,即

$$y_i = \frac{x_i - \mu_i}{\sigma_i}, i = 1,2,\cdots,n \tag{2}$$

式中，$y_i \sim N(0,1)$；μ_i 和 σ_i 分别为随机变量 x_i 的均值与标准差。

可靠度指标 β 的意义为标准正态空间中从原点到失效面 $G(y)=0$ 的最短距离[8]。P_f 与 β 存在一一对应的关系，即

$$P_f = 1 - \Phi(\beta) \tag{3}$$

其中，$\Phi(\cdot)$ 为标准正态变量分布函数，要使结构不失效，失效概率 P_f 要尽可能小，可靠度指标 β 要尽量大。进而可以将具有足够大的可靠度指标作为结构安全使用的约束条件，即

$$\beta \geq \beta^* \tag{4}$$

式中，β^* 为许用可靠度指标，可根据实际需要确定。

对应许用可靠度指标约束的正态随机变量 y_i 可根据下式求出：

$$\left.\begin{array}{l} \boldsymbol{y} = (y_1, y_2, \cdots, y_n)^{\mathrm{T}} \in Y^n \\ \beta = \min \sqrt{\sum_{i=1}^{n} y_i^2} \\ \mathrm{s.t.}\ \beta(y_i) \geq \beta^* \end{array}\right\} \tag{5}$$

如图 1 所示，可靠性指标 β 可用迭代法求解，y_i 迭代过程中的 $B^* = (y_1^*, y_2^*)$ 为最初迭代点，下一迭代点的确定根据迭代公式求解，直到满足收敛条件为止。

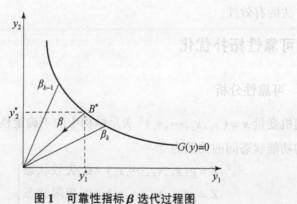

图 1　可靠性指标 β 迭代过程图

1.2　静动态拓扑优化目标函数

本文基于变密度法材料插值模型[9]建立以体积分数及可靠度指标为约束条件，通常采用加权法将结构刚度最大化转化为结构柔度最小化。建立结构多工况刚度可靠性拓扑优化模型，即

$$\left.\begin{array}{l} \text{find } \boldsymbol{x} = (x_1, x_2, x_3, \cdots, x_n)^T \in R \\ \min C(\boldsymbol{x}) = \left[\sum_{i=1}^{l} \omega_i^p \left(\frac{C_i(x) - C_i^{\min}}{C_i^{\max} - C_i^{\min}} \right)^p \right]^{\frac{1}{p}} \\ \text{s.t.} \sum_{j=1}^{n} v_j x_j - v = 0 \quad 0 < x_{\min} \leq x_i \leq x_{\max} \leq 1 \\ i = 1, 2, \cdots, l \quad j = 1, 2, \cdots, n \end{array}\right\} \quad (6)$$

式中，x 为单元设计变量；n 为子域内单元总数；l 为载荷工况数；ω_i 为第 i 个工况的权值；x_j 为第 j 个单元的密度；p 为惩罚因子；$C_i(x)$ 为工况 k 柔度值；$C_i^{\max}$ 和 $C_i^{\min}$ 分别为工况 k 柔度值的最大值和最小值；v 为体积约束；$x_{\min}$ 为设计变量的取值下限；$x_{\max}$ 为设计变量的取值上限。

动态拓扑优化是使结构的最小特征值最大化，即最小特征值对应第一阶频率[10]。动态结构可靠性拓扑优化模型，即

$$\left.\begin{array}{l} \text{find } \boldsymbol{x} = (x_1, x_2, x_3, \cdots, x_n)^T \in R \\ \max \Lambda(\boldsymbol{x}) = \lambda_0 + \alpha \left(\sum_{k=1}^{m} \frac{\omega_k}{\lambda_k - \lambda_0} \right)^{-1} \\ \text{s.t.} \sum_{j=1}^{n} v_j x_j - v = 0 \quad 0 < x_{\min} \leq x_i \leq x_{\max} \leq 1 \\ k = 1, 2, \cdots, m \quad j = 1, 2, \cdots, n \end{array}\right\} \quad (7)$$

式中，$\Lambda(\boldsymbol{x})$ 为平均特征值；λ_0 和 α 为给定的参数，用来调整目标函数；m 为需要优化的低阶特征值的阶次；ω_k 为第 k 阶特征值的权重系数；λ_k 为第 k 阶特征值。

1.3 多目标可靠性拓扑优化模型

多目标优化中，由于各目标之间存在不同数量级，致使大的数量级在优化中占据主导地位，进而很难同时达到最优解。因此，有必要将目标函数的折中解与其理想解的绝对距离转化为相对距离[11]，大多是将多目标优化问题转化为单目标优化问题进行求解，则需要利用权重系数的折中规划法将各子目标归一化处理。由此，多目标可靠性拓扑优化模型可以表示为

$$\left.\begin{array}{l} \min F(\boldsymbol{x}) = \left[\sum_{k=1}^{l} \left(w_k \frac{C_i^{\max} - C_i(x)}{C_i^{\max} - C_i^{\min}} \right)^2 + \right. \\ \left. \left(1 - \sum_{k=1}^{l} w_k \right)^2 \left(\frac{\Lambda_i^{\max} - \Lambda_i(x)}{\Lambda_i^{\max} - \Lambda_i^{\min}} \right)^2 \right]^{\frac{1}{2}} \\ \text{s.t} \sum_{j=1}^{n} v_j x_j - v = 0 \quad \beta(y) \geq \beta^* \\ 0 < x_{\min} \leq x_i \leq x_{\max} \leq 1 \quad i = 1, 2, \cdots, n \end{array}\right\} \quad (8)$$

式中，Λ_i^{max} 和 Λ_i^{min} 分别为频率目标函数的最大值和最小值；w_k 为各子目标的权重值。

1.4 子目标权重分配

运用层次分析法[12]构建所要评估问题的决策层次；然后根据配对比较的方法，将各子目标两两比较得出重要程度，构建一个决策矩阵 $W = (W_{ij})_{n \times n}$，$n$ 代表子目标的数目，W_{ij} 为第 i 层决策数与第 j 层决策数配对比较的重要程度，可以得到

$$W = \begin{pmatrix} W_{11} & W_{12} & \cdots & W_{1n} \\ W_{21} & W_{22} & \cdots & W_{2n} \\ \vdots & \vdots & \vdots & \vdots \\ W_{n1} & W_{n2} & \cdots & W_{nn} \end{pmatrix} \tag{9}$$

决策矩阵的特征向量就是各子目标的权重比。

2 自卸车翻转轴分析

2.1 有限元分析模型

根据自卸车及翻转轴 CAD 模型，建立自卸车性能分析模型，其中车身所用材料为结构钢 Q235、Q345 和 LG850XT，翻转轴选用材料为 40Cr，其屈服强度为 838.62 MPa，抗拉强度为 939.58 MPa，断后延伸率为 14.32%。采用有限元软件 Hypermesh 进行网格划分，整车有限元模型中壳单元、体单元网格尺寸分别设定为 10 mm、5 mm，网格类型有三角形壳单元、四边形壳单元以及六面体单元，翻转轴采用六面体单元。车身螺栓连接及翻转轴与支座连接均采用 rigid 单元模拟，车身焊缝连接采用 seam 单元模拟，翻转轴单元数为 69 228，整车单元总数为 1 569 826，其中三角形单元数量为 1 528，占总单元数 0.14%，有限元精度符合要求。为了更准确地模拟翻转轴套与翻转轴之间的干摩擦状态，还需要创建接触。对翻转轴进行拓扑优化设计前，根据翻转轴的结构特点与装配关系确定了设计区域和非设计区域，如图 2 所示。

2.2 载荷计算

如图 3 所示，根据自卸车货厢内货物倾斜变化情况，可将自卸车举升卸货过程分为 3 个阶段：

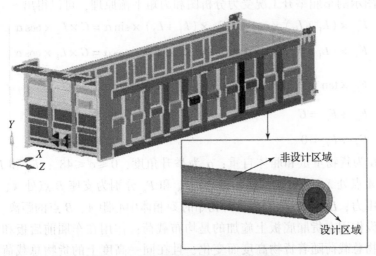

图 2 自卸车及翻转轴有限元模型图

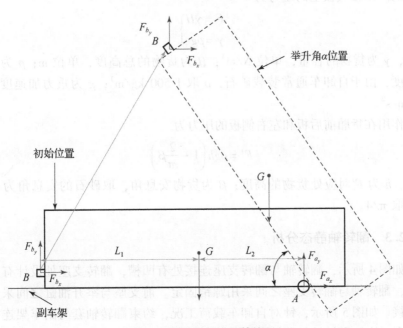

图 3 自卸车举升力计算简图

① 油缸举升瞬间,货厢前端从 0°被起升 10°期间,后尾板未开启,货厢内货物未倾卸。

② 随着油缸的举升,货厢前端被起升到大于 10°,后尾板开启,货物在重力和安息角的影响下开始倾卸。

③ 油缸继续举升,货厢前端逐渐被抬高,直至达到最大举升角。

由图示的车厢举升工况受力分析图和力矩平衡原理，可以得出

$$\left.\begin{array}{l} F_{b_y} \times (L_1+L_2) \times \cos\alpha + F_{b_x} \times (L_1+L_2) \times \sin\alpha = G \times L_2 \times \cos\alpha \\ F_{a_x} \times (L_1+L_2) \times \sin\alpha + F_{a_y} \times (L_1+L_2) \times \cos\alpha = G \times L_1 \times \cos\alpha \\ F_{b_x} \times \tan\left(90° - \dfrac{\alpha}{2}\right) = F_{b_y} \\ F_{a_y} + F_{b_y} = G \\ F_{a_x} + F_{b_x} = 0 \end{array}\right\} \quad (10)$$

式中，G 为货物重量和厢体自重；α 为举升角度，$0 \leq \alpha \leq 48°$；F_{a_x} 和 F_{a_y} 分别为支座 A 点处 X、Y 方向的反作用力；F_{b_x} 和 F_{b_y} 分别为支座 B 点处 X、Y 方向的反作用力；L_1 和 L_2 分别为举升初始时刻厢体中心距 A、B 点的距离。

假设作用在货厢底板上施加的是均布载荷；作用在车厢前后板和左右侧板上货物总载荷随着货物高度而变化，且在同一高度上的货物总载荷是均匀分布的。车箱底板上的压力为

$$\left.\begin{array}{l} F = \gamma H \\ \gamma = \rho g \end{array}\right\} \quad (11)$$

式中，γ 为货物的容重，单位 N/m³；H 为货物的总高度，单位 m；ρ 为货物的密度，由于自卸车通常装载矿石，ρ 取 1 500 kg/m³；g 为重力加速度，取 9.8 m/s²。

作用在货厢前后板和左右侧板的压力为

$$F' = \rho g h \left(1 - \dfrac{2}{\pi}\beta\right) \quad (12)$$

式中，h 为 F' 对应处货物的高度；β 为货物安息角，取砂石的安息角为 45°，故 β 取 π/4。

2.3 翻转轴静态分析

如图 4 所示，翻转轴与翻转支座连接处有凹槽，翻转支座处设计有固定销孔，翻转轴与翻转支座之间采用螺销固定。前支座与举升油缸之间采用铰链连接。如图 5 所示，针对自卸车载荷工况，约束翻转轴套与副车架连接处全部自由度、翻转轴与翻转支座连接处全部自由度及前支座与举升油缸连接处的 Z 方向平动自由度和 X、Y 方向转动自由度，释放翻转轴与翻转轴套之间 Z 方向转动自由度。根据该自卸车最大载质量为 100 t，选取满载状态下的举升瞬间和举升 10° 两种典型的危险工况进行静态分析，翻转轴在举升瞬间主要承受垂向力，举升 10° 过程中承受垂向力和部分纵向力，得到翻转轴刚度分析结果如图 6、图 7 所示。

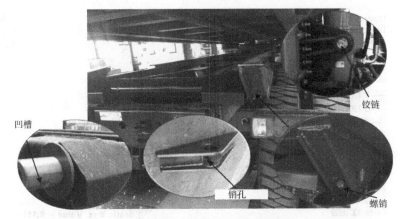

图4 自卸车翻转轴装配位置关系

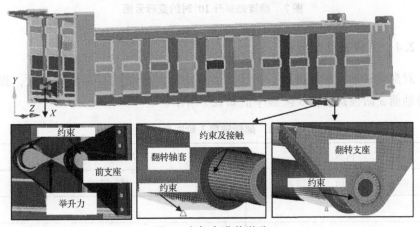

图5 自卸车满载举升

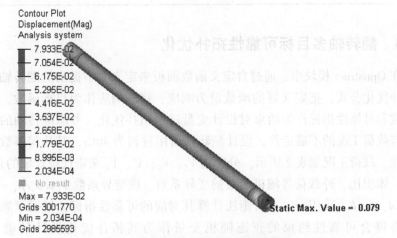

图6 翻转轴举升瞬间时的变形云图

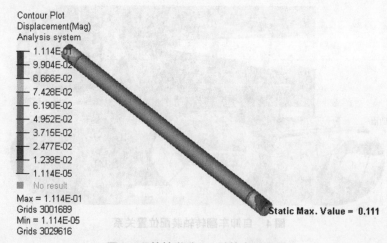

图 7　翻转轴举升 10°时的变形云图

2.4　翻转轴动态分析

对翻转轴进行模态分析，由于高阶模态对整个结构振动影响不大，提取翻转轴前 3 阶模态，前 3 阶频率值如表 1 所示。

表 1　翻转轴前 3 阶固有频率

阶数	频率 f/Hz
一阶	168.33
二阶	460.73
三阶	887.33

3　翻转轴多目标可靠性拓扑优化

在 Optistruct 模块中，通过自定义函数面板来定义文中提出的翻转轴多目标拓扑优化公式，把定义好的函数设为响应，将该响应作为目标函数，以体积分数和可靠性指标作为约束对设计变量进行拓扑优化。考虑翻转轴的材料属性与载荷工况的不确定性，设计翻转轴所用材料为 40Cr，其几何参数、材料属性、载荷工况如表 2 所示。分别用 V_L、V_d、V_f、V_F 来指代设计域的长度、直径、体积比、外载荷等随机变量的变异系数。取变异系数 $V_i = \sigma_i/\mu_i = 0.1$，$i = l, d, f, F$。采用一次二阶矩法计算其对应的可靠性指标，根据可靠性指标求得符合可靠性约束的正态随机变量作为其拓扑优化设计的确定性参数[13]。

表2 翻转轴的几何参数和材料特性

类型	参数		数值
几何参数	长 l/mm		1 420
	直径 d/mm		75
材料特性	弹性模量 E/GPa		210
	泊松比 μ		0.33
	体积比 α		0.4
载荷工况	举升瞬间 F_y/N		4.0×10^5
	举升 10°	F_x/N	3.9×10^4
		F_y/N	3.99×10^5

4 翻转轴拓扑优化结果分析

采用层次分析法确定各子目标权重系数，得出静态刚度的权重值为0.4，动态特征值的权重值为0.6，并用折中规划法对翻转轴结构进行多目标可靠性拓扑优化分析，将最小化综合目标函数如式（8）作为优化目标，给定许用可靠性指标 $\beta^* = 4.0$，且不超过优化设计区域体积分数的0.4作为约束条件，历经多次迭代后收敛。对比图8和图9中确定性和可靠性拓扑优化的柔度和一阶固有频率的迭代曲线，可知确定性拓扑优化和可靠性拓扑优化在不同工况下的柔度均有所降低，一阶固有频率均得到提高，且均未发生交替现象即避免了振荡的产生，达到了优化目标，但可靠性拓扑优化优于确定性拓扑优化。

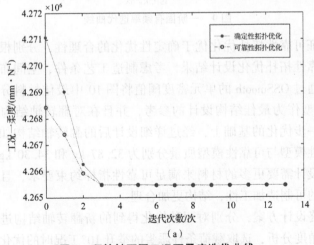

(a)

图8 翻转轴不同工况下柔度迭代曲线
（a）工况一：举升瞬间柔度迭代曲线；

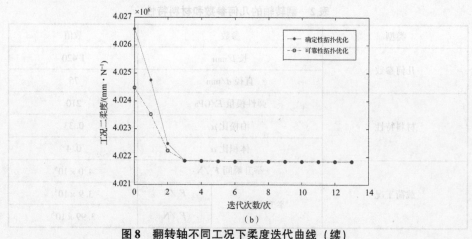

图 8 翻转轴不同工况下柔度迭代曲线（续）
(b) 工况二：举升 10°柔度迭代曲线

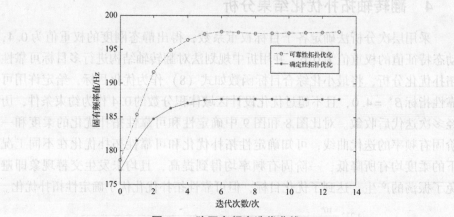

图 9 一阶固有频率迭代曲线

为了验证可靠性拓扑优化优于确定性优化的合理性，分别根据确定性优化设计和可靠性拓扑优化设计结果，考虑制造工艺条件、空间布置要求以及设计准则，通过 OSSmooth 的单元密度阈值将图 10 中最佳材料分布的构型重构成 CAD 模型作为最佳结构设计的参考，并且在对翻转轴结构细节部位尺寸、形状进一步优化的基础上，经过详细设计后的翻转轴结构如图 11 所示。其中，确定性模型与可靠性模型质量分别为 32.87 kg 和 34.30 kg。可知可靠性拓扑优化设计需要更多的材料来满足可靠性指标约束要求，且材料分布均匀具有良好的可制造加工性，结构更加合理。

依据最终设计方案，分别对两种优化得到的新翻转轴结构进行有限元计算。从静态角度分析，选取载荷条件恶劣的举升 10°工况时的优化方案进行验证，计算得到确定性拓扑优化时最大应力值为 629.47 MPa，最大变形量为

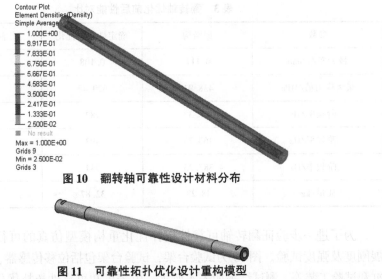

图10 翻转轴可靠性设计材料分布

图11 可靠性拓扑优化设计重构模型

0.108 mm；可靠性拓扑优化时最大应力值为 583.57 MPa，最大变形量为 0.098 mm，变形云图如图12所示。由动态分析得到两种优化后的翻转轴前3阶模态均有所提高，如表3所示。由此可知，可靠性拓扑优化设计在适当增加质量的情况下，能显著提高结构的静动态性能。

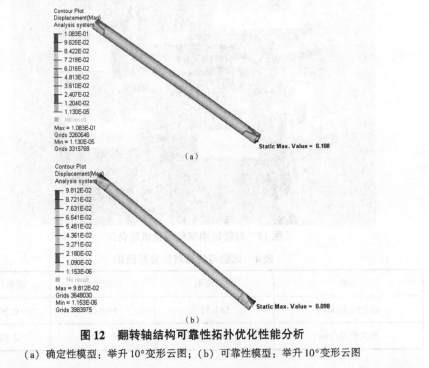

图12 翻转轴结构可靠性拓扑优化性能分析
（a）确定性模型：举升10°变形云图；（b）可靠性模型：举升10°变形云图

表3 翻转轴优化前后性能对比

参数	原结构	确定性拓扑优化	可靠性拓扑优化
最大变形/mm	0.111	0.108	0.098
最大应力值/MPa	438.91	629.47	583.57
一阶频率/Hz	168.33	182	186
二阶频率/Hz	460.73	493	503
三阶频率/Hz	887.33	944	961
质量/kg	48.28	32.87	34.30

为了进一步验证翻转轴可靠性拓扑优化重构模型仿真的可行性，需要开展刚度及强度试验。图13为试验台架，试验台架包括位移传感器、应变片、油缸和试验工装等。测试结果如表4所示，由表可知可靠性拓扑优化构型的试验测试结果与仿真优化后结果基本一致，由此验证了本文所提方法的有效性。

图13 翻转轴刚度和强度试验台架

表4 试验与仿真对比分析结果

参数	仿真结果	试验结果	误差/%
最大应力/MPa	583.57	580.43	0.50
最大位移/mm	0.098	0.101	2.97

5 结论

本文以某自卸车翻转轴为研究对象,将可靠性分析和拓扑优化方法相结合,在充分考虑各随机不确定性因素的情况下,把可靠度指标作为约束条件,建立了静态刚度、前3阶振动频率的多目标优化的综合目标函数,实现了翻转轴结构的静动态多目标的可靠性拓扑优化,找到了经济性与安全性的最佳结合点,获得性能更优的翻转轴优化设计方案。

通过对自卸车翻转轴的静动态多目标可靠性拓扑优化,获得了新翻转轴结构方案,翻转轴静态各工况下刚度和动态各低阶固有频率都得到了提高,相比确定性拓扑优化,可靠性拓扑优化提高得更加显著,同时翻转轴减重28.96%,实现了轻量化。

参 考 文 献

[1] 刘钊,朱平,籍庆辉. 静动态工况下的自卸车车厢轻量化设计[J]. 机械科学与技术,2016,35(5):762-767.

[2] 朱晓晶,籍庆辉,朱平. 基于多种工况下的自卸车车厢轻量化设计[J]. 机械设计,2014(5):47-52.

[3] 许康,廖文俊. 基于拓扑优化重型自卸车后桥结构优化分析[J]. 机械设计与制造,2019(7):73-77.

[4] 唐华平,姜永正,吕斌,等. 大型自卸车车架静动态性能拓扑优化研究[J]. 广西大学学报:自然科学版,2014,39(2):273-279.

[5] 臧晓蕾,谷正气,米承继,等. 矿用车车架结构的静动态多目标拓扑优化[J]. 汽车工程,2015(5):566-570.

[6] 朱剑峰,龙凯,陈潇凯,等. 多工况及动态连续体结构拓扑优化中的工程约束技术[J]. 北京理工大学学报,2015(3):251-255.

[7] 赵清海,张洪信,朱智富,等. 汽车悬架控制臂的可靠性拓扑优化[J]. 汽车工程,2018,40(3):313-319.

[8] LIU J, WEN G L, ZUO H Z, et al. A simple reliability – based topology optimization approach for continuum structures using a topology description function [J]. Engineering Optimization, 2016, 48 (7): 1182-1201.

[9] 唐华平,李红星,姜永正,等. 基于拓扑优化与多目标优化的给料机关键部件结构设计[J]. 机械强度,2020,42(4):842-848.

[10] 唐东峰,游世辉. 基于可靠性的结构动态拓扑优化方法[J]. 湖南大学学报:自然科学版,2017,44(10):62-67.

[11] 张志飞,陈仁,徐中明,等. 面向多目标的汽车悬架控制臂拓扑优化研究 [J]. 机械工程学报, 2017, 53 (4): 114 – 121.

[12] SAATY T L, VARGAS L G. Models, methods, concepts &applications of the analytic hierarchy process [M]. New York: Springer, 2012.

[13] SLEESONGSOM S, BUREERAT S. Multi – objective reliability – based topology optimization of structures using a fuzzy set model [J]. Journal of Mechanical Science and Technology, 2020 (11): 1 – 8.

作者简介: 周松,男,1990 年 9 月生,湖北省广水市人,汉族,工程师,硕士,研究方向为汽车轻量化设计、可靠性分析及优化; E – Mail: 1326875748@ qq. com; 电话: 023 – 63418067。

热成形钢高温成形性能评价

张钧萍，方刚，周佳，许伟，马鸣图

(中国汽车工程研究院股份有限公司，重庆 401122)

摘要：为研究热成形钢在高温下的成形性，本研究设计了一套高温成形性能试验系统，包括电阻炉、胀形模具和加载系统，并设计9种不同形状或尺寸的试样获得不同的应变路径。每个试样在电阻炉中加热并转移到冲模中进行胀形，成形温度分别设定为500 ℃、600 ℃和700 ℃。试验后，通过测量试样不同位置的网格尺寸获得临界应变和安全应变，并根据应变分布绘制高温成形极限曲线，用于对材料的高温成形性性能评价。

关键词：热成形钢；高温成形性；成形极限图

Formability Evaluation of Press Hardening Steel Sheet at Elevated Temperatures

Zhang Junping, Fang Gang, Zhou Jia, Xu Wei, Ma Mingtu

(China automotive engineering research institute Co. Ltd, Chongqing 401122)

Abstract: To investigate the formability of press hardening steel sheet at elevated temperatures, the typical steel sheet was adopted and tested via a self-designed setup which comprised of a resistance wire oven, a set of punching die and a loading system. Nine specimens were applied to get different strain path. Each specimen was heated in the oven and transferred to the punching die. The temperature was set to 500 ℃, 600 ℃ and 700 ℃ respectively in the forming process. After experiments, the critical strains and the safe strains were measured and the forming limit curve was created according to the strain distribution.

Keywords: Press hardening steel sheet; Formability at elevated temperatures; Forming limit diagram

0 前言

热成形钢由于强度高、制造工艺简单，替换传统高强度钢材料时有助于显著减轻质量，同时增加构件的承受能力。在过去的十余年中，其生产和应用飞速发展，并广泛应用于汽车关键部件，如B柱、前后保险杠等[1-3]。在制造过程中，热成形材料在炉中被加热到奥氏体化温度，并快速转移到热成形模具内，通过模具同时实现成形和淬火，使材料的微观结构从铁素体和珠光体转变为马氏体，从而显著提高材料的强度[4,5]。

通常采用成形极限图（FLD）来表征材料在冲压成形时的成形性能。成形极限图是由具有不同应变路径的一系列临界应变点组成，应变路径包括单向拉伸、平面应变、双向拉伸几个状态。目前有大量研究展示了如何进行试验并获得应变点，也有专业设备和测试标准用于测试，试验结果已成熟应用于实际生产中的质量检验和评估以及有限元冲压成形仿真[6-9]。然而，热压钢在高温下的成形极限图的测试缺乏专业的测试设备，也无相关的测试标准。考虑到热成形性能对于评价热成形钢性能的重要性，本研究设计了一套热成形材料加热、成形装置，并建立了数据处理和分析方法，以典型的22MnB5热成形钢为研究对象，对其在高温条件下的成形性能进行了测试评估。

1 试验

1.1 材料

本文采用厚度为1.5 mm的22MnB5板材，其化学成分和力学性能分别如表1和表2所示。

表1 22MnB5的化学成分 （单位：wt%）

元素	C	Si	Mn	P	S	Cr	Mo	B	Ti	Al
含量	0.23	0.17	0.95	0.01	0.002	0.24	0.21	0.002	0.023	0.03

表2 22MnB5原材料的力学性能

参量	屈服强度 $R_{p0.2}$/MPa	抗拉强度 R_b/MPa	断裂应变/%
数值	384	566	27.3

1.2 设备

为了满足高温胀形的要求，设计并制造了高温FLD试验装置，如图1和图2所示。装置下端通过螺栓固定在平板上，上端与20t油缸进行连接，试验时通过油缸作动施加胀形及压边力。试样装置主体部分按照GB 15825.8—2008推荐的模具尺寸进行加工，冲头直径为100 mm。高温FLD试验装置主要有以下特征：

①压边力调节。装置下部安装氮气弹簧，通过氮气弹簧压缩给试样提供

可变压边力。

②温度控制。分别在压头内部和上下压板各埋入 4 个加热棒,将加热棒与加热控制器连接,试验时通过加热控制器将压头、压板的温度控制在25～800 ℃。

③试样温度实时测量。在凹模上方放置红外测温探头,实时监测试样或压头的温度变化情况。同时,在模具部分区域开通水道,进行冷却。

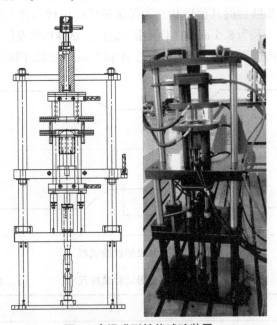

图1　高温成形性能试验装置

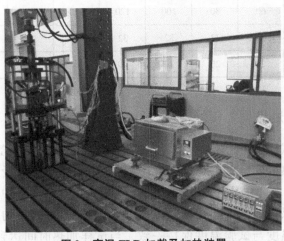

图2　高温 FLD 加载及加热装置

1.3 试样

本试验使用长 188.5 mm、宽度分别为 180 mm、160 mm、140 mm、120 mm、100 mm、80 mm、60 mm、40 mm、20 mm 的矩形试样，取样方向垂直于轧制方向，每个尺寸取 3 个试样。为防止矩形试样的侧边在模具拉深筋处或凹模口处开裂，效仿板料拉伸试样将其形状改为中部稍窄、两端加宽的阶梯形状或者类似哑铃的其他形状。为保证试验时试样与冲头的对中性，在试样一端加工圆弧半径为 8.5 mm 的半圆用于定位。试样形状及尺寸分别如图 3 和表 3 所示，采用激光雕刻的方式在试样上印制 2 mm 的圆形网格用于应变测量。

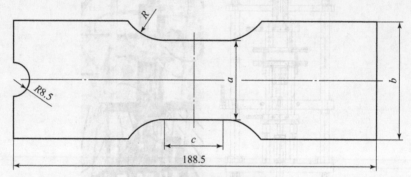

图 3　高温成形试验试样

表 3　高温成形试验试样尺寸　　　　　（单位：mm）

参数	尺寸								
ⓐ	20	40	60	80	100	120	140	160	180
ⓑ	40	60	80	100	120	120	140	160	180
ⓒ	32	32	32	32	32	0	0	0	0
Ⓡ	20	20	20	20	20	0	0	0	0

1.4 试验过程

为测量各试样获得的极限应变，试验前在样品一侧表面制备 2 mm 圆形网格。加热炉加热温度为 930 ℃。试验时，当加热炉温度达到设定温度后保温 30 min，随后将试样单片放入炉中，保温 300s。在加热过程中，炉中充满了保护气体，以保护板材免受氧化。胀形凹模、凸模、压边圈均采用加热棒进行加热，加热温度与试验温度保持一致。当试样加热时间达到设定时间时，将试样快速转移到成形模具上，当温度降至目标温度时，进行胀形试验。变形过程中，试样和冲头之间没有任何润滑。当表面出现裂纹时，停止测试。样品冷却后，测量和分析应变。

2 结果与讨论

高温成形过程中样品的温度变化如图 4 所示。从图中可以看出，在测试过程中，不同宽度样品的温度具有相同的下降趋势。试样宽度越宽，样品的温度降低率越小。对于同一样品，温度下降率在试样出炉后 10 s 内最高，温度从 930 ℃ 迅速降至 750 ℃ 以下。当温度降低到 600 ℃ 时，温度下降曲线上出现一个平台，试样的温度在 600 ℃ 左右稳定一段时间，这可能是由于材料发生相变时的相变潜热弥补了样品在空气中的热量损失。由于试样的热量持续向环境散失，某一时刻相变潜热的补充低于热量的散失，试样温度继续下降，其下降速率明显低于离开熔炉时的下降速率。

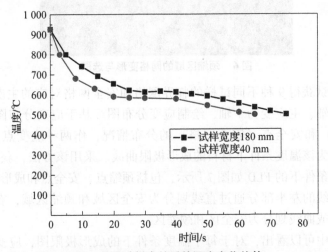

图 4 不同试样出炉后的温度变化趋势

由于在胀形过程中未使用润滑剂，因此试样与冲头间存在强烈摩擦效应，导致试样变形到一定程度后出现了双颈缩现象（图 5），变形集中在远离圆顶的试样两侧。当冲头向上移动到一定程度时，试样的颈缩侧出现裂纹，而另一侧仅出现颈缩（无裂纹）。观察颈缩区域，可以发现非常明显的颈缩线（图 6）。颈缩线穿过的网格发生了明显的大变形，严重变形使网格沿长轴方向显著拉长。选择这类网格作为临界网格。测量临界网格在长轴方向和短轴方向上的长度，并参考原始网格尺寸计算临界主应变和次应变。观测发现，临界网格相邻的网格发生了一定程度的变形，但未发现明显的颈缩特征，这意味着它们可以承受进一步的变形，因此将这类网格作为安全网格。采用同样的方式可以获得安全网格的主应变和次应变。

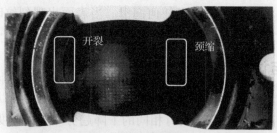

图5 胀形后的试样

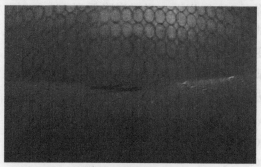

图6 颈缩区域的网格变形与选取

通过测试获得9种不同试样的临界网格和安全网格对应的主次应变。以次应变为 x 轴、主应变为 y 轴，绘制应变分布图。基于应变分布图中颈缩点（临界网格）和安全点（安全网格）的分布情况，作两种应变点的分界线，该分界线即为该温度条件下材料的成形极限曲线。采用该方法，获得22MnB5在不同温度条件下的FLD如图7所示，包括颈缩点、安全点和成形极限曲线。成形极限曲线的左半部分通过直线划分为安全区域和颈缩区域，右半部分通过一条直线或曲线划分为安全区和颈缩区。

从图7中可以看出，对于每个温度条件下的成形极限图，应变点的分布在一定程度上呈现随机性。这是由于本研究采用离线式的方式进行应变测量，即试验胀形完成后，在试样上进行应变测量，因此选取网格时不同的网格所处的变形状态和程度存在一定的差异性。对于临界网格，一些网格的颈缩程度更加严重，网格被极限拉长，颈缩线十分明显，材料在该处厚度方向也发生了急剧减薄，因此获得的临界应变值较大。同时，另外一部分网格颈缩程度相对较小，获得的临界应变值也较小，因此更贴近于成形极限曲线。对于安全网格，若其更贴近于严重颈缩网格，则其对应的应变值更大，在成形极限图上的分布也更贴近于成形极限曲线。图7（d）所示为22MnB5在500℃、600℃、700℃ 3个温度条件下的成形极限曲线对比。从图中可以看出，温度对材料高温成形性能的影响显著；当提高成形温度时，成形极限曲线整体提升，即材料在更高温度条件下的成形性能更好。

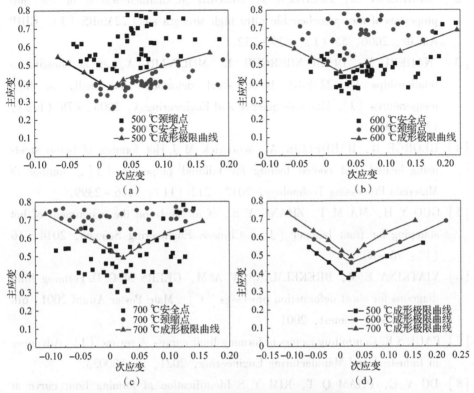

图7 22MnB5 在高温条件下的成形极限图
(a) 500 ℃; (b) 600 ℃; (c) 700 ℃; (d) 不同温度条件下的对比

3 结束语

热成形钢的高温成形性能是材料关键性能之一,但目前缺乏相关的测试设备和测试方法。为解决上述痛点,本研究设计了一套由电阻加热炉、胀形模具、加载系统组成的高温成形试验系统,该系统可实现不同温度条件下的加热和成形。根据试验结果,采用离线式的方式获得材料变形后的网格及网格尺寸,确定网格筛选标准和成形极限曲线绘制方法,建立了高温成形极限图测试方法。为了确保该方法的适用性,采用厚度为 1.5 mm 的典型 22MnB5 热成形钢,在 500 ℃、600 ℃、700 ℃ 3 个温度条件下进行胀形试验并建立成形极限曲线。

参 考 文 献

[1] KARHAUSEN K, KOPP R. Model for integrated process and microstructure

simulation in hot forming [J]. Steel Research, 1992, 63 (6): 247-256.
[2] MERKLEIN M, LECHLER J, GEIGER M. Characterisation of the flow properties of the quenchenable ultra high strength steel 22MnB5 [J]. CIRP Annals, 2006, 55 (1): 229-232.
[3] NADERI M, DURRENBERGER L, MOLINARI A, et al. Constitutive relationships for 22MnB5 boron steel deformed isothermally at high temperatures [J]. Materials Science and Engineering A, 2008, 478 (1/2): 130-139.
[4] GEORGE R, BARDELCIK A, Worswick M J. Hot forming of boron steels using heated and cooled tooling for tailored properties [J]. Journal of Materials Processing Technology, 2012, 212 (11): 2386-2399.
[5] GUO Y H, MA M T, ZHANG Y S, et al. Study on the experiment of hot stamping for front bumper [J]. Chinese Engineering Science, 2014, 16 (1): 76-80.
[6] VIATKINA E M, BREKELMANS W A M, GEERS M G D. Forming limit diagrams for sheet deformation processes [C]. Mate Poster Award 2001: 6th Annual Poster Contest, 2001.
[7] PAUL S K. Controlling factors of forming limit curve: A review [J]. Advances in Industrial and Manufacturing Engineering, 2021, 2: 100033.
[8] DO V C, PHAM Q T, KIM Y S. Identification of forming limit curve at fracture in incremental sheet forming [J]. The International Journal of Advanced Manufacturing Technology, 2017, 92 (9): 4445-4455.
[9] CAMPOS H B, BUTUC M C, GRACIO J J, et al. Theorical and experimental determination of the forming limit diagram for the AISI 304 stainless steel [J]. Journal of Materials Processing Technology, 2006, 179 (1/3): 56-60.

某汽车后盖外板冲压成形性敏感参数分析与优化

胡晓[1], 王飞龙[1], 吴雪松[2], 张泽[2]

(1. 攀钢集团研究院有限公司钒钛资源综合利用国家重点实验室,
攀枝花 617000;
2. 一汽-大众汽车有限公司, 长春 130000)

摘要：采用网格实验技术对某车型后盖外板易开裂区域进行了应变测试分析,获得了零件危险区域的应变状态和安全裕度;基于 AUTOFORM 软件建立了该后盖外板成形工艺仿真模型;采用 SIGMA 模块分析了零件开裂区域变形状态对工艺参数及材料性能波动的敏感性,获得了开裂区域应变的主要影响参数。结果表明：针对后盖外板开裂缺陷,工艺方面的主要影响参数为摩擦系数和局部拉延筋阻力系数,材料方面的主要影响参数为屈服强度和 N 值;减小摩擦系数、局部拉延筋阻力、提升材料的屈服强度和 N 值,都有利于降低开裂风险。研究结果对现场实际冲压调试具有较好的指导作用。

关键词：后盖外板; 网格实验; SIGMA 分析

Analysis and Optimization of Stamping Sensitive Parameters of Automobile Rear Cover Outer

Hu Xiao[1], Wang Feilong[1], Wu Xuesong[2], Zhang Ze[2]

(1. State Key Laboratory of Vanadium and Titanium Resources Comprehensive Utilization,
PanGang Group Research Institute Co., Ltd., Panzhihua 617000, Sichuan, China;
2. FAW - Volkswagen Automotive Co. Ltd., Changchun 130000, JiLin, China)

Abstract: The grid experiment technology was used to test and analyze the strain on cracking risk zones of the rear cover outer of a vehicle model, and the strain state and safety margin of the dangerous zones were obtained. The forming process simulation model of the rear cover outer was established based on AUTOFORM software. The SIGMA module was used to analyze the sensitivity of the deformation state of the cracked zone of the part to the fluctuation of process parameters and material properties, and the main influencing parameters of the strain on the cracked zone were obtained. The results show that: for the cracking defect of the rear cover outer, the main influencing parameters of the process are the friction coefficient and the local drawbead, and the main influencing parameters of the material are the yield strength and the *N* value. Reducing the friction coefficient and the resistance of the local drawbead and increasing the yield strength and *N* value of the material are beneficial to reduce the risk of cracking. The research results have a good guiding role for actual stamping debugging on site.

Keywords: Rear cover outer; Grid experiment; SIGMA analysis

0 引言

汽车外覆盖件具有材料薄、拉延深、造型复杂、表面质量要求高等特点，而零件用材等级和冲压成形工艺直接影响零件的可制造性和表面质量[1]。其中后盖外板零件虽然整体曲率较平缓，但高位刹车灯区域拉延深度较深，材料流动情况复杂，容易造成开裂或起皱风险。该区域成形质量对材料性能波动和冲压成形工艺非常敏感，批量生产往往出现冲压不稳定问题。针对现场出现的开裂问题，主机厂通常采用试错法进行冲压参数优化，当效果不明显时就向钢厂提出材料性能控制要求。由于不清楚冲压参数及材料性能波动对零件废品率的影响，一味地对材料进行加严内控，容易造成材料性能要求过高、钢厂成材率低、材料价格上涨等问题。

近年来，在汽车领域，冲压稳健性分析方法在前期模具设计以及后期模具调试过程中的应用越来越广泛[2]。张骥超等人[3,4]通过SIGMA分析技术针对侧围零件典型区域进行冲压稳健性分析，获得材料性能波动下的稳健工艺解；王文瑞等人[5]采用虚拟调试方法对车门内板进行模拟分析，得到优化的冲压工艺参数组合；罗江红[6]针对汽车A柱加强件成形时出现的缺陷进行多目标优化求解，得到生产汽车A柱加强件的最优工艺参数组合；胡星等人[7]基于SIGMA分析方法针对汽车大梁进行冲压敏感参数分析，得到材料性能敏感参数和优化方向。

本文采用网格实验对某两厢车后盖外板零件冲压开裂问题进行原因分析，基于AUTOFORM软件SIGMA分析模块对该后盖外板零件进行冲压敏感参数分析，获得敏感参数排序并提出工艺和材料性能控制方案，为现场冲压调试提供参考。

1 零件冲压网格实验分析

1.1 冲压缺陷情况

某车型后盖外板一段时间内在拉延工序（图1）经常出现冲压质量问题，

主要反映在后盖外板高位刹车灯右上侧区域出现不同程度的缩颈或者开裂缺陷（图2）。现场通过反复调整局部气垫压力和平衡垫块间隙效果不佳，严重影响生产效率及成材率。现场跟踪某批次生产2 168件，报废277件，废品率高达12.8%，远达不到主机厂稳定生产废品率<5‰的要求。

图1 后盖外板拉延工序件

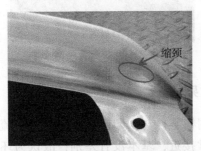

图2 刹车灯右上侧区域侧壁缩颈

1.2 网格实验方法

该后盖外板为深拉延件，连续冲压时，板料与模具之间摩擦生热，模具升温较快，导致在压边力不变的情况下板料流动阻力增大，从而影响零件的安全裕度。为了分析零件开裂区域的变形情况以及验证材料与模具的匹配性，采用网格实验技术（GGA）分析在现场热模状态下拉延工序零件危险区域板料的实际流动和应变情况。首先在典型性能坯料上采用电化学腐蚀法印制直径为5 mm的圆形网格，冲压后圆形网格将变成椭圆形网格，然后通过测量椭圆形网格长轴和短轴的长度来分析局部变形情况。

网格实验只在拉延工序进行，坯料为异形料且在后风窗处开有3个工艺孔，气垫压力由8个氮气缸分块独立控制（图3），1~4号缸压力分别为230 kN、230 kN、190 kN、190 kN，5~8号缸压力均设为165 kN。本实验对后盖外板A、B、C、D 4个风险区域进行网格应变分析，如图4所示。

图3　8个氮气缸分布示意图

图4　OP20拉延工序网格件

1.3　网格实验结果分析

对比拉延后的印网格零件与未印网格零件的材料流入量，发现零件法兰部位的材料流入量非常接近，基本没有差别，故认为坯料表面印网格不会引起局部摩擦显著变化，不影响材料流动和变形。

印网格零件拉延后结果如图5所示。由图5可知，该零件右上侧侧壁缩颈区域（对应于图4中的 D 区）变形模式为纵向受拉、横向受压。

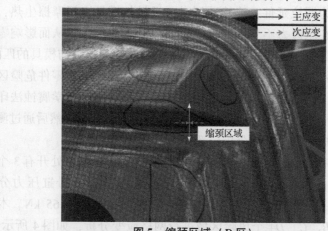

图5　缩颈区域（D 区）

印网格零件拉延后厚度应变分析结果如图6所示。由图6可知，零件最大减薄率为24.3%（对应于易发生开裂的侧壁 D 区），零件网格应变分析FLD图（图7）显示该区域的安全裕度仅有3.6%。行业内通常以大于10%的安全裕度作为模具状态适应材料和工艺波动的参考标准，显然当前零件安全裕度相对较低，冲压质量受材料性能或冲压工艺参数波动的影响较大。

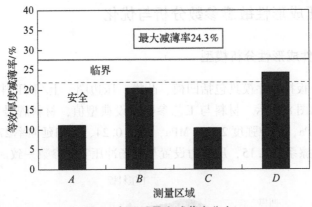

图6 各区域最大减薄率分布

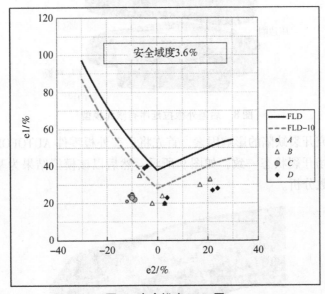

图7 安全裕度FLD图

为了解决零件拉压变形区成形安全裕度不足的问题，工程上一般对照FLD图，通过减小缩颈区域主应变来提升其安全裕度。为了降低缩颈区域主应变，现场模修工程师往往采用一些可逆手段（压边力、平衡块、涂油等）

进行调试，以期提升材料变形均匀性、缓解过度减薄而导致开裂。如果调试不能有效缓解开裂缺陷，模具往往需要重新研磨、反复调试，成本高昂。如果能够借助冲压成形性敏感参数分析手段，找到引起缺陷的主要敏感参数，可以辅助模修工程师对调试方向进行准确判断，增加现场冲压的成功率，降低成本。

2 冲压成形性敏感参数分析与优化

2.1 零件成形性分析模型

该后盖外板拉延序模具包括凹模、凸模、压边圈、上/下压料板，拉延序有限元模型如图 8 所示。材料与工艺参数预设典型值，材料牌号为 CR5（屈服强度 142 MPa，抗拉强度 290.5 MPa，N 值 0.24，均匀延伸率 27%，R 平均值 2.12），摩擦系数 0.15，压边力设置与现场冲压实际参数一致。

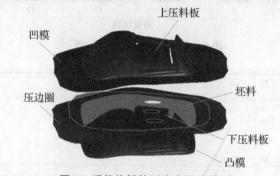

图 8　后盖外板拉延序有限元模型

为了研究开裂缺陷的影响因素，首先将后盖外板零件 AUTOFORM 仿真结果调试与现场开裂状态一致，如图 9 所示，然后以该模拟结果为基础，开展冲压敏感参数分析。

图 9　安全裕度 FLD 图

2.2 成形工艺敏感参数分析与优化

根据零件开裂位置及特点，选取如下可能影响冲压开裂的几个工艺参数（见图10）：

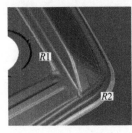

图10 可能影响冲压缺陷的工艺参数

①缺陷附近影响流料的圆角 $R1$ 和 $R2$。
②工艺切口向外扩大尺寸。
③缺陷附近影响流料的拉延筋，即拉延筋1、拉延筋2和拉延筋3。
④压边力。因压边力可分块控制，此处仅设置对开裂区域有直接影响的压边部分。
⑤摩擦系数。

各参数的具体设置范围如表1所示。

表1 工艺参数设置范围及初始模拟典型参数

敏感参数	$R1$/mm	$R2$/mm	扩大尺寸 mm	拉延筋1	拉延筋2	拉延筋3	压边力/kN	摩擦系数
最小值	6	12	0	−50%	−50%	−50%	180	0.14
最大值	15	24	15	50%	50%	50%	220	0.16
初始模拟值	6	12	0	0.1	0.2	0.1	200	0.15

基于 AUTOFORM R8 软件自带的 SIGMA 分析模块，按照拉丁超立方算法抽样，自动设计实验对照组，本文共计算128组样本。SIGMA 分析计算结束后，针对缺陷位置开展敏感参数分析。由于该后盖外板零件主要在右上角侧壁发生开裂，因此这里以最大失效（Max Failure）为指标，按敏感参数影响权重（Influence）的大小对开裂位置的敏感参数进行排序。

开裂位置的工艺参数敏感程度排序如图11所示。由图11可知，敏感参数排前三的依次为摩擦系数、拉延筋2和压边力。这3个参数对开裂位置最大失效指标的影响如图12所示。由图12可知，摩擦系数和拉延筋2对开裂影响较大,而压边力对开裂的影响较小。

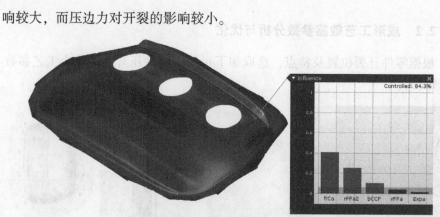

图 11　缺陷位置敏感参数排序

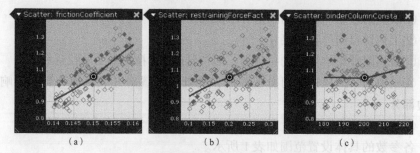

图 12　工艺敏感参数对开裂程度的影响
(a) 摩擦系数；(b) 拉延筋2；(c) 压边力

下面通过工艺窗口功能对摩擦系数和拉延筋2进行评估和优化。以拉延筋2阻力系数为横坐标、摩擦系数大小为纵坐标建立工艺窗口,如图13所示。AUTOFORM可以进行虚拟调试Trial。由图13可知,当摩擦系数小于0.147、拉延筋2阻力系数小于0.167时,工艺窗口相对稳健,即此时摩擦系数和拉延筋2系数在稳健工艺窗口内,开裂位置状态转为安全。

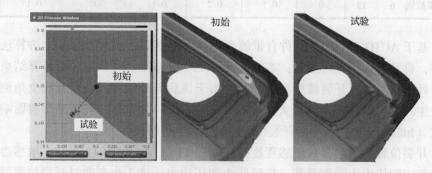

图 13　摩擦系数和拉延筋2对开裂程度的影响

实际调试过程中可通过局部重涂油降低摩擦系数、对拉延筋2进行局部研磨减小拉延筋阻力系数等措施以降低开裂风险。

2.3 材料敏感参数分析与优化

针对零件成形性安全裕度低引起的开裂问题，当通过工艺和模具的优化不能够彻底稳定地解决时，就需要评估材料性能参数是否满足零件成形需求。利用AUTOFORM软件的SIGMA分析功能，可以分析材料性能波动对冲压开裂的影响，找到重要敏感参数，为材料性能管控提供指标和方向。

材料参数设置范围及初始模拟参数如表2所示。

表2 材料参数设置范围及初始模拟参数

敏感参数	屈服强度/MPa	N 值	R 平均	料厚/mm
最小值	128	0.221	2	0.76
最大值	172	0.255	2.44	0.84
初始模拟值	142	0.24	2.12	0.8

材料敏感参数对开裂的影响采用SIGMA进行分析，结果如图14所示。由图14可知，屈服强度和N值为影响开裂的主要材料敏感参数。

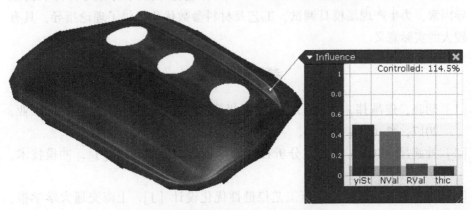

图14 材料敏感参数对开裂的影响

以材料的屈服强度为横坐标、N值为纵坐标生成工艺窗口，如图15所示。由图15可知，提升材料的N值和屈服强度，有利于降低冲压开裂风险。

图15　材料 N 值和屈服强度对开裂的综合影响

3　总结

①通过网格实验技术（GGA）结合 FLD 图分析了某车型后盖外板右上侧侧壁开裂区域的变形特点。结果表明，该开裂区域的最大减薄率为24.3%、零件成形安全裕度仅有3.6%，远低于工程许可值（10%以上），故现有工艺参数不能满足批量稳定生产要求。

②针对该后盖外板冲压开裂问题进行了工艺和材料敏感参数分析。结果表明，工艺方面的主要影响参数为摩擦系数和局部拉延筋阻力（拉延筋2），材料方面的主要影响参数为屈服强度和 N 值；通过减小摩擦系数和局部拉延筋阻力，提升材料的屈服强度和 N 值，有利于降低零件开裂风险。

③基于 AUTOFORM 软件的 SIGMA 分析方法，找到了导致零件开裂的主导因素，为生产现场模具调试、工艺及材料参数优化提供了理论指导，具有较大的实际意义。

参 考 文 献

[1] 胡晓，连昌伟，牛超. IF 钢成形极限曲线试验研究 [J]. 模具工业，2017，43（9）：10-15.

[2] 杜武昌. SIGMA 稳健性分析在冲压模具调试中的应用 [J]. 冲模技术，2021（5）：21-24.

[3] 张骥超. 侧围外板冲压工艺稳健性优化设计 [J]. 上海交通大学学报，2012，46（7）：1005-1010.

[4] 姜雪燕. 基于稳健性分析的汽车侧围成形过程缺陷改进 [J]. 塑性工程学报，2020，27（10）：62-69.

[5] 王文瑞，张健，刘龙升，等. 车门内板冲压成形工艺的稳健性设计 [J]. 汽车工艺与材料，2016，（6）：55-59.

[6] 罗江红, 张艳彬, 百合提努尔. 汽车 A 柱加强件拉延成形稳健性分析及工艺参数优化 [J]. 锻压技术, 2018, 43 (11): 33-37.

[7] 胡星, 黄时锋. 影响汽车大梁冲压开裂因素的敏感性分析 [J]. 上海电机学院学报, 2016, 19 (2): 76-80.

作者简介: 胡晓 (1990—), 男, 硕士, 攀钢集团研究院有限公司, 研究员, 主要研究方向为汽车板成形及汽车轻量化技术。